AUTONOMOUS DRIVING
CORE TECHNOLOGY SERIES

自动驾驶核心技术丛书

自动驾驶

三维感知算法

入门与实战

AUTONOMOUS DRIVING
3D PERCEPTION ALGORITHM

INTRODUCTION

AND

PRACTICE

李笑颜

王博岳

胡永利

等

编著

化学工业出版社

·北京·

内容简介

本书是一本系统介绍三维感知算法及其在自动驾驶中应用的实用指南。全书从基础理论出发,结合前沿算法与实战案例,深入讲解了三维感知的核心技术,涵盖传感器原理、数学基础、深度学习模型、多模态融合以及端到端算法等,旨在帮助读者全面掌握三维环境感知的关键技术,并具备实际工程落地的能力。

本书内容循序渐进,从基础的立体几何、深度学习知识,到复杂的三维场景理解,构建系统化的知识体系,呈现清晰学习路径;兼具前沿性,详细解读基于图像、LiDAR 和多传感器融合的最新算法;同时,书中提供了大量代码示例和项目案例,帮助读者在实践中应用所学知识,解决实际问题。

本书适合自动驾驶领域的研究人员、工程师以及对三维感知算法感兴趣的学生和爱好者阅读学习。

图书在版编目(CIP)数据

自动驾驶三维感知算法入门与实战 / 李笑颜等编著.
北京 : 化学工业出版社,2025. 9. -- (自动驾驶核心技术丛书). -- ISBN 978-7-122-48196-2

Ⅰ. U463.61

中国国家版本馆 CIP 数据核字第 20258DB397 号

责任编辑 : 于成成 李军亮
文字编辑 : 张 宇
责任校对 : 边 涛
装帧设计 : 王晓宇

出版发行 : 化学工业出版社
        (北京市东城区青年湖南街13号 邮政编码100011)
印   装 : 北京云浩印刷有限责任公司
787mm×1092mm 1/16 印张17½ 字数388千字
2025年8月北京第1版第1次印刷

购书咨询 : 010-64518888
售后服务 : 010-64518899
网   址 : http://www.cip.com.cn
凡购买本书,如有缺损质量问题,本社销售中心负责调换。

定   价 : 99.00元

随着人工智能技术的飞速发展，近几年来自动驾驶技术已经成为汽车工业领域的热点。以蔚来、理想、小鹏等为代表的新能源车企已将高级辅助驾驶技术应用到产品中；以萝卜快跑为代表的无人驾驶出租车（Robotaxi）公司已在北京、上海、广州、深圳、重庆等城市落地无人驾驶出行服务；特定场景的自动驾驶，如园区摆渡车、矿山车、港口货车、高速货车等，也在逐步实现和发展。在自动驾驶技术中，三维感知算法能够帮助车辆准确地感知周围环境，它不仅关系到自动驾驶车辆的安全行驶，也是实现车辆自主决策和行动的关键技术之一。

自动驾驶车辆需要对周围的环境有一个精确的三维理解，以便做出准确的驾驶决策。三维感知算法能够提供车辆周围物体的语义、位置、尺寸和形状等信息，这些信息对于车辆的导航、避障和路径规划至关重要。随着技术的进步，三维感知算法也在不断发展，从早期的基于规则的方法，到深度学习技术的广泛应用，再到大模型和端到端技术的发展，这一领域正经历着革命性的变化。

本书旨在为读者提供一个全面的自动驾驶三维感知算法的入门和实践指南，帮助读者从基础理论到实际应用，逐步深入理解和掌握这一复杂而精妙的技术。

本书将从自动驾驶三维感知算法的基础知识入手，逐步深入到算法的实现和优化。首先介绍三维感知的传感器、三维感知任务分类、数学基础（包括立体几何、深度学习），然后详细探讨基于图像、激光雷达（LiDAR）和多传感器融合的三维感知技术，以及端到端自动驾驶技术。书中不仅包含了算法的理论基础，还提供了丰富的实战案例，使读者能够通过实践来加深理解。

本书适合刚刚踏足自动驾驶领域的研究人员、工程师以及对三维感知技术感兴趣的学生和爱好者阅读学习。为了帮助读者系统地学习三维感知算法，本书设计了一条清晰的学习路径。从基础的立体几何、深度学习知识，到复杂的三维场景理解（包括动静态感知和通用障碍物感知），每一章都精心编排，确保读者能够循序渐进地掌握所需技能。除了理论学习，实践是学习三维感知算法不可或缺的一部分，书中提供了大量的代码示例和实践项目，使读者能够在实际的项目中应用所学知识解决实际问题。

本书由李笑颜、王博岳、胡永利等编著，感谢高青青、王乾、史瑞泽、吴博文等同学的贡献。

自动驾驶技术的未来充满无限可能，而三维感知算法是实现这一未来的关键。我们希望本书能够成为您探索这一领域的起点，帮助您在自动驾驶技术的浪潮中乘风破浪。

编著者

Contents

目录

符号表

1. 数据集、向量、矩阵

X：输入 / 输入特征

Y：真实标签

$\hat{Y}$：预测标签

O：真实网格

$\hat{O}$：预测网格

I：单位矩阵

W：权值矩阵

b：偏置向量

R：旋转矩阵

r：旋转向量

B：3D 边界框

p：二维点 / 三维点

U：非空体素

Q：查询映射矩阵

K：键映射矩阵

V：值映射矩阵

q：查询

k：键

v：值

2. 函数、损失、模型

$\mathcal{F}, \mathcal{G}$：模型函数

$\mathcal{L}$：损失函数

$\mathcal{J}$：指示函数

Ω：正则化项

MaxPool：最大池化函数

AvgPool：平均池化函数

Softmax：软最大激活函数

ReLU：修正线性单元激活函数

TP：真正例

EN：假反例

TN：真反例

FP：假正例

Recall：召回率；

Precision：准确率

Accuracy：精确度

IoU：交并比；

AP：平均精准度；

AOS：平均方向相似性

ρ_{inter}：召回率对应的准确率值；

MOTA：多目标跟踪准确度

AMOTA：平均多目标跟踪准确度

AMOTP：平均多目标跟踪精度

sAMOTA：缩放平均多目标跟踪准确度

RMSE：均方根误差

NLL：负对数似然

ADE：平均位移误差

FDE：最终位移误差

MR：未命中率

3. 标量

C：类别的总数

c：对应类别

T：时间步总数

t：对应时刻 / 帧

N：对象总数

n：总数的子集（例如，第 t 时刻的数量 / 第 c 类别的数量……）

i：第 i 个目标

d：维度

l：距离／直径（孔径）

m_{ij}：占用网格地图中位置 (i,j) 的值

s_{ij}：位置 (i,j) 的语义标签

y_i：第 i 个网格单元的真实标签

$\hat{y}_i$：第 i 个网格单元的预测标签

α，θ：入射角／旋转角度

f：相机焦距

h：注意力头的数量

r：反射率

pos：单词在句子中的位置

μ：均值

σ：标准差

ϵ：一个小常数，用于防止除零错误

P：功率

λ：波长

η：传输率

δ：偏移量

第 1 章

概述

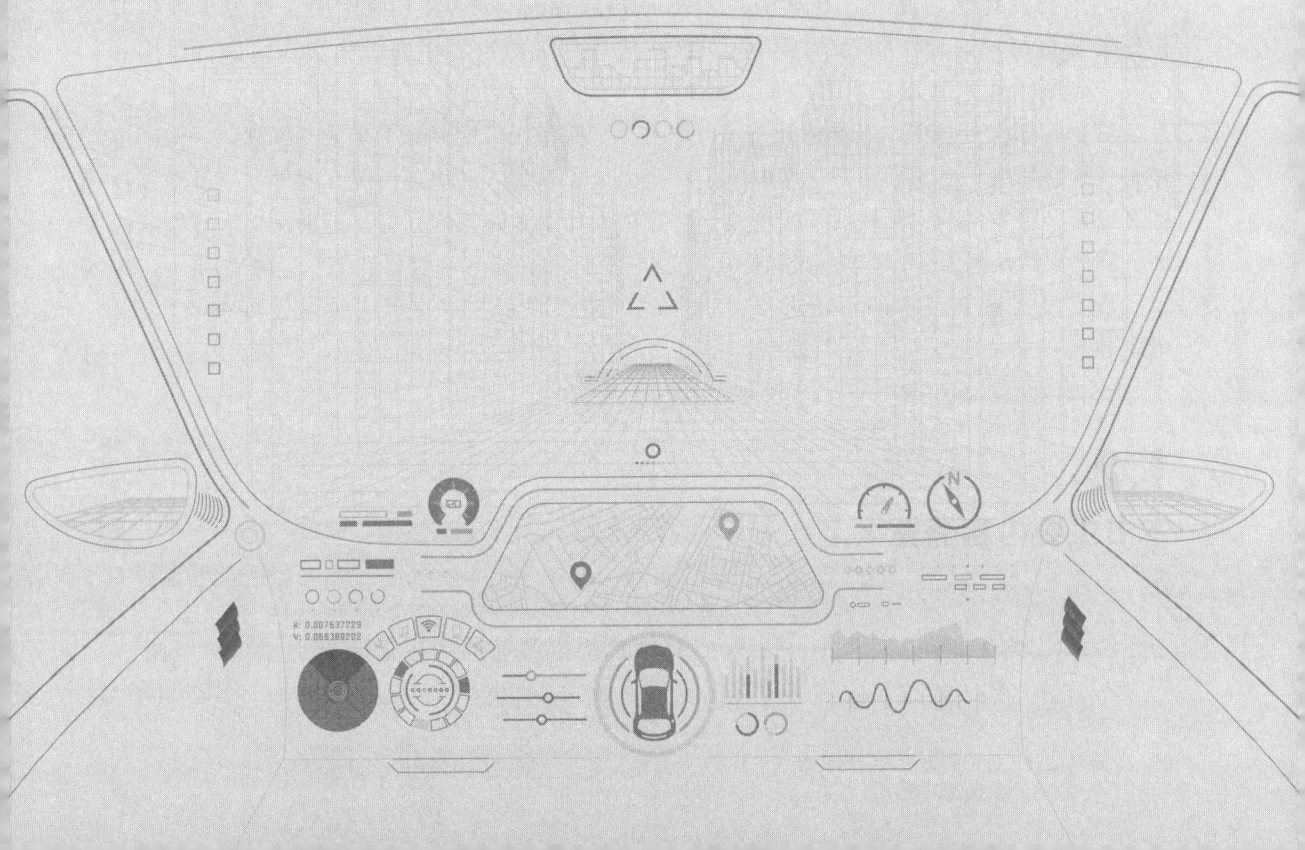

1.1
三维感知简介

三维感知（3D perception）通过传感器（相机、激光雷达、毫米波雷达等）获取周围环境的信息，并进行处理和分析，进而实现对三维空间中的对象、环境和场景的理解和解释。人类生活在三维世界中，通过在婴幼儿时期对三维世界的大量观察和互动，人类很快就学习掌握了高效、准确感知三维环境的能力。因此为了让机器替代人类执行任务，使机器正确理解三维场景是我们需要迈出的第一步。三维感知算法能够为机器装上一个"超级眼睛"，赋予机器"看"和"理解"三维世界的能力，极大地扩展了机器在各个领域的应用潜力。

在自动驾驶和智能交通中，三维感知技术首先可以通过识别静态元素（如道路、交通标志等）、动态障碍物（如车辆、行人和其他障碍物等），实时创建周围环境的动静态三维感知元素，生成精确的动态环境模型，确定自车在环境中的精确位置和状态，进而做出安全且舒适的驾驶决策，实现车道保持、自动紧急刹车和路径规划等功能。

在机器人领域，三维感知技术能够帮助机器人识别障碍物，理解周围环境的三维语义和几何结构，并规划出最优路径，使得机器人能够在复杂的环境中安全地行驶。此外，三维感知技术还能够识别环境中人的动作、声音甚至表情，理解人类的指令，捕捉环境中目标物体的位置和动态轨迹信息，帮助机器人在教育、护理、装配、搬运、清扫等具体应用上实现更为智能的人机交互和环境交互。

增强现实（augmented reality，AR）首先需要理解用户所在的现实世界，进而在其基础上叠加计算机生成的图像、视频或 3D 模型，从而增强用户在游戏、教育、零售等方面的视觉体验。此外，在虚拟现实（virtual reality，VR）应用中，通过摄像头等传感器捕捉用户的动作和表情等信息，这些信息与虚拟世界中的事物和环境进行作用和交互，增强了用户在虚拟世界中的沉浸感。

在医疗影像处理中，三维感知技术可以在二维医学图像的基础上生成三维立体图像，重建患者骨骼和组织的三维模型，帮助医生更全面地了解病人的病理情况。此外，三维感知技术可以帮助医生自动识别病灶，实现放射治疗规划和手术路径规划等，辅助医生进行疾病诊断，降低误诊及漏诊率，在颅面部损伤、心血管疾病和肿瘤等领域得到了广泛的应用。

随着三维感知技术的不断进步，机器的"超级眼睛"将在更多领域发挥重要作用，推动各行各业的智能化发展和创新。

1.2
本书主要内容概览

既然"超级眼睛"如此有用，我们自然希望了解如何为机器装配上"超级眼睛"。

本书的目标就是面向自动驾驶这一具体应用，帮助读者解决该问题。本书首先简要介绍机器的"眼睛"，即传感器；然后，更详细地讲解机器的"大脑"，即三维感知算法。本书的内容框架图如图1-1所示。

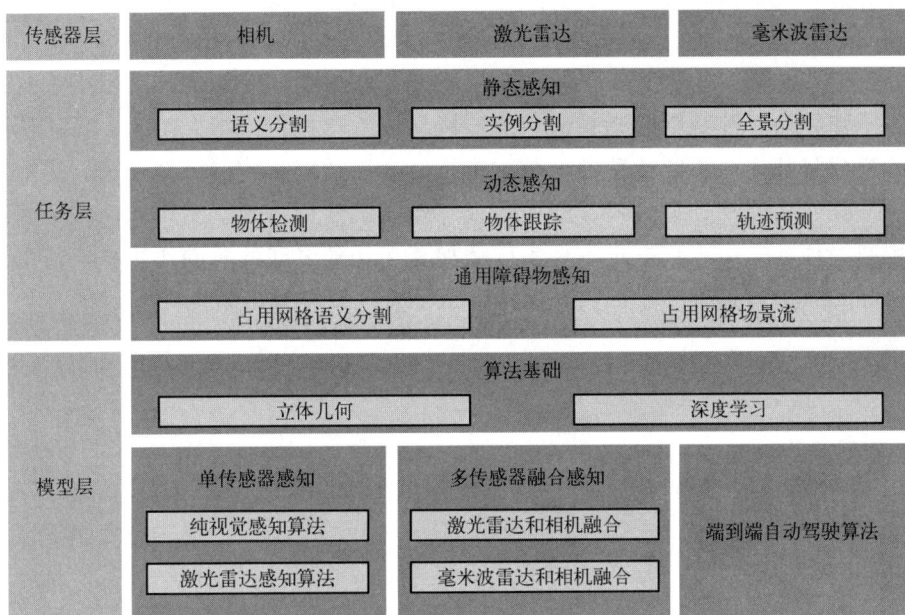

图 1-1 主要内容

具体地，我们首先需要给机器装上"眼睛"，让它能够"看"世界。在三维感知系统中，传感器采集周围的环境信息，起到"看"的作用，常用的传感器包括相机（camera）、激光雷达（LiDAR）、毫米波雷达（radar）等。这些传感器能够实现对环境的多视角感知，为智能系统的决策和控制提供重要的数据支持。例如：相机主要采集环境的纹理信息，能够提供丰富的色彩信息；激光雷达采集空间中实体表面的稀疏三维点坐标及回波强度等属性，能够提供空间中物体的精确位置和形状；毫米波雷达主要采集稀疏实体的空间坐标、速度、距离等信息，能提供更多动态环境感知信息。本书第2章对这些传感器的特性及其采集到的数据格式进行了深入的介绍。

在传感器采集到的环境信息基础上，我们需要赋予机器理解信息的"大脑"，让它能够"理解"世界。人对世界的理解是多样化的，不同的人目的不同、个性不同、经验不同，可能会关注到同一场景的不同角度。与人的理解不同，为了有一个规范、统一的理解目标，能同时满足大多数应用（如自动驾驶、智能制造等）的需求，研究者将三维感知抽象为许多具体任务。比如，在自动驾驶中，三维感知根据目标理解物体的属性可以划分为静态感知、动态感知和通用障碍物感知。其中，静态感知根据感知模型的输出形式可进一步划分为语义分割、实例分割、全景分割等具体任务；动态感知可以划分为物体检测、物体跟踪、轨迹预测等具体任务；通用障碍物感知可划分为占用网格语义分割、占用网格场景流等具体任务。上述不同任务关注的目标和提供的信息不同，其难点和处理方法也不尽相同，因此第3章对每种任务的具体含义和评测标准等分别进行介绍。

面向不同任务,科学家研究了针对性的具体算法使机器能够理解场景。当前流行的算法通常以立体几何和深度学习等理论工具为基础,为了便于理解具体算法,我们在第4章首先介绍基础理论知识。由于不同传感器产生的数据表示差异巨大,导致处理方法也不尽相同,因此我们将这些算法按照传感器类型进行了划分,分为单传感器感知方法和多传感器融合感知方法。其中,单传感器感知方法根据所使用的传感器类型又划分为激光雷达感知算法、纯视觉感知算法,这些将在第5章进行详细介绍。多传感器融合感知的主要挑战是如何对不同传感器的数据进行融合以适应具体的感知任务,第6章会详细介绍这一技术。此外,近几年,新的研究工作尝试使用端到端结构同时完成多种感知和规划控制的任务,由于数据量、标签的增加和多任务之间的协同作用,使得上述方法取得了很好的效果,具备更强的发展前景,我们将在第7章进行阐述和讨论。

第 2 章

传感器

本章我们将介绍在自动驾驶系统中发挥"眼睛"作用的多种常用传感器，包括相机（camera）、激光雷达（LiDAR）和毫米波雷达（radar）。每种传感器都具有独特的数据获取能力和环境感知特性：相机擅长捕捉丰富的颜色和纹理信息，而激光雷达则在提供精确的三维空间信息方面表现卓越，毫米波雷达则擅长测量目标物体的速度和距离并因其在各种极端天气条件下的稳定性而受到青睐。

在实际应用中，这些传感器并不是孤立使用的，而是相互补充以发挥各自优势。许多自动驾驶系统会同时使用这些传感器的数据，通过融合它们的信息来获得对环境的全面感知。这种多传感器融合策略不仅增强了车辆对周围环境的理解，还显著提升了自动驾驶的安全性和可靠性。通过本章的学习，我们将深入了解每种传感器的工作原理以及它们的特性，为后续学习如何将它们整合到自动驾驶系统中打下基础。

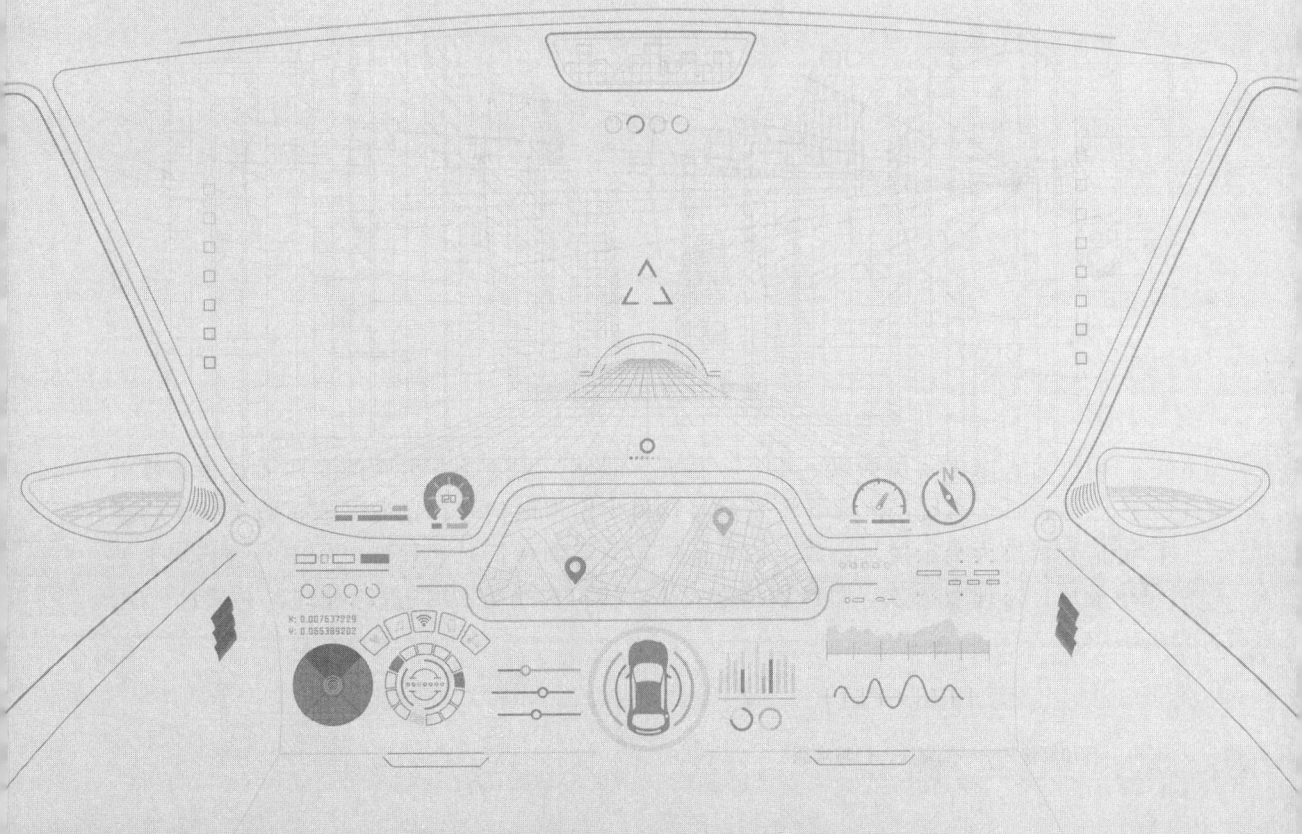

2.1
相机

相机可以采集周边环境的彩色图像信息，其中每个像素都包含红、绿、蓝（red，green，blue，RGB）三种颜色的信息。相机产生的图像数据跟人类的眼睛获取的信息最为接近，因此理论上能够辅助完成类似人眼的功能。此外，图像还具有获取成本低廉、较广的视场角、较高的分辨率、蕴含丰富的颜色和纹理等细粒度信息等诸多优势。因此，相机在自动驾驶等智能系统中得到广泛的应用。例如，交通标志牌的含义识别需要将图像纹理信息映射到对应的交通规则，相机图像数据能够准确表示这些信息，在这类任务中发挥着不可替代的作用。此外还有一些智能汽车厂商采取纯视觉（不使用激光雷达传感器）的自动驾驶方案，证明了相机在自动驾驶系统中的重要作用。然而，值得注意的是，相机作为智能驾驶传感器也存在一些缺陷，如测距精度低、对光照和天气条件的变化敏感性高。

2.1.1 相机的成像原理

通常，相机由镜头模组和图像传感器组成，类似于眼睛的晶状体和视网膜。镜头决定了相机的视场大小，常见的视场包括 30°、60°、70°、120° 以及鱼眼（即具有超视角的镜头）等。如图 2-1 所示，视场越小，相机对远处物体的感知效果越好，而视场越大，远处物体会显得模糊，但可以看到更广阔的范围。

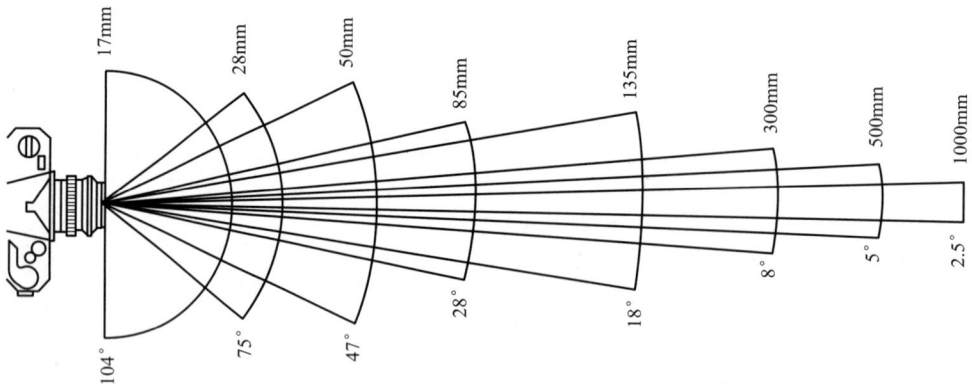

图 2-1 相机视场示意图

相机的成像主要包括以下步骤：首先，景物反射（或发出）的光线通过镜头照射至传感器表面；然后，传感器将光信号转换为模拟电信号；接着，通过数模转换将模拟电信号转换为数字信号；数字信号传递至数字图像信号处理器（DSP）进行加工处理；最后，处理后的数字图像数据通过 I/O 接口传输至 CPU 进行处理，并通过 LCD 显示图像。

CMOS 和 CCD 图像传感器

图像传感器负责将光信号转换为电信号，主要有两种工艺，即 CMOS 和 CCD。目前，CMOS 是主流，索尼、OmniVision 是主要的 CMOS 提供商，如 IMX-290、IMX-390 等。CMOS 不仅决定了图像的分辨率上限，也是影响成像质量的关键因素。CMOS 是集成在被称作金属氧化物的半导体材料上，工作原理与 CDD 相机没有本质的区别。CMOS 的制程较简单，没有专属通道的设计，因此必须先行放大再整合各个像素的资料。

CDD 相机是被摄物体的图像经过镜头聚焦至 CCD 芯片上，CCD 根据光的强弱积累相应比例的电荷，各个像素积累的电荷在视频时序的控制下逐点外移，经滤波、放大处理后，形成视频信号输出。视频信号连接到监视器或电视机的视频输入端，便可以看到与原始图像相同的视频图像。

2.1.2 相机的内参和外参

相机将三维世界映射到二维平面上，而自动驾驶车辆运行需要精确的三维位置和三维环境描述，因此，需要建模图像坐标系和三维世界坐标系的映射关系，将图像上的信息与三维环境对应起来。在计算机视觉中，相机的内参和外参是描述相机特性和其相对于世界坐标系位置的两个重要概念。为了建模图像坐标系和三维世界坐标系的映射关系，我们在本小节中介绍相机的内参和外参，并将在 4.1 节中介绍详细的映射方法。

（1）相机内参

相机内参（intrinsic parameters）描述了相机的光学特性和传感器特性，它们定义了三维空间中的点如何映射到二维图像平面上。内参包括以下几个关键参数。

① 焦距 f：相机镜头的焦距，通常以相对于传感器尺寸的单位来表示。

② 主点坐标 (C_x, C_y)：相机传感器上的一个点，即镜头光轴与图像平面相交的位置，通常以图像宽度和高度的百分比或像素值来表示。

③ 光学畸变系数 $(k_1, k_2, \cdots)$：描述镜头畸变的参数，包括径向畸变（如筒形畸变或枕形畸变）和切向畸变。

④ 图像传感器尺寸 (s_x, s_y)：传感器的实际物理尺寸或传感器的像素尺寸。

通过相机标定过程，可以获取内参，该过程涉及拍摄具有已知图案的物体（例如棋盘格），然后应用计算机视觉算法从图像中提取内参等步骤。

（2）相机外参

相机外参（extrinsic parameters）描述了相机在世界坐标系中的位置和方向，包括：

① 旋转矩阵 **R**：一个 3×3 矩阵，描述相机相对于世界坐标系的旋转。

② 平移向量 *t*：一个三维向量，描述相机在世界坐标系中的平移位置。

外参定义了相机坐标系与世界坐标系之间的关系，通常通过特征点匹配、传感器融合或其他计算机视觉技术来确定。

（3）内参和外参的重要性

外参让我们了解相机在世界坐标系中的确切位置和方向，内参使我们能够将（相机坐标系下的）三维世界中的点映射到相机图像平面上的二维点。已知相机的内参和外参，能够通过相机成像物理模型，计算出三维空间和二维像素平面的映射关系，进而实现精确的空间定位和图像分析，对自动驾驶、机器人、增强现实和三维建模等应用非常重要。不同空间的映射关系将在 4.1 节中进行详细介绍。

2.1.3 图像

这些像素数据可以组织成不同的数据结构，例如二维数组或更复杂的图像数据结构，以便计算机进行进一步的处理和分析。

图像通常分为 RGB 三个通道，每个通道表示不同的颜色分量。其中，R 代表红色，G 代表绿色，B 代表蓝色。如图 2-2 所示，每种颜色通常用 0 到 255 的数值表示其强度，构成了我们在数字图像中看到的颜色的完整光谱。数值 0 通常表示该颜色分量没有亮度，而数值 255 表示该颜色分量的亮度最大。通过这三个颜色通道的不同组合，可以生成各种不同的颜色，覆盖了人类视觉系统可以感知的广泛颜色范围。

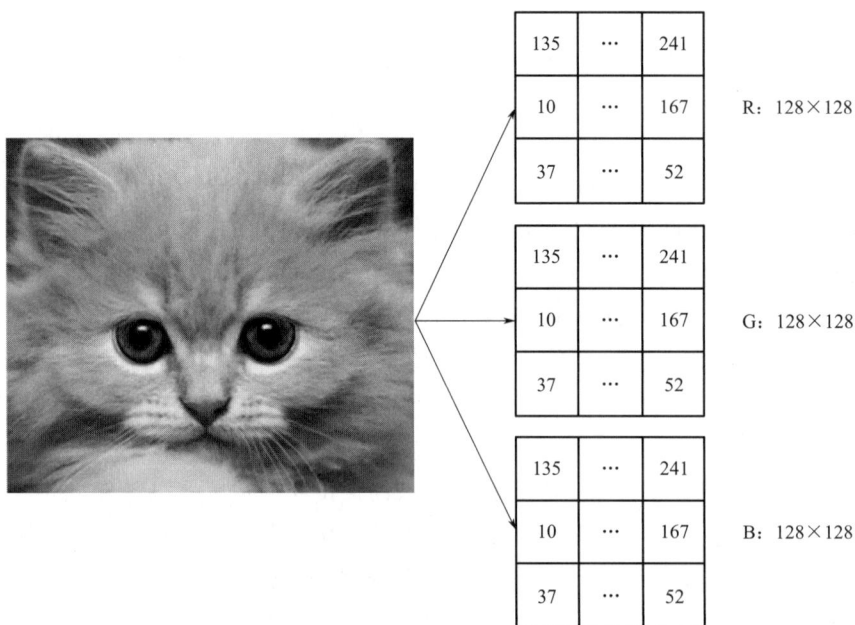

图 2-2 相机得到的图像数据

图像的色彩空间是一套用于描述和量化颜色的数学模型，它使得不同的颜色能够在各种技术平台上得到准确的表示和处理，上述 RGB 图像是色彩空间中最常使用的一种。每种色彩空间根据其设计目的和应用场景，拥有独特的特性和优势。

常用图像色彩空间及其特点

RGB 色彩空间：RGB 色彩空间基于人眼对红色的、绿色的和蓝色的光的感知，是最常用的色彩空间之一。它广泛应用于显示设备，例如电视和显示器，以及数字摄影中。RGB 模型是加色模型，颜色的混合通过光的叠加实现。在数字图像中，每种颜色分量可以有 8 位、10 位或 12 位的深度，提供了不同的颜色精度和动态范围。

CMYK 色彩空间（cyan, magenta, yellow, key/black）：与 RGB 不同，CMYK 色彩空间基于减色模型，主要用于印刷行业。它通过四种油墨的组合来创建颜色，其中"Key"代表黑色油墨，用于增加颜色的深度和对比度。

HSV 色彩空间（hue, saturation, value）：HSV 色彩空间以色调、饱和度和亮度来描述颜色，更符合人类对颜色的感知方式。它在图像编辑和颜色选择中非常流行，色调代表颜色类型，饱和度表示颜色的纯度，亮度表示颜色的明暗。

YUV/YCbCr 色彩空间：YUV 色彩空间将颜色分为亮度（Y）和两个色差分量（U 和 V）。YCbCr 是 YUV 的一个变体，广泛应用于数字视频和图像压缩。亮度分量携带大部分视觉信息，色差分量携带颜色信息，有助于在减少数据量的同时保持图像质量。

Lab 色彩空间：Lab 是一个与设备无关的色彩空间，基于 CIELAB 颜色标准，由国际照明委员会（CIE）定义。它旨在提供比 RGB 更均匀的颜色表示，其中 L 代表亮度，a 和 b 表示颜色的两个分量，提供了一种在视觉上均匀的颜色空间。

XYZ 色彩空间：XYZ 色彩空间同样是一个与设备无关的色彩空间，用于描述人类视觉系统可以感知的所有颜色。它基于 CIE 1931 XYZ 色彩系统，X、Y 和 Z 三种假想的原色可以组合成任何可见的颜色。

HSL 色彩空间（hue, saturation, lightness）：HSL 色彩空间与 HSV 类似，但使用亮度（lightness）代替了 value，提供了另一种描述颜色的方式。

YIQ 色彩空间：YIQ 色彩空间主要用于 NTSC 彩色电视系统，其中 Y 代表亮度，I 和 Q 是与亮度正交的色差分量。

每种色彩空间都针对特定的应用进行了优化。RGB 和 CMYK 分别适用于屏幕显示和印刷，而 HSV 和 LAB 提供了更直观的颜色选择和编辑方式。YUV/YCbCr 和 YIQ 则常用于视频领域，因为它们有助于减少带宽和存储需求，同时保持图像质量。这些色彩空间的选择取决于所需的颜色精度、设备特性以及最终的应用场景。

2.2
激光雷达

在自动驾驶和机器人领域，传统的图像传感器虽然能够提供丰富的色彩和纹理信息，但它也存在显著的局限性，例如图像传感器对光照条件和天气变化非常敏感，这可能导致其在夜间或恶劣天气下性能大幅下降。此外，由于二维图像缺乏深度信息，仅凭图像信息准确测量物体距离和尺寸往往具有挑战性。

为了克服这些限制，引入了新的传感器技术——激光雷达。激光雷达是激光检测与测距（light detection and ranging，LiDAR）系统的简称，它发射激光脉冲并捕获反射回来的脉冲，以测定传感器发射器与目标物体之间的传播距离，分析目标物体表面的反射能量大小，反射波谱的幅度、频率和相位等信息，从而呈现出目标物体精确的三维结构信息。激光雷达采集的数据是一组具有特定属性的三维点，即激光雷达点云，它具有以下特点：

① 测距精度高：激光雷达能够提供非常精确的距离测量。

② 擅长捕捉三维几何信息：与传统图像传感器不同，激光雷达能够生成三维空间中带有高精度坐标的点云数据。

③ 不受光照影响：激光雷达的性能不依赖于光照条件，即使在夜间或能见度低的环境中也能正常工作。

这些特点使得激光雷达成为图像传感器的强有力补充，特别是在自动驾驶车辆和机器人导航系统中。激光雷达能够提供高精度的三维几何信息，帮助系统更好地理解周围环境，从而弥补了传统图像传感器的缺点。通过结合图像传感器和激光雷达的数据，可以实现更准确、更可靠的环境感知和物体识别，为自动驾驶和机器人技术的发展提供了强有力的支持。

2.2.1　激光雷达的测距原理

激光雷达的测距原理主要以飞行时间（time of flight，TOF）法为主，即利用发射器发射的脉冲信号和接收器接收到的反射脉冲信号的时间间隔来计算目标物体的距离。整个激光雷达系统包括激光发射部分、激光接收系统、扫描系统和信息处理系统。发射器通过控制光束的方向和数量将激光发射到目标物体上，接收器接收到目标物体反射回的激光，并产生相应的接收信号。扫描系统以稳定的转速旋转，实现对所在平面的扫描，并生成实时的平面图信息。接收信号经过放大处理和数模转换后，通过信息处理模块进行计算，最终建立起目标物体的模型。图2-3所示为激光雷达TOF的测距原理。

另外，还有使用相干法的调频连续波（FMCW）激光雷达，它通过发射一束连续的光束，使频率随时间稳定地发生变化。调频连续波激光雷达可以利用多普勒频移测量物体的速度和距离，且不会受到其他激光雷达或太阳光的干扰，同时无测距盲区。

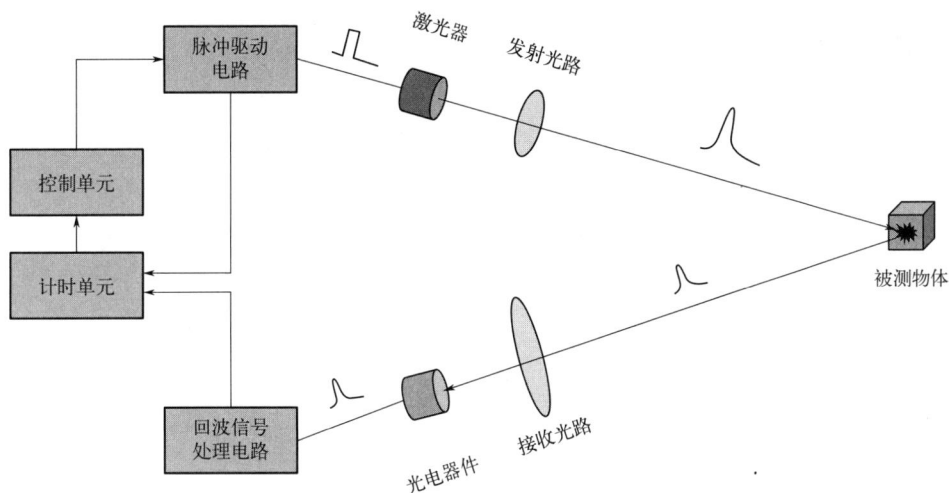

图 2-3 激光雷达 TOF 测距原理

调幅连续波（AMCW）激光雷达与基本的飞行时间系统相似，但通过改变激光二极管中的极电流来调整发射光强度，实现调制。

扩展知识

激光发射器的波长

自 20 世纪 60 年代激光被发明不久，激光雷达就大规模发展起来。目前激光雷达厂商主要使用波长为 905nm 和 1550nm 的激光发射器。更长的波长则意味着更容易穿透粉尘雾霾，更高的功率意味着更远的探测距离。波长为 1550nm 的光线不容易在人眼中传输，这意味着采用波长为 1550nm 的激光的激光雷达的功率可以非常高，但不会损伤人的视网膜。然而，生产波长为 1550nm 的激光雷达要求使用昂贵的砷化镓材料。因此，考虑到成本原因，厂商更多地选择使用硅材料制造接近于可见光波长的 905nm 的激光雷达，并严格限制发射器的功率，以避免造成眼睛的永久性损伤。

2.2.2 激光雷达的硬件参数

激光雷达可以分为机械式激光雷达、半固态激光雷达和固态激光雷达，不同类型的激光雷达硬件参数略有不同。目前最为成熟的车载微电机系统（micro-electro-mechanical systems，MEMS）式激光雷达属于半固态激光雷达的一种。其中，MEMS是一种将微型机械加工技术和微电子技术结合在一起的技术，被广泛应用于各种传感器和执行器的制造中，包括激光雷达。下面以 MEMS 激光雷达为例，探讨其关键的硬件参数。

激光雷达的分类

机械式激光雷达：这类激光雷达通过电机带动光机结构整体360°旋转，实现全方位的扫描，形成点云。机械式激光雷达通常具有较高的角分辨率和距离精度，性能最优，但其成本较高，装配困难，机械零部件寿命不长，较难应用在规模量产车型当中。

半固态激光雷达：半固态激光雷达的发射器和接收器固定不动，只通过少量运动部件实现激光束的扫描。半固态激光雷达可以细分为转镜类、MEMS类和棱镜类三种形式。

全固态激光雷达：这类激光雷达内部完全没有运动部件，使用半导体技术实现光束的发射、扫描和接收。全固态激光雷达又可分为Flash固态激光雷达和相控阵固态激光雷达（optical phased array，OPA）。

（1）视场角与分辨率

激光雷达视场角分为水平视场角和垂直视场角。水平视场角即为在水平方向上可以观测的角度范围，旋转式激光雷达旋转一周为360°，所以水平视场角为360°。垂直视场角为在垂直方向上可以观测的角度，一般为40°。因为激光雷达主要用于扫描路面上的障碍物，而不是把激光射向空旷的天空，因此激光光束尽量向下偏置一定的角度。并且为了达到既检测到障碍物，同时把激光束集中到存在更多车辆的感兴趣部分，激光雷达的光束不是垂直均匀分布的，而是中间密，两边疏。例如，图2-4所示是禾赛64线激光雷达的光束示意图，可以看到激光雷达有一定的偏置，向上的角度为15°，向下的为25°，并且激光光束中间密集，两边稀疏。

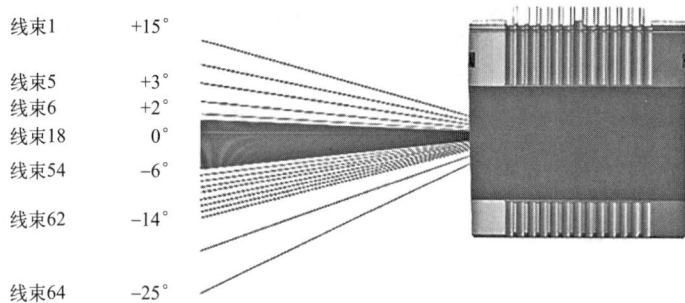

线束1	+15°
线束5	+3°
线束6	+2°
线束18	0°
线束54	-6°
线束62	-14°
线束64	-25°

图2-4　禾赛64线激光雷达

（2）回波模式

回波模式通常指的是激光雷达在进行扫描时，对每个发射出去的激光脉冲所接收的回波进行采样的方式。激光雷达系统能够接收并处理多次回波，这些回波可能来自场景中的不同物体或同一物体的不同表面。例如，一个激光脉冲可能首先被近处的树叶反射，然后是树干，最后到达地面。通过分析这些不同回波，激光雷达可以提供关于场景的更丰富的信息。

（3）点频

点频即每周期采集点数。因为激光雷达在旋转扫描，因此水平方向上扫描的点数和激光雷达的扫描频率有一定的关系，扫描越快则点数会相对较少，扫描慢则点数相对较多。一般这个参数也被称为水平分辨率，比如激光雷达的水平角分辨率为 0.2°，那么扫描的点数为 360°/0.2°=1800，也就是说水平方向会扫描 1800 次。以禾赛 64 线激光雷达为例，其旋转一周，即一个扫描周期内扫描的点数为 1800×64=115200pts/s（点／秒）。激光雷达的点频是固定的，比如上述雷达扫描频率为 10Hz 的时候，水平角分辨率为 0.2°；随着扫描变快，激光雷达分辨率就会变低，在扫描频率为 20Hz 的时候，水平角分辨率为 0.4°，那么，输出的点数也符合 1152000pts/s。

（4）有效检测距离

激光雷达的有效检测距离是衡量其性能的核心指标，它表示激光雷达能够以所需精度可靠地检测目标物体的最大距离。随着距离的增加，激光雷达发射的信号会发生衰减，导致接收到的信号强度减弱。这使得雷达上的寻峰算法难以精确定位最佳接收时刻，从而降低了测距精度。此外，激光雷达检测障碍物的有效距离与其最小垂直分辨率直接相关。较小的角度分辨率可以提高检测效果。如图 2-5 所示，两个激光光束之间的角度为 0.4°，那么当探测距离为 200m 的时候，两个激光光束之间的距离为 200m×tan0.4°≈1.4m。也就是说在 200m 之后，只能检测到高于 1.4m 的障碍物了。如果需要知道障碍物的类型，那么需要采用的点数就更多，这时候如果距离较远（如 200m），激光雷达采样的点数较少，很难准确地识别障碍物类型。

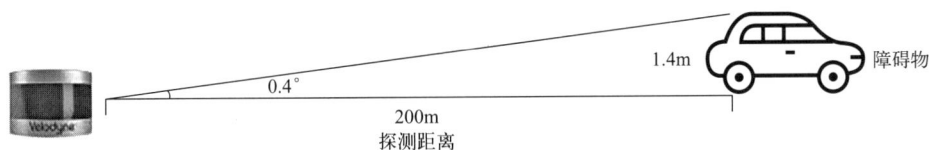

图 2-5 检测效果示意图

━━━━ 扩展知识 ━━━━

其他影响有效检测距离的因素

有效检测距离与激光雷达的多个关键参数紧密相连，包括发射功率、接收器灵敏度和信号处理能力。环境因素，如大气条件和目标物体的反射率，同样对有效检测距离产生显著影响。在激光雷达的设计中，发射和接收光路的对准程度也极为重要。尽管许多机械雷达采用收发异轴设计，但现代激光雷达系统正致力于实现共轴设计，即发射与接收光路在同一轴线上，以降低系统误差并提升测量精度。

此外，激光雷达的测距精度，特别是基于飞行时间原理的激光雷达，还依赖于高度精确的时间测量。这种测量通常由 TDC 电路提供，而出于成本考虑，TDC 一般通过 FPGA 的进位链实现，需要对低频晶振信号进行差值计算，以实现高频计数。因此，测距精度在很大程度上依赖于晶振的稳定性，而晶振的累计误差会随着时间推移而影响测量结果。

2.2.3 激光雷达点云

激光雷达采集到的数据通常以点云的形式呈现。这些点云数据由许多三维点构成，每个点由其在三维空间中的坐标以及反射率等其他属性描述。点云数据经过处理和分析后，可以用于构建高精度环境地图、进行障碍物检测等任务。

如图 2-6 所示，点云数据可以通过渲染点的坐标并根据其属性着色，来进行可视化。点云的可视化图能够帮助人们直观地理解点云所代表的物体以及它们的特性。例如，通过点的位置和密度可以理解物体的结构和形状，通过点云的布局可以推断出物体可能的类别、功能或用途等。

图 2-6 自动驾驶激光雷达点云的可视化图

点云数据的获取通常是通过激光雷达等传感器扫描得到的，也可以利用 RGB-D 相机获取彩色图像和深度图，再间接生成点云。点云数据具有无序性和非结构性，其密度不一致性使得直接将点云数据输入神经网络中非常困难。点云本身具体的主要属性如下。

（1）三维点坐标

旋转式激光雷达通过其发射器的垂直俯仰角和水平旋转角度，以及激光回波时间计算得到的距离，收集三维空间中的点数据。尽管这些数据最初是在极坐标系下获得的，但激光雷达系统通常会将它们转换成笛卡儿坐标系下的观测值。原因在于笛卡儿坐标系不仅使得数据处理更为直观，简化了投影和变换操作，还降低了计算几何特征（如法向量、曲率和顶点）的复杂度，并提升了点云数据索引和搜索的效率，这对于后续的数据分析和特征提取至关重要。

对于 MEMS 式激光雷达，由于一次采样周期为一个偏振镜旋转周期，10Hz 下采样周期为 0.1s，但由于载体本身在进行高速移动，我们需要对得到的数据进行消除运动畸变，来补偿采样周期内的运动。

（2）反射强度

LiDAR 返回的每个数据中，除了根据速度和时间计算出的三维点坐标，还包括反射强度，它是指激光点回波功率和发射功率的比值。而激光的反射强度根据现有的光学模型，可以较好地刻画为以下模型：

$$P_R = \frac{P_E D_R^2 \rho \cos\alpha}{4R^2} \eta_{Sys} \eta_{Atm} \qquad (2-1)$$

式中，P_R 是回波功率；P_E 是发射功率；D_R^2 是接收机孔径；ρ 是物体表面反射率；α 是入射角；R 是距离；η_{Sys} 是系统传输率；η_{Atm} 是大气传输率。

我们可以看到，激光点的反射强度和距离的平方成反比，和入射角余弦值成正比。入射角是入射光线与物体表面法线的夹角。

（3）时间戳和编码信息

LiDAR 系统通常具备硬件层面的时间同步功能，这意味着它们可以通过硬件触发器来启动数据的采集，并能够为每帧数据分配一个时间戳。LiDAR 系统支持多种时间同步接口，以确保数据的准确性和同步性。

扩展知识

LiDAR 的时间同步接口

IEEE 1588-2008：这是一种国际标准的时间同步协议，用于网络化测量和控制系统中的精密时钟同步。遵循此协议，LiDAR 系统可以通过以太网实现与其他测量及控制系统的精确时钟同步。

每秒脉冲（pulse per second, PPS）：PPS 是一种简单的时间同步方法，它通过同步信号线发送周期性的脉冲信号，用以实现数据的同步。

全球定位系统（global positioning system，GPS）同步：结合了 PPS 和协调世界时（coordinated universal time，UTC）的时间同步方式，通过同步信号线和 GPS 时间来实现数据同步，确保时间的准确性。

当我们从 LiDAR 硬件获取一系列数据包后，需要通过驱动程序处理这些数据，以便将其转换为点云通用格式，如 ROS（robot operating system，机器人操作系统）的 ROSMSG 格式或者 PCL（point cloud library，点云库）的格式。以目前广泛使用的旋转式激光雷达为例，其数据采集频率为 10Hz，意味着 LiDAR 在 0.1s 内完成一圈旋转。在这个过程中，硬件采集的数据会根据角度被分割成不同的数据包，每个数据包代表一个特定角度范围内的测量信息。这种分割有助于后续处理和分析，使得点云数据能够更有效地反映实际的三维空间结构。

（4）颜色信息

如果使用的是彩色激光雷达或与相机结合的系统，每个点可能包含 RGB 颜色值。

（5）法向量

法向量（normal vector）表示点云中每个点的表面法线方向，用于恢复物体表面的几何形状。

扩展知识

点云的存储格式

点云目前的主要存储格式包括：pts、LAS、PCD、xyz 和 pcap 等。

① pts 点云文件格式是最简便的点云格式，直接按三维坐标 (x, y, z) 顺序存储点云数据，字符数据可以是整数型或者浮点型。

② LAS 存储格式比 pts 复杂，允许不同的软硬件供应商输出可互操作的统一格式。

③ PCD 存储格式是 PCL 库官方指定格式，是典型的为点云量身定制的格式。其优点是支持 n 维点类型扩展机制，能够更好地发挥 PCL 库的点云处理性能。文件格式有文本和二进制两种格式。

④ xyz 是一种文本格式，包含了 3 个坐标信息和法向量，数字间以空格分隔。

⑤ pcap 是一种通用的数据流格式，是现在流行的 Velodyne 公司出品的激光雷达默认采集数据文件格式，以二进制的形式保存。

2.3
毫米波雷达

在先进的辅助驾驶系统（ADAS）和自动驾驶领域，选择合适的传感器组合对于实现精确的环境感知至关重要。如前所述，相机能够提供丰富的色彩和纹理信息，适用于图像识别和分类任务。然而，它们在低光照条件下的性能受限，且缺乏深度信息，这限制了它们在三维空间测量中的应用。激光雷达提供了高分辨率的三维空间信息，但其有效检测距离受到多种因素的影响，包括发射功率、接收器灵敏度、信号处理能力以及环境因素。此外，激光雷达系统的成本相对较高，且对某些极端天气条件敏感。

毫米波雷达能够在各种环境条件（包括雨、雪、雾、霾等恶劣天气和低光照条件）下稳定工作，能够对物体的速度和距离进行精确测量，还能穿透一些物体并探测到其后的目标。这些特性使得毫米波雷达能够良好地弥补相机和激光雷达的不足。

2.3.1　毫米波雷达的测距原理

毫米波雷达利用电磁波与目标的相互作用来实现成像，如图 2-7 所示。其基本工作原理是发射电磁波，接收并分析反射回波信号，并计算目标的距离、速度和角度等。传统毫米波雷达通过辐射的毫米波利用对探测物的反射波进行定位与回波显示，其工作的过程主要是：

① 毫米波雷达通过射频系统辐射电磁波，对被探测物体进行电磁波的检测与扫描；

② 利用反射回来的电磁波，进行放大与信号解析计算，可以计算出物体的远近距离，结合不同的方位角计算出物体的左右间距离；

③ 利用多普勒效应再最终计算出移动物体的速度、方位等。

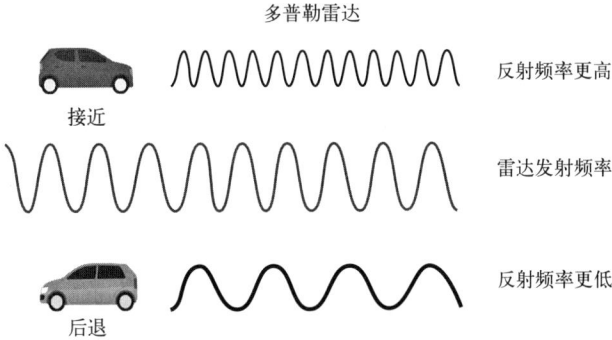

图 2-7　毫米波雷达实现成像

上述过程中，量程和分辨率是两个关键指标，决定了雷达的性能。车载毫米波雷达系统包含射频模块、信号处理模块，以及总体电路部分。目前的毫米波雷达俯仰角一般为平行于水平面 ±2°，形成低俯仰角平面波束，对前方车辆能够进行位置、速度的测量。

现阶段毫米波雷达主要用于车辆前部碰撞预警，主要波束的工作模式为连续波和雷达的脉冲波束，工作模式为连续的波束，主要波形为：线性调制连续波（linear modulated continuous wave，LMCW）、连续波（continuous wave，CW）、频率偏移键控（frequency shift keying，FSK）等。

2.3.2　毫米波雷达的硬件参数

（1）最大角视场

毫米波雷达的最大角视场由雷达可以估算的最大到达角（angle of arrival，AoA）来界定。两个间隔为 l 的天线，对应的到达角的最大值为：

$$\theta_{\max} = \arcsin\left(\frac{\lambda}{2l}\right) \tag{2-2}$$

式中，$\theta_{\max}$ 表示毫米波雷达的最大角视场；λ 表示波长；l 表示雷达天线孔径。图 2-8 中展示了两个雷达可以覆盖的最大视场角。垂直线代表雷达的正前方，而两边的箭头分别表示最大到达角 $\theta_{\max}$ 和负的最大到达角 $-\theta_{\max}$。从图中可以看出，雷达能够覆

盖的视场是一个从 $-\theta_{max}$ 到 θ_{max} 的区域。

（2）角度分辨率和测角精度

角度分辨率表示两个物体的角度差异为多少时，可以将两个物体的角度在角度快速傅立叶变换的谱峰中区分出来，而测角精度则表示测量单目标的角度的测量精度。毫米波雷达的角度分辨率一般较低，但可以通过算法设计来提高。

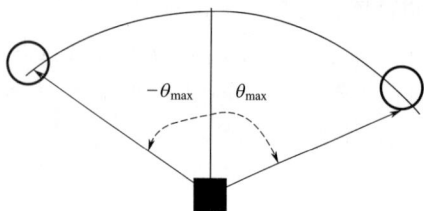

图 2-8 毫米波雷达的最大视场角

（3）距离分辨率和速度分辨率

距离分辨率表示距离上分辨两个目标的能力，而速度分辨率则表示了在径向速度上区分目标的能力。这些分辨率的高低取决于雷达的带宽和信号处理算法。

（4）工作频率

毫米波雷达的工作频率通常在 30 ～ 300GHz 之间，不同的工作频率对应不同的波长，从而影响雷达的探测距离和分辨率。工作频率越高，波长越短，分辨率越高，但探测距离越近。例如，77GHz 的毫米波雷达能够检测小至零点几毫米的移动，而 24GHz 的毫米波雷达虽然精度稍逊，但成本较低，探测范围更广。

（5）发射功率和接收灵敏度

发射功率和接收灵敏度直接影响毫米波雷达的探测距离和精度。一般来说，发射功率越大，天线增益越高，雷达能够检测到的有效回波就越强，测量距离就越远。

2.3.3 毫米波雷达点云

毫米波雷达获取的数据主要以三维点云数据为主，如图 2-9 所示，展示了 RADIal 数据集相机的图像，红色为投影的激光点云，靛蓝色为毫米波雷达点云，橙色为车辆标注，绿色为自由行驶空间标注。可以看到毫米波雷达点云与激光雷达点云相比明显更加稀疏。

图 2-9 毫米波雷达的可视化

其中，每个点包含目标的位置信息以及可能的其他属性，如速度和反射强度等。毫米波雷达点云包含的主要属性有以下几种。

（1）点云坐标

毫米波雷达通过测量目标的距离和角度得出 2D 平面坐标以及速度，生成的点云通常没有高度坐标或者高度坐标准确性很差，因此毫米波雷达可以简单理解为平面雷达。上述测距方式符合极坐标的形式，因此毫米波雷达点云可以通过极坐标形式表达。此外，为了更好地统一感知任务的观测系统，也常将点云转换到笛卡儿坐标系进行表示。

在极坐标下，点云位置用距离 - 角度形式表示。

① 距离：毫米波雷达通过测量发射和接收电磁波的时间差来确定目标物体的距离。这是通过速度（光速）和时间的乘积得到的，即 $s=(c \times t)/2$，其中 c 是光速，t 是时间，s 为距离。

② 角度：毫米波雷达可以测量目标物体相对于雷达的角度位置。这通常是通过天线阵列或者机械扫描来实现的，其能够提供方位角和俯仰角信息。

在笛卡儿坐标下，点云位置用 x、y 坐标值进行表示。

① x 坐标：在笛卡儿坐标系统中，x 坐标表示点在水平方向上的位置。对于毫米波雷达点云数据，x 坐标可以通过将极坐标中的距离信息和角度信息转换为直角坐标系中的水平分量来获得。

② y 坐标：y 坐标平行于地面且垂直于 x 轴的方向，例如以雷达照射方向的左侧为 y 坐标。在毫米波雷达点云数据中，y 坐标同样是通过极坐标转换得到的，它反映了点在水平面内的横向位置。

（2）速度

利用多普勒效应，毫米波雷达可以测量目标物体的速度。当物体相对于雷达移动时，反射波的频率会发生变化，通过分析这种频率变化可以计算出物体的速度。

（3）回波强度

毫米波雷达点云数据中的回波强度，也称为雷达截面（radar cross section，RCS）或反射率，是指雷达接收到的从目标物体反射回来的电磁波信号的强度。它反映了目标物体对雷达波的反射能力，与目标的大小、形状、材料和表面粗糙度等因素有关。

回波强度通常用分贝（dB）或分贝毫瓦（dBm）来表示，其公式可以表示为：

$$\mathrm{RCS} = 10\lg\left(\frac{P_r}{P_t}\right) \tag{2-3}$$

其中，RCS 代表回波强度；P_r 是接收到的功率，P_t 是发射的功率。回波强度是判断目标物体特性的重要参数，对于目标检测、分类和跟踪等雷达应用具有重要意义。

（4）多普勒值

多普勒值是基于多普勒效应原理来测量的。多普勒效应是指，当波源与观察者之间存在相对运动时，观察者接收到的波的频率会发生变化。如果波源接近观察者，接收到的频率会增高；如果波源远离观察者，接收到的频率会降低。多普勒值的计算公式为：

$$f_D = \frac{2v_r}{c} f_0 \qquad\qquad (2\text{-}4)$$

其中，f_D 是多普勒频移（多普勒值）；v_r 是目标物体的径向速度；c 是光速；f_0 是雷达发射的原始频率。

在自动驾驶系统中，多普勒值可以帮助识别和追踪移动物体，如车辆、行人等。通过分析点云数据中的多普勒值，系统可以判断这些物体的速度和移动方向，从而做出相应的决策。

2.4
不同传感器的互补作用

在自动驾驶车辆的感知系统中，相机、激光雷达、毫米波雷达等传感器各自承担着不同的任务，如表 2-1 所示。它们的优势和局限性决定了它们在特定应用场景中的适用性。

表 2-1　各种传感器的优缺点及适用场景

特性 / 传感器	激光雷达	相机	毫米波雷达
优点	① 高精度的三维空间测量 ② 丰富的点云数据	① 丰富的色彩和纹理信息 ② 成本较低	① 能在恶劣天气下工作 ② 精确的速度和距离测量
缺点	① 成本高 ② 对环境因素敏感	① 缺乏深度信息 ② 低光照性能受限	① 分辨率较低 ② 对静止的非金属物体反射率低
适用场景	① 精确的环境建模 ② 障碍物检测	① 图像识别和分类 ② 日间驾驶辅助	① 速度和距离检测 ② 夜间和恶劣天气的驾驶辅助

相机擅长捕捉高分辨率的图像，这使得它们在识别交通标志、道路标线和远处的物体细节方面表现出色。此外，由于相机能够记录 RGB 信息，它们在颜色识别方面具有天然优势，这对于交通信号灯识别等任务至关重要。相机的成本相对较低，这使得在车辆上部署多个相机成为可能，从而提供更全面的环境感知。

激光雷达主要提供距离和形状信息，但它不擅长捕捉颜色和纹理细节。其成本相对较高，这在一定程度上限制了其在大规模部署或成本敏感型应用中的使用。尽管激光雷达在空间分辨率上有优势，但在图像细节方面不如相机。

毫米波雷达具备在恶劣天气条件下工作的能力，能够提供精准的速度和距离测量，但其分辨率较低且对静止的非金属物体反射率低。其适用于速度和距离检测以及夜间和恶劣天气下的驾驶辅助。

在自动驾驶系统中，相机、激光雷达和毫米波雷达常常联合使用，以实现各自的优势互补。例如，相机可以用于识别交通标志和信号灯，而激光雷达则可以提供周围环境的精确距离和形状信息，两者结合可以提高车辆对周围环境的整体感知能力。此外，毫米波雷达在速度检测和天气鲁棒性方面表现出色。相机、激光雷达和毫米波雷达在不同环境条件下的稳定性可以互补结合，确保自动驾驶车辆在各种环境下都能鲁棒地进行感知。

通过这种多传感器融合策略，自动驾驶车辆能够更全面、更精确地理解其所处的环境，从而做出更加安全和有效的驾驶决策。

第 3 章

三维感知任务

基于传感器采集的数据，三维感知算法的目标是像人的大脑一样，对获取的数据进行处理，实现机器对于周围三维环境的"理解"，包括对环境中的对象、道路、行人以及其他重要元素进行准确的分类、定位和跟踪等。人脑划分区域处理不同的任务，类似地，为降低感知的难度，研究者将感知任务抽象并划分为多种子任务，特定算法通常仅针对特定子任务进行优化。在了解算法之前，我们首先需要理解具体的任务，以明确不同算法的优化目标。三维感知可以被分为静态感知、动态感知和通用障碍物感知三大类。

① 静态感知主要关注于对环境的结构化理解，包括语义分割、实例分割和全景分割。这些任务旨在从图像或点云数据中提取出有关物体类别和实例的详细信息。例如，语义分割用于区分环境中的不同物体类别，如车辆、行人和道路；实例分割进一步区分不同的实例；全景分割则结合了语义分割和实例分割的特点，同时理解场景中的所有物体类别和实例。

② 动态感知则专注于理解随时间变化的环境元素，包括物体检测、物体跟踪和轨迹预测。这些任务对于自动驾驶汽车理解动态变化的物体、在行驶过程中做出及时响应至关重要。物体检测用于识别和定位场景中感兴趣的物体。物体跟踪则持续跟踪这些物体的运动状态。轨迹预测是预测这些物体未来的运动轨迹，为决策规划模块提供支持。

③ 通用障碍物感知，不同于前两类感知任务主要依赖于语义类别标注进行判别，它通过地图表示方法，表示环境中的障碍物和自由空间，包括占用网格语义分割和占用网格场景流。这些任务有助于构建对环境的全面理解，为路径规划和避障提供支持。

这些感知任务的划分基于不同的需求和应用场景，每种任务都对应着特定的算法和技术。通过这些方法，机器能够获得对三维世界的深刻理解，从而在自动驾驶、机器人导航等领域发挥关键作用。本章主要介绍不同感知任务的具体内涵和评价标准，后续章节将列举具体算法以使读者详细了解相关算法的实现和应用。

3.1
静态感知

在本章的探讨中，我们首先聚焦于静态感知这一关键领域。静态感知主要指的是对环境中静止或相对于观察者位置不变的物体和结构的理解和识别。它的核心任务是分析和解释场景中的静态元素，如道路边界、建筑物、交通标志等，这些元素构成了我们周围世界的物理布局。

静态感知之所以重要，是因为它为自动驾驶车辆和机器人提供了必要的环境信息，使它们能够在复杂场景中进行精确定位和安全导航。此外，静态感知的结果通常具有较高的可靠性，因为静态物体不会随时间变化，这使得感知系统可以更容易地识别和学习这些特征。

静态感知可以进一步细分为几个子任务，包括：

① 语义分割：将图像中的每个像素分配到特定的类别，如道路、建筑物、行人等，从而理解场景中所有物体的类型。

② 实例分割：在语义分割的基础上，进一步区分同类物体的不同实例，并为每个独立物体赋予一个唯一标识。

③ 全景分割：综合语义分割和实例分割，不仅区分所有物体的类别，还区分每个物体的实例，提供场景中所有元素的全面理解。

这些任务的分类基于对环境结构化理解的深度和复杂性。静态感知任务的实现，通常依赖于高级的图像处理算法和深度学习模型，这些技术能够从二维图像或三维点云数据中提取出丰富的静态环境特征。下面我们将详细介绍上述任务的内涵和评测方法。

3.1.1 语义分割

（1）什么是语义分割？

计算机视觉中最著名的图像分类任务是把一张图片划分为某个类别，而语义分割则是更进一步的分类——在像素或者三维点级别上进行分类。比如在一张 2D 图像中，属于人的所有像素分成一类，属于摩托车的所有像素也要分成一类，除此之外背景像素也被分为一类。而在自动驾驶中，3D 点云语义分割的主要任务是将车辆周围环境中的三维点云数据分割成不同的语义类别，以实现对环境的理解和识别。

语义分割能够辅助实现语义理解、障碍物检测、道路感知和规划决策等功能。具体地，自动驾驶系统通过点云语义分割，将每个点分类到预定义的语义类别中，如道路、建筑物、行人、车辆等。一方面，可以识别和标记出潜在的障碍物，如其他车辆、行人或路障，以帮助车辆规避碰撞并安全地行驶；另一方面，还可以确定道路的边界和结构，以进行车道保持和路径规划，确保车辆沿着道路行驶；除此之外，还可以将分割后的语义信息与其他感知结果或传感器数据结合，支持自动驾驶系统进行规划和决策，如避障、车道变换、停车等。

为预测语义分割，模型在训练过程中，需要衡量真值标注和预测结果的差异，以优化其参数。因而，需要对传感器采集的环境数据进行人工标记。3D 点云语义分割标注与 2D 图像语义分割标注方法类似，需要赋予点级别的对象语义标签。不同的是 3D 点云语义分割需要在三维立体点云中对每个三维点指定一个类别标签，比如车辆、行人、道路、建筑物等。例如，图 3-1 是 SemanticKITTI 数据集中自动驾驶场景下的语义标签，不同颜色分别代表了不同物体类别（语义类别）。

图例：

| ■ 路 | ■ 人行道 | ■ 停车场 | ■ 车 | ■ 柱子 |
| ■ 植被 | ■ 地形 | ■ 树干 | ■ 建筑 | ■ 其他结构 | ■ 其他对象 |

图 3-1 点云语义分割任务输出——语义标签

那么在一些具有详尽标注的训练数据基础上，3D 语义分割是在给定点云 $P \in \mathbb{R}^{N \times (3+K)}$ 或（与）多目相机图像 $\boldsymbol{B} = \{b_1, b_2, \cdots, b_M\}$ 等输入（其中，$b_i \in \mathbb{R}^{3 \times h \times w}$，$N$、$M$ 分别代表点的个数与图片的个数，K 代表点云除了坐标以外的特征数，如归一化坐标和反射强度等）时，模型 M 将输入点云（或图像）映射到语义分割输出：

$$\mathrm{M} : \boldsymbol{P} \in \mathbb{R}^{N \times (3+K)} \parallel \boldsymbol{B} \in \mathbb{R}^{M \times 3 \times h \times w} \rightarrow \boldsymbol{S} \in \mathbb{R}^{N \times C} \tag{3-1}$$

其中，$\parallel$ 表示或，即模型输入可能为仅点云、仅多目图像，或点云和多目图像；$\boldsymbol{S}$ 表示输出的 3D 语义分割结果，描述了场景中各个对象的空间位置和类别信息，通常是为点云中的每一个点赋值一个类别标签；C 为类别数目。

在点云语义分割的训练过程中，标签用于监督学习模型的训练。具体来说，每个点云数据点都被分配了一个语义标签，这些标签代表了点云中每个点所属的类别。通过计算模型预测的标签与真实标签之间的损失（如交叉熵损失），模型的参数在训练过程中不断调整，以最小化预测误差，从而提高模型的准确性。

在测试过程中，标签用于评估模型的性能。测试数据集中的点云数据点同样具有预先标注的标签，但这些标签在测试时不被模型看到。模型对测试数据进行预测后，预测结果与真实标签进行比较，通过计算准确率、召回率、F1 分数等指标来评估模型的性能。这些评估指标帮助研究者了解模型在未见数据上的泛化能力。

点云语义分割作为三维感知领域的一项基础且关键任务，虽然已取得显著进展，但仍面临一些主要挑战：

① 训练数据缺乏：相比传统方法，全监督网络省去了人工特征设计的步骤，但训练时依赖于大量带有语义标签的数据。这些数据的数量、密度、质量（包括是否含有噪音、遮挡）以及多样性对网络性能有显著影响。目前，针对室内点云语义分割常用的数据集较少，无法充分满足实际应用需求。不同数据集格式和标注方式不统一，导致数据预处理耗时。

② 准确度和实时性不可兼得：在自动驾驶等应用中，点云语义分割算法需要在极短的时间内完成，以满足实时处理的需求。但现有的语义分割算法在精确度和实时性之间往往是顾此失彼。

③ 采集场景中的重合与遮挡：对于大规模实时点云语义分割，采集的场景通常较为复杂，如街道、车流等。这些场景中存在许多形状或表面反射率相似的物体，且物体之间的遮挡现象严重。这导致采集到的物体点云数据中存在较多的重合和空洞问题，从而增加了点云分割的难度。

④ 网络结构复杂：现有语义分割和实例分割方法多存在模型复杂、参数多的问题，特别是基于 Transformer 的模型，虽性能优秀，但参数多、计算复杂、训练耗时且资源需求高，不利于实时应用和资源受限环境部署。同时，过度追求性能而忽视简洁性可能导致过拟合和资源浪费。

解决这些挑战需要综合运用先进的算法设计、多传感器数据融合技术，以及对特定应用场景的深入理解。随着研究的深入和技术的进步，这些挑战有望逐步得到解决。

（2）3D 语义分割评估指标

评估指标提供了一种量化模型性能的方法，允许研究者和开发者客观地衡量模型的效果，在模型理解、选择和优化等方面有重要作用。在实际的模型开发时，模型优化的目标通常是使某任务的评估指标最优，但是值得注意的是，评估指标是人为设计的评价标准，虽然能够实现定量、便捷和公平的算法比较，但在一些情况下未必能实现全面、综合和准确评价算法的意图。

不同任务常用的评估指标不尽相同，评价 3D 语义分割最常用的指标是交并比，除此之外 Dice 系数、准确率、召回率等指标也常常作为补充，下面分别进行介绍。

① 交并比（intersection over union，IoU）和平均交并比（mean intersection over union，mIoU）：IoU 也称为 Jaccard 指数，它预测分割和真值分割的交集与并集之比，如图 3-2 所示。IoU 的范围是 0 ～ 100%，其用途是判断两个掩码的重叠程度，值越高则重叠程度越高，即两个掩码越靠近。mIoU 为计算每一类的 IoU 然后求平均求得的结果。

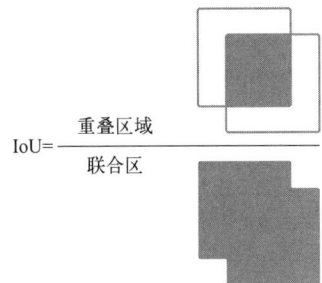

$$IoU = \frac{重叠区域}{联合区}$$

图 3-2　交并比几何示意图

② 真正例（true positive，TP）、假负例（false negative，FN）、假正例（false positive，FP）和真负例（true negative，TN）：TP 表示真正例，即模型将正样本预测为正样本的次数；FN 是假负例，即模型将正样本预测为负样本的次数；FP 是假正例，即模型将负样本预测为正样本的次数；TN 是真负例，即模型将负样本预测为负样本的次数。上述四个指标可以形成如表 3-1 所示的混淆矩阵，用于下面精确度、召回率

等一系列指标评估指标的计算。多类别物体的分割、检测问题可以转换为"某类物体检测正确、检测错误"的二分类问题，从而可以构造混淆矩阵。

表 3-1　混淆矩阵

条件	预测值 = 正例	预测值 = 反例
真实值 = 正例	TP	FN
真实值 = 反例	FP	TN

③ Dice 系数（Dice coefficient）：与 IoU 相似，是一种用于衡量两个集合相似度的统计方法。Dice 系数通常用于医学图像分析、生物信息学以及模式识别等领域，尤其是在评估分割任务（如肿瘤分割）的性能时。

Dice 系数的计算公式如下：

$$Dice = \frac{2 \times TP}{TP + FP + FN} \qquad (3-2)$$

Dice 系数的值介于 0 和 1 之间，数值越接近 1，表示两个集合的相似度越高；数值越接近 0，表示两个集合的相似度越低。Dice 系数的一个优点是它对类别不平衡的数据集较为敏感，这意味着即使模型对少数类的识别能力较差，Dice 系数仍然能够提供有用的性能评估。

在实际应用中，Dice 系数可以帮助研究人员和工程师评估分割任务的性能，特别是在处理小样本或者类别不平衡的数据时。通过 Dice 系数，可以更全面地理解模型在实际任务中的表现，并指导模型设计和优化。

④ 精确度（Accuracy）：混淆矩阵的重要性在于，通过计算其中的四个元素，可以进一步得到许多重要的评估指标，例如精确度、召回率和准确率等。其中，精确度表示模型预测正确的样本数与总样本数之比。

$$Accuracy = \frac{TN + TP}{TN + TP + FN + FP} \qquad (3-3)$$

⑤ 召回率（Recall）：表示真值给出的所有正样本中被模型检测到的百分比。

$$Recall = \frac{TP}{FN + TP} \qquad (3-4)$$

⑥ 精确率（Precision）：表示模型预测为正确的样本中，真正例的比例。

$$Precision = \frac{TP}{TP + FP} \qquad (3-5)$$

⑦ F1 分数（F1 Score）：是精确率和召回率的调和平均数，用于综合评价模型的性能。其计算方式为：

$$\mathrm{F1}_{score} = 2 \times \frac{\mathrm{Precision} \times \mathrm{Recall}}{\mathrm{Precision} + \mathrm{Recall}} \qquad (3\text{-}6)$$

⑧ 精确度 - 召回率曲线（precision-recall Curve，PR Curve）：精确度 - 召回率曲线是一种用于评估分类模型性能的图表，它展示了精确度（precision）和召回率（recall）之间的关系，随着分类阈值的变化而变化。精确度 - 召回率曲线特别适用于类别不平衡的数据集，因为在这些情况下，准确率（accuracy）可能无法提供模型性能的全面视图。

在绘制精确度 - 召回率曲线时，通常不会固定分类阈值，而是会遍历所有可能的阈值，计算每个阈值下的精确度和召回率，然后将这些点连成曲线。理想情况下，精确度 - 召回率曲线会尽可能靠近图表的左上角，这意味着模型具有高精确度和高召回率。然而，在实际应用中，精确度和召回率往往存在矛盾，即提高精确度可能会降低召回率，反之亦然。精确度 - 召回率曲线可以帮助研究人员和工程师选择合适的分类阈值，以平衡精确度和召回率，满足特定的应用需求。

3.1.2　实例分割

（1）什么是实例分割？

实例分割可以看作目标检测和语义分割的结合，任务是将输入图像中的目标检测出来，并且对目标的每个像素分配类别标签。实例分割能够对前景语义类别相同的不同物体进行区分，这是它与语义分割的最大区别。相比语义分割，实例分割发展较晚，因此实例分割模型主要基于深度学习技术，但它也是分割任务的一个重要组成部分。

3D 实例分割旨在从传感器获取的数据中，识别和分割出 3D 环境中的各个物体，并为它们赋予唯一的标识，以便系统能够准确地理解周围的环境。这项任务需要处理三维场景中的对象，包括它们的位置、形状、大小以及类别信息。3D 实例分割任务主要的输入是点云数据，任务的预期输出是对场景中各个物体的准确分割掩码（mask）和类别。理想情况下，每个物体都被分配一个唯一的标识（ID），并且相互之间被掩码准确地分割开来，以确保系统能够对它们进行有效的理解和处理。为了训练和评估 3D 实例分割模型，需要对训练数据进行精确的标注。图 3-3 所示是实例分割任务标注的示意图。这张图片展示了自动驾驶场景下的点云实例分割结果，不同颜色分别代表不同的物体实例。紫色区域表示背景区域，其他颜色（如蓝色、绿色、

图 3-3　实例分割任务

黄色和红色）则表示不同的车辆或行人等物体。每种颜色对应一个独立的物体实例，帮助自动驾驶系统在复杂环境中准确识别和分割各类物体。

点云实例分割的标注的要求通常包括以下几个方面：

① 物体掩码标注：需要准确地标注出每个物体的掩码或边界，以确保分割的准确性和完整性。

② 物体类别标识：每个被分割出的物体都需要被赋予正确的类别标签，以便系统能够理解其类型和特征。

③ 唯一 ID 分配：每个物体都应该被分配一个唯一的 ID，以便系统能够跟踪和识别不同的物体。

数学上，我们可以将点云实例分割任务表达为寻找一个映射函数 $\mathcal{F}$，它将输入点云 P 映射到每个点的类别标签 c 和实例标签 i 的集合上：

$$\mathcal{F}: P \rightarrow \{(c_1, i_1), (c_2, i_2), \cdots, (c_n, i_n)\}$$

式中，c 是从预定义的类别集合 C 中提取的语义类别标签，是在该类别内的唯一实例标识符。对于每个点 p_i，实例分割模型会输出一个类别和实例的元组 (c_i, i_i)。这个元组不仅告诉我们它属于哪个语义类别，还告诉我们它属于该类别中的哪一个具体实例。

点云实例分割是三维感知领域的一个高度复杂任务，目前相关算法发展主要遵循两条路线：第一类是基于物体检测的自上而下的方案，首先通过物体检测定位出每个实例所在的边界框，进而对边界框内部进行语义分割得到每个边界框对应的掩码（分割结果真值、像素级别的分类标签）；第二类是基于语义分割的自下而上的方案，首先通过语义分割进行逐像素分类，进而通过中心锚点、聚类或度量学习手段区分开同类的不同实例。尽管已有研究取得了一定的进展，但点云实例分割仍面临以下主要挑战：

① 多实例区分：不同于语义分割仅需要分割固定数量的类别，实例分割需要分割出不定数量的物体，需要区分同类物体中的不同实例，这在点云数据中尤为困难，因为点云信息可能缺乏足够的区分特征。

② 长尾分布问题严重：现实世界道路场景中阶级失衡问题严重。例如，常出现类别（例如汽车）和其他类别（例如骑车人）之间的不平衡比率可以大于 20。这意味着在一个给定的场景中，汽车的数量可能是骑车人数量的 20 倍以上。这种数量上的不平衡会导致训练数据集中某些类别的样本数量过多，而其他类别的样本数量过少，从而在训练过程中产生偏差。在实例分割任务中，这种不平衡可能会导致模型对数量较多的类别过于敏感，而对数量较少的类别识别能力不足。

（2）3D 实例分割评估指标

实例分割任务常用的评测指标，除了和语义分割相同的 mIoU、Dice 系数等指标外，还包括以下几种。

① 平均精度（average precision，AP）和平均精度均值（mean average precision，mAP）：AP 即准确率 - 召回率（precision-recall，PR）曲线下的面积，是评价目标检测或实例分割模型性能的综合指标。AP 有两种估算方法，第一种估算方式采用 11 点插值法来估算 AP 值。根据召回率 r 将我们得到的序列分成 11 段，即 $r \geq 0$，$r \geq 0.1$，

$r \geqslant 0.2$，$\cdots$，$r \geqslant 1$，

$$AP = \frac{1}{11} \sum_{r_m \in \{0,0.1,\cdots,1\}} \rho_{\text{interp}}(r_m) \tag{3-7}$$

$$\rho_{\text{interp}}(r_m) = \max_{\tilde{r}:\tilde{r} \geqslant r_m} \rho(\tilde{r}) \tag{3-8}$$

式中，r_m 代表召回率的阈值；$\rho(\tilde{r})$ 代表在召回率等于 $\tilde{r}$ 时的准确率值；$\rho_{\text{interp}}(r_m)$ 是超过 r_m 的召回率中对应最大的准确率值，例如 $\rho_{\text{interp}}(0.6)$ 就是大于或等于 0.6 的所有召回率中对应的最大的准确率的值。上述公式的含义是：首先取出来所有的在 $r \geqslant 0$ 区间内的所有的召回率，以及对应的准确率，然后从这些准确率中找到最大值作为这个区间内准确率的代表；然后，重复上述步骤，在剩下的 10 个区间内也分别找到最大准确率；最后，把这 11 个数求均值作为最终的 AP。

第二种求 AP 值方式：将所有的召回率值都取一遍，并计算 AP 值。对于第 n 种召回率的取值，在区间中找到最大的准确率，然后用最大的准确率和两个召回率相乘作为这段区间的 AP，最后遍历所有区间，将每段 AP 加起来就得到了最后的 AP，如式（3-6）所示。

$$AP = \sum_{r=0}^{1} (r_{n+1} - r_n) \rho_{\text{interp}}(r_{n+1}) \tag{3-9}$$

$$\rho_{\text{interp}}(r_{n+1}) = \max_{\tilde{r}:\tilde{r} \geqslant r_{n+1}} \rho(\tilde{r}) \tag{3-10}$$

式中，r_{n+1}、r_n 代表相邻的召回率取值；$\rho_{\text{interp}}(r_{n+1})$ 表示在召回率 $= r_{n+1}$ 时的插值精度（interpolated precision）。注意在召回率序列中有些位置值是相等的，因为只有取到一个 TP 的时候召回率的数值才会发生变化。

mAP 是将所有类别的 AP 都算出来然后求取平均值，范围为 0 ~ 100%。其用途是衡量算法在所有类别上的整体精度表现。

② 整体精度（overall accuracy，OA）：OA 是最简单直观的模型评估指标之一，它通过计算模型正确分类的样本数与总样本数之比来衡量模型的整体准确率。

$$OA = \frac{TP + TN}{TP + FP + FN + TN} \tag{3-11}$$

③ 平均精度（average accuracy，AA）：AA 是针对各个类别的准确率进行平均得到的指标，它能够反映模型在不同类别上的表现。

$$Accuracy = \frac{TP + TN}{TP + FP + FN + TN} \tag{3-12}$$

④ 频率加权交并比（frequency weighted intersection over union，FWIoU）：这是 mIoU 的一个变体，它根据每一类出现的频率对各个类的 IoU 进行加权求和，以反映不同类别的重要性。

$$FWIoU = \frac{1}{\sum_{i=0}^{k}\sum_{j=0}^{k}p_{ij}}\sum_{i=0}^{k}\frac{p_{ii}}{\sum_{j=0}^{k}p_{ij}+\sum_{j=0}^{k}p_{ji}-p_{ii}}\qquad(3\text{-}13)$$

式中，p_{ji} 是第 j 类被预测为第 i 类的像素数；k 为类别总数。

⑤ 平均精度（mean precision，MP）：与 mAP 类似，但它是基于每个类别的平均精度，而不是整个数据集的平均精度。

$$MP = \frac{1}{n}\sum_{i=1}^{n}P(i)\qquad(3\text{-}14)$$

式中，n 是一个类别下样本的总数，P_i 是第 i 个样本的精度。

3.1.3　全景分割

（1）什么是全景分割？

全景分割旨在对场景中的所有物体和背景区域进行分类和分割。全景分割可以看作语义分割和实例分割的结合，它不仅需要区分物体的类别，还进一步区分可数物体（things 类别，如人、车等）的不同实例，并将它们与不可数背景区域（stuff 类别，如建筑物、马路等）分开。全景分割的目标是提供一个全面的场景理解，这对于自动驾驶、机器人导航和增强现实等应用至关重要。

3D 全景分割任务的输入是点云和（或）图像，预期输出是对整个环境的准确分割和标识。每个像素都应该被赋予正确的语义标签和实例编号（identity，ID），以确保系统能够准确地理解周围环境的情况。如图 3-4 所示。

输入点云　　　　　　　　　　点云与 Panoptic 标签

图 3-4　全景分割任务输出结果

全景分割的数学模型可以概括为一个分类问题，其中场景中的每个像素都需要被分配到一个特定的类别和实例编号。给定有 L 个语义类的预定集合，语义标签集可以标记为 $\Gamma := \{1,\cdots,L\}$。Γ 由 stuff 类别子集 Γ_{St} 和 things 类别子集 Γ_{Th} 组成，满足 $\Gamma = \Gamma_{St} \cup \Gamma_{Th}$ 且 $\Gamma_{St} \cap \Gamma_{Th} = \varnothing$。全景分割任务将图像（或点云）的每个像素（或点）$i$ 映射到一对 (l_i, z_i) 标签上（$i \in \{1,\cdots,N\}$，其中 N 表示像素（或点）的数量），其中 l_i 表示像素（或点）i 的语义类，z_i 表示像素（或点）i 的实例编号。对于语义标签，模糊或数据集标注外的其他类别可以标记为特殊的空语义标签；即并非所有像素都必须具有语义标签。对于实例标签，当像素被标记为 $l_i \in \Gamma_{\mathrm{St}}$ 时，即不可数的 stuff 类（例如，天空），像素的实例编号没有意义，因此不必分配 z_i。如果像素被标记为 $l_i \in \Gamma_{\mathrm{Th}}$，即可数的 things 类（例如，一辆车），需要为其分配实例编号 z_i，z_i 可以将同一类的像素进一步分组为不同的物体片段。

全景分割任务的提出在实例分割之后，常用方法通常涉及深度学习架构，如卷积神经网络（CNN）和递归神经网络（RNN）。这些方法首先对输入图像进行特征提取，然后使用这些特征来预测每个像素的类别和实例标签。一些方法还会结合多尺度处理和注意力机制来提高分割的准确性。尽管全景分割技术取得了一定的进展，但仍面临以下挑战：

① 现有点云分割算法中的采样策略存在不足：现有的大多数算法所采用的采样策略存在计算代价高、内存占用大、细节信息易丢失的问题，难以处理大规模点云场景。比如 PointNet++、PointConv、 PointCNN 等采用非学习式的最远点采样的方法，使用较少的特征点即可覆盖整个空间特征，但存在计算复杂度高和可扩展性差的问题。

② 分支冲突：全景分割与语义分割和实例分割不同，全景分割既需要考虑到前景，又需要考虑到背景。在全景分割任务当中，利用语义分割和实例分割两个子网络独立分割，再对分割结果进行融合的方法，就会存在语义分支与实例分支之间的冲突以及实例分支内部的冲突。虽然现有的模型当中提出了额外的后处理和融合操作来缓解这两个分支之间的冲突，但这会引起效率低、内存消耗大和执行复杂等问题。

全景分割作为一项综合性的感知任务，其发展需要在算法设计、数据集构建和计算效率等多个方面取得突破。随着研究的深入和技术的进步，全景分割有望在未来实现更加准确和鲁棒的场景理解。

（2）3D 全景分割评估指标

mIoU 仍然是全景分割最常用的指标之一，除了 mIoU 以外，全景分割还常常用到以下指标。

① 分割质量（SQ）和识别质量（RQ）：SQ 和 RQ 是全景分割质量（PQ）的组成部分，它们分别衡量分割的准确性和识别的完整性。SQ 关注于分割的精确度，而 RQ 关注于识别的覆盖度。SQ 是通过所有真正例（TP）的平均 IoU（交集与并集的比率）来计算的，其计算公式如下：

$$SQ = \frac{\sum_{(p,g)\in TP} IoU(p,g)}{|TP|} \qquad (3\text{-}15)$$

式中，g 为真值预测片段；p 为实际预测片段。

而 RQ 是通过 TP 除以真正例 TP、半真负例（TN）和半假正例（FP）的总和来计算的，其计算公式如下：

$$RQ = \frac{|TP|}{|TP| + \frac{1}{2}|FP| + \frac{1}{2}|FN|} \qquad (3\text{-}16)$$

TP 的认定通常是判断实际预测片段 p 与真值预测片段 g 的重叠是否超过 0.5。

② PQ（全景分割质量）：PQ 是衡量全景分割性能的主要指标，它结合了语义分割质量（SQ）和识别质量（RQ）。其数值等于两者乘积，即 PQ=SQ×RQ，具体的计算公式为：

$$PQ = \frac{\sum_{(p,g)\in TP} IOU(p,g)}{|TP| + \frac{1}{2}|FP| + \frac{1}{2}|FN|} \tag{3-17}$$

3.2
动态感知

动态感知是通过捕捉和分析 3D 空间中的动态变化，实现对物体和环境的精确感知和理解。该技术在自动驾驶、机器人导航、虚拟现实等领域具有广泛应用。在自动驾驶中，3D 动态感知可以帮助车辆准确识别和预测行人、其他车辆以及障碍物的移动路径等，提高自动驾驶的安全性和可靠性。

动态感知可以进一步细分为几个子任务：

① 物体检测：物体检测可以识别出图像上或 3D 空间中存在的物体，给出对应的类别，并将物体的位置通过最小包围框（bounding box）的方式给出。

② 物体跟踪：物体跟踪的主要目标是在连续输入的序列（如点云或图像）中准确跟踪物体的位置、姿态和运动状态。与物体检测不同的是，物体跟踪不仅需要识别物体，还需要在连续帧之间保持对物体的持续追踪。

③ 轨迹预测：轨迹预测的目标是根据过去的轨迹数据和当前的环境信息，预测目标未来的运动轨迹和行为。

与静态感知任务不同，动态感知任务常常需要实时处理和分析连续的输入数据（点云或图像），以准确跟踪和预测物体的位置、姿态和运动状态。这些任务通常依赖于高级的传感器融合技术、时序数据处理算法和深度学习模型，以从时序数据中提取丰富的动态环境特征。

3.2.1 物体检测

（1）什么是物体检测？

物体检测是计算机视觉领域的传统任务。物体检测不仅需要识别出图像上存在的物体，给出对应的类别，还需要将物体的位置通过最小包围框（bounding box）的方式给出。物体检测主要分为 2D 物体检测和 3D 物体检测两个领域。其中，2D 物体检测旨在从二维图像中识别出特定的对象，并确定它们的位置和大小。近年来 2D 物体检测算法发展迅速，如人脸识别技术、车辆检测技术和商品识别技术等。3D 物体检测通常使用 RGB 图像、RGB-D 深度图像和激光雷达点云等信息，输出物体的类别和在三维空间中的长、宽、高、旋转角等信息。图 3-5 所示是 3D 物体检测结果的示意图。

车　　　　　　　　　　步行者　　　　　　　　　骑行者

图 3-5 　3D 物体检测示意图

　　虽然 2D 物体检测技术目前发展很成熟，但是其具有不可避免的局限性，即易受到光线环境的影响、受物体遮挡的影响、无法反映物体的真实距离和尺寸等。2D 物体检测技术的局限性无法满足自动驾驶、机器人控制、虚拟现实等新兴技术的需求。与 2D 物体检测技术相比，3D 物体检测技术常使用激光雷达点云作为输入，具有以下优势：激光雷达点云的采集不受光线的影响、能提供深度信息、点云数据能提供丰富的 3D 物体几何信息。

　　3D 物体检测旨在根据传感器输入估计驾驶场景中 3D 物体的边界框，它的通用公式可以表示为 $B = f_{\text{det}}(I_{\text{sensor}})$ ，其中 $B = \{B_1, \cdots, B_N\}$ 是场景中 N 个 3D 物体的集合， f_{det} 是 3D 物体检测模型， I_{sensor} 是一个或多个传感器输入。3D 边界框是在真实三维空间中包围目标物体的最小长方体，一个 3D 边界框有 9 个自由度，其中 3 个是物体质心的位置 (x_c, y_c, z_c) ，3 个是维度物体的长宽高 (l, w, h) ，3 个是旋转角度（ yaw ， $pitch$ ， $roll$ ），即 $B = [x_c, y_c, z_c, l, w, h, yaw, pitch, roll]$ ，其中，航向角 yaw 表示将物体绕 y 轴旋转的角度，俯仰角 $pitch$ 表示将物体绕 x 轴旋转的角度，横滚角 $roll$ 表示将物体绕 z 轴旋转的角度。在自动驾驶场景中，绝大多数物体都是放置在地面，所以通过假设物体都放置在水平地面，可以设置横滚角和俯仰角相对于水平面为 0，同时底面是水平面的一部分，这样即可以省略 2 个自由度，旋转角度只剩物体左右移动的航向角 yaw ，现在还剩 7 个自由度，所以 3D 物体检测也是一个目标物体的 7D 姿态的预测问题，即 $B = [x_c, y_c, z_c, l, w, h, yaw]$ 。图 3-6 所示为 3D 边界框的自由度表示。

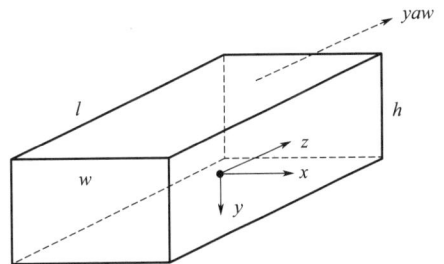

图 3-6 　3D 边界框自由度

　　物体检测算法按照检测过程的阶段数量来划分，主要可分为单阶段和多阶段物体检测方法，具体介绍如下：

　　① 单阶段物体检测方法只需一次提取特征就可以实现物体检测，其速度要比多阶

段的算法快，但是检测精度稍低一些。

② 多阶段物体检测算法常常将检测问题划分为多个阶段，首先生成很可能含有物体的候选框（object proposal），然后对候选框位置精修后进行候选区域的分类。多阶段检测算法识别错误率低，但是速度通常较慢。

目前 3D 物体检测的研究已取得较大进展，在工业产品中也得到了广泛的应用，但是对于一些难例样本的检测仍存在较大挑战，例如：

① 遮挡：遮挡主要分为目标物体遮挡和目标物体被背景遮挡；

② 截断：部分物体被图片截断，在输入中只能显示部分物体；

③ 小物体：一些远距离或者小尺寸目标物体所占三维点或像素点极少，相对整个输入数据来说过小；

④ 旋转角的学习：由于激光雷达或相机等传感器通常只能捕获物体在某个观测角度下的信息，因此不同朝向的物体有时对应特征差异不大，旋转角的有效学习有较大难度。

（2）3D 物体检测的评估指标

3D 物体检测任务最常使用平均精度等指标定量分析模型精度，除此之外，还可以使用精确度 - 召回率曲线等定性分析模型精度，使用平均方向相似性来衡量检测结果与真值（ground-truth，GT）的方向相似程度。以下是 3D 物体检测任务的常用评估指标：

① 交并比（intersection over union，IoU）：其定义和计算方法与本章语义分割部分所述基本一致，但是 3D 物体检测的 IoU 指标随观测方法不同，有更多元化的计算方式。例如：3D IoU 是直接在 3D 空间中计算检测结果与真值的 IoU；2D IoU 是将 3D 检测结果框映射回 2D 图像视图，然后再计算估计值与真值的交并比；BEV IoU 是将 3D 检测结果与真值标注（ground truth）映射到 2D 的 BEV 视图上再计算 IoU。

② 平均精度（average precision，AP）和平均精度均值（mean average precision，mAP）：如前所述 AP 即 PR 曲线下的面积，计算方式也与本章实例分割部分类似。但是由于 IoU 有三种计算方式，对应地，AP 也有三种计算方式，即 AP（2D）、AP（3D）、AP（BEV），其取值范围是 0 ～ 100%，其用途是用来衡量算法在单个类别上的平均精度。AP 值越高，表示对这个类别的检测精度越高。

mAP（mean average precision，平均精度均值）即多个类别的 AP 的平均值，范围为 0 ～ 100%。其用途是衡量算法在所有类别上的整体精度表现。mAP 值是物体检测算法最重要的评估指标之一。

③ 平均方向相似性（average orientation similarity，AOS）：用于评估地平面上长方体的方向估计质量。通过使用余弦相似度来度量两个方向之间的相似性，具体公式如下：

$$AOS = \frac{1}{11} \sum_{r \in \{0,0.1,\cdots,1\}} \max_{\tilde{r}:\tilde{r} \geq r} s(\tilde{r}) \qquad (3\text{-}18)$$

式中，r 表示物体检测的召回率。在因变量 r 下，方向相似性 $s \in [0,1]$ 是所有预测样本和地面真值余弦距离的归一化，该指标越大越好，具体计算公式如下：

$$s(r) = \frac{1}{|D(r)|} \sum_{i \in D(r)} \frac{1 + \cos \Delta_\theta^{(i)}}{2} \delta_i \qquad (3\text{-}19)$$

式中，$D(r)$ 表示在召回率 r 下所有预测为正样本的集合；$\Delta_\theta^{(i)}$ 表示检测出物体 i 的预测角度和真值标注的差。若检出 i 匹配到一个真值边界框（IoU 至少为 50%，一个真值边界框仅能匹配到一个预测边界框），则设置 $\delta_i = 1$；如果它没有与任何真值匹配，则进行惩罚并设置 $\delta_i = 0$。

3.2.2　物体跟踪

（1）什么是物体跟踪？

物体跟踪是计算机视觉领域的重要任务，其主要目标是在连续的输入（点云或图像等）序列中准确地跟踪物体的位置、姿态和运动状态。与物体检测不同，物体跟踪不仅需要识别出物体，还需要在连续帧之间保持对物体的持续追踪。物体跟踪主要分为 2D 物体跟踪和 3D 物体跟踪两个领域。2D 物体跟踪旨在从二维图像序列中持续追踪特定对象的位置和运动轨迹。随着深度学习技术的发展，2D 物体跟踪在视频监控、人体行为分析等领域得到了广泛应用。而 3D 物体跟踪则利用 RGB 图像、RGB-D 深度图像、激光雷达点云等多模态数据，实现对物体在三维空间中的跟踪和定位。与 2D 物体跟踪相比，3D 物体跟踪可以提供更加准确和丰富的物体运动信息，适用于自动驾驶、智能交通等领域。图 3-7 展示了 3D 物体跟踪的示意图。

Frame 77　　　　　Frame 127　　　　　Frame 150

图 3-7　3D 物体跟踪示意图

尽管 2D 物体跟踪在许多情况下是有效的，但它也存在一些局限性，包括受光照影响、遮挡、相似物体的干扰、缺乏距离和尺寸信息以及局部特征不足等问题。这些限制可能会在某些复杂场景下影响其应用和性能。与 2D 物体跟踪相比，3D 物体跟踪具有输出更精确的定位和形状信息、更好的光照和遮挡鲁棒性、提供更丰富的几何信息、适用于复杂环境和多目标跟踪，以及更全面的信息融合等优势。这使得 3D 物体跟踪在许多应用场景中具有更广阔的发展前景和更高的应用价值。

自动驾驶汽车配备了摄像头、毫米波雷达和激光雷达等各种传感器，这些传感器在车辆行驶时收集大量原始数据，并将其发送到检测器模块。摄像头获取图像数据，毫米波雷达获取极坐标中的方向和多普勒测量值，激光雷达获取点云数据。然后将这些数据输入到多目标跟踪模块中。

多目标跟踪方法通常遵循检测跟踪范式，即它们会检测每一帧上的物体，然后根据估计的每个实例之间的相似性将它们关联起来。方法首先使用目标检测算法处理每一帧，以获得检测结果。检测结果可以表示为 $\boldsymbol{B}^t = \{\boldsymbol{b}_i^t\}_{i=1}^N$，包含第 t 帧中的 N 个检测目标。一个检测 $\boldsymbol{b}_i^t \in \mathbb{R}^9$ 表示为 $[x_c, y_c, z_c, l, w, h, yaw, pitch, roll]$。用 $\mathbb{T} = \{\mathcal{T}_j\}_{j=1}^M$ 表示由 M 个轨迹片段组成的集合。$\mathcal{T}_j$ 是具有标识 j 的轨迹片段，定义为 $\mathcal{T}_j = \{\boldsymbol{l}_j^{t_0}, \boldsymbol{l}_j^{t_0+1}, \cdots, \boldsymbol{l}_j^t\}$，其中 $\boldsymbol{l}_j^t$ 是第 t 帧中的位置，t_0 是初始时刻。当跟踪开始时，使用 $\mathcal{D}^1$ 初始化轨迹片段集合 $\mathbb{T}$。对于后续的视频帧，将新的检测结果分配给相应的轨迹片段，并在每个时间步骤更新 $\mathbb{T}$。在整个视频序列中，新的轨迹片段不断被初始化并合并到 $\mathbb{T}$ 中。同时，现有的轨迹片段可能被终止并从 $\mathbb{T}$ 中移除。

在 3D 物体跟踪中，一系列挑战显著影响其性能和效率，尤其是在自动驾驶等高要求的应用场景中。这些挑战主要包括：

① 目标检测的准确性：目标检测是 MOT 的基础，精确的检测结果对后续的跟踪和识别至关重要。但在复杂背景和目标遮挡的情况下，容易发生误检或漏检，从而影响整体的准确性。

② 目标的关联和识别：在复杂和动态的场景中，正确地关联目标并识别它们是一个重大挑战。这一过程常因目标运动的变化、遮挡和外观变化而变得更加困难。

③ 目标重识别：在跟踪过程中，目标有可能消失和重新出现，需要进行重识别。在复杂场景下，目标的外观和特征易变，这增加了重识别的难度。

④ 实时性和效率：物体跟踪系统需要在保持高准确性的同时，确保高实时性和计算效率，特别是在复杂场景和高速动态环境中。

这些挑战要求开发先进的算法和技术，以提高 3D 物体跟踪的准确性和效率，满足实际应用中的高标准需求。

（2）3D 物体跟踪的评估指标

在多目标跟踪领域，性能评估主要包括几个关键指标：多目标跟踪准确度（multiple object tracking accuracy，MOTA）、多目标跟踪精度（multiple object tracking precision，MOTP）、平均多目标跟踪准确度（average multi-object tracking accuracy，AMOTA）、平均多目标跟踪精度（average multiple-object tracking precision，AMOTP）和缩放平均多目标跟踪精度 sAMOTA（scaled average multi-object tracking accuracy）。

MOTA 主要衡量跟踪系统的准确性，关注 ID 一致性；而 MOTP 则评估系统的精度，即跟踪结果与真实值的接近程度。MOTA 和 MOTP 均得分较高表明跟踪系统的性能优越。AMOTA 和 AMOTP 通过考虑场景中目标的平均数量进行调整，以便更公平地评估在不同目标密度下的表现。这些指标使评价能够适应目标数量的变化，无论是目标较少还是较多的场景。sAMOTA 增加了对特定子类别目标的加权，这一灵活性使其能够适应多样化的跟踪任务需求。理想的跟踪器应在所有这些指标中尽可能实现高性能，确保广泛的适用性和精确性。

① 多目标跟踪准确度（MOTA）、平均多目标跟踪准确度（AMOTA）和缩放平均多目标跟踪精度（sAMOTA）：MOTA 评估系统检测目标并维持其轨迹的能力，其公式如下：

$$MOTA = 1 - \frac{\sum_t (FN_t + FP_t + IDSW_t)}{\sum_t GT_t} \qquad (3\text{-}20)$$

它考虑了三种类型的错误：假负例（false negative，FN）、假正例（false positive，FP）和身份跳变。分母 GT（ground truth）表示地面真值对象的数量。MOTA 公式的一个有趣之处在于，它计算了所有帧的加权平均值，而不是单独计算每帧的结果的平均值。这意味着检测器在每个单独帧上的性能都会对总体 MOTA 得分产生影响。MOTA 主要关注检测器的性能。如果检测器的假负例率和身份跳变率低，而真正例率高，则 MOTA 得分将更高。这强调了在实现高 MOTA 得分方面准确检测的重要性。

AMOTA 评估的是跟踪系统的总体准确性，综合考虑了跟踪中的检测准确性和跟踪关联的正确性。AMOTA 通常定义为在不同的召回率下 MOTA 的平均值：

$$AMOTA = \frac{1}{n_R} \sum_{r \in R} MOTA \qquad (3\text{-}21)$$

式中，R 是召回率的集合；n_R 是召回率的数量。AMOTA 描述了跟踪系统在不同召回率下的整体跟踪准确性，侧重于衡量跟踪系统在处理多个目标时的稳定性和一致性。

sAMOTA 是对 AMOTA 的改进，考虑了不同类别目标的权重，使得不同类别对最终结果的影响更加平衡。sAMOTA 通常定义为 AMOTA 的加权版本。

$$sAMOTA = \frac{1}{n_R} \sum_{r \in R} w_c \cdot MOTA_c(r) \qquad (3\text{-}22)$$

式中，w_c 是类别 c 的权重，通常根据类别的重要性或频率设定。$MOTA_c(r)$ 是在召回率 r 下类别 c 的 MOTA。sAMOTA 描述了跟踪系统在处理不同类别目标时的综合准确性，侧重于使得评估结果更加公平和全面，考虑了不同类别的重要性和复杂性。

② 多目标跟踪精度（MOTP）和平均多目标跟踪精度（AMOTP）：MOTP 是一种衡量定位精度的指标，主要反映的是检测器的性能，而不是跟踪器的性能。

$$MOTP = \frac{\sum_{t,i} d_{t,i}}{\sum_t c_t} \qquad (3\text{-}23)$$

式中，$d_{t,i}$ 是在时间 t 的第 i 个匹配对的位置误差，c_t 是在时间 t 正确匹配的目标数量。

AMOTP 评估的是跟踪系统的平均精度，与 MOTP 类似，主要关注的是跟踪目标位置的精度。AMOTP 是在不同召回率下，定位误差的平均值。

$$AMOTP = \frac{1}{n_R} \sum_{r \in R} MOTP \qquad (3\text{-}24)$$

③ 身份跳变（ID-switches，IDS）：IDS 是评估多目标跟踪的另一个关键指标，反映了预测 ID 与真实 ID 不匹配的次数；较低的数字表示性能更好，零是最佳的。

④ 每秒帧数（frames per second，FPS）：FPS 表示视频帧被跟踪的速率，更高的速率表示更高的效率。这在基于点云的方法中尤其明显，其中使用过滤的基线模型可以达到 200 以上的每秒帧数。

3.2.3 轨迹预测

（1）什么是轨迹预测？

轨迹预测是计算机视觉领域的重要任务之一，其旨在根据过去的轨迹数据和当前的环境信息，预测目标未来的运动轨迹和行为。具体地，轨迹预测需要预测物体在接下来的 T 个未来帧中的一组可能的未来位置，称为路径点。这构成了它们与其他物体以及与道路的互动，如图 3-8 所示。

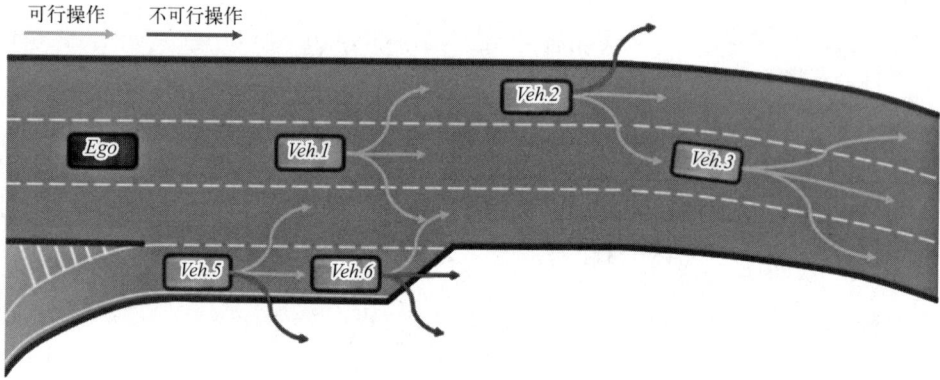

图 3-8 轨迹预测示意图

轨迹预测的目标是基于自身及周围物体的过去轨迹来预测该物体的未来轨迹。对于一个待预测的物体，设 $X = \left[x^{-T_p+1}, x^{-T_p+2}, \cdots, x^0 \right] \in \mathbb{R}^{T_p \times 2}$ 为观察到的过去轨迹，覆盖 T_p 个时间戳，其中 $x^t \in \mathbb{R}^2$ 记录了时间戳 t 的二维空间坐标。设 $\mathcal{N}$ 为邻近物体集合，且 $X_{\mathcal{N}} = \left[X_{\mathcal{N}_1}, X_{\mathcal{N}_2}, \cdots, X_{\mathcal{N}_L} \right] \in \mathbb{R}^{L \times T_p \times 2}$ 为邻居的过去轨迹，其中 $X_{\mathcal{N}_\ell} \in \mathbb{R}^{T_p \times 2}$ 是第 ℓ 个邻居的轨迹。依据上述信息，模型的目标是准确预测当前物体未来的真实轨迹，其中真实轨迹标记为 $Y = \left[y^1, y^2, \cdots, y^{T_f} \right] \in \mathbb{R}^{T_f \times 2}$，覆盖 T_f 个时间戳，其中 $y^t \in \mathbb{R}^2$ 是未来时间戳 t 的二维坐标。

轨迹预测需要考虑互动关系。例如，如果你试图在交通拥挤的高速公路上激进地驶入高速公路，对向车辆可能会稍微减速。通常，轨迹预测可以在图像视图（也称为透视视图）或鸟瞰图（bird's-eye view，BEV）中进行建模；但当前研究者更倾向于在 BEV 空间中进行。原因是，在 BEV 空间中，可以为感兴趣区域（region of interest，ROI）分配一个专用的距离范围，以网格的形式表示。然而，由于透视视图中的消失线，图像视图可能具有理论上的无限 ROI。在 BEV 空间中，更容易建模遮挡，因为运动更线性。自我运动补偿可以通过在 BEV 中的姿态变化（自车的平移和旋转）来轻松实现。此外，该空间保留了物体的运动和尺度，即无论车辆距离自车有多远，它都将占用相同数量的 BEV 像素；而在图像视图中并非如此。

要预测未来会发生什么，就需要对过去有一个很好的了解。这通常可以通过使用跟踪器的输出来实现，也可以使用历史聚合的 BEV 特征来实现。物体跟踪和轨迹预测是互为补充的技术，前者专注于识别和跟踪目标的当前和过去的位置，后者则基于这些信息预测未来的运动轨迹。两者的结合能够提供从过去到未来的全面动态信息，有助于更精准地进行场景理解和决策。

轨迹预测在自动驾驶系统中面临多重挑战，包括：

① 复杂交通场景的理解和预测：自动驾驶车辆需要在复杂的城市道路场景中准确预测每个交通参与者的行为。这包括理解道路几何结构的复杂性、交通流中人车混杂的动态特性。

② 实时性要求：自动驾驶系统对轨迹预测的实时性、准确性和稳定性有着极高的要求。模型需要快速响应，同时在不同场景和环境下保持稳定的表现。

③ 动态性质与高度动态环境：环境中的实时变化（如行人和其他车辆的突然出现）也需即时处理，增加了预测难度。

这些挑战要求开发高效、准确且可靠的预测系统，以确保自动驾驶技术的安全性和实用性。

（2）轨迹预测的评估指标

轨迹预测通常使用多种评估指标：

① 均方根误差（root mean squared error，RMSE）：RMSE 计算预测误差平方的均值平方根：

$$\text{RMSE} = \sqrt{\frac{1}{n}\sum_{t=1}^{n}(\hat{\boldsymbol{Y}}^t - \boldsymbol{Y}^t)^2} \tag{3-25}$$

式中，n 是预测时段内的数据样本数量，$\hat{\boldsymbol{Y}}^t$ 和 $\boldsymbol{Y}^t$ 分别表示样本时间 t 的预测结果和地面真实轨迹。RMSE 对大的预测误差比较敏感，是轨迹预测中常用的评估指标。

② 负对数似然（negative log likelihood，NLL）：对于建模的轨迹分布 $\mathcal{F}(\boldsymbol{Y})$：

$$\text{NLL} = -\lg(\mathcal{F}(\boldsymbol{Y})) \tag{3-26}$$

式中，$\boldsymbol{Y}$ 代表地面真实轨迹。NLL 不是一个物理量。RMSE 用于计算模型的平均误差，而 NLL 更加关注于基于机动的模型中轨迹的正确性。

③ 平均位移误差（average displacement error，ADE）：预测轨迹与地面真实轨迹之间的平均欧氏距离（或称 L2 距离）。

$$\text{ADE} = \frac{1}{N_p \times T}\sum_{i=1}^{N_p}\sum_{t=1}^{T}\left|\hat{\boldsymbol{Y}}^t[i] - \boldsymbol{Y}^t[i]\right| \tag{3-27}$$

式中，N_p 表示所有预测的对象数量；T 表示预测时间。对于多模态预测，通常使用最小 ADE 来表示 K 次预测中 ADE 的最小值。

④ 最终位移误差（final displacement error，FDE）：最终预测结果与相应地面真实位置之间的 L2 距离。

$$\text{FDE} = \frac{1}{N_p} \sum_{i=1}^{N_p} \left| \hat{Y}^t[i] - Y^t[i] \right| \qquad (3\text{-}28)$$

式中，$\hat{Y}^t$ 和 Y^t 分别表示最终时间步 T 时的预测结果和地面真实结果。对于多模态预测，通常使用最小 FDE 来表示 K 次预测中 FDE 的最小值。

⑤ 未命中率（miss rate，MR）：基于最终位置的 $L2$ 距离，预测轨迹不在地面真实轨迹 2.0m 范围内的比例。当预测结果为多模态时，假设有 K 个可能的未来轨迹，则根据最佳未来轨迹判断 ADE、FDE 和 MR。

⑥ 计算时间：计算时间对于方法的车载性能非常重要。自动驾驶汽车的计算能力有限，但轨迹预测模型通常较为复杂，需要大量的计算资源。为了实现更高级别的自动驾驶，每个模块的计算都必须相对较快，以尽量减少延迟。因此，实时性或计算成本对于模型非常重要。

⑦ 预测时段：预测时段指的是模型可以预测的未来时间步数。通常来说，预测时段越长，在动态甚至随机的驾驶环境中准确性越低。然而，为了满足规划和控制系统的要求，应该将一定时间段内的轨迹预测结果输入系统，以确保预测时间不会太短，并与其他模块相匹配。

3.3
通用障碍物感知

过去的自动驾驶感知系统常常聚焦在人、机动车、交通标志等典型类别上，这种感知能力源于在这些类别上使用大量标注数据进行训练。但是在实际场景中，影响驾驶决策的实体（如塑料袋、宠物、婴儿车等）并不属于训练集上预定义的类别，对于训练数据中没有见过的类别或物体，自动驾驶感知系统并不能很好地识别。通用障碍物感知就是为了解决这个问题，赋予自动驾驶系统感知所有障碍物的能力。它是自动驾驶和机器人领域中的一个关键任务，涉及对环境的建模和理解，以便能够进行有效的路径规划、避障和导航。这种感知系统通常使用一种数据结构来表示环境，即占用网格（occupancy grid）。它是一个二维或三维的网络地图，其中每个网格单元代表环境中相应位置的占用状态。

其中占用网格分成两种表示方法：第一种是二进制占用网格，即用真值表示占用的空间（障碍物），用假值表示空闲的空间，该网格可以显示障碍物的位置；第二种是概率占用网格，使用概率值来创建更详细的地图表示，该网格中的每个单元格都有一个代表该单元格占用概率的值，接近 1 的值表示该单元格中存在障碍物的概率很高，接近 0 的值则代表该单元格未被占用的概率很高。概率值可以提供更好的物体保真度，并提高某些算法应用的性能。针对每个占用网格，除了占用信息，我们可以赋予更多的属性，比如语义标签、运动速度。这两个属性也分别对应着我们下面着重介绍的两个任务，即占用网格语义分割和占用网格场景流。

综上，通过对环境进行建模和理解，将其表示为一个稠密的网格地图，系统能够更好地理解周围环境并做出智能决策。

3.3.1 占用网格语义分割

（1）什么是占用网格语义分割？

占用网格语义分割是指在占用网格地图上对每个网格单元进行语义标记的任务。在这个任务中，输入通常是一组用于获取环境信息的传感器数据，如激光雷达点云或摄像头图像，输出则是对环境中每个网格单元语义标签的标记，通常是表示该区域属于哪一类别的标签（包括未占用）。对于占用网格语义分割任务的标注，标注人员需要先将多帧激光雷达点云叠加（补偿自车运动），然后针对叠加后的稠密地图点云进行语义分割的标注，最后将带标注的稠密点云体素化以及泊松重建，就可以得到每个网格的语义标签（如墙壁、道路、建筑物、行人、车辆、未占用等）。如图 3-9 所示，对所有的网格标注了相应的语义标签，其中白色区域代表未占用。虽然这种标注需要大量的人力和时间成本，但是它赋予了模型学习环境语义的能力。这种语义信息可以帮助机器人或自动驾驶车辆更好地规划路径、避开障碍物以及与周围环境进行交互。

在训练占用网格语义分割模型时，我们的目标是学习一个函数 $\mathcal{F}$，该函数将传感器输入数据 X 映射到每个网格的语义标签 Y（$\mathcal{F}: X \rightarrow Y$）。其中，$X$ 可以是激光雷达点云或环视相机的图像，也可以是二者的组合。语义标签 Y 跟网格的维度相同（二维或者三维），其真值标注用来监督（比如交叉熵损失函数）模型 $\mathcal{F}$ 的输出，最终使得 $\mathcal{F}$ 的输出分布逼近真值标注的分布。

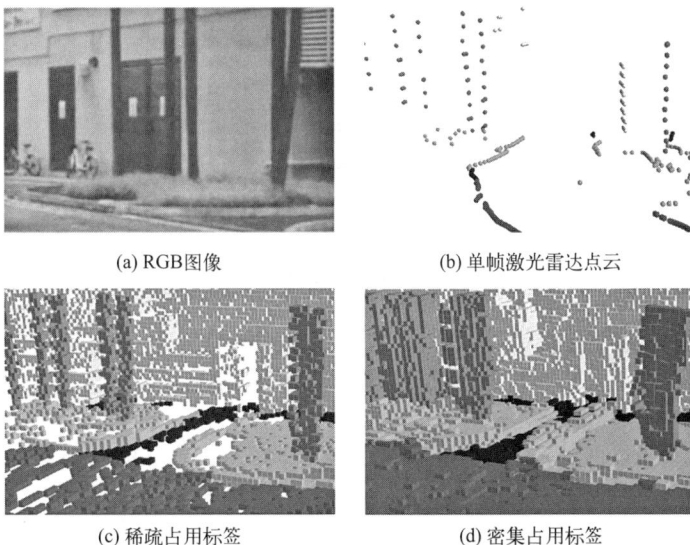

(a) RGB图像　　　　　　　　　　　(b) 单帧激光雷达点云

(c) 稀疏占用标签　　　　　　　　　(d) 密集占用标签

图 3-9　占用网格语义标签

目前占用网格语义分割的难点以及挑战主要在于：

① 数据稀疏性：在实际应用中，环境中的障碍物信息不一定能够被传感器完全捕获到（比如，低线束的激光雷达不一定能扫描到地面上的小物体），导致数据的稀疏性，从而影响分割结果的准确性。

② 传感器误差：占用网格语义分割通常依赖于传感器获取的数据，而传感器本身可能存在噪声、误差等问题（比如，夜间的图像、在大雨天时激光雷达扫描的点云），这些误差会对语义分割的准确性造成影响。

③ 复杂场景：某些环境具有复杂的结构和布局，例如交叉口、人行横道等地方。在这些场景中，不同类别的对象可能会密集分布，相互之间可能存在遮挡，导致传感器只能捕获障碍物的部分信息，增加了语义分割的难度。

④ 长尾分布：在自动驾驶场景中，行人、车辆、路面等类别频繁出现，导致数据集中这些类别的样本数量较多。而一些类别（比如，小动物、玩具车等）出现的次数很少，导致数据集中这些类别的样本很少甚至没有。模型对于这些样本数很少的类别学习效果很差，但是这些类别对于自动驾驶车辆或机器人的行驶安全性至关重要。

⑤ 实时性：在一些应用场景中，对语义分割模型推理的实时性要求较高，例如自动驾驶系统需要在毫秒级别内做出决策，因此，对于占用网格语义分割算法的效率和实时性提出了更高的要求。

（2）占用网格语义分割的评估指标

占用网格语义分割的评估指标主要用于衡量分割结果与真实标签之间的一致性，因此常用评测指标与语义分割任务评测指标一致，即 IoU 和 mIoU，其计算方法见 3.1.1 小节，这里不再赘述。此外，还有 Soft-IoU，介绍如下：

软交并比（Soft-IoU）衡量预测网格与真实网格之间的重叠程度。它通过计算预测网格和真实网格的交集和并集，得出一个分数来评估模型性能。Soft-IoU 的数学表达式如下所示：

$$\text{Soft-IoU}(\mathbf{O}_t^c, \hat{\mathbf{O}}_t^c) = \frac{\sum_{x,y} \mathbf{O}_t^c \cdot \hat{\mathbf{O}}_t^c}{\sum_{x,y} \mathbf{O}_t^c + \hat{\mathbf{O}}_t^c - \mathbf{O}_t^c \cdot \hat{\mathbf{O}}_t^c} \tag{3-29}$$

注意，参数 (x, y) 为简洁起见已省略。式中，c 代表类别（如，汽车、行人等），$\mathbf{O}_t^c$ 代表 K 类在 t 时刻的真实网格，相应的 $\hat{\mathbf{O}}_t^c$ 代表预测网格。

3.3.2 占用网格场景流

（1）什么是占用网格场景流？

虽然环境中每个网格的占用情况和语义标签可以通过占用网格语义分割模型得到，但是这些信息仅仅是周围环境的静态表示，对于自动驾驶车辆或机器人系统的可靠性规划还是不够，因为这些规划系统还需要周围环境的动态表示（每个网格的运动速度和未来轨迹）。因此，我们引入占用网格场景流任务，其具体的表示形式是一个时空网格。每个网格单元既包含在未来某个时间戳下该单元被任何物体占据的概率，也包含该单元运动的速度向量（二维或三维速度）。占用网格场景流不仅包括环境的静态障碍物信息，还可以随着时间的推移更新，以反映动态环境中物体的移动。如图 3-10 所示，位于左上和右上的图片分别是模型在未来某个时间戳的占用网格和占用网格场景流预测，左下方的图片结合二者的结果会产生丰富的占用表示，也可以捕捉运动方向和大小，即占用网格场景流。

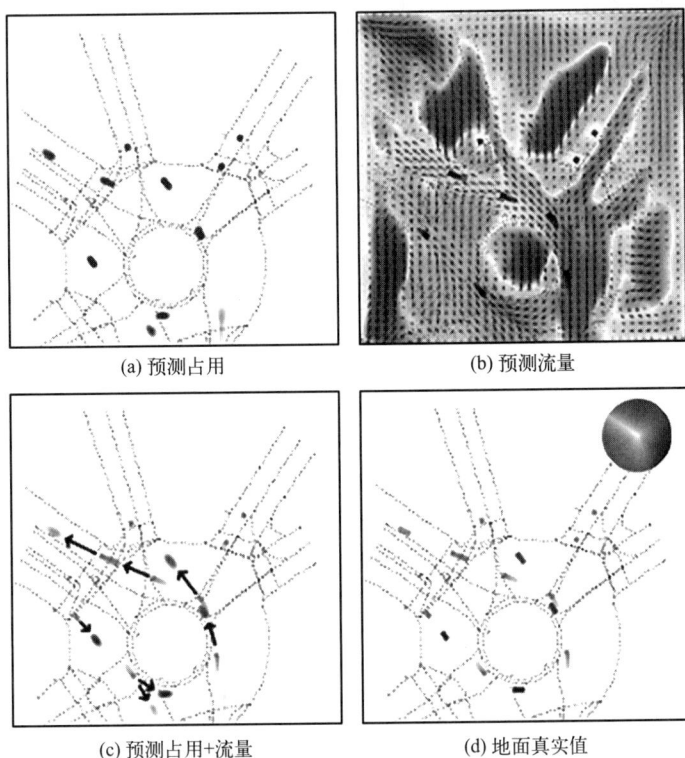

(a) 预测占用

(b) 预测流量

(c) 预测占用+流量

(d) 地面真实值

图 3-10 占用网格场景流示意图

占用网格场景流是一种用于建模环境中障碍物及其运动轨迹的任务，可以同时描述自动驾驶车辆或机器人周围环境的动静态感知，成功地弥补了两种最常用的运动预测表示形式的不足（占用网格和物体轨迹），帮助机器人和自动驾驶车辆来规划安全的路径，避开障碍物和碰撞风险等。

占用网格场景流是在占用网格语义分割的基础上，预测每个网格的运动轨迹。因此，它也会面临占用网格语义分割任务的所有挑战。此外，它需要面临一些独特的挑战：

① 路径规划与避障：在占用网格场景流的应用中，规划算法需要处理稠密的二维或三维的占用网格场景流预测结果，会严重影响规划算法模块的计算效率和实时性。

② 自车定位精度：在自车行驶过程中，采集的传感器数据是在自车坐标系下，导致周围的动态环境同时受其他障碍物运动和自车运动的影响。因此，我们需要对传感器数据或者特征进行变换，去掉自车运动的影响。自车运动的计算严格依赖自车的定位信

息。当自车定位精度不足（比如，自车转弯、隧道中 GPS 信号较弱时，自车定位的精度会明显下降），会影响占用网格场景流的预测精度。

③ 动态环境实时建模：在动态交互环境中，障碍物的位置和状态可能会随时间变化，因此需要对环境进行实时的动态建模（比如，自车行驶过程中的"鬼探头"）。如何快速、准确地更新环境状态，以适应环境的变化，是一个挑战。

（2）占用网格场景流的评估指标

占用网格场景流常用的评估指标是端点误差。端点误差（end-point error，EPE）用于衡量场景流预测的准确性。它计算真实场景流 $\mathcal{F}_c$ 与预测场景流 $\hat{\mathcal{F}}_c$ 的 $L2$ 距离，具体的数学表达式如下所示：

$$\text{EPE} = \| \mathcal{F}_c(x,y) - \hat{\mathcal{F}}_c(x,y) \|_2$$

式中，$\mathcal{F}_c(x,y) \neq (0,0)$ 表示仅仅考虑运动的网格。

第**4**章

感知算法基础

在介绍特定算法之前，我们首先介绍基础知识，以对模型"理解"世界的方法有一个总的概念。基础知识介绍主要分为立体几何和深度学习两部分。其中，立体几何部分主要介绍不同坐标系之间的转换方法，它是可用数学公式严格准确推导的，能够帮助机器实现从不同的视角去"看"世界。深度学习是当前三维感知算法的核心技术，它受人脑的处理过程启发，深度学习模型可以视为黑盒，通过优化模型中的大量可学习参数，实现输入数据到目标结果端到端的映射拟合。

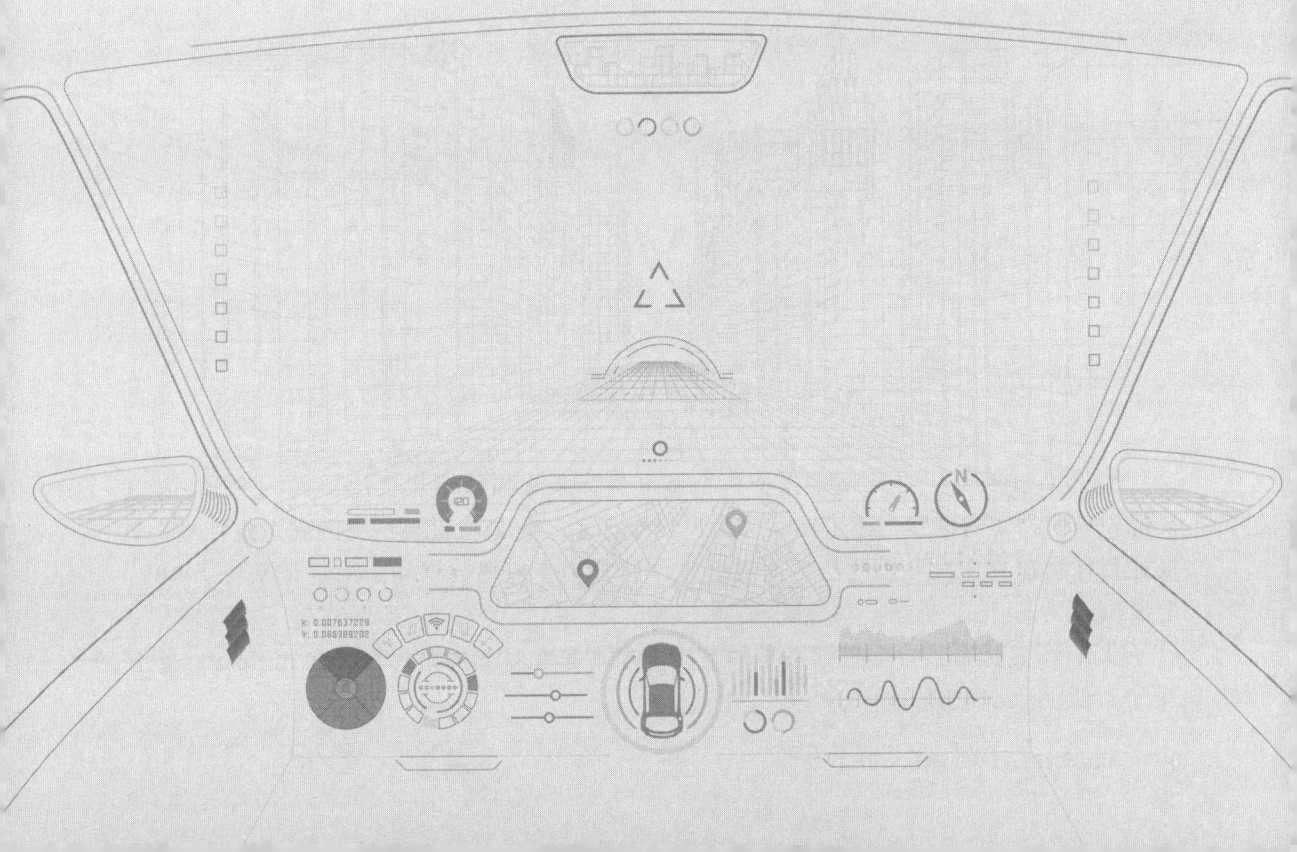

4.1
立体几何

    自动驾驶是一项非常复杂与困难的任务，需要多个传感器的密切配合，才能提高自动驾驶的安全性与可靠性。目前在自动驾驶领域，主要的传感器包括激光雷达传感器、毫米波雷达传感器、相机传感器等，不同的传感器对应不同的坐标系。此外，传感器获取的数据表示非常复杂，从不同的视角对其进行观察和理解常常可以获得不同性质、适用于不同情况的信息。因此，坐标系之间的相互转换是实现自动驾驶的基础。在立体几何中我们介绍不同传感器对应的坐标系及其变换，感知算法中常用的鸟瞰视图、距离视图以及这两个视图的获取方式。

（1）坐标系介绍

    如图 4-1 所示，在三维感知中，通常涉及两类三维坐标系，即世界坐标系和传感器坐标系（相机坐标系、激光雷达坐标系、毫米波雷达坐标系、图像坐标系和像素坐标系）。世界坐标系可以描述场景中任何物体的位置，不同的传感器有不同的坐标系，并且各个传感器之间可以通过特定的转换矩阵互相进行转换。在一些数据集中，还存在自车坐标系，可以用于表示车辆周围的场景信息。由于 3D 场景过于复杂，为了便于处理，在一些三维感知算法中，常将 3D 信息（点云数据）投影到不同的二维感知视图上，如图像坐标系、鸟瞰视图（BEV）和距离视图（RV）等，以简化算法处理过程，并提高计算效率。下面我们将详细介绍上述提到的不同坐标系的定义、它们之间的互相转换过程和 3D 数据投影到二维感知视图涉及的数学原理。

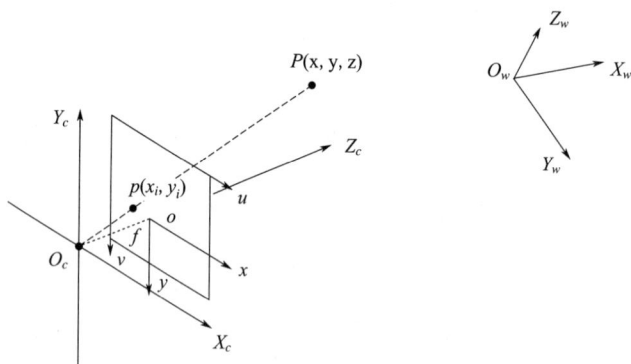

图 4-1 坐标系图示

    ① 世界坐标系：在环境中选择一个基准坐标系来描述摄像机的位置，并用它描述环境中任何物体的位置，该坐标系称为世界坐标系。它是与世界相关的固定坐标系，为描述目标物在真实世界里的位置而被引入，通常用于地图数据和全局定位系统（GPS）的输出。

    ② 自车坐标系：自车坐标系指的是固定在本车车身上的坐标系，在 nuScenes 数据

集中，一般用本车后车轴中心点作为坐标原点，以车辆朝向为 x 方向，以车辆左侧为 y 方向，以垂直向上为 z 方向，形成右手坐标系。

③ 传感器坐标系：每个传感器都有其自身的坐标系，如相机坐标系、激光雷达坐标系、毫米波雷达坐标系等，这些传感器通过测量环境信息来进行间接定位，其测量值通常是在其自身传感器下。下面对常见的传感器坐标系进行归纳。

a. 相机坐标系：以相机为原点建立的坐标系，为了从相机的角度描述物体的位置而定义，作为沟通世界坐标系和图像 / 像素坐标系的中间一环。

b. 激光雷达坐标系：一般以传感器处作为坐标原点，在 nuScenes 数据集中，将车辆朝向设为 y 方向，将车辆右侧设为 x 方向，将垂直向上方向设为 z 轴方向，进而形成右手坐标系。

c. 毫米波雷达坐标系：在 nuScenes 数据集中，以传感器处为坐标原点，以雷达照射方向的左侧为 y 方向，以垂直向上方向为 z 轴方向。

d. 图像坐标系与像素坐标系：像素坐标系和图像坐标系都在成像平面上，只是各自的原点和度量单位不大一样。图像坐标系的原点为相机光轴与成像平面的交点，图像坐标系的单位是 mm，属于物理单位；而像素坐标系的坐标原点在图像左上角，单位是像素。

④ 常用二维感知视图：除硬件系统中客观存在的坐标系之外，三维感知算法常将数据投影到特定的二维感知视图上，其投影过程与上述坐标系转换方法类似，因此也在此进行介绍。转换为二维视图可以减少点云离散性、稀疏性等特质带来的问题，使得数据分布更加均匀，简化问题并提高计算效率。

a. 鸟瞰视图（bird's eye view，BEV）：从上方观看物体或场景的视角，如同鸟在空中俯视地面一样，所以将其称为鸟瞰图视角。在自动驾驶领域，通过激光雷达和相机等传感器获取的数据通常被转换为 BEV 视图，以便更好地进行物体检测和语义分割等任务。BEV 视图具有将复杂的三维环境简化为 2D 图像的功能，并提供一种独特的视觉效果，使得场景中物体和空间的关系更加清晰，这在自动驾驶中对大量的数据进行高效计算起到至关重要的作用。

b. 距离视图（range view，RV）：可以类比为将激光雷达的多条扫描线按照垂直方向和水平方向的角度离散化，形成类似二维图像的结构。在距离视图中，每个像素代表从激光雷达发射器到检测到的物体的一条射线，像素值通常包含距离、反射强度等信息。与点云、BEV 等表示相比，RV 视图的特征表示更加紧凑，使得特征提取变得更加高效。

（2）齐次坐标变换

齐次坐标变换是一种在二维或三维空间中对点、向量或坐标系进行仿射变换的数学方法。它通常用于计算机图形学、机器人学、计算机视觉和自动驾驶领域中，用于描述和执行平移、旋转和缩放等变换。

① 平移：主要用于将点云坐标系平移与其他坐标系原点或物体质心等对齐。在这里我们以三维点 $\boldsymbol{P} = (x, y, z)^{\mathrm{T}}$ 为例，将该点依据平移向量 $\boldsymbol{T} = (a, b, c)^{\mathrm{T}}$ 移动至点 $\boldsymbol{P}' = (x', y', z')^{\mathrm{T}}$，平移

变换如下，在这里我们将点云坐标齐次化，得到平移之后的点坐标 $\boldsymbol{P}' = (x', y', z')$。

$$\begin{bmatrix} x' \\ y' \\ z' \\ 1 \end{bmatrix} = \begin{bmatrix} 1 & 0 & 0 & a \\ 0 & 1 & 0 & b \\ 0 & 0 & 1 & c \\ 0 & 0 & 0 & 1 \end{bmatrix} \begin{bmatrix} x \\ y \\ z \\ 1 \end{bmatrix} = \begin{bmatrix} \boldsymbol{I} & \boldsymbol{T} \\ \boldsymbol{0} & 1 \end{bmatrix} \begin{bmatrix} x \\ y \\ z \\ 1 \end{bmatrix} = \begin{bmatrix} x+a \\ y+b \\ z+c \\ 1 \end{bmatrix} \tag{4-1}$$

式中，$\boldsymbol{I}$ 为 3×3 单位矩阵，$\boldsymbol{0}$ 为 1×3 的 0 向量。

② 旋转：在点云数据增强中，经常应用到旋转矩阵。如果仅考虑绕 x、y、z 单个轴旋转对应的旋转矩阵分别如下。

$$\boldsymbol{pitch} = \begin{bmatrix} 1 & 0 & 0 & 0 \\ 0 & \cos\theta & -\sin\theta & 0 \\ 0 & \sin\theta & \cos\theta & 0 \\ 0 & 0 & 0 & 1 \end{bmatrix} \tag{4-2}$$

$$\boldsymbol{roll} = \begin{bmatrix} \cos\alpha & 0 & \sin\alpha & 0 \\ 0 & 1 & 0 & 0 \\ -\sin\alpha & 0 & \cos\alpha & 0 \\ 0 & 0 & 0 & 1 \end{bmatrix} \tag{4-3}$$

$$\boldsymbol{yaw} = \begin{bmatrix} \cos\beta & -\sin\beta & 0 & 0 \\ \sin\beta & \cos\beta & 0 & 0 \\ 0 & 0 & 1 & 0 \\ 0 & 0 & 0 & 1 \end{bmatrix} \tag{4-4}$$

其中，$\boldsymbol{pitch}$ 表示的是绕 x 轴旋转的矩阵，θ 为绕 x 轴旋转的角度，称为俯仰角；$\boldsymbol{roll}$ 表示的是绕 y 轴旋转的矩阵，α 为绕 y 轴旋转的角度，称为翻滚角；$\boldsymbol{yaw}$ 表示的是绕 z 轴旋转的矩阵，β 为绕 z 轴旋转的角度，称为航向角。那么综合考虑三种旋转的旋转矩阵 $\boldsymbol{R}$ 可以用如下公式计算，

$$\boldsymbol{R} = \begin{bmatrix} 1 & 0 & 0 & 0 \\ 0 & \cos\theta & -\sin\theta & 0 \\ 0 & \sin\theta & \cos\theta & 0 \\ 0 & 0 & 0 & 1 \end{bmatrix} \begin{bmatrix} \cos\alpha & 0 & \sin\alpha & 0 \\ 0 & 1 & 0 & 0 \\ -\sin\alpha & 0 & \cos\alpha & 0 \\ 0 & 0 & 0 & 1 \end{bmatrix} \begin{bmatrix} \cos\beta & -\sin\beta & 0 & 0 \\ \sin\beta & \cos\beta & 0 & 0 \\ 0 & 0 & 1 & 0 \\ 0 & 0 & 0 & 1 \end{bmatrix} \tag{4-5}$$

将三维点 $\boldsymbol{P} = (x, y, z)^{\mathrm{T}}$ 绕 x、y、z 轴分别旋转 θ、α、β，到新的点 $\boldsymbol{P}' = (x', y', z')^{\mathrm{T}}$，可通过如下公式实现：

$$\begin{bmatrix} x' \\ y' \\ z' \\ 1 \end{bmatrix} = \boldsymbol{R} \begin{bmatrix} x \\ y \\ z \\ 1 \end{bmatrix} \tag{4-6}$$

使用矩阵来表示一个旋转关系有两个缺点：一方面，通过旋转矩阵不能直观地看出旋转的方向和角度；另一方面，旋转变换有 3 个自由度，旋转矩阵中的元素不是相互独立的。

因此另外一些方法采用四元数（quaternion）表示旋转变换。如果想要把空间中的一个点 $P=(x,y,z)^T$ 绕着单位向量 $u=(\hat{x},\hat{y},\hat{z})^T$ 表示的旋转轴旋转 θ 角度，首先把点 P 扩展到四元数空间，即四元数 $P=(x,y,z,0)$。我们可以使用一个四元数 $Q=\left[(x,y,z)\sin\dfrac{\theta}{2},\cos\dfrac{\theta}{2}\right]$ 来执行旋转，旋转后新的点 $P'=(x',y',z',0)$ 对应的四元数为：

$$P'=QPQ^{-1}=QPQ^{*} \tag{4-7}$$

其中，乘法遵循四元数乘法法则，Q^{-1} 为 Q 的逆，Q^{*} 为 Q 的共轭四元数。使用 $Q=[(a,b,c),w]=(v,w)$ 来表示一个四元数（其中 v 是向量，w 是实数），那么四元数的乘法、共轭四元数、四元数的逆分别可以用如下公式计算：

$$Q_1Q_2=(v_1\times v_2+w_1v_2+w_2v_1,w_1w_2-v_1\bullet v_2) \tag{4-8}$$

$$Q^{*}=(-v,w) \tag{4-9}$$

$$Q^{-1}=\frac{Q^{*}}{N(Q)} \tag{4-10}$$

其中，$N(Q)=\sqrt{(a^2+b^2+c^2+w^2)}$ 为四元数的模，即四元数到原点的距离。

③ 缩放：缩放操作一般应用于图像或点云的数据增强上，将图像或点云以一定比例进行缩小或放大，具体的缩放矩阵如下，S_x、S_y 和 S_z 分别表示点云在 x 轴、y 轴和 z 轴上的缩放比例，图像数据只在 x 轴和 y 轴上进行缩放。

$$\begin{bmatrix} S_x & 0 & 0 & 0 \\ 0 & S_y & 0 & 0 \\ 0 & 0 & S_z & 0 \\ 0 & 0 & 0 & 1 \end{bmatrix}\begin{bmatrix} x \\ y \\ z \\ 1 \end{bmatrix}=\begin{bmatrix} S_x x \\ S_y y \\ S_z z \\ 1 \end{bmatrix} \tag{4-11}$$

（3）坐标系变换

依据上述坐标系的定义和齐次坐标系变换方法，可以实现不同坐标系的转换。下面我们对常用的几种坐标变换进行介绍。

① 世界坐标系到传感器坐标系的转换以及传感器之间的坐标系转换：这两种变换均属于刚体变换，即物体不会发生形变，只需要进行旋转和平移。图 4-2 展示了从世界坐标系 O_w 到相机坐标系 O_c 的转换过程。其中，P 点在世界坐标系的坐标是 $(x,y,z)^T$，世界坐标系原点 O_w 到相机坐标系原点 O_c 的偏移向量是 $T\in\mathbb{R}^{3\times1}$，坐标轴旋转矩阵为 $R\in\mathbb{R}^{3\times3}$。根据上述齐次坐标变换方法，可以得到 P 点在坐标系 O_c 的坐标 $(x',y',z')^T$，如式（4-17）所示。

$$\begin{bmatrix} x' \\ y' \\ z' \end{bmatrix} = \boldsymbol{R} \begin{bmatrix} x \\ y \\ z \end{bmatrix} + \boldsymbol{T} \rightarrow \begin{bmatrix} x' \\ y' \\ z' \\ 1 \end{bmatrix} = \begin{bmatrix} \boldsymbol{R} & \boldsymbol{T} \\ \boldsymbol{0} & \boldsymbol{1} \end{bmatrix} \begin{bmatrix} x \\ y \\ z \\ 1 \end{bmatrix} \tag{4-12}$$

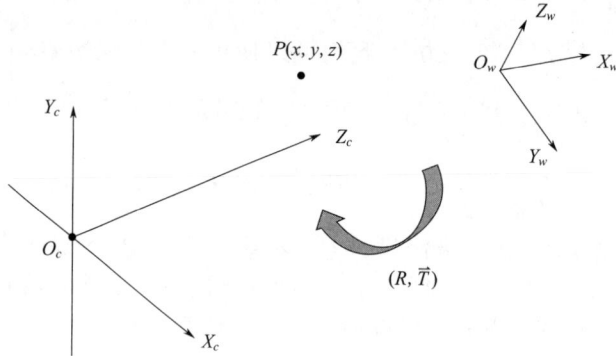

图 4-2 世界坐标系到相机坐标系的变换

② 相机坐标系到图像坐标系的转换：从相机坐标系到图像坐标系的转换过程是一个从三维空间向二维空间投影的过程，如图 4-3 所示，点 $\boldsymbol{P}$ 从相机坐标系转换到图像坐标系上 p 点的过程可以通过相似三角形的原理求解。

由图 4-3 可以看出，将相机坐标系下的三维点 $\boldsymbol{P} = (x, y, z)^{\mathrm{T}}$ 投影到图像坐标系上，得到 $\boldsymbol{p} = (x_i, y_i)^{\mathrm{T}}$。将 $\boldsymbol{P}$ 点投影到相机坐标系下的 $X_c Z_c$ 平面上，得到 B 点，B 点与光心 O_c 以及在 Z_c 轴的垂直点 A 构成一个三角形 $\triangle ABO_c$。同理，$\boldsymbol{P}$ 点投影到 xy 平面上，与直线 $O_c B$ 交于 C 点，可以看出在图 4-3 中，有两个相似三角形，如下式所示：

$$\triangle ABO_c \sim \triangle oCO_c, \triangle PBO_c \sim \triangle pCO_c \tag{4-13}$$

根据相似三角形相关定理，得到如下的等式，其中 f 表示相机焦距，即从相机中心到图像中心的距离。

$$\frac{AB}{oC} = \frac{AO_c}{oO_c} = \frac{PB}{pC} \tag{4-14}$$

$$\frac{x'}{x_i} = \frac{z'}{f} = \frac{y'}{y_i} \tag{4-15}$$

通过上面的等式，可以推出图像坐标 $\boldsymbol{p} = (x_i, y_i)^{\mathrm{T}}$ 的表达式，并可以得到对应的转换矩阵，具体如下：

$$x_i = f \frac{x'}{z'}, y_i = f \frac{y'}{z'} \tag{4-16}$$

$$z' \begin{bmatrix} x_i \\ y_i \\ 1 \end{bmatrix} = \begin{bmatrix} f & 0 & 0 & 0 \\ 0 & f & 0 & 0 \\ 0 & 0 & 1 & 0 \end{bmatrix} \begin{bmatrix} x' \\ y' \\ z' \\ 1 \end{bmatrix} \qquad (4\text{-}17)$$

③ 图像坐标系到像素坐标系的转换：图像坐标系和像素坐标系二者都在成像平面上。图像坐标系的原点为相机光轴和成像平面的交点，而像素坐标系原点为图像左上角。图像坐标系的单位是毫米（mm），像素坐标系的单位是像素。图 4-4 所示为图像坐标系和像素坐标系的转换过程示意图。

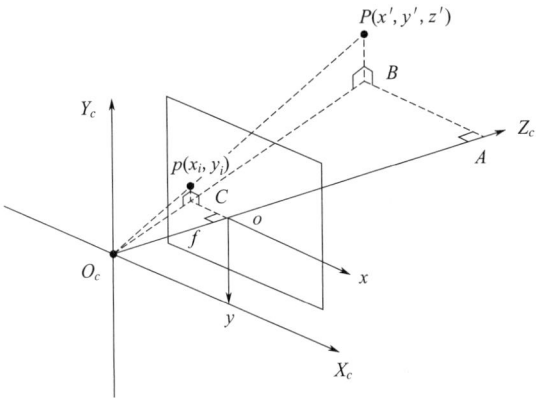

图 4-3　相机坐标系到图像坐标系的转换过程

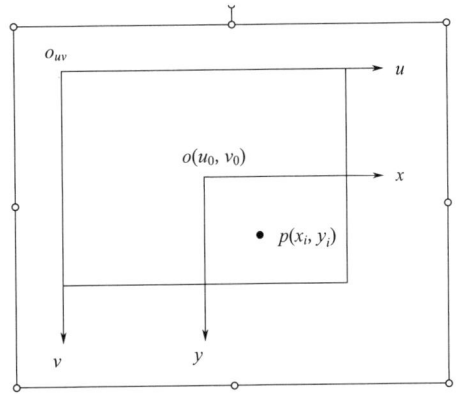

图 4-4　图像坐标系和像素坐标系转换过程

如图 4-4 所示，u、v 是像素坐标系，x、y 是图像坐标系，o 是图像坐标系的原点，通常用几行几列来描述像素点，因此可以得到如下的用图像坐标系原点表示像素，具体公式如下，其中 d_x，d_y 表示每一列和每一行分别代表多少 mm，即 1 像素等于 $d_x$mm。

$$\begin{cases} u = \dfrac{x_i}{d_x} + u_0 \\ v = \dfrac{y_i}{d_y} + v_0 \end{cases} \qquad (4\text{-}18)$$

根据上式可以推出如下的像素坐标和图像坐标的转换矩阵：

$$\begin{bmatrix} u \\ v \\ 1 \end{bmatrix} = \begin{bmatrix} \dfrac{1}{dx} & 0 & u_0 \\ 0 & \dfrac{1}{dy} & v_0 \\ 0 & 0 & 1 \end{bmatrix} \begin{bmatrix} x_i \\ y_i \\ 1 \end{bmatrix} \qquad (4\text{-}19)$$

④ 世界坐标系到像素坐标系的转换：根据上述的分析过程，可以得到像素坐标系与世界坐标系的转换公式，如下式所示：

$$z'\begin{bmatrix} u \\ v \\ 1 \end{bmatrix} = \begin{bmatrix} \dfrac{1}{dx} & 0 & u_0 \\ 0 & \dfrac{1}{dy} & v_0 \\ 0 & 0 & 1 \end{bmatrix}\begin{bmatrix} f & 0 & 0 & 0 \\ 0 & f & 0 & 0 \\ 0 & 0 & 1 & 0 \end{bmatrix}\begin{bmatrix} R & T \\ 0 & 1 \end{bmatrix}\begin{bmatrix} x \\ y \\ z \\ 1 \end{bmatrix} = \underbrace{\begin{bmatrix} f_x & 0 & u_0 & 0 \\ 0 & f_y & v_0 & 0 \\ 0 & 0 & 1 & 0 \end{bmatrix}}_{\text{相机内参}}\underbrace{\begin{bmatrix} R & T \\ 0 & 1 \end{bmatrix}}_{\text{相机外参}}\begin{bmatrix} x \\ y \\ z \\ 1 \end{bmatrix} \qquad (4\text{-}20)$$

通过上面的公式，将世界坐标系的点映射到像素坐标系上。值得注意的是，由于二维坐标映射到三维坐标会增加深度维度，因此二维点映射到三维坐标系，得到的是一条射线。

⑤ 点云数据转换到 BEV 视图的方法：BEV 视图省略高度维度，以 Z 轴为例（不同数据集坐标轴的定义会有差异），将 3D 点 $P=(x,y,z)$ 投影到 BEV 视图的方法如下式所示：

$$\begin{pmatrix} u \\ v \end{pmatrix} = \begin{pmatrix} \dfrac{x - x_{\min}}{x_{\max} - x_{\min}} \times W_{\text{BEV}} \\ \dfrac{y - y_{\min}}{y_{\max} - y_{\min}} \times H_{\text{BEV}} \end{pmatrix} \qquad (4\text{-}21)$$

式中，u、v 分别表示 3D 点映射到 2D 图像上的坐标；$(x_{\min}, y_{\min}, x_{\max}, y_{\max})$ 表示 2D 网格的大小；W_{BEV}、H_{BEV} 分别表示矩形 2D 网格的宽和高。

⑥ 点云数据转换到 RV 视图的方法：RV 视图是在球坐标系下表示的，因此首先将位于笛卡儿坐标系下的 3D 点 $P=(x,y,z)$ 映射到球坐标系下 $P_s=(r,\theta,\phi)$，具体的映射公式如下：

$$\begin{pmatrix} r \\ \theta \\ \phi \end{pmatrix} = \begin{pmatrix} \sqrt{x^2 + y^2 + z^2} \\ \arcsin\left(\dfrac{z}{\sqrt{x^2 + y^2 + z^2}}\right) \\ \arctan(y, x) \end{pmatrix} \qquad (4\text{-}22)$$

式中，r、θ、ϕ 分别表示距离、天顶角（zenith）和方位角（azimuth）。最后，省略 r 轴维度，并通过离散化 θ、ϕ，得到预定义宽度为 W_{RV}、H_{RV} 的 RV 视图网格，具体公式如下：

$$\begin{pmatrix} u \\ v \end{pmatrix} = \begin{pmatrix} \dfrac{1}{2}\left[1 - \phi\pi^{-1}\right]W_{\text{RV}} \\ \left[1 - (\theta + n_{\text{up}})n^{-1}\right]H_{\text{RV}} \end{pmatrix} \qquad (4\text{-}23)$$

式中，$n = n_{\text{up}} + n_{\text{down}}$ 表示激光雷达传感器的垂直视场角。

（4）数据集坐标变换示例

了解完上述的坐标系转换原理后，下面我们将在实际数据集，如 KITTI 数据集和

nuScenes 数据集上，展示坐标转换实例。

① KITTI 数据集坐标系转换。首先介绍一下 KITTI 数据集是如何采集的，如图 4-5 所示，KITTI 数据集采集时用到 2 个彩色相机、2 个灰度相机和 1 个激光雷达和 1 个 GPS。该数据集包含 7481 个训练对和 7518 个测试对的 RGB 图像和三个类别（汽车、行人和骑自行车人）的点云数据。

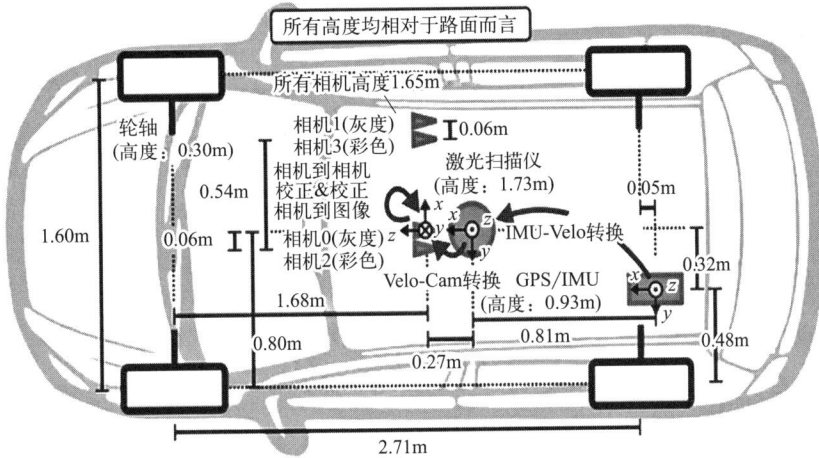

图 4-5 KITTI 车俯视图

KITTI 数据集坐标系定义如图 4-6 所示，图中深黑色标注的是 Velodyne 激光雷达的坐标系，其中 X 坐标是向前的，即该坐标表示的是物体的距离信息；黑色标注的坐标系是相机坐标系；灰色标注的坐标系是相机采集到的图像的坐标系。

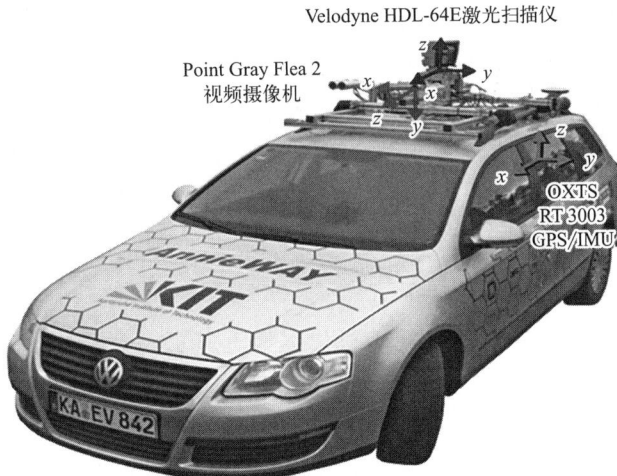

图 4-6 KITTI 车传感器坐标定义

KITTI 数据集上将点云映射到图像的核心公式如下：

$$\boldsymbol{y} = \boldsymbol{P}_{\text{rect}}^{(i)} \boldsymbol{R}_{\text{rect}}^{(0)} \boldsymbol{R}_{\text{velo}}^{\text{cam}} \boldsymbol{x} \tag{4-24}$$

式中，y 是最终映射得到的图像坐标 (u, v)；x 是点云坐标 $(x, y, z, 1)$，表示点云的齐次坐标形式；T_{velo}^{cam} 是标定得到的激光雷达和相机的外参矩阵，作用是将 velodyne 激光雷达中的点 x 投影到编号为 0 的相机坐标系中；$R_{rect}^{(0)}$ 是 0 号相机的校正旋转矩阵，矩阵大小为 4×4，作用是使坐标系与图像平面共面；$P_{rect}^{(i)}$ 是校正后的投影矩阵，属于内参矩阵，即只和相机的内部参数有关，如焦距和光心位置等，作用是将校正后的相机坐标中的 3D 点投影到第 i 个相机图像中的 2D 位置。

具体来说，$P_{rect}^{(i)}$ 的矩阵元素如下式所示。

$$P_{rect}^{(i)} = \begin{bmatrix} f_u^{(i)} & 0 & c_u^{(i)} & -f_u^{(i)} b_x^{(i)} \\ 0 & f_v^{(i)} & c_v^{(i)} & 0 \\ 0 & 0 & 1 & 0 \end{bmatrix} \tag{4-25}$$

式中，$f_u^{(i)}$ 和 $f_v^{(i)}$ 是指相机的焦距；$c_u^{(i)}$ 和 $c_v^{(i)}$ 是指主点偏移，即相机主轴垂直图像与图像的交点；$b_x^{(i)}$ 是指第 i 个摄像头到 0 号摄像头的距离偏移（x 轴方向）。

下式是外参矩阵 T_{velo}^{cam} 的具体组成内容，其中 R_{velo}^{cam} 是旋转矩阵，t_{velo}^{cam} 是平移向量。

$$T_{velo}^{cam} = \begin{bmatrix} R_{velo}^{cam} & t_{velo}^{cam} \\ \mathbf{0} & 1 \end{bmatrix} \tag{4-26}$$

图 4-7 所示为 KITTI 数据集中的坐标转换矩阵，将点云数据的深度值映射到 RGB 图像上的可视化图片。

图 4-7 KITTI 数据集中将点云深度值通过转换矩阵映射到 RGB 图像上的可视化图

在 KITTI 数据集中，具体的坐标转换代码如下所示。pc2img 函数的功能是将点云坐标映射到 2D 图像坐标上，输入点云数据 point_set 以及获取数据的索引 index。首先根据 self.id_list 中 id 值得到对应 RGB 图像的 id 编号，然后从存有变换矩阵信息的 calib_txt 文件中读取相应的变换矩阵。其中 P2 是相机的内参矩阵；velo_to_cam 是将点云坐标从激光雷达坐标系转换到相机坐标系的转换矩阵，属于相机的外参矩阵；R0_rect 是相机的校正旋转矩阵，作用是与图像平面共面。将这三个矩阵相乘得到总变换矩阵 tran_mat，然后将齐次化后的点云坐标与总变换矩阵 tran_mat 相乘，得到对应 RGB 图像上的图像坐标。为了能在图像上正确地映射点云的深度值，将图像坐标除以点云映射在图像坐标上的Z轴上的坐标数值，将坐标归一化，最后返回这些坐标。

```python
1.  def pc2img(self, index, point_set, crop_box2d, img_aug_mat=None):
2.      id =self.id_list[index]
3.      img_id = '{:06d}'.format(int(id))
4.      point_cloud = point_set[:,:3]
5.      # 导入对应的相机内参和外参
6.      calib_txt = os.path.join(self.calib_dir, str(img_id) + '.txt')
7.      calib_lines = [line.rstrip('\n') for line in open(calib_txt, 'r')]
8.      for calib_line in calib_lines:
9.          if 'P2' in calib_line:
10.             P2 = calib_line.split(' ')[1:]
11.             P2 = [float(value) for value in P2]
12.             P2 = np.array(P2, dtype=np.float32).reshape((3, 4))
13.         elif 'R0_rect' in calib_line:
14.             R0_rect = np.zeros((4, 4))
15.             R0 = calib_line.split(' ')[1:]
16.             R0 = np.array(R0, dtype='float').reshape(3, 3)
17.             R0_rect[:3, :3] = R0
18.             R0_rect[-1, -1] = 1
19.         elif 'velo_to_cam' in calib_line:
20.             velo_to_cam = np.zeros((4, 4))
21.             velo2cam = calib_line.split(' ')[1:]
22.             velo2cam = np.array(velo2cam, dtype='float').reshape(3, 4)
23.             velo_to_cam[:3, :] = velo2cam
24.             velo_to_cam[-1, -1] = 1
25.     tran_mat = P2.dot(R0_rect).dot(velo_to_cam)
26.     # 通过相机的P2内参和之前的点云增广矩阵得到最终的变换矩阵
27.     point_cloud = point_cloud.reshape((-1, 3)).T
28.     vec_one = np.ones((1, point_cloud.shape[1]), dtype=point_cloud.dtype)
29.     point_cloud = np.concatenate((point_cloud, vec_one), 0)
30.     img_coords = np.matmul(tran_mat, point_cloud).T
31.     img_coords /= img_coords[:, [2]]
32.     return img_coords[:,:2]
```

② nuScenes 数据集坐标系变换。nuScenes 数据集存在世界坐标系、自车坐标系、相机坐标系、像素坐标系、激光雷达坐标系、毫米波雷达坐标系、IMU 坐标系、BEV坐标系和 BEV 像素坐标系。

图 4-8 是 nuScenes 数据集下的各个坐标系示意图。

图 4-9 所示为像素坐标系和相机坐标系，观察方向是沿着 z 轴方向观察，所以像素坐标系坐标原点在左上角，向右为 x 轴方向，向下为 y 轴方向，为左手坐标系，其与矩

阵存储形式相同，只是 x 轴为列标，y 轴为行标。对于相机坐标系，坐标原点在光心位置，z 轴朝向前方，x 轴指向右侧，y 轴指向下方，为右手坐标系。

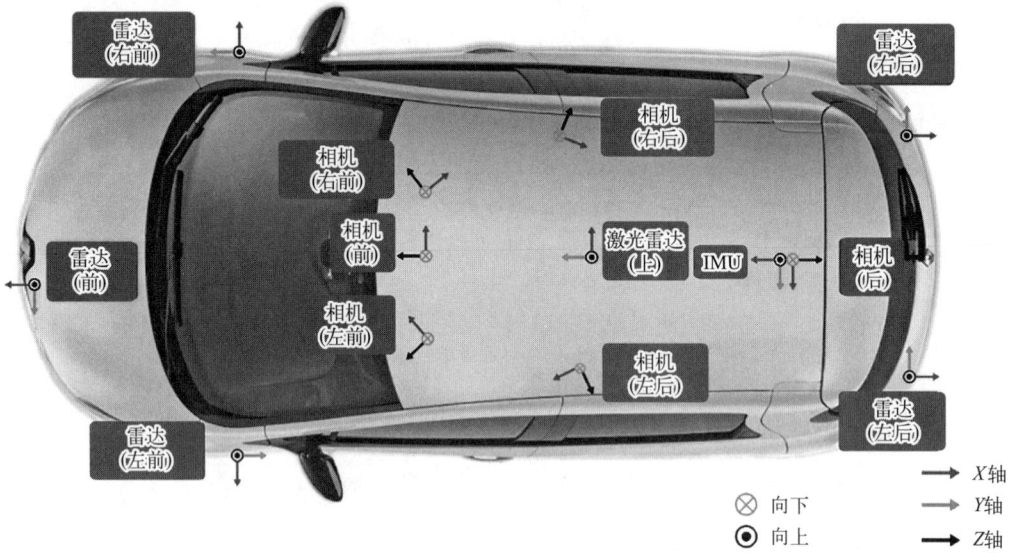

图 4-8　nuScenes 数据集各个坐标系

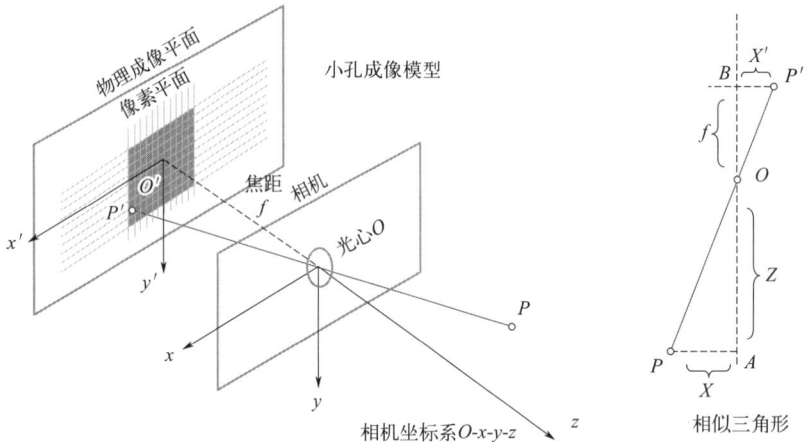

图 4-9　像素坐标系和相机坐标系

在 nuScenes 数据集中，在像素坐标系中或在矩阵存储形式下，图片整体与现实世界完全相同，并不存在中心对称，原因是从相机坐标系转换到像素坐标系的过程中，x 轴和 y 轴分别都乘了 -1，所以图片在像素坐标系中的样子并非相机成像于 CCD 传感器表面时的样子，而是通过乘 -1 做了镜像对称。

如图 4-10 所示，在 nuScenes 数据集中，自车坐标系指的是固定在本车车身上的坐标系，一般用本车后车轴中心点作为坐标原点，以车辆朝向为 x 方向，以车辆左侧为 y 方向，以垂直向上为 z 方向，形成右手坐标系。沿 x 轴的逆时针转动为翻滚角（roll），沿 y 轴的逆时针转动为俯仰角（pitch），沿 z 轴的逆时针转动为航向角（yaw）。全局坐

标系一般为 z 轴垂直向上的右手坐标系。

如图 4-8 所示，激光雷达坐标系一般以传感器处为坐标原点，以车辆朝向为 y 方向，以车辆右侧为 x 方向，以垂直向上为 z 轴方向，形成右手坐标系。毫米波雷达坐标系一般以传感器处为坐标原点，以雷达照射方向为 x 方向，以雷达照射方向的左侧为 y 方向，以垂直向上为 z 轴方向，形成右手坐标系。

a. 相机坐标系到像素坐标系的转换：下式可以实现相机坐标系到像素坐标系的转换，其中 K 为内参矩阵，P 为 3D 点坐标。在 nuScenes 数据集中，相机坐标系为右手坐标系，像素坐标系为左手坐标系，左手坐标系和右手坐标系只在旋转角度上相差一个正负号，但是旋转矩阵的定义和计算形式不变。

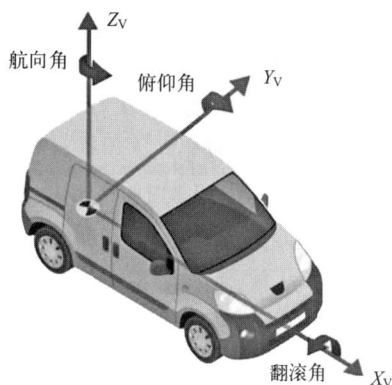

图 4-10　自车坐标系

$$z\begin{bmatrix} u \\ v \\ 1 \end{bmatrix} = \begin{bmatrix} f_x & 0 & c_x \\ 0 & f_y & c_y \\ 0 & 0 & 1 \end{bmatrix}\begin{bmatrix} x \\ y \\ z \end{bmatrix} = KP \tag{4-27}$$

相机坐标系和自车坐标系的转换：

$$P = RP_w + t \tag{4-28}$$

相机的位姿由旋转矩阵 R 和平移向量 t 来描述，上式为相机的外参公式，可以实现相机坐标与自车坐标之间的相互转换，R 和 t 即为外参，用四维矩阵统一表示。实际应用中，由于自车并非刚体而是存在悬架，所以外参需要实时校正，相机坐标系和自车坐标系必须同为左手坐标系或右手坐标系。实际使用中，在没有特殊说明时，均默认使用右手坐标系。

在代码中，info["cam2ego_rotation"] 和 info["cam2ego_translation"] 为从相机坐标系转换到自车坐标系的旋转参数和平移向量，这里旋转使用的是四元数描述法，右手坐标系，平移量单位为 m。具体代码如下，在这段代码中，点云数据 pc 减去 info["cam2ego_translation"]，即将点云从相机坐标系平移到自车坐标系，然后将 info["cam2ego_rotation"] 从四元数形式转换为旋转矩阵形式，最后将点云数据乘以旋转矩阵，完成相机坐标系到自车坐标系的转换过程。

```
1.   pc = pc - np.array(info["cam2ego_translation"])[:, np.newaxis]
2.   pc = Quaternion(info["cam2ego_rotation"]).rotation_matrix.T @ pc
```

b. 3D 坐标系之间的转换：除像素坐标系外，当前坐标系下的一坐标点如果想要用另一坐标系进行表示，就需要对当前坐标系的坐标轴进行旋转和平移操作，使得当前坐标系坐标轴与另一坐标系坐标轴完全重合，此时得到的新坐标即为在另一坐标系下的新坐标表示，但前提是所有坐标系全部为左手坐标系或者右手坐标系。所以坐标在世界坐标系、自车坐标系、激光雷达坐标系、毫米波雷达坐标系等 3D 坐标系之间进行转换时，只需要一个旋转矩阵 R 和平移向量 T 即可实现。上述坐标系在没有特殊说明时，均默认使用右手坐标系。

下面的代码实现了 nuScenes 数据集上点云从激光雷达坐标系转换到自车坐标系的过程。其中，info["lidar2ego_rotation"] 和 info["lidar2ego_translation"] 为从激光雷达坐标系转换到自车坐标系的旋转参数和平移向量。这段代码首先将 info["lidar2ego_rotation"] 对应的四元数转换为旋转矩阵形式，并将点云 pc 进行旋转，然后依据 info["lidar2ego_translation"] 将点云进行平移，即完成了将点云从激光雷达坐标系转换到自车坐标系的过程。

```
1. pc = Quaternion(info["lidar2ego_rotation"]).rotation_matrix @ pc
2. pc = pc + np.array(info["lidar2ego_translation"])[:, np.newaxis]
```

下面的代码完成了点云数据从传感器坐标系到激光雷达坐标系的转换。其中，sweep['sensor2lidar_rotation'] 和 sweep['sensor2lidar_translation'] 分别为对应旋转矩阵和平移向量。在这段代码中，将点云坐标 points_sweep 乘以从传感器到激光雷达坐标系的旋转矩阵 sweep['sensor2lidar_rotation']，然后将点云数据依据 sweep['sensor2lidar_translation'] 进行平移，完成点云数据从传感器坐标系到激光雷达坐标系的转换。

```
1. points_sweep[:, :3] = points_sweep[:, :3] @ sweep[
2.                       'sensor2lidar_rotation'].T
3. points_sweep[:, :3] += sweep['sensor2lidar_translation']
```

为从自车坐标系转换到世界坐标系，info["ego2global_rotation_lidar"] 和 info["ego2global_translation_lidar"] 为从自车坐标系转换到世界坐标系的旋转参数和平移向量。值得注意的是，在 nuScenes 数据集中，不同视频、不同场景的世界坐标系并不一样。首先，依据 info["ego2global_rotation_lidar"] 求出旋转矩阵，并将点云数据 pc 乘以旋转矩阵，然后以 info["ego2global_translation_lidar"] 作为平移向量，完成点云数据从自车坐标系转换到世界坐标系的过程。

```
1. pc = Quaternion(info["ego2global_rotation_lidar"]).rotation_matrix @ pc
2. pc = pc + np.array(info["ego2global_translation_lidar"])[:, np.newaxis]
```

c.BEV 坐标系和 BEV 像素坐标系之间的转换：BEV 坐标系与 BEV 像素坐标系采用完全同向的坐标系，只是坐标原点位置不一样而已，所以两者之间转换时，只需要平移和缩放即可，两者均为右手坐标系。

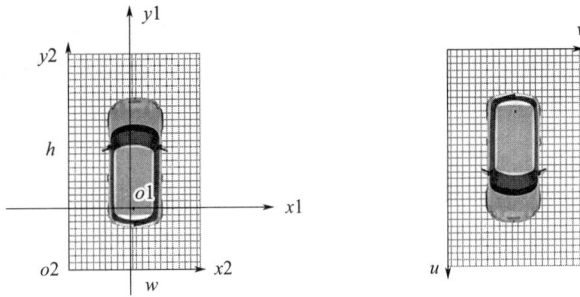

nuScenes数据集

图 4-11　BEV 坐标系

如图 4-11 所示，BEV 坐标系是一个跟算法相关的虚拟坐标系，现实中并不存在 BEV 传感器，BEV 坐标系与数据集所使用的"标注坐标系"有关。图 4-11 所示为 nuScenes 数据集的 BEV 坐标系和 BEV 像素坐标系，在 nuScenes 数据集中，标注结果是建立在激光雷达坐标系基础上的，而激光雷达采用的是以传感器处为坐标原点，以车辆朝向为 y 方向，以车辆右侧为 x 方向，以垂直向上为 z 轴方向，所形成的右手坐标系。所以在 nuScenes 数据集中，BEV 坐标系使用与激光雷达坐标系相同的坐标系。

BEV 像素坐标系则是坐标原点位于 BEV 图的左下角，向上是 y 轴，向右是 x 轴，形成右手坐标系。所以在 BEV 像素坐标系中，BEV 图不会上下颠倒，但 BEV 像素坐标系与 BEV 矩阵存储形式存在上下颠倒，两种坐标系下的旋转量相差一个正负号，平移量完全相同，所以在自己写函数或调用库函数时，需要注意当前是在 BEV 像素坐标系下进行操作还是在 BEV 矩阵存储形式下进行操作。除此以外，两个坐标系的索引相反，矩阵索引是 (y, x)，而像素坐标是 (x, y)。所以在 nuScenes 数据集中的 BEV 图一般 h 大于等于 w，车头朝上。

4.2
深度学习

3D 感知作为人工智能领域的一个重要分支，其目标是通过各种传感器，如激光雷达、相机和毫米波雷达等采集的数据，实现对三维空间中物体和环境的准确理解。深度学习模型能够从大量数据中自动学习复杂的特征表示，极大地提高了 3D 感知的准确性和效率。深度神经网络通常由许多可学习层组成，每一层都根据训练数据自适应地学习到一种简单的映射，最终它们组合起来实现输入数据到输出数据的复杂非线性映射。

随着研究的深入，新的网络结构和训练策略不断涌现，推动了 3D 感知技术的持续发展和创新。深度学习在 3D 感知领域带来了显著的优势，主要体现在以下几个方面：首先，它实现了特征提取的自动化，避免了传统方法中依赖手工设计特征的限制，从而提高了感知的准确性和效率。其次，深度学习模型，尤其是 Transformer 架构，能够有效处理多模态数据融合，充分利用来自不同传感器的信息，进一步提升感知能力。此外，端到端的学习方式避免了传统多阶段处理流程中的误差累积，实现了从原始传感器数据到最终感知结果的直接映射，提高了整体性能。随着计算硬件的发展，深度学习模型在保持高精度的同时，也越来越注重实时性和效率，以满足自动驾驶等应用场景的需求。最后，通过大规模数据集的训练和先进的正则化技术，深度学习模型在不同环境和条件下的泛化能力得到了显著提升，使其能够在更广泛的应用场景中发挥作用。

随着计算能力的提升和数据量的增加，深度学习模型，尤其是卷积神经网络和Transformer，已经在多个 3D 感知任务（如语义分割、物体检测、目标跟踪等）中取得了显著的成果。在本节中，我们将详细介绍卷积神经网络和 Transformer 这两种深度学习模型的基础知识，为理解后续三维感知算法做好准备。

4.2.1 卷积神经网络

卷积神经网络（convolutional neural networks，CNN）是一种深度学习模型，它在图像识别、视频分析和自然语言处理等多个领域表现出色。CNNs 通过使用卷积层来自动地参数化地提取图像特征，这些卷积层利用滤波器（或称为卷积核）来识别图像中的局部特征，如边缘、纹理等。随着网络层次的加深，这些局部特征逐渐组合成更加复杂和抽象的特征表示，从而使得 CNNs 能够有效地处理和分类高维数据。

本小节中，我们将深入探讨 CNN 的核心技术和理论基础，这些技术是深度学习在图像识别、视频分析和自然语言处理等领域取得成功的关键。我们将从感知机和全连接层开始，了解它们在特征提取和模式识别中的作用。随后，我们将介绍 ReLU 激活函数，并探讨其在简化求导过程和减轻梯度消失问题方面的优势，了解全连接层如何通过非线性激活函数进行特征映射，并通过 softmax 函数在输出层生成最终的分类结果。

接下来，我们将进入 CNN 的核心——卷积层。我们将详细介绍卷积操作的原理和计算过程，展示如何利用滤波器自动提取图像特征，并通过权重共享提高空间识别效率。此外，我们还将探讨池化层在减少参数量和防止过拟合方面的作用。

为了解决深层网络训练中的内部协变量偏移问题，我们将介绍 Batch Normalization 技术，并展示其如何加速模型训练并提升模型稳定性。

卷积神经网络的训练过程也将被概述，即从网络初始化到前向传播、损失计算、反向传播，直至参数更新的整个流程。最后，我们将重点介绍经典的卷积神经网络——ResNet，它通过引入残差学习框架解决了深层网络训练中的退化问题，使得构建和训练更深的网络成为可能。ResNet 的设计哲学和网络结构将被详细解读，以展示其如何作为深度学习领域的一个重要里程碑，推动了 3D 感知技术的发展。

通过本小节内容的学习，读者将获得对卷积神经网络工作机制和关键组件的全面理解，并能够更好地应用 CNN 解决实际问题。

（1）感知机和全连接层

在介绍最核心的卷积层之前，我们首先来了解全连接层和多层感知机的概念。它们是深度学习模型中的基础组件，在卷积神经网络和 Transformer 中得到了广泛的应用，不仅用于构建深度学习模型的分类器部分，而且在特征提取和表示学习中也有广泛应用。全连接层将前一层的所有神经元与下一层的每个神经元都建立起连接，如图 4-12 所示，而多层感知机（MLP）则是由多个全连接层堆叠而成的网络结构，能够学习输入数据中的非线性关系。

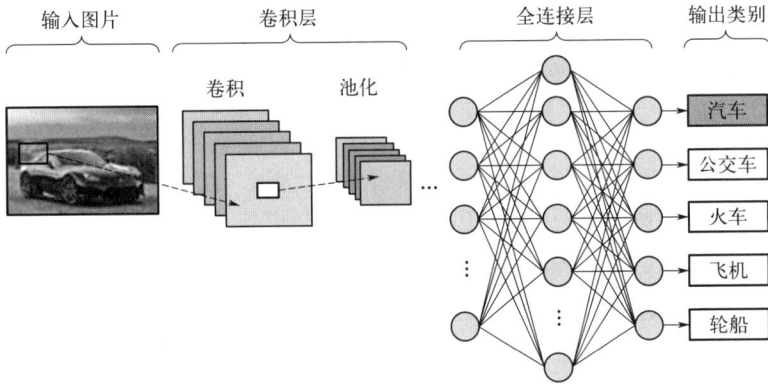

图 4-12 全连接层的作用

① 全连接层（fully connected layer，FC）是深度学习神经网络中的一种基本结构。它的主要功能是将上一层的所有神经元与当前层的每个神经元相连接，每个连接都有一个对应的权重参数，用于学习输入数据的特征表示和模式识别。全连接层常用于神经网络的最后几层，用于将抽取的特征进行分类或回归预测。

全连接层的输入通常是一个向量，每个元素代表上一层神经元的输出或特征。假设上一层有 n 个神经元，全连接层有 m 个神经元，则全连接层的输出是一个 m 维的向量。每个输出神经元都与上一层的每个输入神经元相连接，连接之间有权重 W_{ij} 和偏置 b_i，其中 i 是输出神经元的索引，j 是输入神经元的索引。全连接层的计算过程可以表达为：

$$y = \sigma(Wx + b) \tag{4-29}$$

式中，x 是输入向量矩阵；W 是权重矩阵；b 是偏置向量；σ 是激活函数，常用的激活函数包括 ReLU、sigmoid 和 tanh 等。

② 多层感知机（multilayer perceptron，MLP）是一种前馈神经网络，如图 4-13 所示，它包含一个或多个隐藏层，能够学习非线性模型。MLP 通过堆叠多个全连接层，并引入非线性激活函数如 ReLU 或 sigmoid，使得网络能够学习复杂的数据模式。

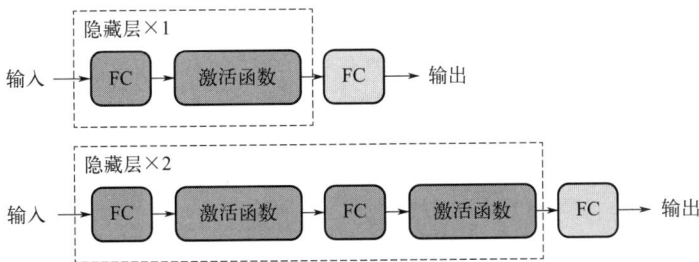

图 4-13 多层感知机

（2）激活函数

卷积、全连接层等模块本质都是线性变换。在卷积神经网络中，为增加网络的非线性拟合能力，通常将卷积、全连接等层的输出结果输入激活函数中，对结果做非线性映射。

在所有激活函数中，最常用的是修正线性单元（rectified linear unit，ReLU），因为它实现简单，同时在各种任务中表现良好。ReLU提供了一种非常简单的非线性变换。给定元素 x，ReLU函数被定义为该元素与0的最大值：

$$ReLU(x)=\max(x,0) \tag{4-30}$$

通俗地说，ReLU函数通过将相应的激活值设为0，仅保留正输出，并丢弃所有负输出。图4-14展示了画出ReLU函数的曲线图，可以看出该函数总体上是非线性函数，但它是分段线性的。ReLU求导计算也非常简单：$x<0$ 时导数等于0，导数消失；$x>0$ 时，导数等于1，导数直接通过。这使得它在优化过程中表现得更好，并且ReLU减轻了困扰以往神经网络的梯度消失问题。

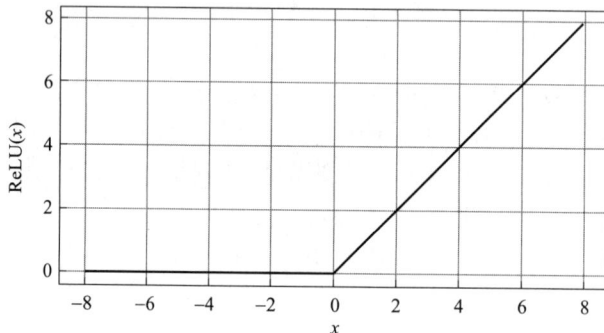

图4-14 ReLU函数

这里给出ReLU函数的一个简单的pytorch代码示例。torch.relu函数和nn.ReLU模块都可以实现ReLU的计算，输入张量torch.tensor([-3.0, -1.0, 0.0, 1.0, 3.0])后，可看到ReLU函数将所有负数置为0。

```
1. import torch
2. import torch.nn as nn
3. # 使用nn.ReLU模块
4. relu = nn.ReLU()
5. # 使用torch.relu函数
6. def relu_function(input_tensor):
7.     return torch.relu(input_tensor)
8. # 创建一个输入张量
9. input_tensor = torch.tensor([-3.0, -1.0, 0.0, 1.0, 3.0])
10. # 使用nn.ReLU模块进行前向传播
11. output_tensor_module = relu(input_tensor)
12. # 使用torch.relu函数进行计算
```

```
13. output_tensor_function = relu_function(input_tensor)
14. print("输入:", input_tensor)
15. print("输出（使用nn.ReLU模块）:", output_tensor_module)
16. print("输出（使用torch.relu函数）:", output_tensor_function)
```

输出结果如下所示：

```
1. 输入: tensor([-3., -1., 0., 1., 3.])
2. 输出（使用nn.ReLU模块）: tensor([0., 0., 0., 1., 3.])
3. 输出（使用torch.relu函数）: tensor([0., 0., 0., 1., 3.])
```

除此以外，模型最后的输出层常用softmax函数进行激活，以求解分为某一类别的概率。经过前面若干次的卷积、激励和池化等操作后，在输出层中，模型会将学到的一个高质量的特征图片输到全连接层，给出最后的分类预测（通常称为logits）。在全连接层之前，若神经元数目过大、学习能力过强，可能会出现过拟合，因此引入dropout操作，通过随机删除神经网络中的部分神经元来解决此问题。当全连接层输出结果（logits）后，通过softmax函数得到最终的输出，式（4-31）是softmax的函数表达式，该函数统计所有类别的得分情况，通过计算输出单元的似然概率，将概率最大的数字作为分类结果的输出，其中 z_i 表示输入向量 z 的第 i 个元素。

$$\text{softmax}(z_i) = \frac{e^{z_i}}{\sum_{j=1}^{K} e^{z_j}} \tag{4-31}$$

（3）卷积层

卷积层是深度神经网络最重要的组成部件之一，其历史可以追溯到20世纪80年代。直到今天，四十多年过去了，这项技术依然经久不衰，被用于各类网络模型中。

在计算机视觉和深度学习中，卷积操作通常指的是一个滤波器（或称为卷积核、滤波器核）与输入数据（如图像）之间的局部区域进行乘积求和的操作，它特别适合在图像等规则数据上进行高效的特征提取。卷积核是一个小的矩阵，它在输入数据上滑动（或"卷积"），并在每个位置计算核与输入数据的元素对应乘积的总和，这个总和形成了输出特征图的一个元素。

① 卷积的数学表示：数学上，如果我们将输入数据表示为 $I(x,y)$，卷积核为 $K(u,v)$，则二维离散卷积可以表示为：

$$(I \cdot K)(x,y) = \sum_{u,v} I(x-u, y-v) K(u,v) \tag{4-32}$$

式中，(x,y) 表示输出特征图的坐标；(u,v) 遍历卷积核的尺寸；$I(x-u,y-v)$ 是输入数据在卷积核中心对应位置的局部区域。上述"卷积"公式可以理解为对局部图像和滤波矩阵做内积（逐个元素相乘再求和）。其中，滤波矩阵 K 是一组可学习的权重。由上述公式可以看出卷积区别于多层感知机（全连接层）等其他网络层的核心是卷积层在空间上共享权重。

② 卷积的运算过程：我们暂时忽略通道（第三维）这一情况，看看如何处理二维图像数据的卷积运算。假设输入是高度为3、宽度为3的二维张量（即形状为3×3）。卷积核的高度和宽度都是2，而卷积核窗口（或卷积窗口）的形状由内核的高度和宽度决定（即2×2）。

如图4-15卷积计算所示，阴影部分是第一个输出元素，以及用于计算输出的输入张量元素和核张量元素。以图中为例，可计算输出得：0×0+1×1+3×2+4×3=19。

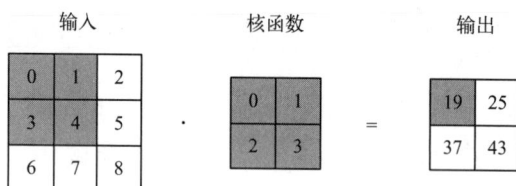

图 4-15 卷积计算

在二维运算中，卷积窗口从输入张量的左上角开始，从左到右、从上到下滑动。当卷积窗口滑动到新一个位置时，包含在该窗口中的部分张量与卷积核张量进行按元素相乘，得到的张量再求和得到一个单一的标量值，由此最终得出了这一位置的输出张量值。三维以及更高维的卷积也以此类推。对于不同通道，如彩色图像通常包含红、绿、蓝三个通道，卷积核也将具有相应数量的通道。在这种情况下，卷积操作不仅在空间维度（高度和宽度）上进行，还需要在通道维度上进行。每个通道的卷积核独立地与对应的输入图像通道进行卷积运算，然后将所有通道的结果相加，形成最终的输出。

从上面的计算过程可以看出，每卷积一次所得到的特征图的大小都会小于输入时特征图的大小，但是在一些情况下我们更希望其卷积后的大小能够等同于输入时的大小。那这该怎么做呢？为了保持卷积后的特征图的大小与输入时一致，通常来说我们都会对输入的特征图进行填充（padding），也就是把它的形状变大，这样卷积后的大小就可以与原始输入的特征图保持一致。在卷积操作中，常用0进行边缘填充。

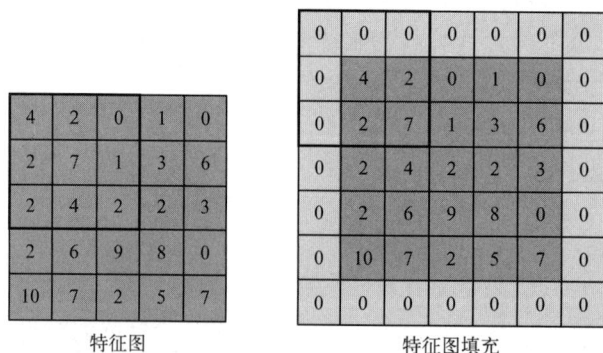

图 4-16 零填充

如图 4-16 所示，左边为原始的特征图，其大小为 5×5；右边为零填充后的特征图，其大小变成了 7×7。对左右两边均用大小为 3×3 的卷积核进行卷积（步长 $S=1$），可以发现，经过填充处理后，卷积后特征图的大小与输入时的大小保持一致。当然，如果是多通道的话，则对应在每个通道都这样填充即可。

卷积应用案例——识别横折

下面以卷积神经网络"识别横折"作为案例分析卷积是如何在空间上共享权重的。"识别横折"任务需要识别出图像上是否存在如图 4-17 中黑色像素点所示的横折。这项任务的挑战在于横折位置未知，计算机能否在横折出现在图像不同位置时均准确地识别出横折的模式。

卷积神经网络中的卷积操作可以看作是输入样本和卷积核的内积运算。经过第一层卷积层对输入样本进行卷积操作后，就可以得到特征图。在卷积层中是使用同一卷积核对每个输入样本进行卷积操作，然后在第二层和后面的卷积层中，将前一层的特征图作为输入数据，进行同样的卷积操作。

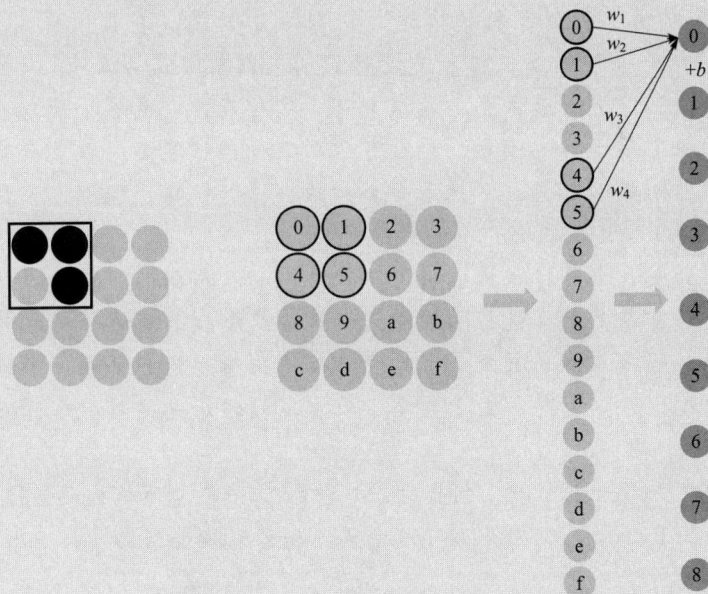

图 4-17 "横折"识别图

如图 4-17 所示，假定一开始"横折"位于最左上角，也就是"0，1，4，5"的位置上，并且此时通过 w_1，w_2，w_3，w_4 能够准确地识别出"0，1，4，5"上是否包含有"横折"这么一个元素。那现在问题来了，如果上面的"横折"向右移动了一个格子，怎么保证计算机仍然可以快速有效地识别到"横折"这个元素呢？

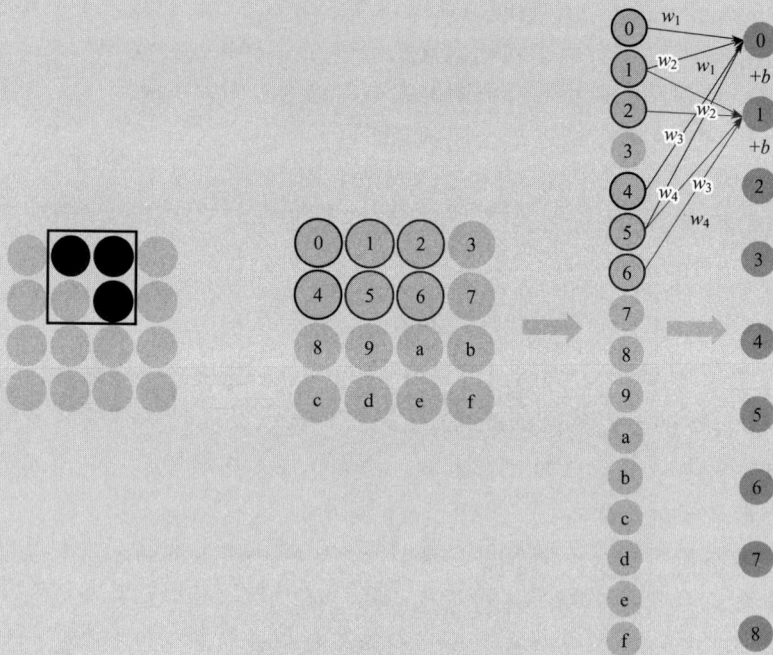

图 4-18　权重共享示意图

如图 4-18 所示，一个有效的快速的识别方法就是，直接同样用 w_1，w_2，w_3，w_4 来对"1，2，5，6"位置上的元素进行识别，判断其是否含有"横折"。训练集中"横折"的位置使得对应位置上的权重有了这种能力，既然如此，可以将这些具备识别能力的权重用于其他位置。将具有识别某种特征能力的权重共享到其他位置上就是卷积操作的核心思想，它就像一个"扫描器"一样，能够逐个扫描所有位置上是否包含有"扫描器"能够识别的对应元素。

在对输入的图片进行特征提取时，不管潜在的"横折"位于什么位置，只需要用同一组权重对其每个位置进行扫描即可，只要某个位置存在"横折"这么一个元素，那么模型都能将其识别出来。由此便可以得出卷积操作的核心原理，那就是在空间上共享权重。可以发现，由于共享了权重，相较于全连接操作，卷积操作在参数量上急剧减少。

下面给出在 PyTorch 框架中实现"识别横折"任务的简单代码实现：

首先，导入 PyTorch 及相关库，用于构建和训练神经网络。

```
1.  import torch
2.  import torch.nn as nn
3.  import torch.optim as optim
4.  import torch.nn.functional as F
5.  from torch.utils.data import DataLoader, Dataset
```

然后，定义一个数据集类，用于处理图像和标签数据。

```
1. class FoldDataset(Dataset):
2.     def __init__(self, images, labels):
3.         self.images = images
4.         self.labels = labels
5.
6.     def __len__(self):
7.         return len(self.images)
8.
9.     def __getitem__(self, idx):
10.         image = self.images[idx]
11.         label = self.labels[idx]
12.         return torch.tensor(image, dtype=torch.float32), torch.tensor(label, dtype=torch.long)
```

接着，定义一个卷积神经网络模型，用于识别图像中是否有"横折"。

```
1. class FoldCNN(nn.Module):
2.     def __init__(self):
3.         super(FoldCNN, self).__init__()
4.         self.conv1 = nn.Conv2d(1, 10, kernel_size=3)
5.         self.conv2 = nn.Conv2d(10, 20, kernel_size=3)
6.         self.fc1 = nn.Linear(20*5*5, 50)    # 修改为 20×5×5
7.         self.fc2 = nn.Linear(50, 2)    # 假设有两个类别：有横折和无横折
8.     def forward(self, x):
9.         x = F.relu(F.max_pool2d(self.conv1(x), 2))
10.         x = F.relu(F.max_pool2d(self.conv2(x), 2))
11.         x = x.view(-1, 20*5*5)    # 修改为 20×5×5
12.         x = F.relu(self.fc1(x))
13.         x = self.fc2(x)
14.         return F.log_softmax(x, dim=1)
```

随后，生成实例数据：

```
1. def generate_data(num_samples):
2.     images = []
3.     labels = []
4.     for _ in range(num_samples):
5.         image = np.zeros((1, 28, 28))    # 假设图像大小为 28×28
6.         if np.random.rand() > 0.5:
7.             # 添加横折
8.             image[0, 0, 1:6] = 1
9.             image[0, 1, 4] = 1
```

```
10.            labels.append(1)
11.        else:
12.            labels.append(0)
13.        images.append(image)
14.    return np.array(images), np.array(labels)
```

在模型训练过程中，首先生成训练数据，并初始化数据集加载器 dataloader、网络 model、优化器 optimizer、损失函数 criterion 等关键模块。然后训练 10 轮，每轮训练要遍历整个数据集。每次加载一批数据进行训练时，首先使用 optimizer. zero_grad() 将可学习参数梯度全部置零，然后将数据输入模型产生预测结果 output，再将预测结果 output 和真值标签 target 输入损失函数 criterion 中计算得到损失值 loss，最后，根据损失值 loss 进行反向传播，优化器 optimizer 根据计算得到的梯度更新模型参数。值得注意的是，大部分神经网络的训练均遵循类似的流程，因此后文对神经网络训练和测试部分进行了简写或省略。

```
1. def train_model():
2.    images, labels = generate_data(1000)
3.    dataset = FoldDataset(images, labels)
4.    dataloader = DataLoader(dataset, batch_size=32, shuffle=True)
5.    model = FoldCNN()
6.    optimizer = optim.Adam(model.parameters(), lr=0.001)
7.    criterion = nn.CrossEntropyLoss()
8.    for epoch in range(10):
9.        model.train()
10.        for data, target in dataloader:
11.            optimizer.zero_grad()
12.            output = model(data)
13.            loss = criterion(output, target)
14.            loss.backward()
15.            optimizer.step()
16.        print(f'Epoch {epoch+1}, Loss: {loss.item()}')
17.    return model
```

测试得到的模型，首先生成测试数据，并初始化数据集加载器。将模型置于测试模式，并初始化用于记录测试结果的变量 correct。使用 torch.no_grad() 设置不传梯度，遍历测试数据集，求出测试结果。对于每批数据，都使用模型进行预测得到预测分数 output，找到得分最大的类 pred，并且比较它与真值标签 target 是否一致，将一致的次数累加到变量 correct 中。最后用数据集大小 len(test_dataloader. dataset) 归一化 correct，得到分类正确的百分比，并打印。

```
1.  def test_model(model):
2.      test_images, test_labels = generate_data(100)
3.      test_dataset = FoldDataset(test_images, test_labels)
4.      test_dataloader = DataLoader(test_dataset, batch_size=32,
shuffle=False)
5.      model.eval()
6.      correct = 0
7.      with torch.no_grad():
8.          for data, target in test_dataloader:
9.              output = model(data)
10.             pred = output.argmax(dim=1, keepdim=True)
11.             correct += pred.eq(target.view_as(pred)).sum().item()
12.     print(f'Test Accuracy: {correct / len(test_dataloader.
dataset) * 100:.2f}%')
```

最后在主函数调用，首先进行训练，再进行测试。

```
1.  if __name__ == "__main__":
2.      model = train_model()
3.      test_model(model)
```

（4）池化层

所谓池化，可以将其看作是一个信息筛选或者过滤的操作。卷积神经网络为了过滤噪声、减少参数量和防止过拟合，常需要进行池化操作。池化操作使用某一位置的相邻输出的总体特征来代替网络在该位置的输出，例如：最大池化（max pooling）会给出相邻矩形区域内的最大值作为该位置的输出，除此之外还有最小池化（min pooling）和平均池化（average pooling）等。下面我们以最大池化为例，介绍池化操作的具体计算步骤。

如图 4-19 所示，左边为输入的特征图，右边为经过最大池化后的结果。

从图 4-19 可以看出，最大池化就是给定一个固定大小的滑动窗口，然后选择窗口中的最大值来代替整个区域作为输出，最后再依次对整个特征图进行池化操作就得到池化后的特征输出。同时可以发现，对于池化操作来说其并没有权重参数。

图 4-20 所示为多通道的池化操作，左边为输入的特征图，右边为池化后的特征图。可以发现，所谓多通道的池化操作，其实就是在每个特征通道上各自进行池化操作，它并没有改变特征的通道数（这一点不同于多通道卷积）。

同理，对于最小池化和平均池化来说，其与最大池化的不同点仅仅在于计算方式上的不同。最小池化和平均池化分别会选择滑动窗口中的最小值和平均值来代替整个区域作为输出，其他地方并没有什么不同，因此不再赘述。

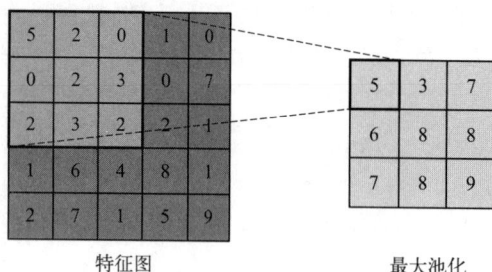

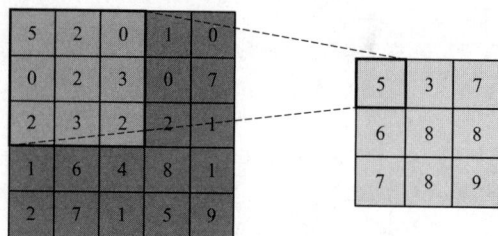

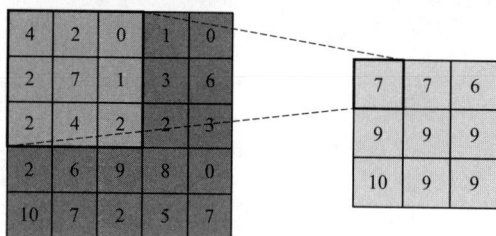

特征图	最大池化

图 4-19 单通道最大池化图   **图 4-20** 多通道最大池化

（5）批归一化层

深度学习通常将整个数据集分批，每轮训练只使用一小批数据（mini-batch）更新模型。在整个网络的训练过程中，由于上一层网络参数的变化将导致输出层结果分布的改变，这就使得网络中每一层输入的分布均会发生改变，从而加大了网络的训练难度。为解决该问题，研究者提出了批归一化（batch normalization，BN）层，以批数据为单位来对每一层网络的输入进行标准化。

具体地，BN 层的输入是 m 个样本组成的批数据对应的特征，即 $\boldsymbol{B}=\{x_{1,\cdots,m}\}$；待学习的参数是缩放因子 γ 和平移因子 β；输出是标准化后的特征，即 $\{y_i=\mathrm{BN}_{\gamma,\beta}(x_i)\}$。BN层执行的标准化过程，主要包含以下 3 步：

① 根据输入特征，计算批数据均值 μ_B 和方差 σ_B^2：

$$\mu_B \leftarrow \frac{1}{m}\sum_{i=1}^{m}x_i \tag{4-33}$$

$$\sigma_B^2 \leftarrow \frac{1}{m}\sum_{i=1}^{m}(x_i-\mu_B)^2 \tag{4-34}$$

② 对每个样本进行归一化处理，得到归一化后的结果 $\hat{x}_i$（为了防止方差为 0 的情况，在进行归一化时分母额外加了一个很小的常数 ε）：

$$\hat{x}_i \leftarrow \frac{x_i-\mu_B}{\sqrt{\sigma_B^2+\epsilon}} \tag{4-35}$$

③ 使用可学习参数 γ 和 β 对归一化样本进行缩放和平移，得到最后输出的结果 y_i：

$$y_i \leftarrow \gamma\hat{x}_i+\beta \equiv \mathrm{BN}_{\gamma,\beta}(x_i) \tag{4-36}$$

值得注意的是上述步骤展示的是 BN 层在训练时的执行过程，即均值 μ_B 和方差 σ_B^2 不是整个数据集真实的期望与方差，而是根据当前的批数据估计得到的。而 BN 层在测试时，则使用训练使用过的全部数据估计均值 μ_{running} 和方差 $\sigma_{\mathrm{running}}^2$，通常是在训练的同时用移动平均法来计算的。

$$\mu_{\mathrm{running}} = \mu_{\mathrm{running}} \times (1-m) + \mu_B \times m \tag{4-37}$$

$$\sigma_{\mathrm{running}}^2 = \sigma_{\mathrm{running}}^2 \times (1-m) + \sigma_B^2 \times m \tag{4-38}$$

式中，m 为超参数动量（momentum），或者在未设置动量的情况下 $m = 1/N_B$（N_B 为当前经过的批数目）。

每一层的每个神经元的输出值都会经历上面所述的处理过程，使得均值为 0、方差为 1，然后再输出到下一层网络中。尽管在这一个过程中可能会导致不同神经元之间的联合分布发生变换，但是这却使得每一层网络的输入具有了同样的均值与方差，进而加速了网络的训练过程。这里给出 BN 的代码示例，并假设输入是一个矩阵：

```
1.  import torch
2.  import torch.nn as nn
3.
4.  # 初始化批量归一化层, 假设输入特征的数量为 4
5.  bn = nn.BatchNorm2d(num_features=4)
6.
7.  # 创建一个小矩阵, 形状为 [1, 4, 2, 2], 这里 1 是批次大小, 4 是通道数, 2×2 是特征矩
阵的大小
8.  input_tensor = torch.tensor([[[[1.0, 2.0], [3.0, 4.0]],
9.                                [[2.0, 2.0], [2.0, 2.0]],
10.                               [[0.0, 1.0], [2.0, 3.0]],
11.                               [[5.0, 6.0], [7.0, 8.0]]]])
12.
13. # 使用批量归一化层处理输入矩阵
14. output_tensor = bn(input_tensor)
15.
16. # 打印输出结果
17. print("输入矩阵:")
18. print(input_tensor)
19. print("经过 BN 层处理后的输出矩阵:")
20. print(output_tensor)
```

输出结果如下：

```
1.  # 输入矩阵:
2.  tensor([[[[1., 2.],
```

```
3.              [3., 4.]],
4.             [[2., 2.],
5.              [2., 2.]],
6.             [[0., 1.],
7.              [2., 3.]],
8.             [[5., 6.],
9.              [7., 8.]]]])
10.
11.  # 经过 BN 层处理后的输出矩阵：
12.  tensor([[[[-1.3416, -0.4472],
13.            [ 0.4472,  1.3416]],
14.           [[ 0.0000,  0.0000],
15.            [ 0.0000,  0.0000]],
16.           [[-1.3416, -0.4472],
17.            [ 0.4472,  1.3416]],
18.           [[-1.3416, -0.4472],
19.            [ 0.4472,  1.3416]]]], grad_fn=<NativeBatchNormBackward0>)
```

（6）卷积神经网络的训练过程

卷积神经网络的训练过程主要包括前向传播、损失计算和反向传播三个步骤。通过前向传播将输入数据逐层传递，计算每层的输出；损失计算则通过预测值与真实值的差异确定模型的误差；反向传播则利用链式法则将误差逐层传递，计算每层参数的梯度，并通过梯度下降算法更新参数，从而使模型逐渐优化，最终达到预期的分类或回归效果。以下是卷积神经网络训练过程的介绍：

① 在训练开始之前，首先设定训练的最大时期（epochs，使用训练集上所有数据训练一次为一个时期）数或迭代（iterations，使用一批数据训练一次为一次迭代）数、每个批次数据的批大小（batch size）及学习率（learning rate）η 等超参数。然后，依据超参数定义数据集、网络结构和损失函数等必要模块，并对卷积层、全连接层等的权重矩阵 $\boldsymbol{W}$ 和偏置 $\boldsymbol{b}$ 等待学习参数进行随机初始化。

② 从训练数据中取出一批数据，包括输入 $\boldsymbol{X} \in \mathbb{R}^{C \times W \times H}$ 和对应的正确标注 $\boldsymbol{Y}$。

③ 前向传播将输入数据 $\boldsymbol{X}$ 送入神经网络的输入端，得到神经网络第 i 层的线性层输出值 $\boldsymbol{Z}^{(i)}$ 和非线性激活值 $\boldsymbol{A}^{(i)}$，其中 $\boldsymbol{Z}^{(i)} = \boldsymbol{W}^{(i)} \boldsymbol{A}^{(i-1)} + \boldsymbol{b}^{(i)}$，$\boldsymbol{A}^{(i)} = f(\boldsymbol{Z}^{(i)})$，$f$ 代表激活函数。

④ 将神经网络的预测值 $\boldsymbol{Y}$ 和期望输出值输入损失函数，计算神经网络的损失值 $\mathcal{L}$。

⑤ 反向传播，求出损失函数 $\mathcal{L}$ 对于可学习参数的偏导数 $\dfrac{\partial \mathcal{L}}{\partial \boldsymbol{W}^{(i)}}$ 和 $\dfrac{\partial \mathcal{L}}{\partial \boldsymbol{b}^{(i)}}$。

⑥ 利用梯度下降法对参数进行更新：

$$\boldsymbol{W}^{(i)} = \boldsymbol{W}^{(i)} - \eta \frac{\partial \mathcal{L}}{\partial \boldsymbol{W}^{(i)}}$$

$$b^{(i)} = b^{(i)} - \eta \frac{\partial \mathcal{L}}{\partial b^{(i)}}$$

⑦ 重复步骤②到⑥，直到达到指定的时期数或迭代数。

反向传播的梯度计算

反向传播时，首先计算损失函数对各线性层输出值 $\boldsymbol{Z}^{(i)}$ 的梯度，即 $\frac{\partial \mathcal{L}}{\partial \boldsymbol{Z}^{(i)}} = \delta^{(i)}$；损失函数对各非线性激活值 $\boldsymbol{A}^{(i)}$ 的梯度 $\frac{\partial \mathcal{L}}{\partial \boldsymbol{A}^{(i)}} = \delta'^{(i)}$。通过链式法则可以进一步得到对于可学习参数的导数。

对于全连接层，权重矩阵和偏置的导数分别可以用如下公式求解：

$$\frac{\partial \mathcal{L}}{\partial \boldsymbol{W}^{(i)}} = \frac{\partial \mathcal{L}}{\partial \boldsymbol{Z}^{(i)}} \times \frac{\partial \boldsymbol{Z}^{(i)}}{\partial \boldsymbol{W}^{(i)}} = \delta^{(i)} \left(\boldsymbol{A}^{(i-1)} \right)^{\mathrm{T}}$$

$$\frac{\partial \mathcal{L}}{\partial \boldsymbol{b}^{(i)}} = \frac{\partial \mathcal{L}}{\partial \boldsymbol{Z}^{(i)}} \times \frac{\partial \boldsymbol{Z}^{(i)}}{\partial \boldsymbol{b}^{(i)}} = \delta^{(i)}$$

卷积运算的梯度计算较为复杂，需通过对输入特征图的逐元素求导得到。第 i 层卷积层的激活值为 $\boldsymbol{A}^{(i)} = f(\boldsymbol{Z}^{(i)}) = f(\mathrm{conv}(\boldsymbol{A}^{(i-1)}, \boldsymbol{W}^{(i)}) + \boldsymbol{b}^{(i)})$，其输入 $\boldsymbol{A}^{(i-1)}$ 维度为 $M \times N$，卷积核 $\boldsymbol{W}^{(i)}$ 大小为 $U \times V$，那么其输出 $\boldsymbol{A}^{(i)}$ 维度为 $(M-U+1) \times (N-V+1)$。首先，推导该层的激活值 $\boldsymbol{A}^{(i)}$ 对于偏置 $\boldsymbol{b}^{(i)}$ 的偏导数，与全连接层计算方法类似：

$$\frac{\partial \boldsymbol{A}^{(i)}}{\partial \boldsymbol{b}^{(i)}} = \frac{\partial \boldsymbol{A}^{(i)}}{\partial \boldsymbol{Z}^{(i)}} \times \frac{\partial \boldsymbol{Z}^{(i)}}{\partial \boldsymbol{b}^{(i)}} = \sum_{l=1}^{M-U+1} \sum_{k=1}^{N-V+1} \frac{\partial \boldsymbol{A}^{(i)}}{\partial z_{lk}^{(i)}}$$

式中，$z_{lk}^{(i)}$ 为 $\boldsymbol{Z}^{(i)}$ 的一个元素。由上式可以看出，因为卷积层对输出的每一个元素都应用了偏置，因此对应的偏导数是在输出图上加和的形式。进一步，计算损失函数 $\mathcal{L}$ 对于该层偏置 $\boldsymbol{b}^{(i)}$ 的偏导数：

$$\frac{\partial \mathcal{L}}{\partial \boldsymbol{b}^{(i)}} = \frac{\partial \mathcal{L}}{\partial \boldsymbol{A}^{(i)}} \times \frac{\partial \boldsymbol{A}^{(i)}}{\partial \boldsymbol{b}^{(i)}} = \delta'^{(i)} \sum_{l=1}^{M-U+1} \sum_{k=1}^{N-V+1} \frac{\partial \boldsymbol{A}^{(i)}}{\partial z_{lk}^{(i)}}$$

下面我们计算卷积层权重矩阵相关的导数，其计算过程与上述内容相比更为复杂。考虑 $\boldsymbol{W}^{(i)}$ 中的一个元 $w_{uv}^{(i)}$，该层的激活值 $\boldsymbol{A}^{(i)}$ 对于 $w_{uv}^{(i)}$ 的偏导数可以用以下公式计算：

$$\frac{\partial \boldsymbol{A}^{(i)}}{\partial w_{uv}^{(i)}} = \sum_{l=1}^{M-U+1} \sum_{k=1}^{N-V+1} \frac{\partial z_{lk}^{(i)}}{\partial w_{uv}^{(i)}} \times \frac{\partial \boldsymbol{A}^{(i)}}{\partial z_{lk}^{(i)}} = \sum_{l=1}^{M-U+1} \sum_{k=1}^{N-V+1} a_{u+l-1,v+k-1}^{(i-1)} \frac{\partial \boldsymbol{A}^{(i)}}{\partial z_{lk}^{(i)}}$$

从上述公式可以看出，$A^{(i)}$ 关于 $W^{(i)}$ 的偏导数是 $A^{(i-1)}$ 和 $\dfrac{\partial A^{(i)}}{\partial Z^{(i)}}$ 的卷积：

$$\frac{\partial A^{(i)}}{\partial W^{(i)}} = \text{conv}\left(A^{(i-1)}, \frac{\partial A^{(i)}}{\partial Z^{(i)}}\right)$$

那么，根据链式法则损失函数对于该层权重矩阵的偏导数可以用以下公式求解：

$$\frac{\partial \mathcal{L}}{\partial W^{(i)}} = \frac{\partial \mathcal{L}}{\partial A^{(i)}} \times \frac{\partial A^{(i)}}{\partial W^{(i)}} = \delta'^{(i)} \text{conv}\left(A^{(i-1)}, \frac{\partial A^{(i)}}{\partial Z^{(i)}}\right)$$

池化层可以描述为 $A^{(i)} = \text{pool}(A^{(i-1)})$，假设某一池化层输出大小为输入的一半，即 $A^{(i-1)}$ 维度为 $M \times N$，$A^{(i)}$ 维度为 $\dfrac{M}{2} \times \dfrac{N}{2}$。导数计算需要使用反池化操作。

$$\frac{\partial A^{(i)}}{\partial A^{(i-1)}} = \text{upsample}(\mathbf{1})$$

式中，$\mathbf{1}$ 为与 $A^{(i)}$ 维度相同的全 1 矩阵；upsample($\cdot$) 为反池化操作，即将 1 恢复为与 $A^{(i)}$ 大小相同的维度，例如 pool($\cdot$) 为最大池化时，$A^{(i)}$ 局部极大值位置对应的 upsample($\mathbf{1}$) 为 1，其他位置为 0。

（7）经典的卷积神经网络——ResNet 残差网络

从理论上来看，卷积神经网络的深度（层数）对模型的性能至关重要，当增加网络层数后，网络可以进行更加复杂的特征模式的提取，所以理论上可以取得更好的结果。但是一些实验发现深度神经网络随着层数增加，出现了退化问题，即网络准确度出现饱和，甚至下降。该现象可以在图 4-21 中直观地看出来：56 层的网络与 20 层的网络相比，其训练误差和测试误差更高，效果更差。

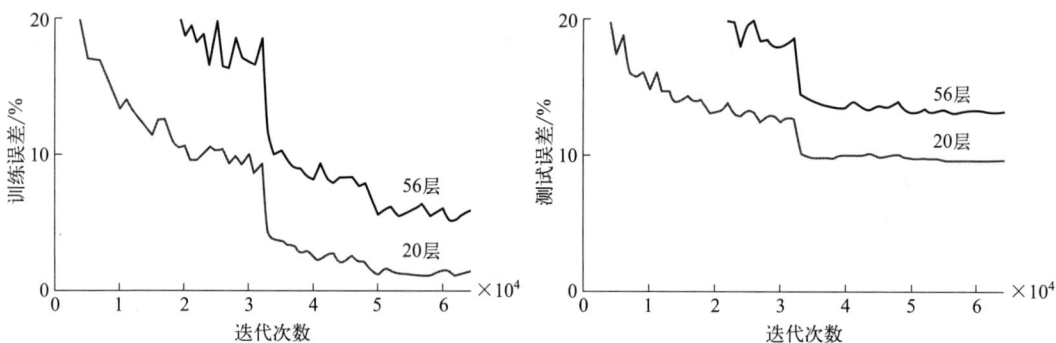

图 4-21 20 层与 56 层网络在 CIFAR-10 数据集上的误差

我们注意到 56 层网络的训练误差同样较高，因此过拟合不是导致退化问题的原因。退化问题的主要原因是深层网络存在梯度消失或者爆炸的问题，使得深度学习模型很难训练。虽然已经存在一些技术手段如上文中提到的批归一化可以缓解难训练的问题，但对于层数很深的网络，退化问题仍然严重。

来自微软的何恺明博士提出了残差学习来解决退化问题。对于一个由多层卷积堆积而成的小网络，当输入为 x 时其学习到的特征记为 $H(x)$，现在为了降低学习难度，我们希望其可以学习到残差 $F(x)=H(x)-x$，这样其实原始的学习特征是 $F(x)+x$。这样做的好处是当估计的残差为 0 时，此时上述小网络仅仅做了恒等映射，网络性能不会下降，而实际上残差通常不会为 0，这使得小网络在输入特征基础上学习到新的特征，从而拥有更好的性能。残差学习的结构如图 4-22 所示。图上新加入的恒等连接通常称为残差链接（residual connection）或跳跃连接（skip connection）。残差连接是解决深度神经网络梯度消失问题的通用方法，其计算公式如下：

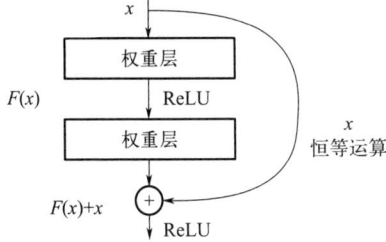

图 4-22　ResNet 基本结构示意图

$$output=input+sublayer(input)$$

其中，input 是输入张量，sublayer(•) 表示子层的变换操作（例如卷积）的输出。

ResNet 沿用了经典卷积神经网络 VGG 完整的 3×3 卷积层设计。残差块里首先有 2 个有相同输出通道数的 3×3 卷积层。每个卷积层后接一个批归一化层和 ReLU 激活函数。然后通过残差连接，跳过这 2 个卷积运算，将输入直接加在最后的 ReLU 激活函数前。这样的设计要求 2 个卷积层的输出与输入形状一样，从而使它们可以相加。如果想改变通道数，就需要引入一个额外的 1×1 卷积层来将输入变换成需要的形状后再做相加运算，如图 4-23 所示。

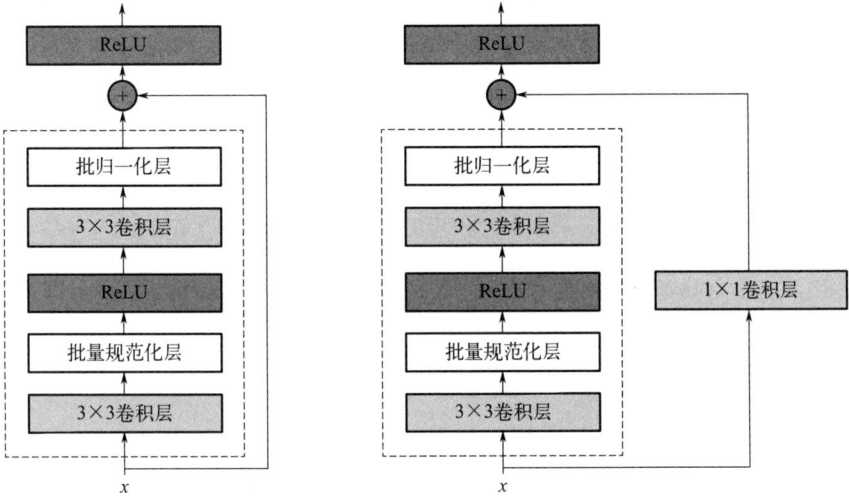

图 4-23　加入 1×1 卷积层前后的 ResNet

下面给出 ResNet 的 pytorch 简单代码示例：
首先，导入相关的库：

```
1. import torch
```

```
2. import torch.nn as nn
3. import torch.nn.functional as F
```

定义 ResNet 残差块：

```
1. class ResNetBlock(nn.Module):
2.     def __init__(self, in_channels, out_channels, stride=1, downsample=None):
3.         super(ResNetBlock, self).__init__()
4.         # 定义第一个卷积层，使用 3×3 的卷积核，步长为 stride，填充为 1，不使用偏置
5.         self.conv1 = nn.Conv2d(in_channels, out_channels, kernel_size=3, stride=stride, padding=1, bias=False)
6.         # 定义第一个卷积层后的批量归一化层
7.         self.bn1 = nn.BatchNorm2d(out_channels)
8.         # 定义 ReLU 激活函数，inplace=True 表示直接修改输入数据，节省内存
9.         self.relu = nn.ReLU(inplace=True)
10.        # 定义第二个卷积层，与第一个卷积层参数类似，但步长固定为 1
11.        self.conv2 = nn.Conv2d(out_channels, out_channels, kernel_size=3, stride=1, padding=1, bias=False)
12.        # 定义第二个卷积层后的批量归一化层
13.        self.bn2 = nn.BatchNorm2d(out_channels)
14.        # 定义下采样模块，默认为 None
15.        self.downsample = downsample
```

定义残差块的前向 forward 函数，它包含两个卷积层、批量归一化、ReLU 激活函数，以及一个残差连接：

```
1. def forward(self, x):
2.     # 保存输入数据，用于后面的残差连接
3.     identity = x
4.     # 通过第一个卷积层，然后是批量归一化和 ReLU 激活函数
5.     out = self.conv1(x)
6.     out = self.bn1(out)
7.     out = self.relu(out)
8.     # 通过第二个卷积层，然后是批量归一化
9.     out = self.conv2(out)
10.    out = self.bn2(out)
11.    # 如果定义了下采样模块，则对输入数据进行下采样，以匹配输出的维度
12.    if self.downsample is not None:
13.        identity = self.downsample(x)
14.    # 将调整后的输入（恒等映射）与卷积块的输出相加
15.    out += identity
16.    # 应用 ReLU 激活函数
17.    out = self.relu(out)
18.    # 返回最终的输出
19.    return out
```

ResNet 通过残差学习解决了深度网络的退化问题，利用残差块（residual blocks）可以训练出一个有效的深度神经网络：输入可以通过层间的残余连接更快地向前传播，因此可以训练出更深的网络，是深度神经网络的一个历史性突破。下面的代码给出了使用 ResNet 进行 CIFAR 数据集分类任务的一个示例。CIFAR 数据集是一组常用的计算机视觉数据集，包含 CIFAR-10 和 CIFAR-100 两个版本。CIFAR-10 包含 10 个类别，每个类别有 6000 张 32×32 像素的彩色图片，共计 6 万张图片。这 10 个类别分别是：飞机、汽车、鸟、猫、鹿、狗、青蛙、马、船和卡车。CIFAR-100 包含 100 个类别，每个类别同样有 6000 张图片，共计 60 万张图片。这 100 个类别被分为 20 个超级类别，例如鱼、花、鸟、动物、昆虫等。CIFAR 数据集用于评估和比较不同计算机视觉算法的性能，例如图像分类、目标检测等。由于其数据规模适中、类别多样且图片分辨率较低，CIFAR 数据集被广泛应用于学术研究和工业应用中。

首先，我们导入必要的库，包括 PyTorch、torchvision（提供 CIFAR 数据集和模型预训练权重）以及各种模型和优化器。

```
1. import torch
2. import torchvision
3. import torchvision.transforms as transforms
4. import torch.nn as nn
5. import torch.optim as optim
6. from torchvision.models import resnet18
```

定义数据预处理流程：
Resize：将图片尺寸调整为 256×256。
CenterCrop：从图片中心裁剪出 224×224 的区域。
ToTensor：将图片转换为 PyTorch 张量。
Normalize：将图片像素值标准化到 [-1, 1]。

```
1. transform = transforms.Compose([
2.     transforms.Resize(256),
3.     transforms.CenterCrop(224),
4.     transforms.ToTensor(),
5.     transforms.Normalize(mean=[0.485, 0.456, 0.406], std=[0.229, 0.224,
0.225])
6. ])
```

然后加载训练数据：从 CIFAR-10 数据集加载训练数据，并使用之前定义的预处理流程。使用 DataLoader 将数据分为多个批次，设置批大小为 4，随机打乱数据，并使用 2 个进程进行数据加载。再加载测试数据，与加载训练数据类似，但设置 train=False 表示加载测试数据集。

```
1. transform = transforms.Compose(
2.      [transforms.ToTensor(),
3.       transforms.Normalize((0.5, 0.5, 0.5), (0.5, 0.5, 0.5))])
4.
5. trainset = torchvision.datasets.CIFAR10(root='./data', train=True,
6.                               download=True, transform=transform)
7. trainloader = torch.utils.data.DataLoader(trainset, batch_size=4,
8.                               shuffle=True, num_workers=2)
9.
10. testset = torchvision.datasets.CIFAR10(root='./data', train=False,
11.                               download=True, transform=transform)
12. testloader = torch.utils.data.DataLoader(testset, batch_size=4,
13.                               shuffle=False, num_workers=2)
```

定义模型：使用预训练的 ResNet18 模型。将最后的全连接层修改为 10 个输出，对应 CIFAR-10 的 10 个类别。

```
1. net = ResNet18(pretrained=True)
2. net.fc = nn.Linear(net.fc.in_features, 10)   # 修改最后的全连接层为 10 个输出
```

定义损失函数和优化器：使用交叉熵损失函数计算模型预测与真实标签之间的差距；使用 SGD 优化器更新模型参数，设置学习率为 0.001，动量为 0.9。

```
1.  criterion = nn.CrossEntropyLoss()
2.  optimizer = optim.SGD(net.parameters(), lr=0.001, momentum=0.9)
```

训练模型：进行 2 个 epoch 的训练。在每个 epoch 中，遍历训练数据集，计算损失并进行反向传播和参数更新。每 2000 个批次打印一次训练损失。

```
1. for epoch in range(2):  # loop over the dataset multiple times
2.     running_loss = 0.0
3.     for i, data in enumerate(trainloader, 0):
4.         inputs, labels = data
5.         optimizer.zero_grad()
6.         outputs = net(inputs)
7.         loss = criterion(outputs, labels)
8.         loss.backward()
9.         optimizer.step()
10.         running_loss += loss.item()
```

```
11.          if i % 2000 == 1999:    # print every 2000 mini-batches
12.              print(f'[{epoch + 1}, {i + 1:5d}] loss: {running_loss /
2000:.3f}')
13.              running_loss = 0.0
14. print('Finished Training')
```

最后测试模型：在测试数据集上评估模型性能。计算模型预测的准确率。

```
1. correct = 0
2. total = 0
3. with torch.no_grad():
4.     for data in testloader:
5.         images, labels = data
6.         outputs = net(images)
7.         _, predicted = torch.max(outputs.data, 1)
8.         total += labels.size(0)
9.         correct += (predicted == labels).sum().item()
10. print(f'Accuracy of the network on the 10000 test images: {100 *
correct / total:.2f}%')
```

4.2.2 Transformer

Transformer 是一种基于注意力机制的深度学习模型，最初被用于自然语言处理，特别是机器翻译任务。CNN 和 Transformer 是深度学习中两种广泛使用的模型架构，各自在不同领域展示了其独特优势。CNN 通过参数共享和局部连接等特性，能有效处理图像数据，适合图像识别任务，但在处理序列数据和捕捉长距离依赖方面表现较弱。相比之下，Transformer 通过自注意力机制强化了模型在序列数据处理上的能力，特别适合处理文本和时间序列，但通常需要更多的计算资源和参数。总体而言，CNN 在图像处理领域稳定成熟，而 Transformer 在处理各类序列数据时显示出更强的灵活性和扩展性。

Transformer 应用在视觉任务上时，通常将图像划分为若干个固定大小的块，并将整个图像视为块组成的序列，每个块视为序列中的一个记号（token），然后将这个序列输入标准的 Transformer 架构中进行处理。借助 Transformer 强大的建模能力，ViT 模型在图像分类、物体检测和图像生成等视觉任务中取得了显著的性能提升；DETR 结合 CNN 特征提取和 Transformer 编码，刷新了物体检测的精度上限；此外，基于 Transformer 的生成对抗网络和自回归模型在图像生成、修复和超级分辨率等任务中展现出强大的生成能力和细节处理能力。下面首先对 Transformer 模型的核心——注意力机制进行介绍；进而介绍主要组成因子，包括多头注意力、位置编码和残差连接与层归一化；最后，介绍 Transformer 模型的编码器 - 解码器架构，并给出 ViT 工作的示例。

（1）注意力机制

注意力（attention）机制是 Transformer 模型的核心组件之一，注意力机制允许模型在处理序列数据时同时考虑序列中所有位置的信息，而不是像卷积神经网络一样按空间顺序逐个处理。给定一个输入序列，注意力机制可以计算出每个记号对其他记号的注意力权重，然后将这些权重用于聚合序列中所有记号的表示。这使得模型能够自适应地捕捉到不同记号之间的依赖关系。Transformer 中使用了自注意力和交叉注意力两种注意力。自注意力用于同一个序列内部的信息交互，帮助捕捉序列内部的长距离依赖关系；交叉注意力用于不同序列之间的信息交互。

下面给出注意力机制的具体流程和公式。注意力机制可以理解为一种模糊搜索（fuzzy search）方法，即将输入序列转换为查询（Query）、键（Key）和值（Value），再使用查询在键集合中进行搜索，通过查询和键的相似程度进行软匹配，最后依据匹配结果对值（每一个键，对应一个值）进行聚合，得到输出结果。

① 查询、键、值的映射：为了实现上述模糊搜索过程，首先需要将输入向量转换为查询、键和值。在自注意力中，仅有一组输入序列，即特征 $X \in \mathbb{R}^{n \times d}$（其中 n 是序列中包含的记号数目，d 是每个记号的特征维度），因此查询 $q \in \mathbb{R}^{n \times d}$、键 $k \in \mathbb{R}^{n \times d}$ 和值 $v \in \mathbb{R}^{n \times d}$ 均由 X 映射得到：

$$q = XQ, k = XK, v = XV \tag{4-39}$$

式中，$Q \in \mathbb{R}^{d \times d}$，$k \in \mathbb{R}^{d \times d}$，$V \in \mathbb{R}^{d \times d}$ 为可学习的查询、键、值映射矩阵。

交叉注意力机制在深度学习中用于从一个序列到另一个序列的信息传递，其基本原理与自注意力类似，但它处理的是来自两个不同序列的查询和键值对。这使得模型能够在两个相关序列之间建立复杂的依赖关系。设有两个不同的输入序列，即特征 $X \in \mathbb{R}^{n \times d}$ 和 $Z \in \mathbb{R}^{m \times d}$，其中 n 和 m 分别是两个序列中的记号数目。在交叉注意力机制中，一个序列生成查询 q，而另一个序列生成键 k 和值 v：

$$q = XQ, k = ZK, v = ZV \tag{4-40}$$

② 注意力权重的计算：注意力权重衡量了查询和键之间的匹配程度。因此，为获得注意力权重，我们需要计算查询和键之间的注意力分数。注意力分数的计算公式如下：

$$\text{Score}(q, k) = qk^{\text{T}} \tag{4-41}$$

自注意力中，$\text{Score}(q, k)$ 维度为 $n \times n$；交叉注意力中，$\text{Score}(q, k)$ 维度为 $n \times m$。接下来，对注意力分数在第二个维度上进行 softmax 归一化操作，使得同一查询对不同键的分数总和为 1。注意力权重的计算公式如下：

$$\text{Attention}(q, k) = \text{softmax}\left(\frac{\text{Scores}(q, k)}{\sqrt{d_k}}\right) \tag{4-42}$$

式中，d_k 是键的维度。这里的点积除以 $\sqrt{d_k}$ 是为了防止内积的大小对梯度的影响过大。

③ 加权求和（Weighted Sum）：使用注意力权重对值 v 进行加权求和，以获得注意力机制的输出。加权求和的计算公式如下：

$$\text{output} = \text{Attention}(\boldsymbol{q}, \boldsymbol{k})\boldsymbol{v} \tag{4-43}$$

式中，输出变量 output 维度为 $n \times d$。

（2）多头注意力

为了更精准地翻译语言中的复杂依赖关系，Transformer 网络并没有仅使用简单的注意力机制，而是引入了多头注意力机制。这种机制允许模型在计算成本不显著增加的前提下，从多个维度独立地处理和融合信息，从而提高了处理复杂语言结构的能力。

对于单词 i，上述注意力机制"查询"到的位置是 $\boldsymbol{x}_i^{\mathrm{T}}\boldsymbol{Q}^{\mathrm{T}}\boldsymbol{K}\boldsymbol{x}_j$ 值较高的单词 j，但是出于不同的原因，可能需要关注不同的单词 j。因此，Transformer 将上述查询、键、值映射矩阵进行分解，形成多个注意力映射矩阵 $\boldsymbol{Q}_l, \boldsymbol{K}_l, \boldsymbol{V}_l \in \mathbb{R}^{n \times \frac{d}{h}}$，其中 h 是注意力头的数量，$l \in [1, 2, \cdots, h]$ 是注意力头的索引。每组注意力映射矩阵对应一个注意力头，独立地执行注意力：

$$\text{head}_l = \text{softmax}(\boldsymbol{X}\boldsymbol{Q}_l\boldsymbol{K}_l^{\mathrm{T}}\boldsymbol{X}^{\mathrm{T}})\boldsymbol{X}\boldsymbol{V}_l, \text{output}_l \in \mathbb{R}^{n \times \frac{d}{h}} \tag{4-44}$$

计算完每个注意力头的输出后，将所有注意力头的输出拼接起来，并经过另一个线性变换层进行处理，以获得最终的多头注意力表示：

$$\text{MultiHead}(\boldsymbol{X}_q, \boldsymbol{X}_k, \boldsymbol{X}_v) = \text{Concat}(\text{head}_1, \text{head}_2, \cdots, \text{head}_h) \cdot \boldsymbol{W}^O \tag{4-45}$$

式中，Concat 表示拼接操作；$\boldsymbol{W}^O$ 是用于线性变换的权重矩阵。多头注意力机制允许模型并行地从不同映射视角学习多个不同的注意力表示，从而使得 Transformer 模型能够更好地捕捉序列中的依赖关系，取得了更加优秀的性能。

（3）位置编码

卷积层每次只作用于一个小的邻域，其输出结果与位置高度相关。但是 Transformer 对记号序列的处理与其在序列中的位置是无关的，因此需要一种方式来捕捉输入序列中记号的位置信息。位置编码（positional encoding）是一种将位置信息嵌入记号中的方法，它使得模型能够区分不同位置的记号，并且能够捕捉到它们在序列中的相对位置。

位置编码通常是通过对位置进行一系列正弦和余弦函数变换而得到的。具体来说，假设序列的位置是 pos，记号的维度是 d，那么位置编码的公式如下：

$$\text{PE}(pos, 2i) = \sin\left(\frac{pos}{10000^{\frac{2i}{d}}}\right) \tag{4-46}$$

$$\text{PE}(pos, 2i+1) = \cos\left(\frac{pos}{10000^{\frac{2i}{d}}}\right) \tag{4-47}$$

式中，i是维度的索引（从 0 开始）。

位置编码通过将正弦函数和余弦函数的值融入记号，为序列中每个位置提供适当的表示。这使得模型不仅学习记号表示，也能获取单词在序列中的位置信息，在实践中增强了模型对序列数据的理解和处理能力。

（4）残差连接与层归一化

为了解决深层网络训练过程中的梯度消失和梯度爆炸问题，Transformer 采用类似 ResNet 的思路，加入残差连接和层归一化技术。残差连接允许模型在不同层之间传递原始输入信息，而层归一化是批归一化的改进，有助于稳定训练过程。它们被广泛应用于自注意力层、交叉注意力层和前馈神经网络层等构建层之间。

① 残差连接（residual connections）：同上文 ResNet 部分所述，残差连接是指在原始输入与某些变换（如卷积、全连接等）的输出之间，直接添加一个跨层的连接，使得信息可以直接从输入流向输出。它是解决深度神经网络梯度消失问题的主要方法，可以加速网络的收敛。

② 层归一化（layer normalization）：与批归一化类似，层归一化是一种归一化技术，用于加速神经网络的训练过程并提高模型的泛化能力。区别于批归一化在数据批维度进行归一化，它在每个子层的输入上进行维度归一化，以减少内部协变量偏移（internal covariate shift），使得网络的学习更加稳定。层归一化的计算公式如下：

$$\text{LayerNorm}(\boldsymbol{x}) = \gamma \frac{\boldsymbol{x} - \mu}{\sqrt{\sigma^2 + \epsilon}} + \beta \tag{4-48}$$

式中，$\boldsymbol{x}$ 是输入张量；μ 是输入张量的均值；σ 是输入张量的标准差；ϵ 是一个小常数，用于防止除零错误；γ 和 β 是可学习的参数向量。

（5）编码器 – 解码器架构

Transformer 模型通常由编码器和解码器组成，其中编码器负责将输入序列编码成中间表示，而解码器则将这个中间表示转换为输出序列。编码器和解码器都由多层堆叠的多头注意力层和前馈神经网络层组成。Transformer 模型中的编码器 - 解码器架构常常用于自然语言处理中的序列到序列任务，例如机器翻译等。Transformer 简洁的结构和高效的并行计算使得它能够处理长序列和大规模数据，模型在机器翻译、文本生成和语言理解等任务上取得了令人瞩目的性能，并且已经成为自然语言处理领域的主流模型之一。在计算机视觉中，视觉任务被重构以适应 Transformer 网络，如 ViT 仅使用了编码器，而 DETR 则使用了完整的编码器 - 解码器架构。Transformer 模型的网络结构如图 4-24 所示。

① 编码器（Encoder）：假设输入序列经过词嵌入和位置编码后，表示为 $\boldsymbol{X} = \{\boldsymbol{x}_1, \boldsymbol{x}_2, \cdots, \boldsymbol{x}_n\}$。在编码器的每一层中，首先应用多头自注意力机制。这个机制使得模型能同时关注序列中的多个位置，每个注意力头计算自己的加权注意力分数，并将结果合并。这样可以捕获输入数据的不同特征表示。对于编码器中的每一层 l，首先进行多头自注意力操作：

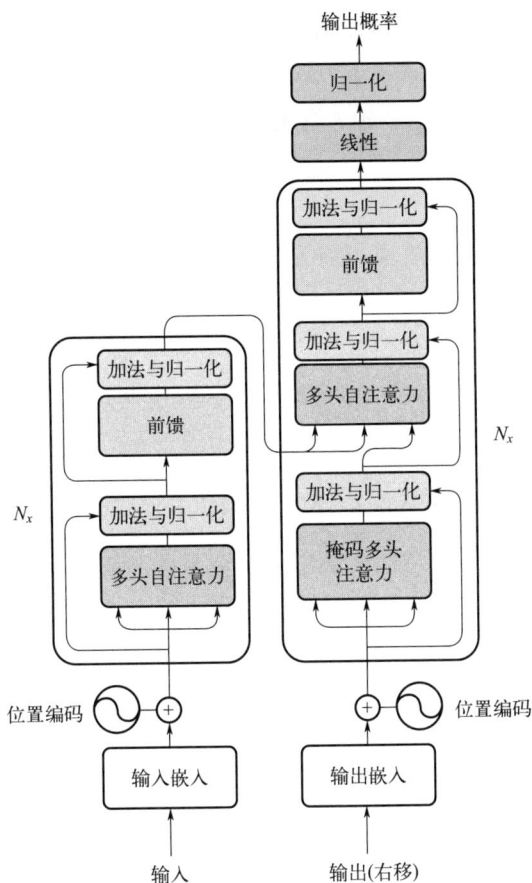

图 4-24 Transformer 模型网络结构

$$\text{MultiHead}^{(l)}(\boldsymbol{X}_q, \boldsymbol{X}_k, \boldsymbol{X}_v) = \text{Concat}(\text{head}_1^{(l)}, \cdots, \text{head}_h^{(l)})\boldsymbol{W}^{O(l)} \qquad (4\text{-}49)$$

接下来，将多头自注意力的输出 $\text{MultiHead}^{(l)}(\boldsymbol{X}_q, \boldsymbol{X}_k, \boldsymbol{X}_v)$ 与原始输入 $\boldsymbol{X}$ 进行相加，形成残差连接，随后通过层归一化处理。这种设计有助于避免在多层网络中梯度消失或爆炸的问题，同时保持数据流的稳定性。具体公式如下：

$$\boldsymbol{X}' = \text{LayerNorm}(\boldsymbol{X} + \text{MultiHead}^{(l)}(\boldsymbol{X}_q, \boldsymbol{X}_k, \boldsymbol{X}_v)) \qquad (4\text{-}50)$$

之后，通过一个前馈网络，该网络包含两层线性变换，并通过 ReLU 激活函数引入非线性，增强模型处理复杂数据结构的能力。具体来说，前馈神经网络层的计算公式如下：

$$\text{FFN}^{(l)}(\boldsymbol{X}) = \text{ReLU}(\boldsymbol{X}'\boldsymbol{W}_1^{(l)} + \boldsymbol{b}_1^{(l)})\boldsymbol{W}_2^{(l)} + \boldsymbol{b}_2^{(l)} \qquad (4\text{-}51)$$

经过前馈网络处理后的数据再次通过残差连接和层归一化，为传递到下一层或输出做准备：

$$\boldsymbol{X}'' = \text{LayerNorm}(\boldsymbol{X}' + \text{FFN}^{(l)}(\boldsymbol{X}')) \qquad (4\text{-}52)$$

② 解码器（Decoder）：解码器负责将编码器的输出转换为其自身的输出 $Y = \{y_1, y_2, \cdots, y_m\}$。假设解码器的输入序列经过词嵌入和位置编码后，表示为 $X = \{x_1, x_2, \cdots, x_n\}$。对于解码器中的每一层 l，首先进行掩蔽多头自注意力操作：

$$\text{MaskedMultiHead}^{(l)}(X_q, X_k, X_v) = \text{Concat}(\text{head}_1^{(l)}, \cdots, \text{head}_h^{(l)})W^{O(l)} \qquad (4\text{-}53)$$

掩蔽多头自注意力确保在生成当前元素时，不会错误地利用未来的信息。这一掩蔽确保了解码器在预测每个输出时只能访问到之前的输出，从而保护了生成过程的自然顺序。

接下来将掩蔽多头自注意力的输出 $\text{MaskedMultiHead}^{(l)}(X_q, X_k, X_v)$ 经过残差连接和层归一化处理：

$$X' = \text{LayerNorm}(X + \text{MaskedMultiHead}^{(l)}(X_q, X_k, X_v)) \qquad (4\text{-}54)$$

之后进入多头注意力层。在这一层中，查询 q 来自解码器的当前输出，而键 k 和值 v 则来源于编码器的输出。这使得解码器可以利用编码器捕获的整个输入序列的上下文信息，增强生成结果的相关性和准确性。设编码器的输出为 Y^{encoder}，经过与当下输入的交叉注意力后再次残差连接与层归一化：

$$X'' = \text{LayerNorm}(X' + \text{MultiHead}^{(l)}(X'_q, Y_k^{\text{encoder}}, Y_v^{\text{encoder}})) \qquad (4\text{-}55)$$

再通过一个类似的前馈网络和最终残差连接与层归一化得到当下层的输出 X'''：

$$\text{FFN}^{(l)}(X) = \text{ReLU}(X'W_1^{(l)} + b_1^{(l)})W_2^{(l)} + b_2^{(l)} \qquad (4\text{-}56)$$

$$X''' = \text{LayerNorm}(X'' + \text{FFN}^{(l)}(X'')) \qquad (4\text{-}57)$$

（6）Transformer 在视觉领域的应用实例—ViT

ViT 模型，即视觉 Transformer（vision transformer），就是将自然语言处理中的 Transformer 架构应用于计算机视觉任务的一种深度学习模型。ViT 的核心思想是将图像分割成多个小块（称为"patches"），然后将这些小块视为序列中的元素，使用 Transformer 的编码器来处理它们。ViT 模型在多个视觉识别任务上表现出色，例如图像分类、物体检测和语义分割等。它的优势在于能够捕捉长距离依赖关系，并且由于其基于注意力的机制，可以更灵活地处理不同大小和形状的输入。然而，ViT 模型也存在一些局限性，比如对小物体的识别能力相对较弱，以及在处理非常规图像尺寸时可能需要额外的调整。

ViT 通过将图像分割成多个小块（patches），然后将这些小块转换为序列形式，进而使用 Transformer 进行处理，最终实现对图像的分类。因为实现比较简单，Vision Transformer 的官网给出了一种 Vit 的模型结构，下面详细解释上面关注机制的代码实现。

首先是 ViT 模型代码的主类：ViT 类。

```
1. class ViT(nn.Module):
2.     def __init__(self, *, image_size, patch_size, num_classes, dim,
depth, heads, mlp_dim, pool='cls', channels=3, dim_head=64, dropout=0.,
emb_dropout=0.):
3.         super().__init__()
4.         image_height, image_width = pair(image_size)
5.         patch_height, patch_width = pair(patch_size)
6.
7.         assert image_height % patch_height == 0 and image_width %
patch_width == 0, 'Image dimensions must be divisible by the patch size.'
8.
9.         num_patches = (image_height // patch_height) * (image_width // patch_
width)
10.        patch_dim = channels * patch_height * patch_width
11.        assert pool in {'cls', 'mean'}, 'pool type must be either
cls (cls token) or mean (mean pooling)'
12.
13.        self.to_patch_embedding = nn.Sequential(
14.            Rearrange('b c (h p1) (w p2) -> b (h w) (p1 p2 c)',
p1=patch_height, p2=patch_width),
15.            nn.LayerNorm(patch_dim),
16.            nn.Linear(patch_dim, dim),
17.            nn.LayerNorm(dim),
18.        )
19.
20.        self.pos_embedding = nn.Parameter(torch.randn(1, num_
patches + 1, dim))
21.        self.cls_token = nn.Parameter(torch.randn(1, 1, dim))
22.        self.dropout = nn.Dropout(emb_dropout)
23.
24.        self.transformer = Transformer(dim, depth, heads, dim_head,
mlp_dim, dropout)
25.
26.        self.pool = pool
27.        self.to_latent = nn.Identity()
28.
29.        self.mlp_head = nn.Linear(dim, num_classes)
```

  Vit 类的初始化函数首先将图像尺寸和块尺寸转化为高度和宽度；利用 assert 检查图像的高度和宽度是否可以被块的高度和宽度整除；计算图像被划分成块的总数 num_patches，以及每个块的维度 patch_dim；利用 assert 检查池化类型是否为 cls 或 mean；定义一个序列模块来将图像分割成块并进行线性变换，生成块嵌入 self.to_patch_ embedding；初始化位置嵌入 self.pos_embedding 和类别标记向量 self.cls_token；初始化一个 Transformer 模型 self.transformer；设置池化方式 self.pool 和定义一个恒等映射层 self.to_latent，用于输出处理；定义一个线性层 self.mlp_head，用于将 Transformer 的输出映射到类别数的维度。

在定义好了所有需要的变量和模块以后，通过 forward 函数对输入图像实现操作。

```
1. def forward(self, img):
2.     x = self.to_patch_embedding(img)
3.     b, n, _ = x.shape
4.
5.     cls_tokens = repeat(self.cls_token, '1 1 d -> b 1 d', b = b)
6.     x = torch.cat((cls_tokens, x), dim=1)
7.     x += self.pos_embedding[:, :(n + 1)]
8.     x = self.dropout(x)
9.
10.    x = self.transformer(x)
11.
12.    x = x.mean(dim = 1) if self.pool == 'mean' else x[:, 0]
13.
14.    x = self.to_latent(x)
15.    return self.mlp_head(x)
```

forward 函数首先将输入图像通过块嵌入模块 self.to_patch_embedding 进行处理；添加位置嵌入 self.pos_embedding 并应用 self.dropout 层；将数据通过 Transformer 模型 self.transformer 处理；根据池化类型 self.pool 选择聚合方法（平均池化或提取第一个元素）；然后通过恒等映射层处理，最终通过多层感知机头部输出最终类别预测。

其中，transformer 模块的代码如下所示：

```
1. class Transformer(nn.Module):
2.     def __init__(self, dim, depth, heads, dim_head, mlp_dim, dropout = 0.):
3.         super().__init__()
4.         self.norm = nn.LayerNorm(dim)
5.         self.layers = nn.ModuleList([])
6.         for _ in range(depth):
7.             self.layers.append(nn.ModuleList([
8.                 Attention(dim, heads = heads, dim_head = dim_head, dropout = dropout),
9.                 FeedForward(dim, mlp_dim, dropout = dropout)
10.                ]))
11.
12.     def forward(self, x):
```

```
13.          for attn, ff in self.layers:
14.              x = attn(x) + x
15.              x = ff(x) + x
16.
17.          return self.norm(x)
```

Transformer 类的初始化函数定义一个层归一化层 self.norm，用于标准化输入特征；创建一个模块列表 self.layers，用于存储 Transformer 的各层；在一个循环中，根据 depth 的值反复添加多头注意力层和前馈网络层到 self.layers 中。这里使用了两种子模块：Attention 和 FeedForward。

Transformer 类的 forward 函数遍历每个层组合，在每个层中，首先通过注意力层处理输入，然后将输出与原始输入相加（残差连接）。接着，通过前馈层处理结果，并再次与之前的输出相加（另一个残差连接）。最后，将最终的输出通过归一化层处理，然后返回。这样的设计有助于减少训练过程中的梯度消失问题，同时促进不同层之间的特征融合。

Attention 模块的代码如下所示：

```
1. class Attention(nn.Module):
2.     def __init__(self, dim, heads = 8, dim_head = 64, dropout = 0.):
3.         super().__init__()
4.         inner_dim = dim_head *  heads
5.         project_out = not (heads == 1 and dim_head == dim)
6.
7.         self.heads = heads
8.         self.scale = dim_head ** -0.5
9.
10.         self.norm = nn.LayerNorm(dim)
11.
12.         self.attend = nn.Softmax(dim = -1)
13.         self.dropout = nn.Dropout(dropout)
14.
15.         self.to_qkv = nn.Linear(dim, inner_dim * 3, bias = False)
16.
17.         self.to_out = nn.Sequential(
18.             nn.Linear(inner_dim, dim),
19.             nn.Dropout(dropout)
20.         ) if project_out else nn.Identity()
21.
22.     def forward(self, x):
23.         x = self.norm(x)
24.
25.         qkv = self.to_qkv(x).chunk(3, dim = -1)
```

```
26.          q, k, v = map(lambda t: rearrange(t, 'b n (h d) -> b h n
d>, h = self.heads), qkv)
27.
28.          dots = torch.matmul(q, k.transpose(-1, -2)) * self.scale
29.
30.          attn = self.attend(dots)
31.          attn = self.dropout(attn)
32.
33.          out = torch.matmul(attn, v)
34.          out = rearrange(out, 'b h n d -> b n (h d)')
35.          return self.to_out(out)
```

Attention 模块实现了多头注意力的过程，其初始化函数首先计算了所有头合在一起的维度 inner_dim；决定是否需要对输出进行投影（赋值给 project_out），如果头数为 1 且每头的维度与输入维度相同，则不进行投影；设置头数 self.heads，并定义缩放因子 self.scale，用于调整点乘后的值，以防止梯度消失；定义一个层归一化层 self.norm，用于标准化输入特征；定义一个 softmax 层 self.attend 来计算注意力权重，并设置一个 self.dropout 以增加模型的泛化能力；定义一个线性变换层 self.to_qkv，无偏置，将输入特征转换为查询、键和值；定义输出层 self.to_out，如果需要投影，则包括一个线性变换和一个丢弃层，否则使用恒等变换。

Attention 模块的 forward 函数先利用定义好的 self.norm 对输入 "x" 进行归一化；通过 self.to_qkv 层得到联合表示 "qkv"，然后将其在最后一个维度上分为三个部分，并将 "q、k、v" 重新排列，使其适应多头处理的格式；计算点积注意力 dots，即 "q" 和 "k" 的转置矩阵相乘，并乘以缩放因子；应用 softmax 函数 self.attend 计算注意力权重，然后使用 dropout 进行正则化；将注意力权重与值 "v" 相乘得到输出；将多头输出重新排列合并为原始特征维度，通过输出层进行处理，并返回最终结果。这样的注意力机制可以有效地将不同位置的信息聚合到一起，增强模型对序列数据的处理能力。

FeedForward 模块的代码如下：

```
1. class FeedForward(nn.Module):
2.     def __init__(self, dim, hidden_dim, dropout = 0.):
3.         super().__init__()
4.         self.net = nn.Sequential(
5.             nn.LayerNorm(dim),
6.             nn.Linear(dim, hidden_dim),
7.             nn.GELU(),
8.             nn.Dropout(dropout),
9.             nn.Linear(hidden_dim, dim),
10.             nn.Dropout(dropout)
```

```
11.            )
12.
13.        def forward(self, x):
14.            return self.net(x)
```

FeedForward 模块的初始化函数定义了一个序列网络 self.net，包括层归一化层、线性变换层、激活函数和 dropout 层的组合；forward 函数将输入"x"通过定义的序列网络 self.net 处理后返回。这种前馈网络结构通过两个线性层和中间的激活层，能有效地增加模型对数据的处理能力，并通过残差连接与注意力层配合使用，进一步增强了整个网络的学习能力。

第 5 章

单传感器感知

从本章开始我们正式进入具体三维感知算法的介绍部分，学习在特定任务下机器用什么方法"理解"世界。三维感知算法门类众多、数量庞大，为了方便理解，一般将其划分为单传感器三维感知、多传感器前融合感知和端到端自动驾驶算法。在后文的内容安排方面，本章介绍单传感器三维感知即仅使用某一种传感器的数据进行感知任务；第 6 章介绍多传感器前融合算法综合多种传感器数据产生融合特征表示，再产生具体任务的输出；第 7 章介绍的端到端自动驾驶算法是近年来随着算力提升涌现的新方法，这类方法不再使用不同模型完成不同感知子任务，而是使用统一的框架和模型端到端地实现全面感知。本书挑选每类算法的代表性方法，结合其核心模块的代码实现进行介绍，使读者对各子领域的方法思想有广泛和系统的了解。但是方法的实现通常还包含大量的细节和支持性内容，这些部分在本书中都不再赘述。特别建议对于特定方法感兴趣的读者以本书作为引导，进一步详读代码，并在其基础上进行广泛的实验。

本章介绍的单传感器感知，根据输入数据类型不同，可以分为激光雷达感知算法和纯视觉感知算法。纯视觉感知算法只使用相机获取的图像作为输入。图像通过不同 RGB 强度的像素，为三维感知任务提供密集的表观、纹理等信息。这些信息易于获取、成本低，而且直观地反映了人类视觉感知的世界，使得一些算法更容易模拟人类的识别和理解过程。但是相机无法准确捕获场景的 3D 几何信息，对光照、天气条件和遮挡敏感，不能提供复杂场景的完整的信息，使得纯视觉感知算法在上述场景中不够稳定。而激光雷达感知算法只使用激光雷达点云作为输入。点云通过激光雷达传感器发射激光束，测量其反射情况来获得，它包含场景的细粒度 3D 几何信息。因此相比于纯视觉感知算法，激光雷达感知算法能够获取更精确的三维形状数据，且获取的数据质量不易受时间和天气变化的影响。所以激光雷达感知算法在测距精度和稳定性方面具有优势，但其存在缺乏物体表观信息、获取成本高昂以及数据解析的复杂程度高等问题。

纯视觉感知算法根据观测视角不同可分为基于前视图的感知算法和基于鸟瞰图的感知算法。激光雷达感知算法根据点云表示不同，主要分为基于点的方法、基于体素的方法、基于二维投影的方法和基于多视图融合的方法。下面将以具体方法为例对每类算法进行详细介绍。

5.1
纯视觉感知算法

根据上文我们已经了解到纯视觉感知可以根据观测视角分为前视图感知与鸟瞰图感知。其中，前视图是从传感器位置向物体后侧投射的视图（常等价于原始图像视图），鸟瞰视图是从高空向地面投射的视图。在本节首先介绍前视图感知中的经典方法，如用于物体检测任务的 FCOS3D 和 SMOKE；进而介绍鸟瞰视图感知中，用于语义分割任务的 LSS、SimpleBEV，以及可以同时用于语义分割和物体检测任务的 BEVFormer。除此以外，表 5-1 列出了特定感知任务下更多代表性纯视觉感知算法（某些方法，如 BEVFormer，同时在多种任务上进行了验证，因此在表格中多次出现）。其中，黑体所示方法将在下文中进行详细介绍，以阐明纯视觉感知算法的主要思路；其他方法这里不再赘述，读者可根据需要自行查找相关文献，进行阅读。

表 5-1　纯视觉感知算法及其对应的感知任务

任务	前视图感知	鸟瞰图感知
语义分割	FSS, CDP, From Front to Rear, EVA	**LSS**, SimpleBEV, **BEVFormer**
实例分割	SIM, EVA, FD-SwinV2-G	PowerBEV, ISFP
全景分割	YOSO, UniDAformer, ODISE	FV-BEV, Panoptic-PolarNet
物体检测	**FCOS3D, SMOKE**, EVA	**BEVFormer**, MatrixVT, BEVFusion-e
物体跟踪	FairMOT, ByteTrackV2, MOTRv2	CenterTube, MCSTN-3DSOT
轨迹预测	TDOR, NSP-SFM, SimAug	PECNet
占用网格语义分割		UAP-BEV, OccFormer
占用网格场景流		**FastOcc**, OFMPNet, ViewFormer

5.1.1　前视图感知

前视图（front view）的概念与机械制图中的前视图一致，即从物体的前面向后面投射所得的视图。由该定义可以看出前视图仅规定了投影方向，未明确投影平面，因此在三维感知上是一个较宽泛的概念。如图 5-1 所示，透视投影得到的图像，柱面投影得到的柱面视图（cylinder view）、球面投影得到的距离视图等都属于前视图。在纯视觉方法中，前视图感知通常指的就是直接在图像视图上实现对环境的理解和认知；在激光雷达点云方法中，前视图感知通常指的是将传感器收集的数据投影到更通用的车辆的前向视角（距离、柱面、图像等视图）下，再进行特征提取与检测、分割和跟踪等感知任务。下面以面向检测任务的 FCOS3D 和 SMOKE 方法为例，对前视图感知方法进行详细的介绍。

5.1.1.1 SMOKE

前视图感知直接在二维图像空间提取特征，来获取三维物体信息，并产生相应感知任务下的结果。前视图感知通常需要在图像上隐式估计深度信息，因此是一项挑战性任务。现有的三维感知方法通常依赖昂贵的激光雷达，或者多台相机的配合（对应方法称为基于多目的方法）；单台相机获取的图像虽然无法提供足够的深度信息（对应方法称为基于单目的方法），但是在实际应用中往往是最易获取、成

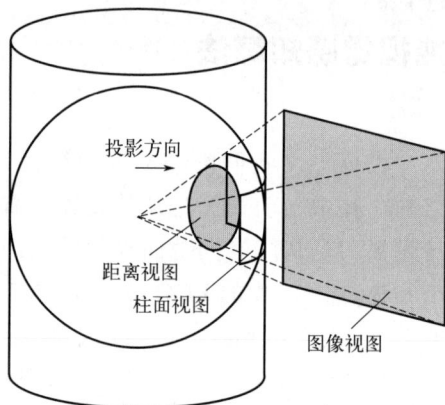

图 5-1　前视图示例图

本最低的。因此，开发一种能利用单目相机进行三维物体检测的方法显得尤为重要。

SMOKE 是一种单阶段单目三维物体检测方法。尽管二维物体检测在精度和速度方面取得了显著进展，但三维物体检测由于需要估计物体姿态和位置而更加复杂。以往单目 3D 物体检测方法通常遵循多阶段框架：首先使用 2D 物体检测网络生成物体的 2D 候选区域，然后针对这些感兴趣的 2D 区域（region of interest，RoI）采用类似 R-CNN 的方式预测物体的 3D 姿态。SMOKE 认为 2D 检测对于单目 3D 检测任务来说是冗余的，且会引入噪声影响 3D 检测性能，所以 SMOKE 通过优化网络结构和损失函数设计，提出直接利用物体关键点预测 3D 边界框的单阶段方法，实现了经济高效的 3D 物体检测。具体来说，为了实现准确、高效的单目 3D 检测，SMOKE 提出了一种新颖的单目三维物体检测框架：①通过神经网络模型在单目图像中检测物体的关键点；②利用检测到的关键点，推断物体的三维位置和姿态。这种方法能够将三维物体检测任务简化为关键点估计任务，从而减少计算成本和复杂性。

（1）方法概览

SMOKE 方法的网络结构如图 5-2 所示，主要包含三个组成部分：

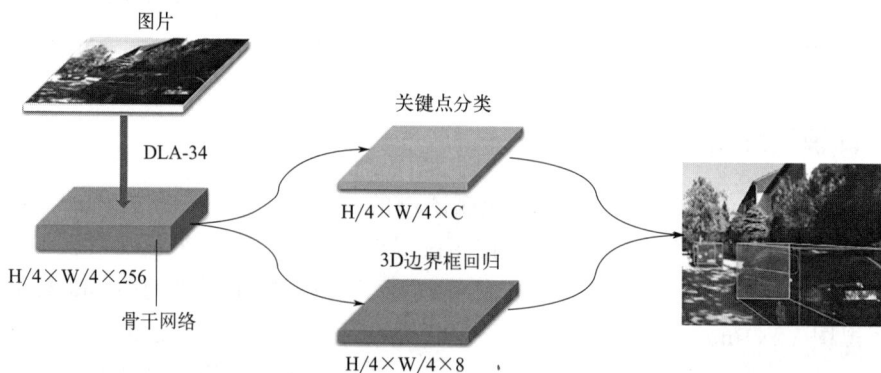

图 5-2　SMOKE 的网络结构

① 骨干网络：使用分层融合网络 DLA-34 作为主干来提取特征。

② 关键点分类分支：该分支使每个物体由一个特定的关键点表示，然后通过点级别分类，找到最可能是物体关键点的位置。其中，关键点定义为物体三维中心在图像平面上的投影，如图 5-3 所示，深色代表 2D 中心点，浅色代表 3D 投影点，网络预测浅色的关键点。

图 5-3　关键点投影

③ 3D 边界框回归分支：该分支基于中心点位置和预设的锚框（anchor）预测残差，以形成一个检测框。具体来说，SMOKE 预设了用于计算深度的尺度 σ_z 和偏移 μ_z 参数，以及每类物体的平均尺寸 $[\bar{h}\ \ \bar{w}\ \ \bar{l}]^{\mathrm{T}}$，那么根据估计得到关键点位置和类别，可以在该点上放置一个标准的锚框。然后，为计算 3D 框的准确位置，SMOKE 回归一个 8 元组 $\boldsymbol{\tau} = [\delta_z\ \delta_{x_c}\ \delta_{y_c}\ \delta_h\ \delta_w\ \delta_l\ \sin\alpha\ \cos\alpha]^{\mathrm{T}}$，用来修正上述锚框。其中，$\delta_z$ 代表深度偏移；δ_{x_c} 和 δ_{y_c} 代表下采样引起的图像平面离散化偏移量；δ_h，δ_w，δ_l 表示物体尺寸的残差；$\sin\alpha$，$\cos\alpha$ 是航向角 α 的向量表示。回归分支根据这些基本变量为热图上的每个关键点构建一个 3D 边界框。

构建关键点分类损失函数以及 3D 边界框回归损失。关键点分类损失是在下采样热图上逐点计算处罚减少焦点损失，3D 边界框回归损失采用 L1 损失衡量预测的 8 元组 $\boldsymbol{\tau}$ 到对应的 3D 边界框真值的差异。

表 5-2　SMOKE 在 KITTI 测试集上与现有方法的对比结果

方法	骨干网络	运行时间/s	3D 目标检测			鸟瞰图		
			简单	中等	困难	简单	中等	困难
OFTNet	ResNet-18	0.50	1.32	1.61	1.00	7.16	5.69	4.61
GS3D	VGG-16	2.00	4.47	2.90	2.47	8.47	6.08	4.94
MonoGR	VGG-16	0.06	9.61	5.74	4.25	18.19	11.17	8.73
ROI-10D	ResNet-34	0.20	4.32	2.02	1.46	9.78	4.91	3.74
MonoDIS	ResNet-34	0.10	10.37	7.94	6.40	17.23	13.19	11.12
M3D-RPN	DenseNet-121	0.16	14.76	9.71	7.42	21.02	13.67	10.23
Ours	DLA-34	**0.03**	14.03	9.76	7.84	20.83	14.49	12.75

表 5-3　SMOKE 在 KITTI 验证集上与现有方法的对比结果

方法	3D 目标检测 / 鸟瞰图		
	简单	中等	困难
CenterNet	0.86/3.91	1.06/4.46	0.66/3.53
Mono3D	2.53/5.22	2.31/5.19	2.31/4.13
OFTNet	4.07/11.06	3.27/8.79	3.29/8.91
GS3D	11.63/-	10.51/-	10.51/-
MonoGR	13.88/-	10.19/-	7.62/-
ROI-10D	9.61/14.50	6.63/9.91	6.29/8.73
MonoDIS	18.05/24.26	14.98/18.43	13.42/16.95
M3D-RPN	20.40/26.86	16.48/21.15	13.34/17.14
Ours	14.76/19.99	12.85/15.61	11.50/15.28

由表 5-2 可知 SMOKE 在 KITTI 测试集、3D 对象检测和鸟瞰图评估指标上都优于所有当时的单目方法，并且在中等和困难数据上 SMOKE 性能取得了显著提升，在检测速度上优于之前的所有方法。由表 5-3 可以看出 SMOKE 在 KITTI 验证集上的性能没有很突出，处在中等水平，笔者给出的解释是由于缺乏训练对象。

（2）代码解析

目前 SMOKE 代码已经开源，在代码仓库的 smoke 文件夹中，有对该方法的实现代码，主要包括：实现网络主题定义的 modeling 文件夹、定义特殊网络层和损失层的 layers 文件夹、定义了实验超参数设置的 config 文件夹、定义数据集及其采样和变换方法的 data 文件夹、实现训练测试过程的 engine 文件夹、定义了 CUDA 算子的 csrc 文件夹、包含其他功能函数的 utils 文件夹等。下面以 SMOKE 的网络结构为主线，对 SMOKE 中的核心算法部分进行解析。tools/plain_train_net.py 文件中包含训练需要调用的主函数。

SMOKE 中区别于其他方法的关键部分是关键点分类分支、3D 边界框回归分支以及损失函数的设计。因此，在这里取出这三部分对应的关键代码进行解析。

关键点分类分支、3D 边界框回归分支的定义：SMOKE 检测头估计器包括上述两个分支，它的定义在代码仓库中的 smoke/modeling/heads/smoke_head/smoke_predictor.py 文件，对应的类别是 SMOKEPredictor 类。

```
1. @registry.SMOKE_PREDICTOR.register("SMOKEPredictor")
2. class SMOKEPredictor(nn.Module)
```

该类的 __init__ 函数定义了关键点分类分支 self.class_head 和 3D 边界框回归分支 self.regression_head。其中，每个分支均由一个 3×3 卷积层、一个归一化层、一个激活层、一个 1×1 卷积层组成。下面的代码片段描述了关键点分类分支 self.class_head 的定义和初始化过程。

```
1.         self.class_head = nn.Sequential(
2.             nn.Conv2d(in_channels,
3.                 head_conv,
4.                 kernel_size=3,
5.                 padding=1,
6.                 bias=True),
7.
8.             norm_func(head_conv),
9.
10.            nn.ReLU(inplace=True),
11.
12.            nn.Conv2d(head_conv,
13.                classes,
14.                kernel_size=1,
15.                padding=1 // 2,
16.                bias=True)
17.         )
18.
19.         # todo: what is datafill here
20.         self.class_head[-1].bias.data.fill_(-2.19)
```

SMOKEPredictor 类的 forward 函数定义了检测头估计器的前向过程。首先，输入特征 features 分别通过上述两个分支产生结果。随后，关键点分类结果 head_class 通过 sigmoid_hm 进行激活（转化到 0 到 1 之间）。3D 边界框回归结果 head_regression 的部分通道根据其估计变量的性质，进行归一化：物体尺寸的残差 δ_h，δ_w，δ_l 利用 sigmoid 函数激活然后归一化到 $[-0.5, 0.5]$ 之间；预测的 $\sin\alpha$，$\cos\alpha$ 进行 L2 范数归一化，使它们的平方和为 1。

```
1.  def forward(self, features):
2.      head_class = self.class_head(features)
3.      head_regression = self.regression_head(features)
4.
5.      head_class = sigmoid_hm(head_class)
6.      # (N, C, H, W)
7.      offset_dims = head_regression[:, self.dim_channel,
...].clone()
8.      head_regression[:, self.dim_channel, ...] = torch.
sigmoid(offset_dims) - 0.5
```

```
9.
10.          vector_ori = head_regression[:, self.ori_channel, ...].clone()
11.          head_regression[:, self.ori_channel, ...] = F.normalize(vector_
ori)
12.          return [head_class, head_regression]
```

① 损失函数: 对于关键点分支, 笔者采用了处罚减少焦点损失 (penality-reduced focal loss), 该损失是交叉熵损失 (cross entropy loss) 的改进版本, 平衡了正负样本的权重, 使得损失不会过于侧重描述大量的简单负样本。 焦点损失的数学定义如下:

$$\mathcal{L}_{cls} = -\frac{1}{N} \sum_{i,j=1}^{h,w} (1-\bar{y}_{i,j})^{\beta} (1-\breve{s}_{i,j})^{\gamma} \log(\breve{s}_{i,j}) \tag{5-1}$$

式中, $\bar{y}_{i,j} = \begin{cases} 0 & \text{如果} y_{i,j}=1 \\ y_{i,j} & \text{其他} \end{cases}$; $\breve{s}_{i,j} = \begin{cases} s_{i,j} & \text{如果} y_{i,j}=1 \\ 1-s_{i,j} & \text{其他} \end{cases}$; $s_{i,j}$ 是关键点热图 (i,j) 位置处 sigmoid 激活后的预测分数; $y_{i,j}$ 是由高斯核分配的每个点的真值。该损失的定义在 smoke/layers/focal_loss.py 文件的 FocalLoss 类中。

```
1. class FocalLoss(nn.Module):
2.     def __init__(self, alpha=2, beta=4):
3.         super(FocalLoss, self).__init__()
4.         self.alpha = alpha
5.         self.beta = beta
6.
7.     def forward(self, prediction, target):
8.         positive_index = target.eq(1).float()
9.         negative_index = target.lt(1).float()
10.
11.         negative_weights = torch.pow(1 - target, self.beta)
12.         loss = 0.
13.
14.         positive_loss = torch.log(prediction) \
15.                         * torch.pow(1 - prediction, self.alpha) *
positive_index
16.         negative_loss = torch.log(1 - prediction) \
17.                         * torch.pow(prediction, self.alpha) *
negative_weights * negative_index
18.
19.         num_positive = positive_index.float().sum()
20.         positive_loss = positive_loss.sum()
21.         negative_loss = negative_loss.sum()
22.
```

```
23.        if num_positive == 0:
24.            loss -= negative_loss
25.        else:
26.            loss -= (positive_loss + negative_loss) / num_positive
27.
28.        return loss
```

3D 边界框回归损失定义为预测 8 角点表示边界框与真值边界框之间的 l_1 距离。

$$\mathcal{L}_{reg} = \frac{\lambda}{N}\|\hat{\boldsymbol{B}} - \boldsymbol{b}\|_1 \tag{5-2}$$

笔者发现损失解耦非常有效，因此将上述估计值划分为方向、边界框尺寸和中心点位置三组。每次选择其中一组值设置为估计值，其他值设置为真值，解码形成边界框，再与真值标注相比较，计算损失。因此，最终的总损失函数为关键点分类损失加上三种解码边界框对应的回归损失：

$$\mathcal{L} = \mathcal{L}_{cls} + \sum_{i=1}^{3} \mathcal{L}_{reg}(\hat{\boldsymbol{B}}_i) \tag{5-3}$$

在具体实现方面，损失计算的代码对应 smoke/modeling/heads/smoke_head/loss.py 文件中的 SMOKELossComputation 类。该类别的 __call__ 函数是网络损失计算的主要函数。该函数首先使用 self.prepare_targets 函数转换真值标注的数据结构，然后用 self.prepare_predictions 函数计算三组解耦的 8 角点表示边界框。进而，计算关键点分类损失 self.cls_loss 并存入 hm_loss 变量，方向、边界框尺寸和中心点位置对应的三组 L1 回归损失 F.l1_loss 分别存入 reg_loss_ori、reg_loss_dim 和 reg_loss_loc 变量。

```
1. def __call__(self, predictions, targets):
2.     pred_heatmap, pred_regression = predictions[0], predictions[1]
3.
4.     targets_heatmap, targets_regression, targets_variables \
5.         = self.prepare_targets(targets)
6.
7.     predict_boxes3d = self.prepare_predictions(targets_variables,
pred_regression)
8.
9.     hm_loss = self.cls_loss(pred_heatmap, targets_heatmap) * self.
loss_weight[0]
10.
11.     targets_regression = targets_regression.view(
12.         -1, targets_regression.shape[2], targets_regression.
shape[3]
13.     )
```

```
14.
15.        reg_mask = targets_variables["reg_mask"].flatten()
16.        reg_mask = reg_mask.view(-1, 1, 1)
17.        reg_mask = reg_mask.expand_as(targets_regression)
18.
19.        if self.reg_loss == "DisL1":
20.            reg_loss_ori = F.l1_loss(
21.                predict_boxes3d["ori"] * reg_mask,
22.                targets_regression * reg_mask,
23.                reduction="sum") / (self.loss_weight[1] * self.max_
objs)
24.
25.            reg_loss_dim = F.l1_loss(
26.                predict_boxes3d["dim"] * reg_mask,
27.                targets_regression * reg_mask,
28.                reduction="sum") / (self.loss_weight[1] * self.max_objs)
29.
30.            reg_loss_loc = F.l1_loss(
31.                predict_boxes3d["loc"] * reg_mask,
32.                targets_regression * reg_mask,
33.                reduction="sum") / (self.loss_weight[1] * self.max_objs)
34.
35.            return hm_loss, reg_loss_ori + reg_loss_dim + reg_loss_loc
```

② 训练过程：SMOKE 是算法介绍部分引入的第一个具体方法，因此我们在这里列出训练过程的主要代码，其他方法的训练流程相似，后面不再赘述。

训练过程定义在 smoke/engine/trainer.py 文件中，由 do_train 函数实现。重要的输入变量包括模型 model、数据集加载器 data_loader、优化器 optimizer、调度器 scheduler 等。训练流程是：初始化相关变量；从数据加载器中加载一批数据，得到包含图像和标签的 data 变量；将该批数据包含的图像 images 及其标注 targets 放到 device 上（通常是 GPU）；网络 model 进行前向传播，得到该轮训练的损失 loss_dict；对不同种类的损失求和，得到该轮训练的总损失 losses；网络反向传播，计算损失对于可学习参数的偏导数；优化器前进一步，更新所有可学习参数；调度器前进一步，更新参数的学习率；从第二步开始重复以上训练步骤，直至达到最大训练轮数 max_iter。

```
 1. def do_train(cfg, distributed, model, data_loader, optimizer,
scheduler, checkpointer, device, checkpoint_period, arguments,):
 2.     logger = logging.getLogger("smoke.trainer")
 3.     logger.info("Start training")
 4.     meters = MetricLogger(delimiter=" ")
 5.     max_iter = cfg.SOLVER.MAX_ITERATION
```

```
6.      start_iter = arguments["iteration"]
7.      model.train()
8.      start_training_time = time.time()
9.      end = time.time()
10.     for data, iteration in zip(data_loader, range(start_iter, max_
iter)):
11.         # 这里省略了部分代码, 如有需要, 请参看原版实现
12.         images = data["images"].to(device)
13.         targets = [target.to(device) for target in data["targets"]]
14.
15.         loss_dict = model(images, targets)
16.
17.         losses = sum(loss for loss in loss_dict.values())
18.
19.         # reduce losses over all GPUs for logging purposes
20.         loss_dict_reduced = reduce_loss_dict(loss_dict)
21.         losses_reduced = sum(loss for loss in loss_dict_reduced.
values())
22.         meters.update(loss=losses_reduced, **loss_dict_reduced)
23.
24.         optimizer.zero_grad()
25.         losses.backward()
26.         optimizer.step()
27.         scheduler.step()
28.         # 这里省略了部分代码, 如有需要, 请参看原版实现
```

（3）启发与思考

SMOKE 通过关键点估计的方法，实现了单目 3D 物体检测的一阶段处理。它展示了如何仅利用单个摄像头，通过定位关键点来进一步推断物体的三维姿态和位置。这种方法简化了三维物体检测流程，减少了对复杂多阶段过程的依赖，同时在计算效率和检测精度上取得了平衡。我们可以简化检测流程、设计更简单的检测头，以实现高效的单阶段单目 3D 物体检测。此外，也可以进一步思考如何提高单目检测精度、提升模型鲁棒性以及在实际应用中应对复杂场景。

5.1.1.2 FCOS3D

与前文 SMOKE 相似，FCOS3D 也是一种单目 3D 物体检测方法。首先如图 5-4 所示，输入 RGB 图像（左）；一个 2D 无锚检测器需要预测从前景中心点到边界框四个边的距离（中）；单目 3D 无锚检测器需要预测物体的 3D 中心、3D 尺寸和方向（右）。考虑到单目 2D 和 3D 物体检测具有相同的输入但输出不同，当时一些工作首先预测 2D 边界框，并在 2D 中心和感兴趣的区域上进一步回归 3D 边界框信息。还有另外一些工作，如使用不确定性估计输出图像中每个相关物体的冗余表示，对优化后的最终结果预测额外的关键点。这些方法都存在一个问题：如何使用 2D 与 3D 的投影关联关系将 3D

目标分配到 2D 域中，并进行预测。

图 5-4 单目 2D 检测与 3D 检测

为了解决以上问题，FCOS3D 扩展了一个全卷积构成的单阶段 2D 检测器 FCOS，提出了一个通用的 3D 检测框架 FCOS3D，使扩展的检测器能够依据单目图像输入预测 3D 定位，而不需要先预测 2D 目标检测结果或预先设定的 2D 到 3D 投影关联信息。具体来说，FCOS3D 提出了以下两种重要技术。

① 二维引导的多层次三维预测技术：与 SMOKE 不同，FCOS3D 依据二维检测框位置在不同尺度的特征层上均进行物体检测，使不同层次的特征图负责检测不同尺寸的边界框。通过在不同尺度的特征层上进行物体检测，FCOS3D 增强了模型对各种尺寸物体的检测能力。它利用特征金字塔网络实现多尺度特征融合，确保不同类型目标都能得到有效检测，提升了模型的多尺度适应性和整体检测精度。

② 基于 2D 高斯分布的三维中心度（centerness）：FCOS3D 改进了中心度的定义，以 3D 边界框中心点的投影作为 2D 高斯分布的中心，通过 2D 高斯分布重新定义了中心度的概念。这种中心度的定义强化了模型对目标中心区域的预测准确性，通过高斯分布的衰减特性，使模型能够更加集中地识别目标的核心部分，有助于在复杂场景（如目标部分遮挡或深度信息不明确）中，保持检测的准确性和鲁棒性。

（1）方法概览

FCOS3D 方法的总体框架如图 5-5 所示，主要包含三个组成部分。

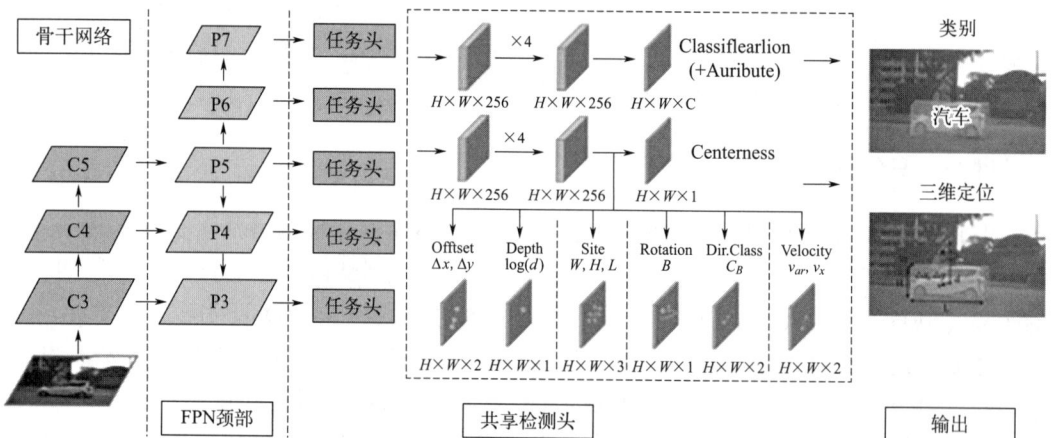

图 5-5 FCOS3D 总体框架图

① 骨干网络：使用预训练的 ResNet101 和可变形卷积（deformable convolution）进行特征提取。

② 多层次检测颈部：这一部分是特征金字塔网络（feature pyramid network，FPN），是物体检测模型中用于在不同尺度上检测物体的主要组件。FPN 通过在多个尺度上融合特征，使得模型能够识别各种大小的目标，从而提升了模型的多尺度适应性和整体检测精度。

③ 共享检测头：每个共享检测头由 4 个共享卷积块和不同目标（偏移量、深度、物体尺寸、旋转角、类、速度）的结果估计层组成。这种结构设计使得模型能够更有效地处理不同的检测任务。

表 5-4　FCOS3D 在 nuScenes 数据集上与现有方法的对比结果

方法	数据集	模态	mAP	mATE	mASE	mAOE	mAVE	mAAE	NDS
Center Fusion	lest	Camera&Radar	0.326	0.631	0.261	0.516	0.614	0.115	0.449
PointPillars	lest	LiDAR	0.305	0.517	0.290	0.500	0.316	0.368	0.453
MEGVII	lest	LiDAR	**0.528**	0.300	0.247	0.379	0.245	0.140	**0.633**
LRM0	lest	Camera	0.294	0.752	0.265	0.603	1.582	0.14	0.371
MonoDIS	lest	Camera	0.304	0.738	0.263	0.546	1.553	0.134	0.384
CenterNet（HGLS）	lest	Camera	0.338	0.658	0.255	0.629	1.629	0.142	0.4
Noah CV Lab	lest	Camera	0.331	0.660	0.262	0.354	1.663	0.198	0.418
FCOS3D（Ours）	lest	Camera	**0.358**	0.690	0.249	0.452	1.434	0.124	**0.428**
CenterNet（DLA）	val	Camera	0.306	0.716	0.264	0.609	1.426	0.658	0.328
FCOS3D（Ours）	val	Camera	**0.343**	0.725	0.263	0.422	1.292	0.153	**0.415**

如表 5-4 所示，FCOS3D 在 mAP 和 NDS 性能指标上达到了最佳性能，尤其是在 mAP 指标上超过之前的最好方法 2%。

（2）代码解析

FCOS3D 的开源代码，主要包括：mmdetection3d 仓库中用于 FCOS3D 模型的配置脚本 fcos3d/fcos3d_r101-caffe-dcn_fpn_head-gn_8xb2-1x_nus-mono3d.py 文件、专门用于在 nuScenes 数据集上微调 FCOS3D 模型的配置文件 fcos3d/fcos3d_r101-caffe-dcn_fpn_head-gn_8xb2-1x_nus-mono3d_finetune.py、共享密集头 models/dense_heads/fcos_mono3d_head.py 文件、检测头 fcos_mono3d.py 文件、存储数据的 data 文件夹、其他功能函数的 utils 文件夹、实现测评的 tests 文件夹等。FCOS3D 的独特之处

在于共享检测头、多尺度特征层的真值框分配以及中心度定义。下面对这三部分的代码进行详细介绍。

① 共享检测头。该部分的定义为 FCOSMono3DHead 类，对应代码在文件 mmdet3d/models/dense_heads/fcos_mono3d_head.py 中。FCOSMono3DHead 类继承 AnchorFreeMono3DHead 类（即无锚单目 3D 检测头类）。

```
1. @MODELS.register_module()
2. class FCOSMono3DHead(AnchorFreeMono3DHead):
```

FCOSMono3DHead 的前向传播代码在 forward 中，如下所示。forward 函数输入为上层 FPN 返回的多层次特征元组 "x"，它使用 multi_apply 函数将每层的特征分别输入 self.forward_single 函数中，并将多层返回的每类输出结果分别聚合在一个元组中。

```
1. def forward(
2.         self, x: Tuple[Tensor]
3.     ) -> Tuple[List[Tensor], List[Tensor], List[Tensor],
List[Tensor], List[Tensor]]:
4.         # Note: we use [:5] to filter feats and only return
predictions
5.         return multi_apply(self.forward_single, x, self.scales,
6.                             self.strides)[:5]
```

self.forward_single 函数处理单层的特征，并返回多个值。该函数首先调用父类 AnchorFreeMono3DHead 的 forward_single 函数、前向传播分类和回归分支，得到类别特征 cls_feat 和回归特征 reg_feat，并计算分类得分 cls_score、解码后的边界框预测 bbox_pred、方向类别预测 dir_cls_pred、属性预测 attr_pred 几个返回值。然后使用回归分支的特征计算中心度 centerness，再根据所有预测值解码得到 bbox_pred，并返回相应的变量。

```
1. def forward_single(self, x: Tensor, scale: Scale,
2.                         stride: int) -> Tuple[Tensor, ...]:
3.
4.         cls_score, bbox_pred, dir_cls_pred, attr_pred, cls_feat,
reg_feat = \
5.                 super().forward_single(x)
6.
7.         if self.centerness_on_reg:
8.             clone_reg_feat = reg_feat.clone()
9.             for conv_centerness_prev_layer in self.conv_centerness_prev:
```

```
10.                     clone_reg_feat = conv_centerness_prev_layer(clone_
reg_feat)
11.                 centerness = self.conv_centerness(clone_reg_feat)
12.             else:
13.                 clone_cls_feat = cls_feat.clone()
14.                 for conv_centerness_prev_layer in self.conv_centerness_
prev:
15.                     clone_cls_feat = conv_centerness_prev_layer(clone_
cls_feat)
16.                 centerness = self.conv_centerness(clone_cls_feat)
17.
18.             bbox_pred = self.bbox_coder.decode(bbox_pred, scale,
stride,
19.                                                 self.training, cls_
score)
20.
21.             return cls_score, bbox_pred, dir_cls_pred, attr_pred,
centerness, \
22.                 cls_feat, reg_feat
```

② 多尺度特征层的真值框分配。上述多层次检测技术的主要难点在于如何在不同层次的特征图上进行真值边界框分配。针对该问题，FCOS3D 采用了与 2D 检测器 FCOS 相似的准则。因此，这里首先介绍 2D 检测器 FCOS 遵循的分配准则：如前所述，FCOS 预测中心点到边界框四个边的距离，即 l,r,t,b。m_i 为 i 特征层对应的最大回归范围；第 i 特征层满足 $m_{i-1} \leqslant \max(l^*,r^*,t^*,b^*) \leqslant m_i$ 正样本（l^*,r^*,t^*,b^* 是点到四个边的距离真值），由该层负责估计；其余位置为负样本，由其他层负责估计。FCOS3D 遵循上述分配准则，不同之处在于 FCOS3D 只在真值分配阶段中使用 2D 检测框过滤负样本；在完成真值分配后，仅回归 3D 检测框对应的位姿变量。当一个点落在同一特征层的多个真值框内时，已有方法选择面积较小的边界框作为该点的真值目标框。这会使得检测器对大物体的重视程度减少，因此 FCOS3D 提出基于中心的分配准则，挑选中心距离这个点最近的边界框作为回归目标。

这部分代码实现在文件 mmdet3d/models/dense_heads/fcos_mono3d_head.py 中的 _get_target_single 函数：

```
1.       def _get_target_single(
2.           self, gt_instances_3d: InstanceData, gt_instances:
InstanceData,
3.           points: Tensor, regress_ranges: Tensor,
4.           num_points_per_lvl: List[int]) -> Tuple[Tensor, ...]:
```

该函数负责根据该特征层所有像素的 2D 坐标 points、3D 边界框真值 gt_instances_3d、

2D 边界框真值 gt_instances、每个特征层包含的点数目 num_points_per_lvl，生成上述估计值对应的目标值。我们将与真值框分配相关的代码摘取出来如下。首先计算 3D 边界框回归目标 bbox_targets_3d（包括到像素、到中心点的 2D 投影的偏移量 delta_xs 和 delta_ys，深度值 depths，3D 边界框的尺寸和航向角 gt_bboxes_3d[..., 3:]）和中心点到四个边的距离真值 (l^*, r^*, t^*, b^*) bbox_targets。

```
1.              num_points = points.size(0)
2.              # 这里省略了部分代码，如有需要，请参看原版实现
3.          gt_bboxes_3d = gt_instances_3d.bboxes_3d
4.              # 这里省略了部分代码，如有需要，请参看原版实现
5.          centers_2d = centers_2d[None].expand(num_points, num_gts, 2)
6.              # 这里省略了部分代码，如有需要，请参看原版实现
7.          if not isinstance(gt_bboxes_3d, torch.Tensor):
8.            gt_bboxes_3d = gt_bboxes_3d.tensor.to(gt_bboxes.device)
   centers_2d = gt_instances_3d.centers_2d
9.              # 这里省略了部分代码，如有需要，请参看原版实现
10.             # change orientation to local yaw
11.         gt_bboxes_3d[..., 6] = -torch.atan2(
12.             gt_bboxes_3d[..., 0], gt_bboxes_3d[..., 2]) + gt_
   bboxes_3d[..., 6]
13.             # 这里省略了部分代码，如有需要，请参看原版实现
14.         regress_ranges = regress_ranges[:, None, :].expand(
15.             num_points, num_gts, 2)
16.         gt_bboxes = gt_bboxes[None].expand(num_points, num_gts, 4)
17.         centers_2d = centers_2d[None].expand(num_points, num_gts, 2)
18.         gt_bboxes_3d = gt_bboxes_3d[None].expand(num_points, num_gts,
19.                                     self.bbox_code_size)
20.         depths = depths[None, :, None].expand(num_points, num_gts, 1)
21.         xs, ys = points[:, 0], points[:, 1]
22.         xs = xs[:, None].expand(num_points, num_gts)
23.         ys = ys[:, None].expand(num_points, num_gts)
24.
25.         delta_xs = (xs - centers_2d[..., 0])[..., None]
26.         delta_ys = (ys - centers_2d[..., 1])[..., None]
27.         bbox_targets_3d = torch.cat(
28.             (delta_xs, delta_ys, depths, gt_bboxes_3d[..., 3:]), dim=-1)
29.
30.         left = xs - gt_bboxes[..., 0]
31.         right = gt_bboxes[..., 2] - xs
32.         top = ys - gt_bboxes[..., 1]
33.         bottom = gt_bboxes[..., 3] - ys
34.         bbox_targets = torch.stack((left, top, right, bottom), -1)
```

为判断某边界框是否是该特征层的正样本，FCOS3D 设置了两个条件。第一个条件是，像素点在 2D 边界框中心附近的一个小正方形中，该正方形的边长的一半等于该特征层的步长（与输入图像相比缩小的倍数）self.strides[lvl_idx] 乘以预设的超参数 radius。此条件在无锚目标检测器中普遍使用，因而未在上述分配方法描述中详细介绍。

```
1.          radius = self.center_sample_radius
2.          center_xs = centers_2d[..., 0]
3.          center_ys = centers_2d[..., 1]
4.          center_gts = torch.zeros_like(gt_bboxes)
5.          stride = center_xs.new_zeros(center_xs.shape)
6.
7.          # project the points on current lvl back to the 'original' sizes
8.          lvl_begin = 0
9.          for lvl_idx, num_points_lvl in enumerate(num_points_per_lvl):
10.             lvl_end = lvl_begin + num_points_lvl
11.             stride[lvl_begin:lvl_end] = self.strides[lvl_idx] * radius
12.             lvl_begin = lvl_end
13.
14.         center_gts[..., 0] = center_xs - stride
15.         center_gts[..., 1] = center_ys - stride
16.         center_gts[..., 2] = center_xs + stride
17.         center_gts[..., 3] = center_ys + stride
18.
19.         cb_dist_left = xs - center_gts[..., 0]
20.         cb_dist_right = center_gts[..., 2] - xs
21.         cb_dist_top = ys - center_gts[..., 1]
22.         cb_dist_bottom = center_gts[..., 3] - ys
23.         center_bbox = torch.stack(
24.             (cb_dist_left, cb_dist_top, cb_dist_right, cb_dist_bottom), -1)
25.         inside_gt_bbox_mask = center_bbox.min(-1)[0] > 0
```

第二个条件是满足前述最大回归范围限制，即第 i 个特征层满足 $m_{i-1} \leqslant \max(l^*, r^*, t^*, b^*) \leqslant m_i$ 的位置被视为正样本。

```
1.          max_regress_distance = bbox_targets.max(-1)[0]
2.          inside_regress_range = (
3.              (max_regress_distance >= regress_ranges[..., 0])
4.              & (max_regress_distance <= regress_ranges[..., 1]))
5.
6.          # center-based criterion to deal with ambiguity
7.          dists = torch.sqrt(torch.sum(bbox_targets_3d[..., :2]**2, dim=-1))
8.          dists[inside_gt_bbox_mask == 0] = INF
```

```
9.          dists[inside_regress_range == 0] = INF
10.         min_dist, min_dist_inds = dists.min(dim=1)
```

③ 中心度定义：在 2D 检测器 FCOS 中，中心度 c 由 2D 回归目标 l^*、r^*、t^*、b^* 定义。

$$c = \sqrt{\frac{\min(l^*, r^*)}{\max(l^*, r^*)} \times \frac{\min(t^*, b^*)}{\max(t^*, b^*)}}$$

FCOS3D 以 3D 边界框中心点的投影作为 2D 高斯分布的中心，通过 2D 高斯分布重新定义了中心度的概念，FCOS3D 的中心度可以形式化为：

$$c = e^{-\alpha((\Delta x)^2 + (\Delta y)^2)}$$

式中，$(\Delta x, \Delta y)$ 为 3D 边界框中心点 2D 投影位置到当前像素点的偏移量。笔者用 α 来调节从中心到外围的衰减速度，在实验中将 α 设置为 2.5。该部分代码实现同样在 _get_target_single 函数中，将该部分代码摘取出来如下。

```
1.          bbox_targets = bbox_targets[range(num_points), min_dist_inds]
2.
3.          bbox_targets_3d = bbox_targets_3d[range(num_points), min_dist_
inds]
4.          relative_dists = torch.sqrt(
5.              torch.sum(bbox_targets_3d[..., :2]**2,
6.                      dim=-1)) / (1.414 * stride[:, 0])
7.          # [N, 1] / [N, 1]
8.          centerness_targets = torch.exp(-self.centerness_alpha * relative_
dists)
```

（3）启发与思考

FCOS3D 是一种无锚框（anchor-free）的 3D 目标检测方法，它继承并扩展了 FCOS 的理念，旨在通过单阶段的卷积神经网络直接预测 3D 边界框和物体的类别。它提出了一个通用的 3D 检测框架。未来如何在这种框架下更好地解决深度和方向估计问题是一个值得思考的方向。

5.1.2 鸟瞰图感知

鸟瞰视图（bird's-eye view，BEV）是从高空垂直向下观察地面的视角，与机械制图中的俯视图概念一致。在自动驾驶中，BEV 更符合自动驾驶车辆决策和规划需求。它能够提供车辆周围的全局情况，有助于理解车辆在整个交通环境中的位置和周围物体的分布。此外，自动驾驶场景中物体在高度维度上通常不重合，因此与前视图相比，压缩了高度维度的 BEV 中遮挡情况明显减少，更易于分析。但是 BEV 也存在一些缺陷：首先，BEV 中存在很多空像素，导致其信息密度不如前视图；其次，传感器采集数据的过程通常类似于前视图投影过程，因此 BEV 不如前视图直观，需额外的坐标转换步骤；此外，BEV 的感知距离和分辨率是一对相互矛盾的参数，导致小物体在 BEV 上更难被感知。

鸟瞰图感知方法将多相机采集的图像投影到 BEV 下进行处理，这种二维表示可以大大简化物体检测和跟踪的任务，同时提供更清晰的空间信息，更符合自动驾驶车辆决策和规划需求。BEV 感知通常涉及三个步骤：

① 多视图图像融合：BEV 感知算法将多个视角获取的图像信息进行融合，生成全面的鸟瞰视图，融合方法涉及几何变换、图像配准和特征融合等技术。

② 俯视图生成：融合后的图像信息被投影到 BEV 上，可以通过几何变换和像素级的操作来实现。

③ 具体感知任务的执行：在生成 BEV 之后，可以利用计算机视觉技术实现检测和跟踪等具体感知任务。

5.1.2.1 LSS

LSS 提出了一种创新的方法来处理由多部相机捕获的图像，并将其投影到一个单一的鸟瞰视图上，以供下游任务使用。当时纯视觉的 BEV 检测难点就是深度信息的缺失，为了解决这一问题，LSS 方法提供了可选的离散深度值，让 2D 像素寻找 3D 世界中最合理的位置。

（1）方法概览

LSS 的总体框架如图 5-6 所示，主要包含三部分：

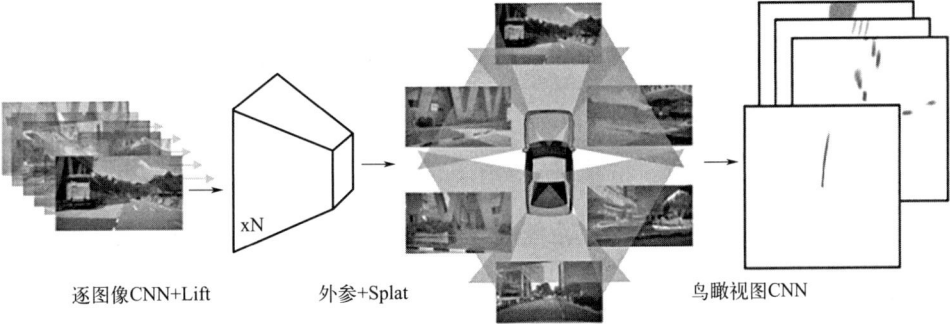

逐图像CNN+Lift   外参+Splat   鸟瞰视图CNN

图 5-6　LSS 框架图

① Lift（抬升）：将每个图像从局部二维坐标系"抬升"到所有相机共享的三维坐标系。图 5-6 左侧为每个单独的图像（左）生成一个截锥（视锥）形状的点云（中左）。传统的单目传感器融合的挑战是，需要深度信息才能将相机坐标转换为 3D 参考帧坐标，但与每个像素相关联的"深度"是模糊的。笔者提出的解决方案是为每个像素生成所有可能的深度表示。

具体来说，设 $X \in \mathbb{R}^{3 \times H \times W}$ 为具有外参 E 和内参 I 的图像，设 p 为图像中具有图像坐标 (h, w) 的像素。将 $|D|$ 点集合 $\{(h, w, d) \in \mathbb{R}^3 \mid d \in D\}$ 关联到每个像素，其中 D 是一组离散深度，例如由 $\{d_0 + \Delta, \cdots, d_0 + |D|\Delta\}$ 定义。这样，每个像素都关联了一组可能的深度值。在像素 p，网络预测每个像素的上下文向量 $c \in \mathbb{R}^C$ 和深度分布 $\alpha \in \Delta^{D-1}$。与点 p_d 相关联的特征 $c \in \mathbb{R}^C$ 被定义为像素的上下文向量用深度分布 α_d 加权的结果：

$$c_d = \alpha_d c$$

如图 5-7 所示，对每个像素，利用深度方向的概率密度和图像特征外积构建特征点云。每个栅格，对应深度的概率和图像特征的积，即完成了对每个栅格点的距离的预测。

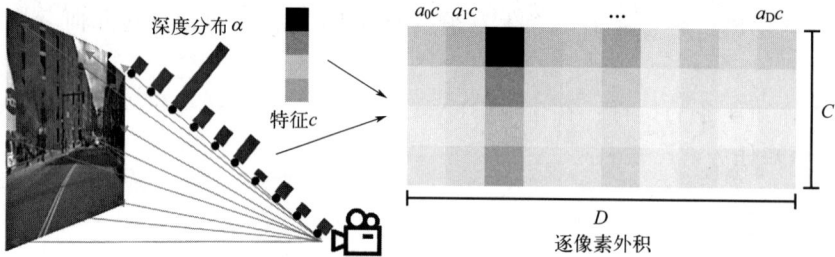

图 5-7 Lift 2D 图片提取

② Splat（拍扁）：使用外参和内参将每个截锥拍扁到 BEV 平面上（中右）。

③ Shoot（射击）：利用 BEV CNN 处理 BEV 表示已进行 BEV 语义分割或规划（右）。

表 5-5　LSS 在 nuScenes 和 Lyft 数据集的分割 BEV IoU 指标

方法	nuScenes		Lyft	
	汽车	车辆	汽车	车辆
CNN	22.78	24.25	30.71	31.91
Frozen Encoder	25.51	26.83	35.28	32.42
OFT	29.72	30.05	39.48	40.43
Lift-Splat（Us）	32.06	32.07	43.09	44.64
PON*	24.7	—	—	—
FISHING*	—	30.0	—	56.0

如表 5-5 所示，LSS 在两个数据集上的结果优于当时部分方法，并且在两个数据集上 LSS 方法都比基线方法要高，达到了较好的性能。

（2）代码解析

LLS 代码实现主要在 src 文件夹下，主要包括：处理数据的 data.py 文件、实现

LSS 的 models.py 文件、其他功能函数的 tools.py 文件、实现训练的 train.py 文件等。下面对 LLS 中的核心算法抬升（Lift）与拍扁（Splat）部分进行解析。

① Lift（抬升）：由上述方法部分可知 LSS 首先对每个图像创建一个视锥体，下方定义了 create_frustum 函数用于创建视锥张量，具体来说，它生成了每个像素在图像平面上的 (x, y) 坐标和深度 d 坐标，并将这些坐标堆叠在一起形成一个视锥体。

```
1.  def create_frustum(self):
2.          ogfH, ogfW = self.data_aug_conf['final_dim']
3.          fH, fW = ogfH // self.downsample, ogfW // self.downsample
4.          ds = torch.arange(*self.grid_conf['dbound'], dtype=torch.float).view(-1, 1, 1).expand(-1, fH, fW)
5.          D, _, _ = ds.shape
6.          xs = torch.linspace(0, ogfW - 1, fW, dtype=torch.float).view(1, 1, fW).expand(D, fH, fW)
7.          ys = torch.linspace(0, ogfH - 1, fH, dtype=torch.float).view(1, fH, 1).expand(D, fH, fW)
8.          frustum = torch.stack((xs, ys, ds), -1)
9.          return nn.Parameter(frustum, requires_grad=False)
```

笔者设计了 CamEncode 模块来提取 2D 图像在 3D 空间中的特征即深度信息。

```
1.  class CamEncode(nn.Module):
2.      def __init__(self, D, C, downsample):
3.          super(CamEncode, self).__init__()
4.          self.D = D
5.          self.C = C
6.
7.          self.trunk = EfficientNet.from_pretrained("efficientnet-b0")
8.
9.          self.up1 = Up(320+112, 512)
10.          self.depthnet = nn.Conv2d(512, self.D + self.C, kernel_size=1, padding=0)
11.
12.      def get_depth_dist(self, x, eps=1e-20):
13.          return x.softmax(dim=1)
14.
15.      def get_depth_feat(self, x):
16.          x = self.get_eff_depth(x)
17.          # Depth
18.          x = self.depthnet(x)
19.
```

```
20.            depth = self.get_depth_dist(x[:, :self.D])
21.            new_x = depth.unsqueeze(1) * x[:, self.D:(self.D + self.C)].
unsqueeze(2)
22.
23.            return depth, new_x
24.
25.      def get_eff_depth(self, x):
26.            endpoints = dict()
27.            x = self.trunk._swish(self.trunk._bn0(self.trunk._conv_stem(x)))
28.            prev_x = x
29.
30.            # Blocks
31.            for idx, block in enumerate(self.trunk._blocks):
32.                drop_connect_rate = self.trunk._global_params.drop_
connect_rate
33.                if drop_connect_rate:
34.                    drop_connect_rate *= float(idx) / len(self.trunk._
blocks) # scale drop connect_rate
35.                x = block(x, drop_connect_rate=drop_connect_rate)
36.                if prev_x.size(2) > x.size(2):
37.                    endpoints['reduction_{}'.format(len(endpoints)+1)]
= prev_x
38.                prev_x = x
39.
40.            # Head
41.            endpoints['reduction_{}'.format(len(endpoints)+1)] = x
42.            x = self.up1(endpoints['reduction_5'],
endpoints['reduction_4'])
43.            return x
44.
45.      def forward(self, x):
46.            depth, x = self.get_depth_feat(x)
47.
48.            return x
```

经过上述代码，现已得到像素的 2D 像素坐标以及深度值，还有相机的内参、外参，即可计算得出像素对应的在车身坐标系中的 3D 坐标。如下 get_geometry 函数接收相机的旋转矩阵 rots、相机的平移向量 trans、相机的内参矩阵 intrins、图像后处理的旋转矩阵 post_rots；图像后处理的平移矩阵 post_trans，最终返回转换后的 3D 坐标。

```
1. def get_geometry(self, rots, trans, intrins, post_rots, post_trans):
2.        B, N, _ = trans.shape
3.        points = self.frustum - post_trans.view(B, N, 1, 1, 1, 3)
```

```
4.          points = torch.inverse(post_rots).view(B, N, 1, 1, 1, 3,
3).matmul(points.unsqueeze(-1))
5.          points = torch.cat((points[:, :, :, :, :, :2] * points[:, :,
:, :, :, 2:3],
6.                                    points[:, :, :, :, :, 2:3]
7.                                    ), 5)
8.          combine = rots.matmul(torch.inverse(intrins))
9.          points = combine.view(B, N, 1, 1, 1, 3, 3).matmul(points).
squeeze(-1)
10.         points += trans.view(B, N, 1, 1, 1, 3)
11.        return points
```

② 拍扁 Splat：下方这段代码将多个相机中的像素点投影在同一张俯视图中。先过滤掉感兴趣域（以车身为中心 200×200 范围）外的点，之后使用了 sum-pooling 的方法计算新的特征，最后得到了 200×200×C 的 feature。

```
1.  def voxel_pooling(self, geom_feats, x):
2.          B, N, D, H, W, C = x.shape
3.          Nprime = B*N*D*H*W
4.
5.          # flatten x
6.          x = x.reshape(Nprime, C)
7.
8.          # flatten indices
9.          geom_feats = ((geom_feats - (self.bx - self.dx/2.)) / self.
dx).long()
10.         geom_feats = geom_feats.view(Nprime, 3)
11.         batch_ix = torch.cat([torch.full([Nprime//B, 1], ix,
12.                              device=x.device, dtype=torch.long) for
ix in range(B)])
13.         geom_feats = torch.cat((geom_feats, batch_ix), 1)
14.
15.         # filter out points that are outside box
16.         kept = (geom_feats[:, 0] >= 0) & (geom_feats[:, 0] < self.
nx[0])\
17.              & (geom_feats[:, 1] >= 0) & (geom_feats[:, 1] < self.nx[1])\
18.              & (geom_feats[:, 2] >= 0) & (geom_feats[:, 2] < self.nx[2])
19.         x = x[kept]
20.         geom_feats = geom_feats[kept]
21.
22.         # get tensors from the same voxel next to each other
23.         ranks = geom_feats[:, 0] * (self.nx[1] * self.nx[2] * B)\
```

```
24.          + geom_feats[:, 1] * (self.nx[2] * B)\
25.          + geom_feats[:, 2] * B\
26.          + geom_feats[:, 3]
27.      sorts = ranks.argsort()
28.      x, geom_feats, ranks = x[sorts], geom_feats[sorts],
ranks[sorts]
29.

30.      # cumsum trick
31.      if not self.use_quickcumsum:
32.          x, geom_feats = cumsum_trick(x, geom_feats, ranks)
33.      else:
34.          x, geom_feats = QuickCumsum.apply(x, geom_feats, ranks)
35.

36.      # griddify (B x C x Z x X x Y)
37.      final = torch.zeros((B, C, self.nx[2], self.nx[0], self.
nx[1]), device=x.device)
38.      final[geom_feats[:, 3], :, geom_feats[:, 2], geom_feats[:,
0], geom_feats[:, 1]] = x
39.

40.      # collapse Z
41.      final = torch.cat(final.unbind(dim=2), 1)
42.

43.      return final
44. def cumsum_trick(x, geom_feats, ranks):
45.      x = x.cumsum(0)
46.      kept = torch.ones(x.shape[0], device=x.device, dtype=torch.
bool)
47.      kept[:-1] = (ranks[1:] != ranks[:-1])
48.

49.      x, geom_feats = x[kept], geom_feats[kept]
50.      x = torch.cat((x[:1], x[1:] - x[:-1]))
51.

52.      return x, geom_feats
```

最后接入 BEVEncoder 模块将 $200 \times 200 \times C$ 的特征生成 $200 \times 200 \times 1$ 的特征用于损失的计算。

（3）启发与思考

LLS 提供了可选的离散深度值，让 2D 像素寻找在 3D 世界中最合理的位置。这种方法不仅适用于任意相机阵列，提升了计算效率，还通过融合深度与几何信息，提高了三维重建和物体检测的精度。这项研究不仅在计算机视觉领域具有重要意义，还启发了其在机器人导航、自动驾驶和增强现实等跨领域应用中的创新和发展。同时，这也引发了对如何进一步优化计算效率、提升方法鲁棒性和泛化能力的思考。

5.1.2.2　BEVFormer

BEVFormer 提出了一种创新的方法来处理来自任意视角的图像，并将其编码为鸟瞰图（bird's eye view）表示。这种方法主要针对以下问题进行了改进：

① 视角转换的复杂性：现有方法通常需要对多视角图像进行精确的配准，以确定每个视角的参数和它们之间的相对位置。这在实际应用中可能非常复杂且容易出错。

② 从 2D 到 BEV 的转换难题：传统方法在将 2D 图像信息转换为 BEV 表示时，往往依赖于复杂的多阶段流程，这些流程可能引入额外的噪声和误差，影响最终的 BEV 重建质量。

BEVFormer 通过引入基于 Transformer 的视角变换机制和自注意力机制，简化了视角转换过程，并提高了从 2D 到 BEV 表示的准确性和鲁棒性。

为了实现准确、高效的多视角鸟瞰图表示，BEVFormer 提出了一种新颖的视角变换框架：

① 基于 Transformer 的视角变换机制：通过引入 Transformer 架构，BEVFormer 能够在多视角图像之间进行高效的信息融合，减少对精确配准的依赖，提高视角转换的准确性。

② 自注意力机制：利用自注意力机制，BEVFormer 可以在图像特征之间建立全局关联，增强对重要特征的关注，提升鸟瞰图表示的质量和鲁棒性。

（1）方法概览

BEVFormer 方法的总体框架如图 5-8 所示。

BEVFormer 的编码器层包含网格形状的 BEV 查询、时序自注意力和空间交叉注意力。

时序自注意力：通过引入时序信息（如图 5-8 中的 History BEV）与当前时刻的 BEV Query 进行融合，提高 BEV Query 的建模能力。

空间交叉注意力：每个 BEV 查询仅与感兴趣区域中的图像特征交互。

如表 5-6、表 5-7 所示，对于检测任务，BEVFormer 在 nuScenes 测试集与验证集上取得了当时最佳的性能，尤其比其之前的最优方法 DETR3D 在验证机上高 9.2%（51.7% NDS vs. 42.5% NDS）。此外笔者也在 Waymo 数据集上做了实验来对比其他方法，如表 5-8 所示，其性能依然比 DETR3D 高。如表 5-9 所示，笔者还验证了 BEVFormer 对多个任务的学习能力，在比较相同设置下的不同 BEV 编码器时，BEVFormer 在所有任务中除了道路分割结果与 BEVFormer-S 相当以外都取得了更高的性能。

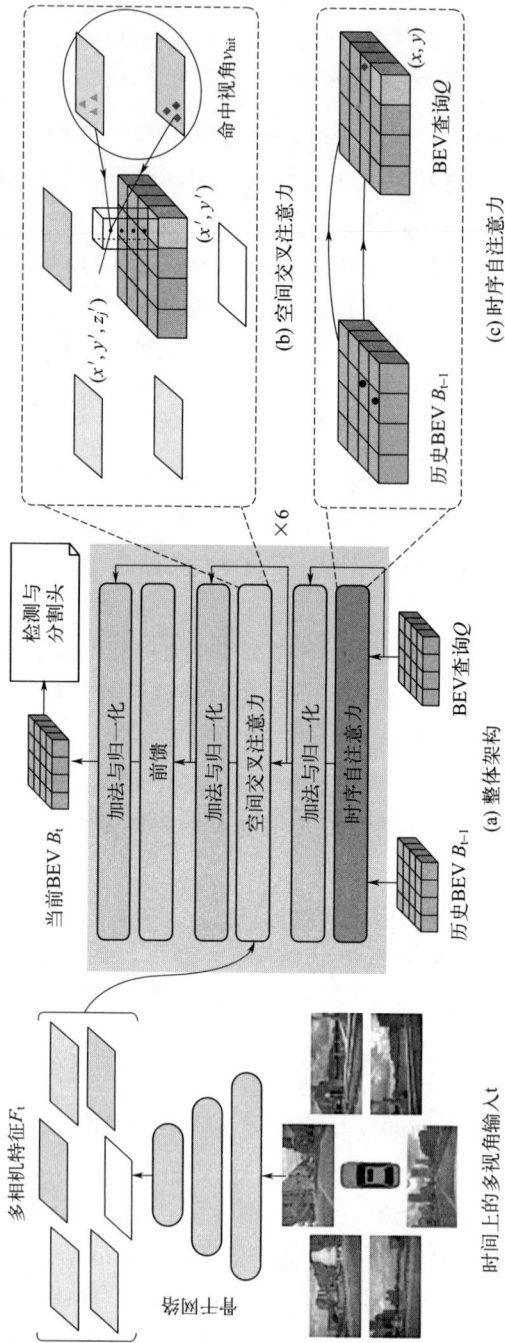

图 5-8 BEVFormer 框架图

表 5-6　3D 检测在 nuScenes 测试集上的对比结果

方法	模态	骨干网络	NDS ↑	mAP ↑	mATE ↓	mASE ↓	mAOE ↓	mAVE ↓	mAAE ↓
SSN	L	—	0.569	0.463	—	—	—	—	—
CenterPoint-Voxel	L	—	0.655	0.580	—	—	—	—	—
PointPainting	L&C	—	0.581	0.464	0.388	0.271	0.496	0.247	0.111
FCOS3D	C	R101	0.428	0.358	0.690	0.249	0.452	1.434	**0.124**
PGD	C	R101	0.448	0.386	**0.626**	**0.245**	0.451	1.509	0.127
BEVFormer-S	C	R101	0.462	0.409	0.650	0.261	0.439	0.925	0.147
BEVFormer	C	R101	**0.535**	**0.445**	0.631	0.257	**0.405**	**0.435**	0.143
DD3D	C	V2-99*	0.477	0.418	**0.572**	**0.249**	0.368	1.014	**0.124**
DETR3D	C	V2-99*	0.479	0.412	0.641	0.255	0.394	0.845	0.133
BEVFormer-S	C	V2-99*	0.495	0.435	0.589	0.254	0.402	0.842	0.131
BEVFormer	C	V2-99*	**0.569**	**0.481**	0.582	0.256	0.375	**0.378**	0.126

表 5-7　3D 检测在 nuScenes 验证集上的对比结果

方法	模态	骨干网络	NDS ↑	mAP ↑	mATE ↓	mASE ↓	mAOE ↓	mAVE ↓	mAAE ↓
FCOS3D	C	R101	0.415	0.343	0.725	0.263	0.422	1.292	**0.153**
PGD	C	R101	0.428	0.369	0.683	**0.260**	0.439	1.268	0.185
DETR3D	C	R101	0.425	0.346	0.773	0.268	0.383	0.842	0.216
BEVFormer-S	C	R101	0.448	0.375	0.725	0.272	0.391	0.802	0.200
BEVFormer	C	R101	**0.517**	**0.416**	**0.673**	0.274	**0.372**	**0.394**	0.198

表 5-8　3D 检测在 Waymo 验证集上的实验结果

方法	模态	Waymo 性能指标				nuScenes 性能指标				
		IoU=0.5		IoU=0.7		NDS[†]↑	AP ↑	ATE ↓	ASE ↓	AOE ↓
		L1/APH	L2/APH	L1/APH	L2/APH					
PointPillars	L	0.866	0.801	0.638	0.557	0.685	0.838	0.143	0.132	0.070
DETR3D	C	0.220	0.216	0.055	0.051	0.394	0.388	0.741	**0.156**	0.108
BEVFormer	C	**0.280**	**0.241**	**0.061**	**0.052**	**0.426**	**0.440**	**0.679**	0.157	**0.101**
CaDNN*	C	0.175	0.165	0.050	0.045	—	—	—	—	—
BEVFormer*	C	0.308	0.277	0.077	0.069	—	—	—	—	—

表5-9　3D检测和地图分割在nuScenes验证集上的效果

方法	Task Head		3D检测		BEV分割（IoU）			
	Det	Seg	NDS ↑	mAP ↑	Car	Vehicles	Road	Lane
Lift-Splat[†]	×	√	—	—	32.1	32.1	72.9	20.0
FIERY[†]	×	√	—	—	—	38.2	—	—
VPN*	√	×	0.333	0.253				
VPN*	×	√	—	—	31.0	31.8	76.9	19.4
VPN*	√	√	0.334	0.257	36.6	37.3	76.0	18.0
Lift-Splat*	√	×	0.397	0.348	—	—	—	—
Lift-Splat*	×	√	—	—	42.1	41.7	77.7	20.0
Lift-Splat*	√	√	0.410	0.344	43.0	42.8	73.9	18.3
BEVFormer-S	√	×	0.448	0.375	—	—	—	—
BEVFormer-S	×	√	—	—	43.1	43.2	**80.7**	21.3
BEVFormer-S	√	√	0.453	0.380	44.3	44.4	77.6	19.8
BEVFormer	√	×	0.517	**0.416**	—	—	—	—
BEVFormer	×	√	—	—	44.8	44.8	80.1	**25.7**
BEVFormer	√	√	**0.520**	0.412	**46.8**	**46.7**	77.5	23.9

（2）代码解析

BEVFormer 的开源代码，主要包括：定义了实验超参数的 configs 文件夹、实现 BEVFormer 网络的 models 文件夹。下面主要对 BEVFormer 中使用到的时序自注意力模块以及空间交叉注意力模块的代码进行讲解。

① 时序自注意力模块。官方调用时序自注意力模块的位置在 modules/encoder.py 中。

```
1. for layer in self.operation_order:
2.          # temporal self attention
3.          if layer == 'self_attn':
4.
5.              query = self.attentions[attn_index](
6.                  query,
7.                  prev_bev,
8.                  prev_bev,
9.                  identity if self.pre_norm else None,
10.                 query_pos=bev_pos,
11.                 key_pos=bev_pos,
```

```
12.                          attn_mask=attn_masks[attn_index],
13.                          key_padding_mask=query_key_padding_mask,
14.                          reference_points=ref_2d,
15.                          spatial_shapes=torch.tensor(
16.                              [[bev_h, bev_w]], device=query.device),
17.                          level_start_index=torch.tensor([0], device=
query.device),
18.                          **kwargs)
19.                      attn_index += 1
20.                      identity = query
21.
22.                  elif layer == 'norm':
23.                      query = self.norms[norm_index](query)
24.                      norm_index += 1
```

定义时序自注意力模块的文件在 modules/temporal_self_attention.py 中，首先自定义类 TemporalSelfAttention 的定义，并将其注册到一个名为 ATTENTION 的模块注册器中。

```
1. @ATTENTION.register_module()
2. class TemporalSelfAttention(BaseModule):
```

之后，我们对 TemporalSelfAttention 类中 forword 函数进行讲解，代码如下所示，其中 query 对应上方调用代码中的 bev_query，value 对应上方调用代码中的 prev_bev，即图 5-8 中对时序自注意力模块的两个输入。

```
1. def forward(self,
2.               query,
3.               key=None,
4.               value=None,
5.               identity=None,
6.               query_pos=None,
7.               key_padding_mask=None,
8.               reference_points=None,
9.               spatial_shapes=None,
10.               level_start_index=None,
11.               flag='decoder',
12.
13.               **kwargs):
```

下方代码对一些情况进行了完善，下面将对一些关键代码进行讲解，如代码第一行假如没有 value 也就是没有 prev_bev，即针对第一帧的情况，它将两个 query 进行堆叠并经过 reshape 作为其 value。

```
1.              assert self.batch_first
2.              bs, len_bev, c = query.shape
3.              value = torch.stack([query, query], 1).reshape(bs*2, len_bev, c)
4.          if identity is None:
5.              identity = query
6.          if query_pos is not None:
7.              query = query + query_pos
8.          if not self.batch_first:
9.              query = query.permute(1, 0, 2)
10.              value = value.permute(1, 0, 2)
11.          bs,  num_query, embed_dims = query.shape
12.          _, num_value, _ = value.shape
13.          assert (spatial_shapes[:, 0] * spatial_shapes[:, 1]).sum() ==
num_value
14.          assert self.num_bev_queue == 2
15.
16.          query = torch.cat([value[:bs], query], -1)
17.          value = self.value_proj(value)
18.
19.          if key_padding_mask is not None:
20.              value = value.masked_fill(key_padding_mask[..., None], 0.0)
```

下方这段代码实现了一个多尺度可变形注意力机制（multi-scale deformable attention mechanism）。具体来说，代码首先调整了值（value）张量的形状，然后计算采样偏移和注意力权重，并确定采样位置；接着，代码根据是否有可用的GPU和张量的数据类型，调用相应的多尺度可变形注意力函数进行计算；最后，调整输出张量的形状，应用输出投影，并返回带有残差连接的结果。

```
1. value = value.reshape(bs * self.num_bev_queue,
2.                      num_value, self.num_heads, -1)
3.
4. sampling_offsets = self.sampling_offsets(query)
5. sampling_offsets = sampling_offsets.view(
6.     bs, num_query, self.num_heads, self.num_bev_queue, self.num_
levels, self.num_points, 2)
7. attention_weights = self.attention_weights(query).view(
8.     bs, num_query, self.num_heads, self.num_bev_queue, self.num_
levels * self.num_points)
9. attention_weights = attention_weights.softmax(-1)
10.
11. attention_weights = attention_weights.view(bs, num_query,
12.                                         self.num_heads,
```

```
13.                                           self.num_bev_queue,
14.                                           self.num_levels,
15.                                           self.num_points)
16.
17. attention_weights = attention_weights.permute(0, 3, 1, 2, 4, 5)\
18.     .reshape(bs * self.num_bev_queue, num_query, self.num_heads,
self.num_levels, self.num_points).contiguous()
19. sampling_offsets = sampling_offsets.permute(0, 3, 1, 2, 4, 5, 6)\
20.     .reshape(bs * self.num_bev_queue, num_query, self.num_heads,
self.num_levels, self.num_points, 2)
21.
22. if reference_points.shape[-1] == 2:
23.     offset_normalizer = torch.stack(
24.         [spatial_shapes[..., 1], spatial_shapes[..., 0]], -1)
25.     sampling_locations = reference_points[:, :, None, :, None, :] \
26.         + sampling_offsets \
27.         / offset_normalizer[None, None, None, :, None, :]
28.
29. elif reference_points.shape[-1] == 4:
30.     sampling_locations = reference_points[:, :, None, :, None, :2] \
31.         + sampling_offsets / self.num_points \
32.         * reference_points[:, :, None, :, None, 2:] \
33.         * 0.5
34. else:
35.     raise ValueError(
36.         f'Last dim of reference_points must be'
37.         f' 2 or 4, but get {reference_points.shape[-1]} instead.')
38.
39. if torch.cuda.is_available() and value.is_cuda:
40.
41.     if value.dtype == torch.float16:
42.         MultiScaleDeformableAttnFunction = MultiScaleDeformableAttn
Function_fp32
43.     else:
44.         MultiScaleDeformableAttnFunction = MultiScaleDeformableAttn
Function_fp32
45.     output = MultiScaleDeformableAttnFunction.apply(
46.         value, spatial_shapes, level_start_index, sampling_
locations,
47.         attention_weights, self.im2col_step)
48. else:
49.
50.     output = multi_scale_deformable_attn_pytorch(
```

```
51.          value, spatial_shapes, sampling_locations, attention_weights)
52.
53. output = output.permute(1, 2, 0)
54.
55. output = output.view(num_query, embed_dims, bs, self.num_bev_queue)
56. output = output.mean(-1)
57.
58. output = output.permute(2, 0, 1)
59.
60. output = self.output_proj(output)
61.
62. if not self.batch_first:
63.     output = output.permute(1, 0, 2)
64.
65. return self.dropout(output) + identity
```

② 空间交叉注意力模块。官方调用空间交叉注意力模块的位置在modules/encoder.py，这部分代码主要利用时序自注意力模块输出的bev_qyery，对主干网络和Neck网络提取到的多尺度环视图像特征进行查询，生成BEV空间下的BEV Embedding特征。

```
1.             elif layer == 'cross_attn':
2.                 query = self.attentions[attn_index](
3.                     query,
4.                     key,
5.                     value,
6.                     identity if self.pre_norm else None,
7.                     query_pos=query_pos,
8.                     key_pos=key_pos,
9.                     reference_points=ref_3d,
10.                    reference_points_cam=reference_points_cam,
11.                    mask=mask,
12.                    attn_mask=attn_masks[attn_index],
13.                    key_padding_mask=key_padding_mask,
14.                    spatial_shapes=spatial_shapes,
15.                    level_start_index=level_start_index,
16.                    **kwargs)
17.                attn_index += 1
18.                identity = query
19.
20.            elif layer == 'ffn':
21.                query = self.ffns[ffn_index](
```

```
22.                 query, identity if self.pre_norm else None)
23.             ffn_index += 1
24.
25.     return query
```

定义空间交叉注意力模块的文件在 modules/spatial_cross_attention.py 中，首先自定义类 SpatialCrossAttention 的定义，并将其注册到一个名为 ATTENTION 的模块注册器。

```
1. @ATTENTION.register_module()
2. class SpatialCrossAttention(BaseModule):
```

之后我们对类中 forward 方法进行介绍，首先函数参数包含 query、key、value 等。与上述时序自注意力模块的区别在于，它不需要 bev_pos 参数。

```
1. def forward(self,
2.             query,
3.             key,
4.             value,
5.             residual=None,
6.             query_pos=None,
7.             key_padding_mask=None,
8.             reference_points=None,
9.             spatial_shapes=None,
10.            reference_points_cam=None,
11.            bev_mask=None,
12.            level_start_index=None,
13.            flag='encoder',
14.            **kwargs):
15.
16.
17.     if key is None:
18.         key = query
19.     if value is None:
20.         value = key
21.
22.     if residual is None:
23.         inp_residual = query
24.         slots = torch.zeros_like(query)
25.     if query_pos is not None:
26.         query = query + query_pos
27.
```

```
28.          bs, num_query, _ = query.size()
29.

30.          D = reference_points_cam.size(3)
31.          indexes = []
32.          for i, mask_per_img in enumerate(bev_mask):
33.              index_query_per_img = mask_per_img[0].sum(-1).
nonzero().squeeze(-1)
34.              indexes.append(index_query_per_img)
35.          max_len = max([len(each) for each in indexes])
36.

37.          queries_rebatch = query.new_zeros(
38.              [bs, self.num_cams, max_len, self.embed_dims])
39.          reference_points_rebatch = reference_points_cam.new_zeros(
40.              [bs, self.num_cams, max_len, D, 2])
41.

42.          for j in range(bs):
43.              for i, reference_points_per_img in enumerate(reference_
points_cam):
44.                  index_query_per_img = indexes[i]
45.                  queries_rebatch[j, i, :len(index_query_per_img)] =
query[j, index_query_per_img]
46.                  reference_points_rebatch[j, i, :len(index_query_
per_img)] = reference_points_per_img[j, index_query_per_img]
47.

48.          num_cams, l, bs, embed_dims = key.shape
49.

50.          key = key.permute(2, 0, 1, 3).reshape(
51.              bs * self.num_cams, l, self.embed_dims)
52.          value = value.permute(2, 0, 1, 3).reshape(
53.              bs * self.num_cams, l, self.embed_dims)
54.

55.          queries = self.deformable_attention(query=queries_rebatch.
view(bs*self.num_cams, max_len, self.embed_dims), key=key, value=value,
56.                                      reference_
points=reference_points_rebatch.view(bs*self.num_cams, max_len, D, 2),
spatial_shapes=spatial_shapes,
57.                                      level_start_index=
level_start_index).view(bs, self.num_cams, max_len, self.embed_dims)
58.          for j in range(bs):
59.              for i, index_query_per_img in enumerate(indexes):
60.                  slots[j, index_query_per_img] += queries[j, i,
:len(index_query_per_img)]
61.
```

```
62.          count = bev_mask.sum(-1) > 0
63.          count = count.permute(1, 2, 0).sum(-1)
64.          count = torch.clamp(count, min=1.0)
65.          slots = slots / count[..., None]
66.          slots = self.output_proj(slots)
67.
68.          return self.dropout(slots) + inp_residual
```

这段代码用于多尺度可变形注意力机制。通过处理查询、键和值张量，并根据鸟瞰视角掩码计算有效查询索引，应用多尺度可变形注意力机制，最终返回带有残差连接的结果。

（3）启发与思考

BEVFormer 通过引入基于 Transformer 的视角变换机制和自注意力机制，实现了高效、准确的多视角鸟瞰视图表示。它展示了如何在不依赖精确视角配准的情况下，通过多视角图像间的信息融合和全局特征关联，生成高质量的鸟瞰视图。这种方法不仅简化了视角转换过程，还提高了最终表示的鲁棒性和准确性，这启发我们可以通过先进的网络架构和特征融合技术，在复杂的多视角场景中实现高效的三维重建和环境感知。此外，这也引发了关于如何进一步优化 Transformer 结构以适应更多视角和更复杂场景的思考。

5.1.2.3 FastOcc

FastOcc 是一种用于自动驾驶领域的 3D 占用预测方法，它通过融合 2D 鸟瞰视图（BEV）和透视图来加速 3D 占用网络的预测过程。这项技术的核心在于简化了传统的 3D 卷积网络，通过使用 2D BEV 卷积网络来处理特征，并利用从原始图像特征中插值得到的 3D 体素特征来补充 BEV 特征，从而提升了预测的速度和准确性。FastOcc 通过以下改进达到加速 3D 占用预测的目的。

① 简化 3D 卷积：将 3D 卷积块简化为 2D BEV 卷积网络。

② 特征插值：使用插值的体素（Voxel）特征来完善 BEV 特征。

③ 加速推理：FastOcc 在 Occ3D-nuScenes 基准测试中展示了快速的推理速度和竞争性的准确性。

（1）方法概览

FastOcc 方法的总体框架如图 5-9 所示，主要包含三个组成部分：

① 图像特征金字塔提取：首先提取图像特征。以多相机图像作为输入，使用resnet将图像特征编码，并应用特征金字塔（FPN）来聚合特征。

② 视图特征转换：将视图特征通过前文讲述的 LSS（lift-splat-splat）转换到 3D 空间，然后压扁为 BEV 特征。

③ 占用预测头：BEV 特征被上采样、重复，并补充了从图像特征中插值的体素特征。用 BEV 特征和图像特征进行插值得到占用网格预测。

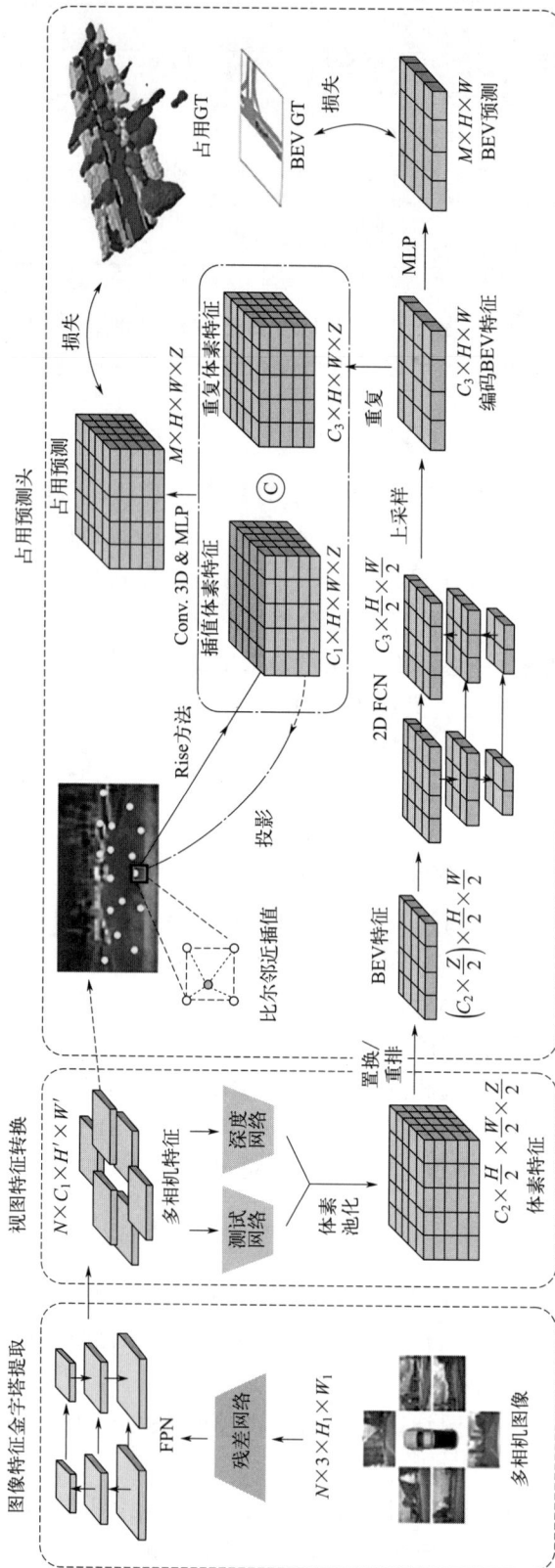

图 5-9 FastOcc 框架图

在 Occ3D-nuScenes 验证集上，FastOcc 和其他方法在速度与准确性上的对比：

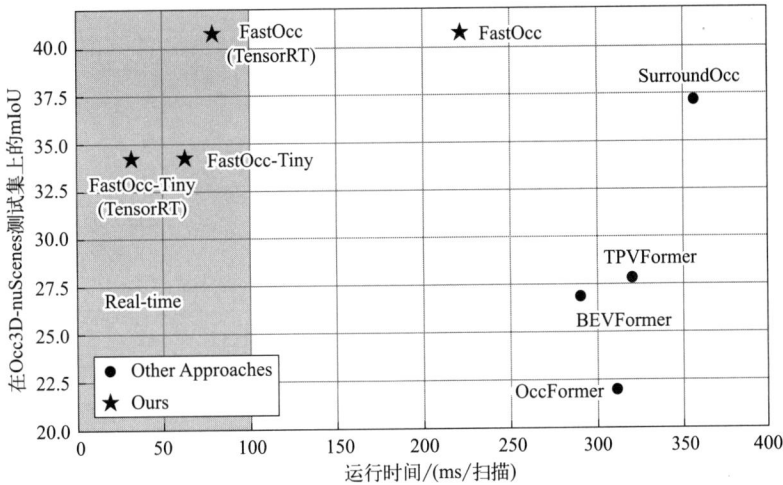

图 5-10 速度与准确性的比较

由图 5-10 可知，FastOcc 在 Occ3D-nuScenes 数据集上相比于其他方法用更短的运行时间实现了更高的性能。由表 5-7 可知，FastOcc 在 Occ3D-nuScenes 数据集上相比于其他方法，在大多数类别上性能更好，并且总 mIoU 指标达到了最优。

（2）代码解析

FastOcc 代码已经开源，特征金字塔代码以及视觉特征转换使用的 LSS 代码已在前文说明，下面主要对方法中使用的预测占用头部分代码进行讲解。

下方代码定义了 occupancy 函数，计算在给定网格大小下的无核小体区（NFR）和核小体区域（NUC）读取数的比率。在计算过程中加入伪计数（pseudocount）以避免除零错误，并将结果限制在 0 到 1 之间。

```
1. def occupancy(nfr: np.ndarray, nuc: np.ndarray, opts: Options):
2.     nfr_w = rolling_window(nfr, opts.window_size)
3.     nuc_w = rolling_window(nuc, opts.window_size)
4.
5.     occ = (nfr_w * opts.nfr_ratio + opts.pseudocount_nuc) / (nfr_w +
nuc_w + opts.pseudocount)
6.
7.     # corrected values can't exceed 1
8.     return occ.clip(max=1)
```

下方代码定义了 Occupancy 数据类。

```
1. @dataclass
2. class Occupancy:
3.     """
4.     Dataclass containing occupancy caclculated in a given genomic
interval. Binned
5.     fragment counts are also stored for convenience.
```

```
6.        """
7.      range: Range
8.    nfr: np.ndarray
9.    nuc: np.ndarray
10.    occ: np.ndarray
11.    opts: Options
12.
13.    def to_data_frame(self) -> pd.DataFrame:
14.        bins = self.range.make_bins(self.opts.bin_size)
15.
16.        bed = pd.DataFrame(
17.            [(r.chr, r.start, r.end) for r in bins],
18.            columns=["chr", "start", "end"]
19.        )
20.
21.        bed["nfr"] = self.nfr
22.        bed["nuc"] = self.nuc
23.        bed["occ"] = self.occ
24.
25.        return bed
26.
27.    @classmethod
28.    def from_fragments(cls, frags: Fragments, opts: Options=None):
29.        return cls.from_binned_fragments(BinnedFragments.from_
fragments(frags, opts))
30.
31.    @classmethod
32.    def from_binned_fragments(cls, fragments: BinnedFragments,
opts: Options=None):
33.        opts = get_options(fragments.opts, opts)
34.
35.        occ = occupancy(fragments.nfr, fragments.nuc, opts)
36.
37.        if opts.smooth:
38.            occ = smooth(occ, opts.gaussian, opts.gaussian_norm)
39.        else:
40.            occ = occ[opts.shift:-opts.shift]
41.
42.        s2 = opts.shift * 2
43.
44.        r = replace(
45.            fragments.range.extend(-s2 * opts.bin_size),
46.            score = np.max(occ)
47.        )
48.
49.        return cls(
50.            r,
51.            fragments.nfr[s2:-s2],
52.            fragments.nuc[s2:-s2],
53.            occ,
54.            opts,
55.        )
```

表 5-10 在 OCC-3DnuScenes 测试集与验证集上与现有方法的对比结果

方法	其他	障碍	自行车	公交车	小汽车	常量车辆	摩托车	行人	交道锥
MonoScene	1.75	7.23	4.26	4.93	9.38	5.67	3.98	3.01	5.90
TPVFormer	7.22	38.90	13.67	40.78	45.90	17.23	19.99	18.85	14.30
BEVDet	4.39	30.31	0.23	32.36	34.47	12.97	10.34	10.36	6.26
OccFormer	5.94	30.29	12.32	34.40	39.17	14.44	16.45	17.22	9.27
BEVFormer	5.85	37.83	17.87	40.44	42.43	7.36	23.88	21.81	20.98
CTF-Occ	8.09	39.33	20.56	38.29	42.24	16.93	24.52	22.72	21.05
SurroundOcc*	8.97	46.33	17.08	46.54	52.01	20.05	21.47	23.52	18.67
FastOcc（Ours）	12.06	43.53	28.04	44.80	52.16	22.96	29.14	29.68	26.98
SurroundOcc*-TTA	9.42	43.61	19.57	47.66	53.77	21.26	22.35	24.48	19.36
FastOcc-TTA（Ours）	12.86	46.58	29.93	46.07	54.09	23.74	31.10	30.68	28.52

方法	拖车	卡车	驾驶场景感知	其他平面	辅助任务	地形	人造物	植被	mIoU
MonoScene	4.45	7.17	14.91	6.32	7.92	7.43	1.01	7.65	6.06
TPVFormer	26.69	34.17	55.65	35.47	37.55	30.70	19.40	16.78	27.83
BEVDet	8.93	23.65	52.27	24.61	26.06	22.31	15.04	15.10	19.38
OccFormer	13.90	26.36	50.99	30.96	34.66	22.73	6.76	6.97	21.93
BEVFormer	22.38	30.70	55.35	28.36	36.0	28.06	20.04	17.69	26.88
CTF-Occ	22.98	31.11	53.33	33.84	37.98	33.23	20.79	18.0	28.53
SurroundOcc*	31.51	37.56	81.91	41.64	50.76	53.93	42.91	37.16	37.18
FastOcc（Ours）	30.81	38.44	82.04	41.93	51.92	53.71	41.04	35.49	39.21
SurroundOcc*-TTA	32.96	39.06	83.15	43.26	52.35	55.35	43.27	38.02	38.69
FastOcc-TTA（Ours）	33.08	39.69	83.33	44.65	53.90	55.46	42.61	36.50	40.75

（3）启发与思考

FastOcc 方法在 3D 占用预测任务中取得的显著成果，即通过将 3D 卷积网络简化为 2D BEV 卷积网络，并结合插值的 3D 体素特征，实现了快速且准确的 3D 占用预测。FastOcc 不仅在 Occ3D-nuScenes 基准测试上达到了 40.75% 的 mIoU（平均交并比），而且在单次推理上的延迟降低到了 63ms，甚至通过 TensorRT SDK 的加速，可以进一步减少到 32ms，满足了自动驾驶实时感知的需求。此外，该方法还提出了对未来工作的一些思考，包括进一步优化网络结构以提高效率，探索更多视图转换技术以增强模型的泛化能力，以及考虑将 FastOcc 应用于更广泛的自动驾驶场景和任务中。

5.2
激光雷达感知算法

点云的无序性、稀疏性和非结构化等特点使得点云处理难度远高于图像等规则化数据。如何表示点云是相关方法面临的核心问题之一，当前常用的点云表示包括：点、体素、二维投影（鸟瞰视图、距离视图等）等。点云表示方法在不同感知任务上具有较强的通用性和借鉴价值，鉴于此，我们按照点云表示对相关方法进行分类，划分为基于点的方法、基于体素的方法、基于二维投影的方法和基于多视图融合的方法。其中基于点的方法使用三维点作为特征单元，并在原始点云基础上进行特征提取和聚合。基于体素的方法将三维空间划分成均匀的体素网格，然后将 3D 点映射到体素上，再在规则的三维体素空间进行特征提取和聚合。基于二维投影的方法将三维点云投影到鸟瞰视图、距离视图等密集二维视图上，并对二维视图进行高效编码。上述三种方法因其表示不同，具备不同的优缺点，如表 5-11 所示。基于多视图融合的方法有效地融合来自不同视图 / 表示的信息，以达到结合不同表示优势的目标。

表 5-11 激光雷达感知算法分类及优缺点

特性 / 表示	点	体素	二维投影
优点	点云数据具有丰富的几何信息，可以准确地描述 3D 场景	体素网格具有规则的三维结构，便于在计算机内存中进行存储和处理，体素数据能够高效地表示空间中物体的占用情况	二维视图可以降低计算复杂度，节省计算资源；同时该类方法可借鉴基于图像的成熟算法，易于实现和部署
缺点	点云数据包含大量的点，占用大量的计算资源，处理时间长，实时性差	将连续的点云数据离散为体素网格可能导致细节信息丢失	3D 点云数据投影到二维视图上，会丢失信息，导致性能下降

表 5-12 列出了一些代表性纯视觉感知算法及其对应的感知任务，其中黑体所示方法将在下文中进行详细介绍。

表 5-12 纯视觉感知算法分类汇总

算法	基于点的方法	基于体素的方法	基于二维投影的方法	基于多视图融合的方法
语义分割	**PointNet, PointNet++,** ESC	3D ShapeNets, 3DCNN, 3DCNN-DQN-RNN	Squeezeseg, Squeezesegv3, Rangevit	**CPGNet,** MVCNN, SnapNet
实例分割	Spherical Mask, ISBNet , PointCNN	VoxelEmbed, MTML, MASC	3D-GS, ODIN, Open3dis	YOLO2U-Net, MSFormer, Openmask3D
全景分割	CPseg, OneFormer3D , GMM-PanopticSeg	Panoptic-phnet, R3DV	LGLPS	Rangebird, PanopticFusion , **CFNet**
物体检测	**PointRCNN,** 3DSSN , Point-GNN	**VoxelNet, SECOND ,** HVNet	**PointPillars, PIXOR,** RangeRCNN	**MVF,** MVAF-Net, MV3D
物体跟踪	Tracking Objects as Points, PointTrackNet, Mean Shift	VPIT, UVTR, VoxelNeXt	BEVDet, Complex-YOLO	PTTR++, EarlyBird , TANDEM
轨迹预测	TPCN, BTO-RRT	STAN	**RangeTensorPredictor**	**StereoPoseTrajNet**
占用网格语义分割	Semantic Grid Estimation , PointOcc	VMNet, RegionPVT	PCE, SqueezeSeg	OccFusion, OccNet
占用网格场景流	SCOOP, OGSF-Net, FlowNet3D	PV-RAFT	Unet-based	Mono-SF

5.2.1 基于点的方法

5.2.1.1 PointNet

PointNet 是 3D 点云语义分割中基于点的经典方法，该方法的论文 2017 年发表在 CVPR 上。PointNet 是一个开创性方法，它的目标是设计新型深度神经网络结构，以直接从离散、无序、不规则的点云中学习特征，并依据学习到的特征进行点云分类和语义分割。

PointNet 以在不同三维点上共享权重的多层感知机（MLP）为主要构件块，提取点云特征。针对点云的无序性、关联性（点不是孤立的，需要考虑局部结构），PointNet 提出使用对称函数处理并聚合局部特征，即使用最大池化层将独立学习的点特征聚合为全局点集特征。针对点云仿射变换无关性，即点云在进行缩放、旋转和平移等操作时，点云的特征保持不变，PointNet 采用联合对齐网络（图 5-11 中的 T-Net）预测点云变换矩阵，将输入以及中间层特征进行自适应对齐，使得网络的预测结果对特定的输入变换具有不变性。图 5-11 所示是 PointNet 的网络结构。

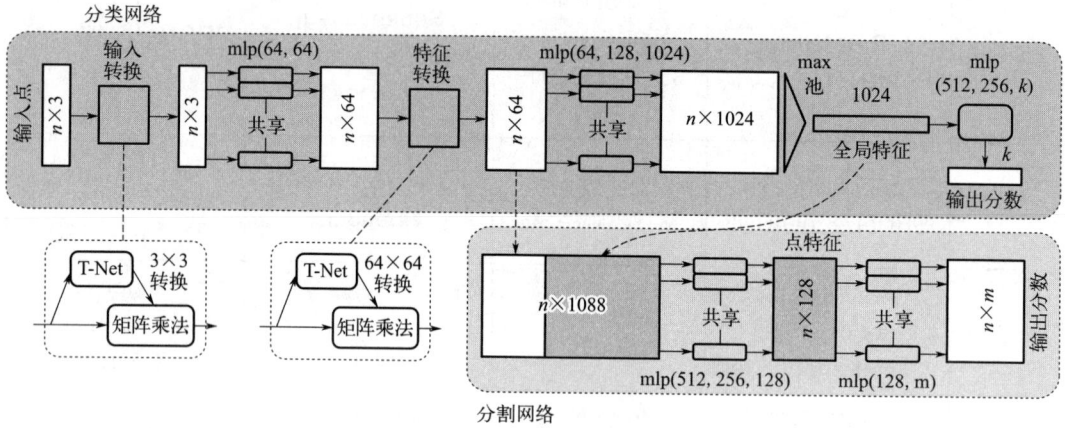

图 5-11 PointNet 网络结构

(1) 方法概览

PointNet 的框架图主要分为分割网络和分类网络。其中，在分类网络（图 5-11 中上半部分所示）中，n 个点作为输入，使用 T-net 将输入的点云特征进行第一次对齐，随后使用共享权重的多层感知机进行特征提取，此后再次使用 T-net 对 64 维特征进行对齐，并进行特征提取，最后用对称函数将所有点的特征聚合为一个统一的特征表示，进行分类。分割网络（图 5-11 中右下部分所示）是分类网络的扩展，它将局部和全局信息进行拼接，再处理，以向分割网络引入全局信息，获得更好的分割结果。上述 PointNet 处理过程中，有三个关键模块：

① 使用最大池化层和多层感知器（MLP）等作为对称函数，用于处理和聚合所有点的特征。对称函数的具体表达式如式（5-4）所示：

$$\mathcal{F}(\{x_1,\cdots,x_n\}) \approx \mathcal{G}(\mathcal{H}(x_1),\cdots,\mathcal{H}(x_n)) \tag{5-4}$$

在式（5-4）中，$\mathcal{F}$、$\mathcal{H}$ 和 $\mathcal{G}$ 均为对称函数，分别完成如下映射" $\mathcal{F}:2^{\mathbb{R}^N} \to \mathbb{R}$ "" $\mathcal{H}:\mathbb{R}^N \to \mathbb{R}^K$ "和" $\mathcal{G}:\mathbb{R}^K \times \cdots \times \mathbb{R}^K \to \mathbb{R}$ "。使用 MLP 来近似 $\mathcal{H}$，使用单变量函数和最大池化函数的组合来近似 $\mathcal{G}$。通过聚合 $\mathcal{H}$，可以学习到许多 $\mathcal{F}$ 来捕获点云集合的不同属性。

② 联合对齐网络，若点云经历几何变换，点云的语义标记必须保持不变，因此，我们期望点集学习到的表示对于这些几何变换也是不变的，因此在特征提取之前将所有输入集对齐到规范空间是至关重要的。如图 5-11 所示，PointNet 使用小网络 T-net 来预测仿射变换矩阵，将该变换直接应用于输入点的坐标，达到特征对齐的目的。其中，T-net 主要由点云特征提取块、最大池化和全连接层等基本模块组成。

上面的网络还可以扩展到特征空间的对齐，在点特征上插入一个对齐网络，预测一个特征变换矩阵来对齐来自不同输入点云的特征。由于特征空间中的变换矩阵比空间变换矩阵的维度高得多（对应图 5-11 分类网络中第二个特征转换部分），优化难度增加，因此 PointNet 在 softmax 损失训练中使用正则化项，将特征变换矩阵限制为接近正交矩阵，如式（5-5）所示，其中 A 是 T-net 网络中预测的特征对齐矩阵，I 是单位矩阵，L_{reg} 是特征变换矩阵，正交变换不会丢失输入中的信息，通过添加正则化项，优化变得更加稳定。

$$L_{reg} = \|I - AA^{\mathrm{T}}\|_F^2 \qquad (5-5)$$

③ 分割网络中的局部和全局信息组合结构，如图 5-11 所示，在分割网络中，计算全局点云特征向量后，将全局特征向量和每个点特征拼接在一起，将其反馈给每个点特征。然后根据组合的点特征提取新的每个点的特征。

PointNet 在 ShapeNet part dataset 数据集上与现有方法对比的结果如表 5-13 所示（对比方法包括 Wu，Yi）。

表 5-13　PointNet 在 ShapeNet part 数据集上的分割结果

类型	均值	飞机	包	帽子	汽车	椅子	耳机	吉他	刀
方法		2690	76	55	898	3758	69	787	392
Wu	—	63.2	—	—	73.5	—	—	—	—
Yi	81.4	81.0	78.4	77.7	**75.7**	87.6	61.9	**92.0**	85.4
3DCNN	79.4	75.1	72.8	73.7	70.0	87.2	63.5	88.4	79.6
Ours	**83.7**	**83.4**	**78.7**	**82.5**	74.9	**89.6**	**73.0**	91.5	**85.9**

类型	灯	笔记本	摩托	杯子	手枪	火箭	滑板	桌子	
方法	1547	451	202	184	283	66	152	5271	
Wu	74.4	—	—	—	—	—	—	74.8	
Yi	**82.5**	**95.7**	**70.6**	91.9	**85.9**	53.1	69.8	75.3	
3DCNN	74.4	93.9	58.7	91.8	76.4	51.2	65.3	77.1	
Ours	80.8	95.3	65.2	**93.0**	81.2	**57.9**	**72.8**	80.6	

（2）代码解析

目前 PointNet 已经开源，其采用的是 tensorflow 框架，为了便于理解，我们换成其他研究者复现的以 pytorch 框架为基础的开源代码。pointnet 文件夹中包括 model.py 文件和 dataset.py 文件。其中，model.py 中定义了 PointNet 的网络结构，包括分类网络和分割网络；dataset.py 主要包括处理点云数据的加载和预处理部分代码。scripts 文件夹中包括需要编译的 C++ 代码。utils 文件夹中的 train_classification.py 和 train_segmentation.py 文件分别是训练分类和分割脚本的文件。

① 分类模块代码。PointNetCls 类位于 pointnet/model.py 中，用于 3D 点云数据

的分类任务，对应图 5-11 中分类网络部分。在构造函数中，self.feat 使用 PointNetfeat 模块提取全局特征。self.fc1、self.fc2、self.fc3 是三层全连接层，分别将特征维度从 1024 降到 512，再到 256，最后得到分类数 "k"。self.dropout 是 Dropout 层，用来防止过拟合；self.b1 和 self.bn2 是批归一化层，用于稳定训练过程；self.relu 是 ReLU 激活函数。在 forward 函数中，输入点云特征 "x"，得到变换矩阵 trans 和 trans_feat；然后通过第一层全连接层，进行 ReLU 激活和批归一化；接着进行第二层全连接层，应用 Dropout，进行 ReLU 激活和批归一化，通过第三层全连接层得到最终输出；最后返回经过 softmax 激活的输出和特征变换矩阵。

```
1.  class PointNetCls(nn.Module):
2.      def __init__(self, k=2, feature_transform=False):
3.          super(PointNetCls, self).__init__()
4.          self.feature_transform = feature_transform
5.          self.feat = PointNetfeat(global_feat=True, feature_
transform=feature_transform)
6.          self.fc1 = nn.Linear(1024, 512)
7.          self.fc2 = nn.Linear(512, 256)
8.          self.fc3 = nn.Linear(256, k)
9.          self.dropout = nn.Dropout(p=0.3)
10.         self.bn1 = nn.BatchNorm1d(512)
11.         self.bn2 = nn.BatchNorm1d(256)
12.         self.relu = nn.ReLU()
13.
14.     def forward(self, x):
15.         x, trans, trans_feat = self.feat(x)
16.         x = F.relu(self.bn1(self.fc1(x)))
17.         x = F.relu(self.bn2(self.dropout(self.fc2(x))))
18.         x = self.fc3(x)
19.         return F.log_softmax(x, dim=1), trans, trans_feat
```

PointNetfeat 类的构造函数接收两个参数：是否提取全局特征、是否应用特征变换。其主要应用到 self.stn 空间变换网络，用于对输入点云进行变换，并用三层 1D 卷积来提取特征，最后是三个批归一化层。在 forward 函数中，输入点云数据 "x"，通过空间变换网络得到变换矩阵 trans，对输入的点云数据应用变换矩阵，然后依次通过三层卷积层，得到提取后的特征，对特征取最大值，得到全局特征，最后将特征展平，返回全局特征和变换矩阵。

```
1.  class PointNetfeat(nn.Module):
2.      def __init__(self, global_feat = True, feature_transform = False):
3.          super(PointNetfeat, self).__init__()
```

```
4.          self.stn = STN3d()
5.          self.conv1 = torch.nn.Conv1d(3, 64, 1)
6.          self.conv2 = torch.nn.Conv1d(64, 128, 1)
7.          self.conv3 = torch.nn.Conv1d(128, 1024, 1)
8.          self.bn1 = nn.BatchNorm1d(64)
9.          self.bn2 = nn.BatchNorm1d(128)
10.          self.bn3 = nn.BatchNorm1d(1024)
11.          self.global_feat = global_feat
12.          self.feature_transform = feature_transform
13.          if self.feature_transform:
14.              self.fstn = STNkd(k=64)
15.
16.      def forward(self, x):
17.          n_pts = x.size()[2]
18.          trans = self.stn(x)
19.          x = x.transpose(2, 1)
20.          x = torch.bmm(x, trans)
21.          x = x.transpose(2, 1)
22.          x = F.relu(self.bn1(self.conv1(x)))
23.
24.          if self.feature_transform:
25.              trans_feat = self.fstn(x)
26.              x = x.transpose(2,1)
27.              x = torch.bmm(x, trans_feat)
28.              x = x.transpose(2,1)
29.          else:
30.              trans_feat = None
31.
32.          pointfeat = x
33.          x = F.relu(self.bn2(self.conv2(x)))
34.          x = self.bn3(self.conv3(x))
35.          x = torch.max(x, 2, keepdim=True)[0]
36.          x = x.view(-1, 1024)
37.          if self.global_feat:
38.              return x, trans, trans_feat
39.          else:
40.              x = x.view(-1, 1024, 1).repeat(1, 1, n_pts)
41.              return torch.cat([x, pointfeat], 1), trans, trans_feat
```

② 分割网络的模型源码。分割网络的代码是 PointNetDenseCls 类,同样位于 pointnet/model.py 中,构造函数接收两个参数,k 是表示分类的类别数,feature_transformer 是特征变换。网络层中使用 PointNetfeat 模块提取特征,但不提取全局特征。它应用四层 1D 卷积层,逐步减少特征维度。其最后是三个批归一化层。在

forward 函数中，输入点云数据 "x"，首先使用 PointNetfeat 模块提取特征和变换矩阵；然后依次应用三层卷积层和 ReLU 激活函数，通过第四层卷积层得到分割结果，应用 softmax 激活函数得到分类概率，通过 x.view 调整输出的形状；最后返回分割结果和变换矩阵。

```
1.  class PointNetDenseCls(nn.Module):
2.      def __init__(self, k = 2, feature_transform=False):
3.          super(PointNetDenseCls, self).__init__()
4.          self.k = k
5.          self.feature_transform=feature_transform
6.          self.feat = PointNetfeat(global_feat=False, feature_transform=
feature_transform)
7.          self.conv1 = torch.nn.Conv1d(1088, 512, 1)
8.          self.conv2 = torch.nn.Conv1d(512, 256, 1)
9.          self.conv3 = torch.nn.Conv1d(256, 128, 1)
10.         self.conv4 = torch.nn.Conv1d(128, self.k, 1)
11.         self.bn1 = nn.BatchNorm1d(512)
12.         self.bn2 = nn.BatchNorm1d(256)
13.         self.bn3 = nn.BatchNorm1d(128)
14.
15.     def forward(self, x):
16.         batchsize = x.size()[0]
17.         n_pts = x.size()[2]
18.         x, trans, trans_feat = self.feat(x)
19.         x = F.relu(self.bn1(self.conv1(x)))
20.         x = F.relu(self.bn2(self.conv2(x)))
21.         x = F.relu(self.bn3(self.conv3(x)))
22.         x = self.conv4(x)
23.         x = x.transpose(2,1).contiguous()
24.         x = F.log_softmax(x.view(-1,self.k), dim=-1)
25.         x = x.view(batchsize, n_pts, self.k)
26.         return x, trans, trans_feat
```

③ 模型训练过程。训练模型的脚本文件位于 utils/train_classification.py 中，在加载进数据集之后，进行数据加载器设置，数据加载器具体代码如下。其中 dataloader 是训练数据的加载器，dataset 是要加载的数据集，batch_size 是每批次加载的数据量，shuffle 表示在每个 epoch 开始时打乱数据，num_workers 表示使用子进程加载数据。Testdataloader 是测试集加载器，具体设置和训练数据的加载器一样。

```
1.  dataloader = torch.utils.data.DataLoader(
2.      dataset,
```

```
3.      batch_size=opt.batchSize,
4.      shuffle=True,
5.      num_workers=int(opt.workers))
6.
7. testdataloader = torch.utils.data.DataLoader(
8.          test_dataset,
9.          batch_size=opt.batchSize,
10.          shuffle=True,
11.          num_workers=int(opt.workers))
```

PointNet 分类模型初始化、参数加载、优化器和学习率调度器的设置代码如下所示。classifier 是初始化模型，然后加载预训练模型参数，使用 Adam 设置优化器模型参数，设置 scheduler 学习率调度器。

```
1. classifier = PointNetCls(k=num_classes, feature_transform=opt.feature_
transform)
2.
3. if opt.model != '':
4.      classifier.load_state_dict(torch.load(opt.model))
5.
6.
7. optimizer = optim.Adam(classifier.parameters(), lr=0.001, betas=(0.9,
0.999))
8. scheduler = optim.lr_scheduler.StepLR(optimizer, step_size=20, gamma=0.5)
9. classifier.cuda()
```

然后遍历数据进行训练，计算损失并更新模型参数，定期在测试数据集上进行评估，并保存模型。其具体代码如下所示。

```
1. for epoch in range(opt.nepoch):
2.      scheduler.step()
3.      for i, data in enumerate(dataloader, 0):
4.          points, target = data
5.          target = target[:, 0]
6.          points = points.transpose(2, 1)
7.          points, target = points.cuda(), target.cuda()
8.          optimizer.zero_grad()
9.          classifier = classifier.train()
10.          pred, trans, trans_feat = classifier(points)
11.          loss = F.nll_loss(pred, target)
12.          if opt.feature_transform:
```

```
13.            loss += feature_transform_regularizer(trans_feat) * 0.001
14.        loss.backward()
15.        optimizer.step()
16.        pred_choice = pred.data.max(1)[1]
17.        correct = pred_choice.eq(target.data).cpu().sum()
18.        print('[%d: %d/%d] train loss: %f accuracy: %f' % (epoch, i,
num_batch, loss.item(), correct.item() / float(opt.batchSize)))
19.
20.        if i % 10 == 0:
21.            j, data = next(enumerate(testdataloader, 0))
22.            points, target = data
23.            target = target[:, 0]
24.            points = points.transpose(2, 1)
25.            points, target = points.cuda(), target.cuda()
26.            classifier = classifier.eval()
27.            pred, _, _ = classifier(points)
28.            loss = F.nll_loss(pred, target)
29.            pred_choice = pred.data.max(1)[1]
30.            correct = pred_choice.eq(target.data).cpu().sum()
31.            print('[%d: %d/%d] %s loss: %f accuracy: %f' % (epoch, i,
num_batch, blue('test'), loss.item(), correct.item()/float(opt.batchSize)))
32.
33.    torch.save(classifier.state_dict(), '%s/cls_model_%d.pth' %
(opt.outf, epoch))
```

最后在测试数据集上进行评估，计算并打印模型的最终准确率，具体代码如下所示。

```
1. total_correct = 0
2. total_testset = 0
3. for i,data in tqdm(enumerate(testdataloader, 0)):
4.     points, target = data
5.     target = target[:, 0]
6.     points = points.transpose(2, 1)
7.     points, target = points.cuda(), target.cuda()
8.     classifier = classifier.eval()
9.     pred, _, _ = classifier(points)
10.    pred_choice = pred.data.max(1)[1]
11.    correct = pred_choice.eq(target.data).cpu().sum()
12.    total_correct += correct.item()
13.    total_testset += points.size()[0]
14.
15. print("final accuracy {}".format(total_correct / float(total_testset)))
```

④ 模型测试过程。训练完模型之后，最后的测试评估代码位于 utils/show_cls.py 文件中。加载数据集和设置相关参数的代码与训练模型的代码基本一致，这里不再赘述。将训练好的 PointNet 模型在测试数据集上进行推理和评估的代码如下所示，首先遍历测试数据集，然后进行推理和计算损失 loss，最后计算准确率并打印当前批次的索引、损失和准确率。

```
1. for i, data in enumerate(testdataloader, 0):
2.     points, target = data
3.     points, target = Variable(points), Variable(target[:, 0])
4.     points = points.transpose(2, 1)
5.     points, target = points.cuda(), target.cuda()
6.     pred, _, _ = classifier(points)
7.     loss = F.nll_loss(pred, target)
8.
9.     pred_choice = pred.data.max(1)[1]
10.     correct = pred_choice.eq(target.data).cpu().sum()
11.     print('i:%d  loss: %f accuracy: %f' % (i, loss.data.item(),
correct / float(32)))
```

（3）启发与思考

PointNet 算法是深度学习在 3D 点云数据上的一个重要突破。其创新之处在于直接处理原始的点云数据，而不是将其转换为体素或图像投影。PointNet 通过对每个点独立处理并应用对称函数来实现无序点集的排列不变性。这种方法不仅简化了模型结构，还显著提高了计算效率和准确性，这启发我们在处理非结构化数据时，可以探索保留其原始结构的信息处理方法，同时利用对称性和简化模型结构来提高计算效率。

5.2.1.2 PointNet++

PointNet++ 是 PointNet 的改进版本，PointNet 只使用 MLP 和 max pooling，没有能力捕获局部结构，在细节处理和泛化到复杂场景上的能力有限。针对 PointNet 的缺点，Point Net++ 提出相应的解决方案：①逐点特征的 MLP 仅是对每个点进行表征，但是对局部结构信息的整合能力太弱，因此，Point Net++ 提出改进措施，利用采样和分组来整合局部区域；②全局特征直接由最大池化获得，但是此方式对于分类和分割任务，都会造成巨大的信息损失，PointNet++ 使用层次特征学习框架，通过多个集抽象（set abstraction）进行逐级下采样，得到不同规模不同层次的局部 - 全局特征；③分割任务中的全局特征是直接复制与全局特征进行拼接，生成区别特征的能力有限，PointNet++ 在分割任务上设计编码器 - 解码器的结构，先下采样，然后再上采样，使用残差连接的方式将对应层的局部 - 全局特征进行拼接。

（1）方法概览

图 5-12 所示是 PointNet++ 的分类任务模块，其中集抽象模块由采样层、分组层和

PointNet 特征提取层组成。

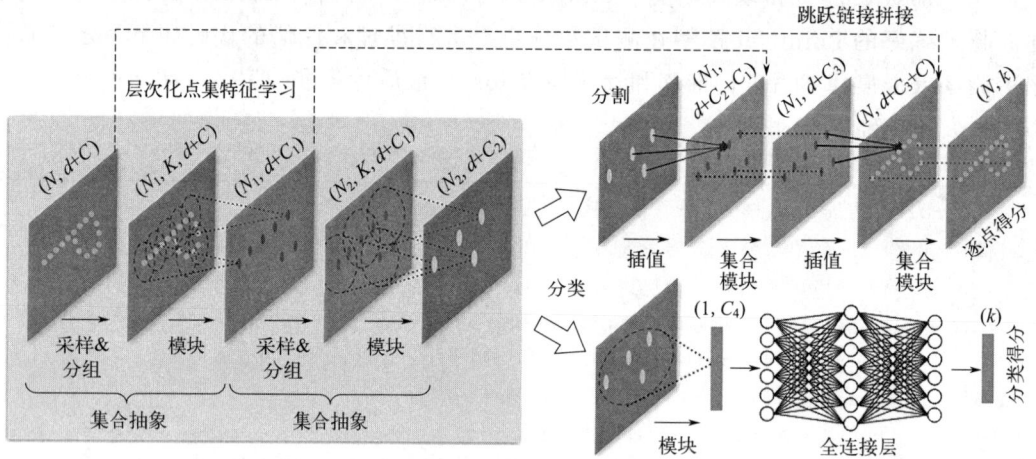

图 5-12　分类任务模块

① 采样层：在稠密的点云中使用 FPS（最远点采样法）抽取出一些相对重要的点作为中心点。FPS 的主要流程如下：首先随机选择一个点作为初始采样点，然后计算未选择采样点集中每个点与已采样点集之间的最大距离，将距离最大的点加入已选择的采样点集，最后根据新的采样点计算距离，一直循环迭代下去，直至获得目标数量的采样点。

② 分组层：通过搜寻距离中心点附近最近的 K 个点，组成局部点区域。其具体流程是：首先根据 FPS 筛选后获得相应的中心点；然后将每个中心点在原点集中根据距离筛选出附近需要的点数，以每个 FPS 点为中心形成多个新的点集；最后将新的点集进行坐标归一化操作形成 3 个点特征，并与每个点自带的特征结合形成特征提取前的新特征。

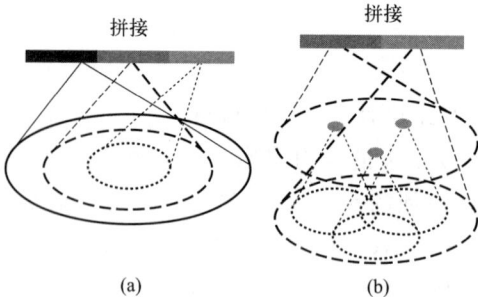

图 5-13　MSG、MRG 示意图

在分组层中，笔者提出两种方案：MSG（多尺度分组）和 MRG（多分辨率分组）。如图 5-13（a）所示，MSG 在同分辨率下做多个半径分组采样，通过对每个实例以随机概率随机丢弃输入点来完成，具体来说，对于训练点集，从 $[0, p]$ 均匀采样的丢弃率为 θ，$p \leqslant 1$，对于单个点，我们以概率 θ 随机丢弃一个点。

由于 MSG 方法在每个质心点的大规模邻域中运行本地 PointNet，计算成本较高，因此笔者使用 MRG 方法，如图 5-13（b）所示，某个级别的区域特征是两个向量的串联，图中的左边向量是使用集抽象模块从较低层开始汇总每个子区域的特征而得到的；右边的向量是使用单个 PointNet 直接处理局部中所有原始点得到的特征的区域。当局部区域密度低时，计算左边向量的子区域包含更稀疏的点，易导致采样不足，此时，右边第二向量的权重更高；当局部区域密度更高时，左边第一向量提供更精细细节的信息，因为该向量具备在较低级别递归地以较高分辨率进行检索的能力。

③ PointNet 特征提取层：使用 mini-PointNet 层将局部区域编码为特征向量。首先将局部区域中的点坐标转换为相对于质心点的局部坐标系，然后使用 PointNet 作为局部模式学习的基本构建块。该层中，输入数据的大小是，$N' \times K \times (d+C)$，K 是质心点邻域中的点数，N' 是点的数量，$(d+C)$ 是 d 维坐标和 C 维点特征的通道数。输出数据的大小是 $N' \times (d+C')$。

PointNet++ 的分割任务的模块：分割任务的特征提取器与分类任务是一样的，但是在上采样环节笔者提出一种基于距离插值的分层特征传播策略。如图 5-12 所示，其大体流程是：将点特征从 $N_l \times (d+C)$ 传播到 N_l 个点，其中 N_{l-1} 和 N_l 是第 l 层的集合抽象层的输入和输出的点集大小。通过在 N_{l-1} 个点的坐标处插值 N_l 个点的特征值 f 来实现特征传播，插值方式选择基于 k 个最近邻的反距离加权平均值，如式（5-6）所示，其中 $p=2$，$k=3$；N_{l-1} 点上的插值特征与来自集合抽象层的跳跃连接的点特征进行拼接，最后将拼接的点特征通过单元 PointNet，应用共享全连接层和 ReLU 层来更新每个点的特征向量，重复此过程，直到将特征传播到原始点集。

$$f^{(i)}(x) = \frac{\sum_{i=1}^{k} w_i(x) f_i^{(j)}}{\sum_{i=1}^{k} w_i(x)}, \quad w_i(x) = \frac{1}{d(x, x_i)^p}, j=1,\cdots,C \qquad (5-6)$$

PointNet++ 在 MNIST 数据集和 ModelNet40 数据集上与先前最先进的方法比较如表 5-14 所示（对比方法包括：Multi-layer perceptron，LeNet5，Network in Network，PointNet，Subvolume，MVCNN）。

表 5-14　PointNet++ 在 MNIST 和 ModelNet40 数据集上的实验结果

方法	错误率 /%	方法	输入	准确率 /%
Multi-layer perceptron	1.60	Subvolume	vox	89.2
LeNet5	0.80	MVCNN	img	90.1
Network in Network	**0.47**	PointNet（vanilla）	pc	87.2
PointNet（vanilla）	1.30	PointNet	pc	89.2
PointNet	0.78	Ours	pc	90.7
Ours	0.51	Ours（with normal）	pc	**91.9**

（2）代码解析

目前 PointNet++ 已经开源，其代码是以 tensorflow 为框架的，因此我们选取其他研究者复现的 pytorch 框架的开源代码。其中 data_utils 文件夹包含数据处理和预处理的脚本，models 文件夹包含实现 PointNet++ 的模型代码，visualizer 文件夹包含可视化工具和脚本，train_classification.py 和 test_classification.py 文件是训练和测试

PointNet++ 模型的脚本，train_semseg.py 和 test_semseg.py 文件是用于训练和测试语义分割模型的脚本，train_partseg.py 和 test_partseg.py 文件是用于训练和测试部分分割模型的脚本。provider.py 是提供数据加载、预处理和数据增强等功能的脚本。

分类网络代码位于 models/pointnet2_cls_ssg.py 文件中，即 get_model 类，在构造函数中，输入分类的类别数量 num_class 和法线通道 norma_channel（点云的法线向量），网络结构包括点集抽象层 self.sa1-self.sa3，全连接层 self.fc1-self.fc3，批归一化层 self.bn1，Drouput 层 self.drop1-self.drop2。在 forward 函数中，输入"xyz"点云数据，形状为（B，C，N），其中"B"是批大小，"C"是通道数，"N"是点的数量。首先获取输入的形状，判断是否使用法线通道，调用点集抽象层 self.sa1 进行第一次点集抽象，并返回对应的点集坐标 l1_xyz 和特征 l1_points，然后进行第二次和第三次点集抽象，返回 l3_xyz 和 l3_points，通过全连接层 self.fc1、self.fc2，批归一化层 bn1、bn2 和 ReLU 激活函数，再进行 Dropout，最后通过全连接层 self.fc3 输出类别预测"x"，并使用 log_softmax 激活函数处理输出"x"。

```
1.  class get_model(nn.Module):
2.      def __init__(self,num_class,normal_channel=True):
3.          super(get_model, self).__init__()
4.          in_channel = 6 if normal_channel else 3
5.          self.normal_channel = normal_channel
6.          self.sa1 = PointNetSetAbstraction(npoint=512, radius=0.2,
nsample=32, in_channel=in_channel, mlp=[64, 64, 128], group_all=False)
7.          self.sa2 = PointNetSetAbstraction(npoint=128, radius=0.4,
nsample=64, in_channel=128 + 3, mlp=[128, 128, 256], group_all=False)
8.          self.sa3 = PointNetSetAbstraction(npoint=None, radius=None,
nsample=None, in_channel=256 + 3, mlp=[256, 512, 1024], group_all=True)
9.          self.fc1 = nn.Linear(1024, 512)
10.         self.bn1 = nn.BatchNorm1d(512)
11.         self.drop1 = nn.Dropout(0.4)
12.         self.fc2 = nn.Linear(512, 256)
13.         self.bn2 = nn.BatchNorm1d(256)
14.         self.drop2 = nn.Dropout(0.4)
15.         self.fc3 = nn.Linear(256, num_class)
16.
17.     def forward(self, xyz):
18.         B, _, _ = xyz.shape
19.         if self.normal_channel:
20.             norm = xyz[:, 3:, :]
21.             xyz = xyz[:, :3, :]
22.         else:
23.             norm = None
24.         l1_xyz, l1_points = self.sa1(xyz, norm)
```

```
25.         l2_xyz, l2_points = self.sa2(l1_xyz, l1_points)
26.         l3_xyz, l3_points = self.sa3(l2_xyz, l2_points)
27.         x = l3_points.view(B, 1024)
28.         x = self.drop1(F.relu(self.bn1(self.fc1(x))))
29.         x = self.drop2(F.relu(self.bn2(self.fc2(x))))
30.         x = self.fc3(x)
31.         x = F.log_softmax(x, -1)
32.
33.
34.         return x, l3_points
```

分割网络代码位于 models/pointnet2_sem_seg.py 文件中，get_model 类是分割网络的具体代码。在构造函数中，输入 num_classes，表示分割任务中的类别数量，self.sa1 ～ self.sa4 表示四个点集抽象层，self.fp1 ～ self.fp4 是四个特征传播层，用于将抽象层的特征传回到原始分辨率，self.conv1 ～ self.conv2 是两个一维卷积层，self.bn1 和 self.drop1 是批归一化层和 Dropout 层。在 forward 函数中输入"xyz"表示点云数据，调用 self.sa1-self.sa4 进行四次点集抽象，逐步抽象特征并减少点的数量，得到 l1_xyz ～ l4_xyz 及相应的特征 l1_points ～ l4_points，然后调用 self.fp1 ～ self.fp4 进行四次特征传播，将特征从抽象层逐步传回原始分辨率，得到最终的特征 l0_points，通过卷积层 self.conv1 ～ self.conv2 处理特征，使用 ReLU 激活函数和 Dropout，最后使用 log_softmax 激活函数处理输出，得到分割结果"x"。

```
1. class get_model(nn.Module):
2.     def __init__(self, num_classes):
3.         super(get_model, self).__init__()
4.         self.sa1 = PointNetSetAbstraction(1024, 0.1, 32, 9 + 3, [32,
32, 64], False)
5.         self.sa2 = PointNetSetAbstraction(256, 0.2, 32, 64 + 3, [64,
64, 128], False)
6.         self.sa3 = PointNetSetAbstraction(64, 0.4, 32, 128 + 3, [128,
128, 256], False)
7.         self.sa4 = PointNetSetAbstraction(16, 0.8, 32, 256 + 3, [256,
256, 512], False)
8.         self.fp4 = PointNetFeaturePropagation(768, [256, 256])
9.         self.fp3 = PointNetFeaturePropagation(384, [256, 256])
10.        self.fp2 = PointNetFeaturePropagation(320, [256, 128])
11.        self.fp1 = PointNetFeaturePropagation(128, [128, 128, 128])
12.        self.conv1 = nn.Conv1d(128, 128, 1)
13.        self.bn1 = nn.BatchNorm1d(128)
14.        self.drop1 = nn.Dropout(0.5)
15.        self.conv2 = nn.Conv1d(128, num_classes, 1)
```

```
16.
17.      def forward(self, xyz):
18.          l0_points = xyz
19.          l0_xyz = xyz[:,:3,:]
20.
21.          l1_xyz, l1_points = self.sa1(l0_xyz, l0_points)
22.          l2_xyz, l2_points = self.sa2(l1_xyz, l1_points)
23.          l3_xyz, l3_points = self.sa3(l2_xyz, l2_points)
24.          l4_xyz, l4_points = self.sa4(l3_xyz, l3_points)
25.
26.          l3_points = self.fp4(l3_xyz, l4_xyz, l3_points, l4_points)
27.          l2_points = self.fp3(l2_xyz, l3_xyz, l2_points, l3_points)
28.          l1_points = self.fp2(l1_xyz, l2_xyz, l1_points, l2_points)
29.          l0_points = self.fp1(l0_xyz, l1_xyz, None, l1_points)
30.
31.          x = self.drop1(F.relu(self.bn1(self.conv1(l0_points))))
32.          x = self.conv2(x)
33.          x = F.log_softmax(x, dim=1)
34.          x = x.permute(0, 2, 1)
35.          return x, l4_points
```

点集抽象层代码位于 log/sem_seg/pointnet_sem_seg/pointnet2_utils.py 文件中，如图 5-12 所示，在构造函数中输入 npoint（采样点的数量）、radius（球查询的半径）、nsample（每个点的样本数）、in_channel（输入通道数）、mlp（多层感知器 MLP 的每层神经元数）、group_all 表示是否进行全局抽象。在 forward 函数中，输入点的坐标和点的特征数据（xyz 和 points），调用 sample_and_group_all 或 sample_and_group 进行采样和分组，得到采样后的点位置信息 new_xyz 和特征数据 new_points。依次通过卷积层和批归一化层提取特征，并应用 ReLU 激活函数，然后通过 torch.max 在样本维度上取最大值，得到新的特征数据 new_points，转置 new_xyz 的形状来适应输出，最后返回采样点的位置信息 new_xyz 和新的特征数据 new_points。

```
1. class PointNetSetAbstraction(nn.Module):
2.     def __init__(self, npoint, radius, nsample, in_channel, mlp, group_all):
3.         super(PointNetSetAbstraction, self).__init__()
4.         self.npoint = npoint
5.         self.radius = radius
6.         self.nsample = nsample
7.         self.mlp_convs = nn.ModuleList()
8.         self.mlp_bns = nn.ModuleList()
9.         last_channel = in_channel
10.         for out_channel in mlp:
```

```
11.                self.mlp_convs.append(nn.Conv2d(last_channel, out_channel, 1))
12.                self.mlp_bns.append(nn.BatchNorm2d(out_channel))
13.                last_channel = out_channel
14.           self.group_all = group_all
15.
16.      def forward(self, xyz, points):
17.           xyz = xyz.permute(0, 2, 1)
18.           if points is not None:
19.                points = points.permute(0, 2, 1)
20.
21.           if self.group_all:
22.                new_xyz, new_points = sample_and_group_all(xyz, points)
23.           else:
24.                new_xyz, new_points = sample_and_group(self.npoint,
self.radius, self.nsample, xyz, points)
25.           # new_xyz: sampled points position data, [B, npoint, C]
26.           # new_points: sampled points data, [B, npoint, nsample, C+D]
27.           new_points = new_points.permute(0, 3, 2, 1) # [B, C+D, nsample,
npoint]
28.           for i, conv in enumerate(self.mlp_convs):
29.                bn = self.mlp_bns[i]
30.                new_points = F.relu(bn(conv(new_points)), inplace=True)
31.
32.           new_points = torch.max(new_points, 2)[0]
33.           new_xyz = new_xyz.permute(0, 2, 1)
34.           return new_xyz, new_points
```

特征传播层代码也位于 log/sem_seg/pointnet_sem_seg/pointnet2_utils.py 文件中，在构造函数中输入 in_channel 和 mlp，分别表示输入通道数和 MLP 的每层神经元数。self.mlp_convs 和 self.mlp_bns 是使用 nn.ModuleList 定义的卷积层和批归一化层。在 forward 函数中输入 xyz1、xyz2 表示输入点的位置信息和采样点的位置信息，points1、points2 分别表示输入点的特征数据和采样输入点的特征数据。转置 xyz1 和 xyz2 的形状，使其适应后续处理；转置 points2 的形状，获取 xyz1 和 xyz2 的形状信息，如果 S 为 1，则重复 points2，否则计算 xyz1 和 xyz2 之间的平方距离，并进行排序，选取最近的三个点。计算距离的倒数作为权重，并插值得到 interpolated_points，如果 points1 不为空，将 points1 与 interpolated_points 进行拼接，得到 new_points，对 new_points 进行转置，并通过多层感知器处理，使用 ReLU 激活函数和批归一化层，最后返回上采样后的点特征 new_points。

```
1. class PointNetFeaturePropagation(nn.Module):
2.    def __init__(self, in_channel, mlp):
```

```
3.          super(PointNetFeaturePropagation, self).__init__()
4.          self.mlp_convs = nn.ModuleList()
5.          self.mlp_bns = nn.ModuleList()
6.          last_channel = in_channel
7.          for out_channel in mlp:
8.              self.mlp_convs.append(nn.Conv1d(last_channel, out_channel, 1))
9.              self.mlp_bns.append(nn.BatchNorm1d(out_channel))
10.             last_channel = out_channel
11.
12.     def forward(self, xyz1, xyz2, points1, points2):
13.         """
14.         Input:
15.             xyz1: input points position data, [B, C, N]
16.             xyz2: sampled input points position data, [B, C, S]
17.             points1: input points data, [B, D, N]
18.             points2: input points data, [B, D, S]
19.         Return:
20.             new_points: upsampled points data, [B, D', N]
21.         """
22.         xyz1 = xyz1.permute(0, 2, 1)
23.         xyz2 = xyz2.permute(0, 2, 1)
24.
25.         points2 = points2.permute(0, 2, 1)
26.         B, N, C = xyz1.shape
27.         _, S, _ = xyz2.shape
28.
29.         if S == 1:
30.             interpolated_points = points2.repeat(1, N, 1)
31.         else:
32.             dists = square_distance(xyz1, xyz2)
33.             dists, idx = dists.sort(dim=-1)
34.             dists, idx = dists[:, :, :3], idx[:, :, :3]  # [B, N, 3]
35.
36.             dist_recip = 1.0 / (dists + 1e-8)
37.             norm = torch.sum(dist_recip, dim=2, keepdim=True)
38.             weight = dist_recip / norm
39.             interpolated_points = torch.sum(index_points(points2,
idx) * weight.view(B, N, 3, 1), dim=2)
40.
41.         if points1 is not None:
42.             points1 = points1.permute(0, 2, 1)
43.             new_points = torch.cat([points1, interpolated_points], dim=-1)
44.         else:
```

```
45.              new_points = interpolated_points
46.
47.         new_points = new_points.permute(0, 2, 1)
48.         for i, conv in enumerate(self.mlp_convs):
49.             bn = self.mlp_bns[i]
50.             new_points = F.relu(bn(conv(new_points)), inplace=True)
51.         return new_points
```

（3）启发与思考

PointNet++ 在 PointNet 的基础上进一步发展，通过引入层次化特征学习机制，有效处理点云的局部结构。该算法利用多尺度采样和分组策略，能够捕捉不同尺度下的局部特征，从而提升在复杂场景下的点云处理能力。这启发我们，在处理高维数据时，充分利用数据的层次结构和局部特征，不仅可以提高模型的表现力，还能增强其对噪声和缺失数据的鲁棒性。通过分层次的特征提取，可以更好地理解和处理复杂的三维空间信息。

5.2.1.3　PointRCNN

Point RCNN 是单传感器感知中基于点的 3D 物体检测方法中较为经典的一种方法，用于从原始点云中检测 3D 物体。其第一阶段网络以自下而上的策略直接从点云生成 3D 方案，比以前的方案生成方法具有更高的召回率；第二阶段的子网络将每个提案中池化的点转换为规范坐标，更好地学习局部空间特征，此过程与第一阶段中学习每个点的全局语义特征相结合，用于边界框优化和置信度预测。

（1）方法概览

图 5-14 是 PointRCNN 的网络结构图。第一阶段生成很多冗余的边界框，运用自下而上的策略，通过对原始点云数据进行语义分割，将整个点云场景分割成前景点与背景点，在前景点中生成少量高质量的三维候选边界框，可以避免在 3D 空间中使用大量预定义的 3D 框，并使用焦点损失来解决室外场景中，由前景点过少带来的类别不平衡问题。

第二阶段继续优化上一阶段生成的边界框，子网络将每个候选边界框中池化的点集转换到标准的坐标系，学习更加优质的局部空间特征，这些特征与第一阶段中学习的全局特征相结合，获得更加准确的三维物体边界框预测以及更加准确的置信度。首先，对前一阶段生成的边界框做旋转平移，把这些边界框转换到自己的正规划坐标系。然后通过点云池化等操作得到每个边界框的特征，再结合第一阶段得到的特征，进行边界框的修正和置信度的打分，从而得到最终的边界框。

PointRCNN 在 KITTI 测试集上与其他方法的对比实验如表 5-15 所示（对比方法包括：MV3D，UberATG-ContFuse，AVOD-FPN，F-PointNet，VoxelNet，SECOND）

（2）代码解析

目前 Point RCNN 代码已经开源，data 文件夹用于存放数据集；lib 是核心库文件，主要包括模型的定义和辅助函数。pointnet2_lib 是 PointNet++ 的相关库文件，需要编译才能使用。train_rcnn.py 是用于训练模型的脚本，eval_rcnn.py 是用于评估模型的脚本。

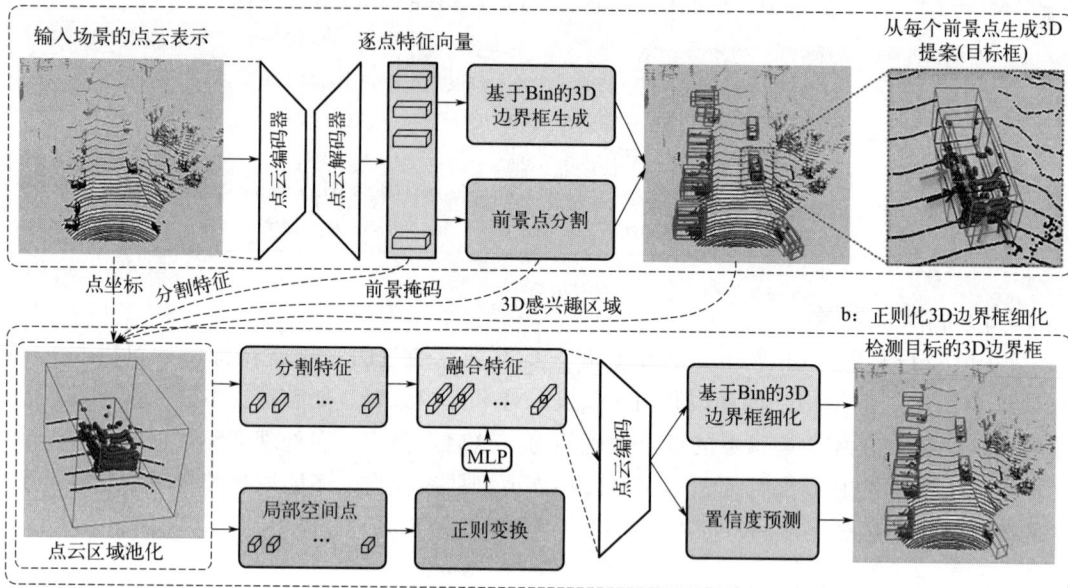

图 5-14 PointRCNN 网络结构图

表 5-15 PointRCNN 在 KITTI 测试集上的对比实验结果

方法	模态	汽车（IoU=0.7）			行人（IoU=0.5）			自行车（IoU=0.5）		
		简单	中等	困难	简单	中等	困难	简单	中等	困难
MV3D	RGB+LiDAR	71.09	62.35	55.12	—	—	—	—	—	—
UberATG-ContFuse	RGB+LiDAR	82.54	66.22	64.04	—	—	—	—	—	—
AVOD-FPN	RGB+LiDAR	81.94	71.88	66.38	50.80	42.81	**40.88**	64.00	52.18	46.61
F-PointNet	RGB+LiDAR	81.20	70.39	62.19	**51.21**	**44.89**	40.23	71.96	56.77	50.39
VoxelNet	LiDAR	77.47	65.11	57.73	39.48	33.69	31.51	61.22	48.36	44.37
SECOND	LiDAR	83.13	73.66	66.20	51.07	42.56	37.29	70.51	53.85	46.90
Ours	LiDAR	**85.94**	**75.76**	**68.32**	49.43	41.78	38.63	**73.93**	**59.60**	**53.59**

Point RCNN 类是 Point RCNN 算法模型的主要代码，位于 lib/net/point_rcnn.py 文件中。在 forward 函数中，输入的 input_data 包含点云数据，若 RPN（区域提案网络）被启用，对应于图 5-14 中第二阶段的基于 Bin 的 3D 边界框细化部分，则首先进行 RPN 的推断。RPN 的输出包括类别分数、回归值以及点云的特征。若 RCNN 被启用，首先基于 RPN 的输出进行一系列处理，包括计算分数、生成掩码 mask 和 proposal 等，最后函数返回最终的输出值，即 ROI 区域、每个 ROI 区域的原始分数和分割 mask 等。

```
1. class PointRCNN(nn.Module):
2.     def __init__(self, num_classes, use_xyz=True, mode='TRAIN'):
```

```
3.          super().__init__()
4.
5.          assert cfg.RPN.ENABLED or cfg.RCNN.ENABLED
6.
7.          if cfg.RPN.ENABLED:
8.              self.rpn = RPN(use_xyz=use_xyz, mode=mode)
9.
10.         if cfg.RCNN.ENABLED:
11.             rcnn_input_channels = 128   # channels of rpn features
12.             if cfg.RCNN.BACKBONE == 'pointnet':
13.                 self.rcnn_net = RCNNNet(num_classes=num_classes,
input_channels=rcnn_input_channels, use_xyz=use_xyz)
14.             elif cfg.RCNN.BACKBONE == 'pointsift':
15.                 pass
16.             else:
17.                 raise NotImplementedError
18.
19.     def forward(self, input_data):
20.         if cfg.RPN.ENABLED:
21.             output = {}
22.             # rpn inference
23.             with torch.set_grad_enabled((not cfg.RPN.FIXED) and self.
training):
24.                 if cfg.RPN.FIXED:
25.                     self.rpn.eval()
26.                 rpn_output = self.rpn(input_data)
27.                 output.update(rpn_output)
28.
29.             # rcnn inference
30.             if cfg.RCNN.ENABLED:
31.                 with torch.no_grad():
32.                     rpn_cls, rpn_reg = rpn_output['rpn_cls'], rpn_
output['rpn_reg']
33.                     backbone_xyz, backbone_features = rpn_output
['backbone_xyz'], rpn_output['backbone_features']
34.
35.                     rpn_scores_raw = rpn_cls[:, :, 0]
36.                     rpn_scores_norm = torch.sigmoid(rpn_scores_raw)
37.                     seg_mask = (rpn_scores_norm > cfg.RPN.SCORE_
THRESH).float()
38.                     pts_depth = torch.norm(backbone_xyz, p=2, dim=2)
39.
40.                     # proposal layer
```

```
41.                            rois, roi_scores_raw = self.rpn.proposal_layer
(rpn_scores_raw, rpn_reg, backbone_xyz)  # (B, M, 7)
42.
43.                    output['rois'] = rois
44.                    output['roi_scores_raw'] = roi_scores_raw
45.                    output['seg_result'] = seg_mask
46.
47.                rcnn_input_info = {'rpn_xyz': backbone_xyz,
48.                                   'rpn_features': backbone_
features.permute((0, 2, 1)),
49.                                   'seg_mask': seg_mask,
50.                                   'roi_boxes3d': rois,
51.                                   'pts_depth': pts_depth}
52.                if self.training:
53.                    rcnn_input_info['gt_boxes3d'] = input_data['gt_
boxes3d']
54.
55.                rcnn_output = self.rcnn_net(rcnn_input_info)
56.                output.update(rcnn_output)
57.
58.        elif cfg.RCNN.ENABLED:
59.            output = self.rcnn_net(input_data)
60.        else:
61.            raise NotImplementedError
62.
63.        return output
```

　　RPN 类是上面 PointRCNN 类中调用的 RPN 部分的代码，位于 lib/net/rpn.py 文件中。首先在初始化函数中将分类分支和回归分支进行初始化，在 forward 函数中，输入包含点云数据的字典 input_data，主要处理流程是：先使用 backbone_net 主干网络提取点云的特征以及 XYZ 坐标，将提取完的特征输入分类分支，分类分支由多个卷积层组成，最终输出表示每个点属于物体前景点的概率分数；同时特征也会输送至回归分支，得到每个点的回归值，这些回归值用于确定候选物体的边界框的具体位置和大小。

　　最后将分类分支和回归分支的输出值整合到字典中，输出字典主要包括每个点的分类分数 rpn_cls、每个点的回归值 rpn_reg、点云的 XYZ 坐标（backbone_xyz）和点云的特征表示（backbone_features）。

```
1. class RPN(nn.Module):
2.     def __init__(self, use_xyz=True, mode='TRAIN'):
3.         super().__init__()
4.         self.training_mode = (mode == 'TRAIN')
```

```
5.
6.            MODEL = importlib.import_module(cfg.RPN.BACKBONE)
7.            self.backbone_net = MODEL.get_model(input_channels=int(cfg.
RPN.USE_INTENSITY), use_xyz=use_xyz)
8.
9.            # classification branch
10.           cls_layers = []
11.           pre_channel = cfg.RPN.FP_MLPS[0][-1]
12.           for k in range(0, cfg.RPN.CLS_FC.__len__()):
13.               cls_layers.append(pt_utils.Conv1d(pre_channel, cfg.RPN.
CLS_FC[k], bn=cfg.RPN.USE_BN))
14.               pre_channel = cfg.RPN.CLS_FC[k]
15.           cls_layers.append(pt_utils.Conv1d(pre_channel, 1,
activation=None))
16.           if cfg.RPN.DP_RATIO >= 0:
17.               cls_layers.insert(1, nn.Dropout(cfg.RPN.DP_RATIO))
18.           self.rpn_cls_layer = nn.Sequential(*cls_layers)
19.
20.           # regression branch
21.           per_loc_bin_num = int(cfg.RPN.LOC_SCOPE / cfg.RPN.LOC_BIN_SIZE) * 2
22.           if cfg.RPN.LOC_XZ_FINE:
23.               reg_channel = per_loc_bin_num * 4 + cfg.RPN.NUM_HEAD_BIN * 2 + 3
24.           else:
25.               reg_channel = per_loc_bin_num * 2 + cfg.RPN.NUM_HEAD_BIN * 2 + 3
26.           reg_channel += 1    # reg y
27.
28.           reg_layers = []
29.           pre_channel = cfg.RPN.FP_MLPS[0][-1]
30.           for k in range(0, cfg.RPN.REG_FC.__len__()):
31.               reg_layers.append(pt_utils.Conv1d(pre_channel, cfg.RPN.
REG_FC[k], bn=cfg.RPN.USE_BN))
32.               pre_channel = cfg.RPN.REG_FC[k]
33.           reg_layers.append(pt_utils.Conv1d(pre_channel, reg_channel,
activation=None))
34.           if cfg.RPN.DP_RATIO >= 0:
35.               reg_layers.insert(1, nn.Dropout(cfg.RPN.DP_RATIO))
36.           self.rpn_reg_layer = nn.Sequential(*reg_layers)
37.
38.           if cfg.RPN.LOSS_CLS == 'DiceLoss':
39.               self.rpn_cls_loss_func = loss_utils.DiceLoss(ignore_target=-1)
40.           elif cfg.RPN.LOSS_CLS == 'SigmoidFocalLoss':
41.               self.rpn_cls_loss_func = loss_utils.SigmoidFocalClassif
icationLoss(alpha=cfg.RPN.FOCAL_ALPHA[0],
```

```
42.                                              gamma=cfg.RPN.FOCAL_GAMMA)
43.             elif cfg.RPN.LOSS_CLS == 'BinaryCrossEntropy':
44.                 self.rpn_cls_loss_func = F.binary_cross_entropy
45.             else:
46.                 raise NotImplementedError
47.
48.         self.proposal_layer = ProposalLayer(mode=mode)
49.         self.init_weights()
50.
51.     def init_weights(self):
52.         if cfg.RPN.LOSS_CLS in ['SigmoidFocalLoss']:
53.             pi = 0.01
54.             nn.init.constant_(self.rpn_cls_layer[2].conv.bias, -np.
log((1 - pi) / pi))
55.
56.         nn.init.normal_(self.rpn_reg_layer[-1].conv.weight, mean=0,
std=0.001)
57.
58.     def forward(self, input_data):
59.         """
60.         :param input_data: dict (point_cloud)
61.         :return:
62.         """
63.         pts_input = input_data['pts_input']
64.         backbone_xyz, backbone_features = self.backbone_net(pts_
input)  # (B, N, 3), (B, C, N)
65.
66.         rpn_cls = self.rpn_cls_layer(backbone_features).
transpose(1, 2).contiguous()  # (B, N, 1)
67.         rpn_reg = self.rpn_reg_layer(backbone_features).
transpose(1, 2).contiguous()  # (B, N, C)
68.
69.         ret_dict = {'rpn_cls': rpn_cls, 'rpn_reg': rpn_reg,
70.                     'backbone_xyz': backbone_xyz, 'backbone_
features': backbone_features}
71.
72.         return ret_dict
```

（3）启发与思考

Point RCNN 算法提出了一种创新的两阶段检测框架，直接从点云生成 3D 提案并进行细化，避免了传统方法的信息丢失和高计算成本。通过结合局部和全局特征，PointRCNN 在 KITTI 数据集上表现出色，显示出直接利用点云数据的巨大潜力。这为自动驾驶和机器人领域提供了更高效和精准的 3D 物体检测方法，推动了 3D 计算机视觉的发展。

5.2.2 基于体素的方法

5.2.2.1 VoxelNet

VoxelNet 是基于体素方法的 3D 物体检测的经典方法，由苹果公司提出，该方法将三维点云划分为一定数量的体素网格，经过点的随机采样以及归一化后，对每一个非空体素使用若干个 VFE（voxel feature encoding，体素特征编码器）层进行局部特征提取，得到 voxel-wise feature（逐体素特征），然后经过 3D 卷积中间层进一步抽象特征（增大感受野并学习几何空间表示），最后使用 RPN（region proposal network）（区域提案网络）对物体进行分类检测与位置回归。图 5-15 是 VoxelNet 的网络结构图。

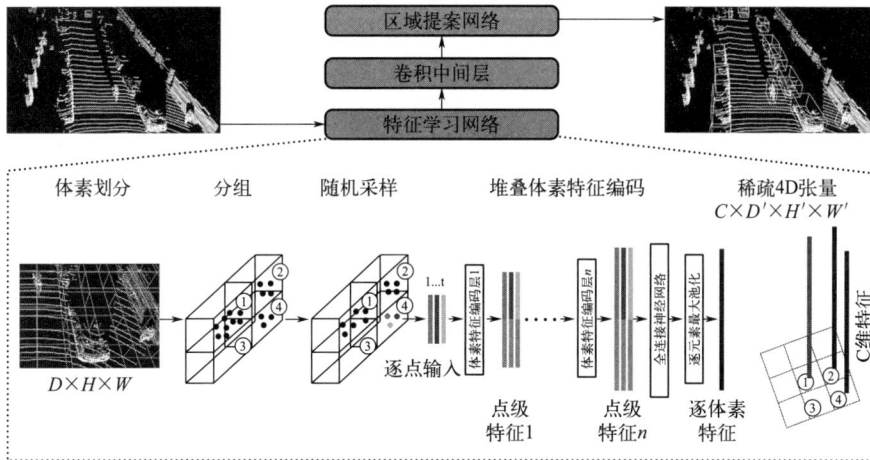

图 5-15 VoxelNet 网络结构图

（1）方法概览

下面详细介绍一下 VFE 层（体素特征编码器），定义一个非空体素 $V = \{ p_i = [x_i, y_i, z_i, r_i]^T \in \mathbb{R}^4 \}_{i=1,\cdots, t}$，$p_i$ 是包含第 i 个点的 XYZ 坐标，r_i 是接收到的反射率；首先计算体素内所有点的平均值 (v_x, v_y, v_z)，该平均值作为体素网格的形心，然后将体素网格内所有点的特征数量扩充成如式 (5-7) 所示。

$$V_{in} = \left\{ \hat{p}_i = [x_i, y_i, z_i, r_i, x_i - v_x, y_i - v_y, z_i - v_z]^T \in \mathbb{R}^7 \right\}_{i=1,\cdots,t} \tag{5-7}$$

如式（5-7）所示，每个点 $\hat{p}_i$ 都会通过一个 FCN 网络被映射到一个特征空间，输入的特征维度为 7，输出的特征维数为 m，然后使用最大池化操作，对上一步的特征进行逐元素的聚合，最后将逐点特征和逐元素特征进行连接，得到输出的特征集合：$V_{out} = \{ f_i^{out} \}_{i=1,\cdots,t}$。所有非空体素都使用同样的操作方式，且 FCN 的权重参数也是共享的。

笔者使用 $VFE_{-i}(c_{in}, c_{out})$ 表示第 i 个 VFE 层，将输入特征 c_{in} 转换为输出特征 c_{out}。由

于输出特征结合了逐点特征和局部聚合特征，因此堆叠 VFE 层对体素内的点交互进行编码，并使最终特征表示能够学习描述性形状信息。

此外，由于点云具有高度的稀疏性以及密度不均匀性，笔者利用哈希表查询的方式，可以做到快速找到每一个体素中的点在三维点云中的具体位置，如图 5-16 所示，K 是非空体素的最大数量，T 是每个体素的最大点数，7 是每个点的输入编码维度；具体实施时，将体素坐标作为哈希键，若体素已经初始化，少于 T 个点，则将该点插入体素位置，应用此种方法，可以在 GPU 上并行计算，高效处理点云数据。

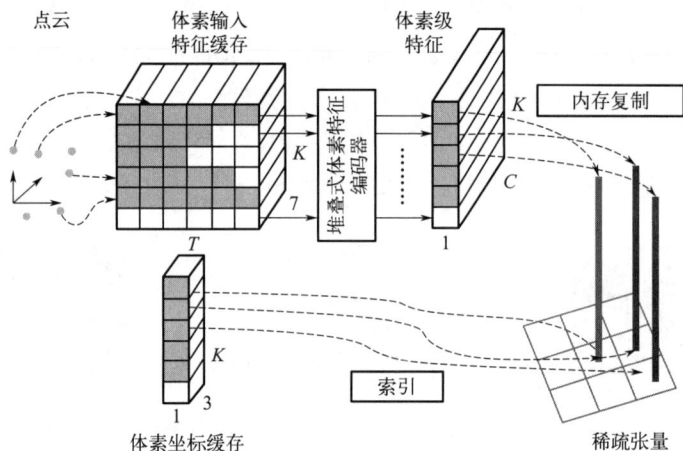

图 5-16 高效实施示意图

VoxelNet 算法在 KITTI 验证集上在 3D AP 和 BEV AP 指标上与其他方法的对比实验如表 5-16 所示（对比方法包括：Mono3D，3DOP，VeloFCN，MV）。

表 5-16 VoxelNet 在 KITTI 验证集上的对比实验

方法	模态	汽车			行人			自行车		
		简单	中等	困难	简单	中等	困难	简单	中等	困难
Mono3D	Mono	5.22	5.19	4.13	N/A	N/A	N/A	N/A	N/A	N/A
3DOP	Stereo	12.63	9.49	7.59	N/A	N/A	N/A	N/A	N/A	N/A
VeloFCN	LiDAR	40.14	32.08	30.47	N/A	N/A	N/A	N/A	N/A	N/A
MV（BV+FV）	LiDAR	86.18	77.32	76.33	N/A	N/A	N/A	N/A	N/A	N/A
MV（BV+FV+RGB）	LiDAR+Mono	86.55	78.10	76.67	N/A	N/A	N/A	N/A	N/A	N/A
HC-baseline	LiDAR	88.26	78.42	77.66	58.96	53.79	51.47	63.63	42.75	41.06
VoxelNet	LiDAR	**89.60**	**84.81**	**78.57**	**65.95**	**61.05**	**56.98**	**74.41**	**52.18**	**50.49**

方法	模态	汽车			行人			自行车		
		简单	中等	困难	简单	中等	困难	简单	中等	困难
Mono3D	Mono	2.53	2.31	2.31	N/A	N/A	N/A	N/A	N/A	N/A
3DOP	Stereo	6.55	5.07	4.10	N/A	N/A	N/A	N/A	N/A	N/A
VeloFCN	LiDAR	15.20	13.66	15.98	N/A	N/A	N/A	N/A	N/A	N/A
MV（BV+FV）	LiDAR	71.19	56.60	55.30	N/A	N/A	N/A	N/A	N/A	N/A
MV（BV+FV+RGB）	LiDAR+Mono	71.29	62.68	56.56	N/A	N/A	N/A	N/A	N/A	N/A
HC-baseline	LiDAR	71.73	59.75	55.69	43.95	40.18	37.48	55.35	36.07	34.15
VoxelNet	LiDAR	**81.97**	**65.46**	**62.85**	**57.86**	**53.42**	**48.87**	**67.17**	**47.65**	**45.11**

（2）代码解析

由于 VoxelNet 论文官方并未发布开源代码，因此下述代码为其他研究者复现的代码。其中 config.py 文件是配置文件，data_aug.py 是数据增强模块，用于在训练过程中对数据进行增强处理；loss.py 文件定义了损失函数，train.py 是用于训练模型的脚本，voxelnet.py 是 VoxelNet 算法模型具体实现的脚本；utils.py 文件中包含各种辅助函数；data 文件夹包含数据处理相关的脚本；nms 文件夹包含非极大值抑制相关代码。

Conv2d 类是一个包含批归一化和激活函数的二维卷积层，位于 voxelnet.py 文件中。在 forward 函数中输入处理的特征数据 x，然后调用激活函数和批归一化，最后输出处理完之后的特征图。

```
1. class Conv2d(nn.Module):
2.     def __init__(self,in_channels,out_channels,k,s,p, activation=
True, batch_norm=True):
3.         super(Conv2d, self).__init__()
4.         self.conv = nn.Conv2d(in_channels,out_channels,kernel_
size=k,stride=s,padding=p)
5.         if batch_norm:
6.             self.bn = nn.BatchNorm2d(out_channels)
7.         else:
8.             self.bn = None
9.         self.activation = activation
10.    def forward(self,x):
11.        x = self.conv(x)
12.        if self.bn is not None:
13.            x=self.bn(x)
14.        if self.activation:
15.            return F.relu(x,inplace=True)
16.        else:
17.            return x
```

VFE 类是实现体素特征编码（VFE）功能的模块，在 forward 函数中，输入点云特征，经过 fcn(全卷积神经网络）的处理，得到点级特征 pwf，然后计算局部聚合特征 laf，将点级特征和局部聚合特征在第二个维度上进行拼接，得到拼接特征 pwcf，最后使用 mask 掩码操作，使得忽略掩码为 0 的位置，仅保留有效的特征。

```
1. class VFE(nn.Module):
2.
3.     def __init__(self,cin,cout):
4.         super(VFE, self).__init__()
5.         assert cout % 2 == 0
6.         self.units = cout // 2
7.         self.fcn = FCN(cin,self.units)
8.
9.     def forward(self, x, mask):
10.         # point-wise feauture
11.         pwf = self.fcn(x)
12.         #locally aggregated feature
13.         laf = torch.max(pwf,1)[0].unsqueeze(1).repeat(1,cfg.T,1)
14.         # point-wise concat feature
15.         pwcf = torch.cat((pwf,laf),dim=2)
16.         # apply mask
17.         mask = mask.unsqueeze(2).repeat(1, 1, self.units * 2)
18.         pwcf = pwcf * mask.float()
19.
20.         return pwcf
```

SVFE 类首先利用 mask 筛选所有特征中不为 0 的体素，然后通过 2 次调用体素特征编码器 VFE，得到输出的特征值，接着将第二次体素特征编码的特征输入 fcn 中，进行进一步的特征提取，最后执行元素级最大池化，从一组特征中提取最显著的特征。

```
1. class SVFE(nn.Module):
2.
3.     def __init__(self):
4.         super(SVFE, self).__init__()
5.         self.vfe_1 = VFE(7,32)
6.         self.vfe_2 = VFE(32,128)
7.         self.fcn = FCN(128,128)
8.     def forward(self, x):
9.         mask = torch.ne(torch.max(x,2)[0], 0)
10.         x = self.vfe_1(x, mask)
11.         x = self.vfe_2(x, mask)
12.         x = self.fcn(x)
13.         # element-wise max pooling
14.         x = torch.max(x,1)[0]
15.         return x
```

CML 类通过一系列三维卷积层来处理输入的点云数据，逐步提取点云特征。

```
1. class CML(nn.Module):
2.    def __init__(self):
3.        super(CML, self).__init__()
4.        self.conv3d_1 = Conv3d(128, 64, 3, s=(2, 1, 1), p=(1, 1, 1))
5.        self.conv3d_2 = Conv3d(64, 64, 3, s=(1, 1, 1), p=(0, 1, 1))
6.        self.conv3d_3 = Conv3d(64, 64, 3, s=(2, 1, 1), p=(1, 1, 1))
7.
8.    def forward(self, x):
9.        x = self.conv3d_1(x)
10.       x = self.conv3d_2(x)
11.       x = self.conv3d_3(x)
12.       return x
```

VoxelNet 类是实现 VoxelNet 算法的主要代码，在 voxel_indexing 函数中，将稀疏特征映射到一个密集的特征张量中，然后创建一个零初始化的密集特征张量，将稀疏特征根据坐标填充到相应的位置，最后输出密集特征张量。

在 forward 函数中，输入体素特征和体素坐标，首先通过 SVFE 模块处理体素特征，然后通过 voxel_indexing 函数将稀疏特征映射到一个密集的特征张量中。将映射后的特征传递到 CML 模块中进行进一步的处理，然后通过 RPN（区域提案网络）模块生成候选区域的概率得分图（PSM）和回归图（RM），即最终的 3D 物体检测结果。

```
1. class VoxelNet(nn.Module):
2.
3.    def __init__(self):
4.        super(VoxelNet, self).__init__()
5.        self.svfe = SVFE()
6.        self.cml = CML()
7.        self.rpn = RPN()
8.
9.    def voxel_indexing(self, sparse_features, coords):
10.       dim = sparse_features.shape[-1]
11.
12.       dense_feature = Variable(torch.zeros(dim, cfg.N, cfg.D, cfg.
H, cfg.W).cuda())
13.
14.       dense_feature[:, coords[:,0], coords[:,1], coords[:,2],
coords[:,3]]= sparse_features
15.
16.       return dense_feature.transpose(0, 1)
17.
```

```
18.     def forward(self, voxel_features, voxel_coords):
19.

20.         # feature learning network
21.         vwfs = self.svfe(voxel_features)
22.         vwfs = self.voxel_indexing(vwfs,voxel_coords)
23.

24.         # convolutional middle network
25.         cml_out = self.cml(vwfs)
26.

27.         # region proposal network
28.

29.         # merge the depth and feature dim into one, output probability
score map and regression map
30.         psm,rm = self.rpn(cml_out.view(cfg.N,-1,cfg.H, cfg.W))
31.

32.         return psm, rm
```

（3）启发与思考

VoxelNet 的开发主要受到现有基于 LiDAR 的 3D 检测方法的限制的启发，这些方法依赖于手工设计的特征表示，如鸟瞰图投影。为了突破这一瓶颈，VoxelNet 提出了一种新颖的端到端可训练深度架构，能够直接在稀疏的 3D 点云上操作，有效地捕捉 3D 形状信息，并通过引入体素特征编码（VFE）层，使得每个体素内的点云特征可以相互作用，从而学习到复杂的局部 3D 形状信息。然后，这些体素特征通过 3D 卷积层进一步聚合，形成高维体积表示，最终由区域提案网络（RPN）生成检测结果。这种方法不仅克服了手工特征工程的限制，还能够充分利用稀疏点云的数据特点进行高效并行处理。但是将点云划分成体素网格的形式，不可避免地导致信息丢失，虽然加快了处理速度，但是不可避免地导致检测精度下降。

5.2.2.2 SECOND

SECOND 全称是 sparsely embedded convolutional detection，即稀疏嵌入卷积检测。该算法的主要动机是之前大多数方法将点云转换为 2D 的 BEV 视图或前视图表示，但这种转换方式会丢失大量的空间信息；VoxelNet 算法提出的基于体素的 3D 检测网络，3D 卷积部分运算量过大，实时性差。因此该算法引入稀疏卷积来替代原有的 3D 卷积，并提出一种新颖的角度回归方法，为点云检测引入了一种新的数据增强方法。

（1）方法概览

图 5-17 所示为 SECOND 的网络框架，主要由三部分组成：VFE 特征提取器、稀疏卷积层和 RPN 网络。VFE 和 RPN 与 VoxelNet 中的模块功能相似，这里就不过多赘述。我们详尽介绍一下稀疏卷积层。

由于点云是稀疏的，将点云体素化后，大部分的网格都是空的，此时如果直接进行

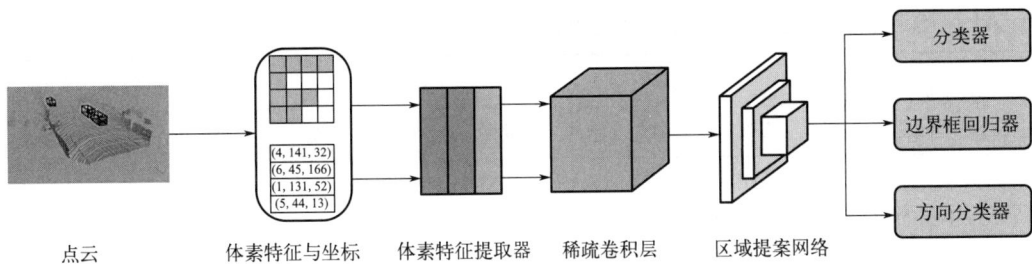

点云　　　　　体素特征与坐标　　体素特征提取器　稀疏卷积层　　区域提案网络

图5-17 SECOND 网络框架图

3D 卷积，会导致巨大的计算量，而稀疏卷积可以较好地解决这个问题。图 5-18 所示是稀疏卷积层的结构，其中黄色块表示稀疏卷积层、白色块是子流形卷积、红色块表示稀疏到密集层，图 5-18 的上半部分显示了稀疏卷积数据的空间维度。总之，稀疏卷积层利用输入数据的稀疏性来限制输出的稀疏性。稀疏卷积的输出分为两类：一类是稀疏输出，只要卷积核覆盖到非零数据点就输出；另一类是子流形输出，只有卷积核中心覆盖到非零数据才有输出。

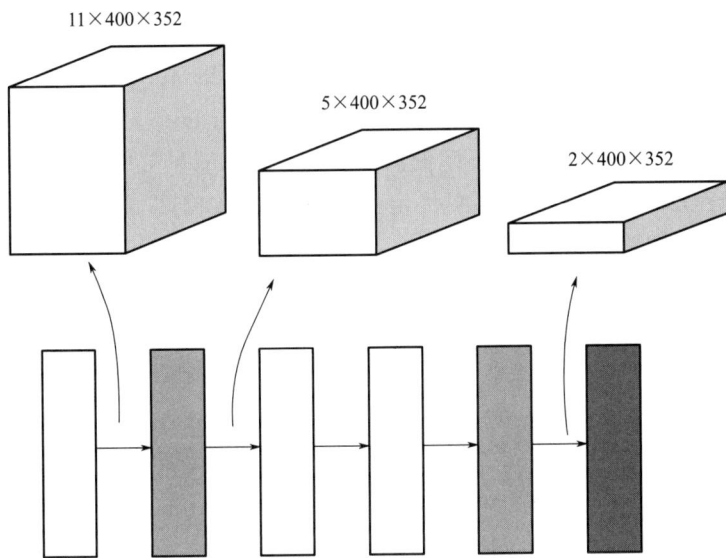

图5-18 稀疏卷积层结构图

稀疏卷积通过 Rulebook 来进行计算，主要分为三步：首先是建立哈希表，通过哈希表将输入和输出的张量坐标分别映射到输入序号、输出序号；其次是建立 RuleBook，建立起输入序号和输出序号之间的联系；最后基于前两个步骤，得到查询表之后，GPU 通过查表有针对性地进行一些卷积运算，节省不必要的运算。

经过前面的处理，我们将经过稀疏卷积层处理之后的特征输入 RPN 网络中，先下采样再上采样，并将上采样进行特征维度拼接，最后输出最终的 3D 物体检测结果。

SECOND 算法在 KITTI 测试集上与其他方法的对比实验结果如表 5-17 所示（MV3D，F-PointNet，AVOD，VoxelNet）。

表 5-17　SECOND 在 KITTI 测试集上的对比试验

方法	时间	汽车			行人			自行车		
		简单	中等	困难	简单	中等	困难	简单	中等	困难
MV3D	0.36	71.09	62.35	55.12	N/A	N/A	N/A	N/A	N/A	N/A
MV3D（LiDAR）	0.24	66.77	52.73	51.31	N/A	N/A	N/A	N/A	N/A	N/A
F-PointNet	0.17	81.20	70.39	62.19	**51.21**	**44.89**	**40.23**	**71.96**	**56.77**	**50.39**
AVOD	0.08	73.59	65.78	58.38	38.28	31.51	26.98	60.11	44.90	38.80
AVOD-FPN	0.1	81.94	71.88	**66.38**	46.35	39.00	36.58	59.97	46.12	42.36
VoxelNet（LiDAR）	0.23	77.47	65.11	57.73	39.48	33.69	31.51	61.22	48.36	44.37
SECOND	**0.05**	**83.13**	**73.66**	66.20	51.07	42.56	37.29	70.51	53.85	46.90

（2）代码解析

目前 SECOND 算法已开源，其中 second 文件夹中的 bulider 文件夹，主要包含生成器相关的代码；core 文件夹包含核心功能文件代码；data 文件夹包含数据处理相关文件；script.py 包含训练和评估模型的脚本文件；pytorch 文件夹中 models 文件夹定义模型的架构，losses_builder.py 文件定义了损失函数构建器，optimizer_builder.py 文件定义了优化器构建器。

SECOND 算法的主要模型部分位于 second/pytorch/models 文件中。下面这段代码中，VoxelFeatureExtractorV2 类是体素特征提取器，位于 models/voxel_encoder.py 文件中。对应于图 5-17 中体素特征提取器，forward 函数中输入特征张量 features，num_voxels 是每个体素中的点的数量，coors 表示体素的坐标。首先计算每个体素中所有点的平均坐标 points_mean。然后计算每个点相对于体素中心的相对坐标 features_relative。将原始特征、相对坐标和距离特征拼接在一起。mask 是一个掩码，用于指示哪些体素是有效的。最后通过 VFE 层处理特征，经过线性变换和标准化，使用 torch.max 在每个体素内沿点维度聚合特征，得到体素级别的特征。

```
1.  class VoxelFeatureExtractorV2(nn.Module):
2.      """VoxelFeatureExtractor with arbitrary number of VFE.
deprecated.
3.      """
4.      def __init__(self,
5.                   num_input_features=4,
6.                   use_norm=True,
7.                   num_filters=[32, 128],
8.                   with_distance=False,
```

```
9.                        voxel_size=(0.2, 0.2, 4),
10.                       pc_range=(0, -40, -3, 70.4, 40, 1),
11.                       name='VoxelFeatureExtractor'):
12.         super(VoxelFeatureExtractorV2, self).__init__()
13.         self.name = name
14.         if use_norm:
15.             BatchNorm1d = change_default_args(
16.                 eps=1e-3, momentum=0.01)(nn.BatchNorm1d)
17.             Linear = change_default_args(bias=False)(nn.Linear)
18.         else:
19.             BatchNorm1d = Empty
20.             Linear = change_default_args(bias=True)(nn.Linear)
21.         assert len(num_filters) > 0
22.         num_input_features += 3
23.         if with_distance:
24.             num_input_features += 1
25.         self._with_distance = with_distance
26.
27.         num_filters = [num_input_features] + num_filters
28.         filters_pairs = [[num_filters[i], num_filters[i + 1]]
29.                          for i in range(len(num_filters) - 1)]
30.         self.vfe_layers = nn.ModuleList(
31.             [VFELayer(i, o, use_norm) for i, o in filters_pairs])
32.         self.linear = Linear(num_filters[-1], num_filters[-1])
33.         # var_torch_init(self.linear.weight)
34.         # var_torch_init(self.linear.bias)
35.         self.norm = BatchNorm1d(num_filters[-1])
```

```
1. def forward(self, features, num_voxels, coors):
2.         # features: [concated_num_points, num_voxel_size, 3(4)]
3.         # num_voxels: [concated_num_points]
4.         points_mean = features[:, :, :3].sum(
5.             dim=1, keepdim=True) / num_voxels.type_as(features).view(-1, 1, 1)
6.         features_relative = features[:, :, :3] - points_mean
7.         if self._with_distance:
8.             points_dist = torch.norm(features[:, :, :3], 2, 2,
keepdim=True)
9.             features = torch.cat([features, features_relative, points_dist],
10.                                  dim=-1)
11.        else:
12.            features = torch.cat([features, features_relative], dim=-1)
13.        voxel_count = features.shape[1]
```

```
14.          mask = get_paddings_indicator(num_voxels, voxel_count, axis=0)
15.          mask = torch.unsqueeze(mask, -1).type_as(features)
16.          for vfe in self.vfe_layers:
17.              features = vfe(features)
18.              features *= mask
19.          features = self.linear(features)
20.          features = self.norm(features.permute(0, 2,
1).contiguous()).permute(
21.              0, 2, 1).contiguous()
22.          features = F.relu(features)
23.          features *= mask
24.          # x: [concated_num_points, num_voxel_size, 128]
25.          voxelwise = torch.max(features, dim=1)[0]
26.          return voxelwise
```

SparseMiddleExtractor 类是 pytorch/models/middle.py 文件中用于稀疏卷积神经网络的中间层提取器。对应图 5-17，在 forward 函数中输入 voxel_features（表示体素特征）、coors（表示坐标）、batch_size（表示批次大小）。使用 spconv.SparseConvTensor 创建稀疏卷积张量；然后对稀疏卷积张量执行一系列的卷积、标准化和激活函数等操作；最后将稀疏卷积张量转换为稠密张量，并调整形状来适应后续的网络层。

```
 1. class SparseMiddleExtractor(nn.Module):
 2.     def __init__(self,
 3.                  output_shape,
 4.                  use_norm=True,
 5.                  num_input_features=128,
 6.                  num_filters_down1=[64],
 7.                  num_filters_down2=[64, 64],
 8.                  name='SparseMiddleExtractor'):
 9.         super(SparseMiddleExtractor, self).__init__()
10.         self.name = name
11.         if use_norm:
12.             BatchNorm1d = change_default_args(
13.                 eps=1e-3, momentum=0.01)(nn.BatchNorm1d)
14.             Linear = change_default_args(bias=False)(nn.Linear)
15.         else:
16.             BatchNorm1d = Empty
17.             Linear = change_default_args(bias=True)(nn.Linear)
18.         sparse_shape = np.array(output_shape[1:4]) + [1, 0, 0]
19.         # sparse_shape[0] = 11
20.         print(sparse_shape)
21.         self.sparse_shape = sparse_shape
```

```
22.        self.scn_input = scn.InputLayer(3, sparse_shape.tolist())
23.        self.voxel_output_shape = output_shape
24.        middle_layers = []
25.
26.        num_filters = [num_input_features] + num_filters_down1
27.        # num_filters = [64] + num_filters_down1
28.        filters_pairs_d1 = [[num_filters[i], num_filters[i + 1]]
29.                            for i in range(len(num_filters) - 1)]
30.
31.        for i, o in filters_pairs_d1:
32.            middle_layers.append(
33.                spconv.SubMConv3d(i, o, 3, bias=False, indice_
key="subm0"))
34.            middle_layers.append(BatchNorm1d(o))
35.            middle_layers.append(nn.ReLU())
36.        middle_layers.append(
37.            spconv.SparseConv3d(
38.                num_filters[-1],
39.                num_filters[-1], (3, 1, 1), (2, 1, 1),
40.                bias=False))
41.        middle_layers.append(BatchNorm1d(num_filters[-1]))
42.        middle_layers.append(nn.ReLU())
43.        # assert len(num_filters_down2) > 0
44.        if len(num_filters_down1) == 0:
45.            num_filters = [num_filters[-1]] + num_filters_down2
46.        else:
47.            num_filters = [num_filters_down1[-1]] + num_filters_down2
48.        filters_pairs_d2 = [[num_filters[i], num_filters[i + 1]]
49.                            for i in range(len(num_filters) - 1)]
50.        for i, o in filters_pairs_d2:
51.            middle_layers.append(
52.                spconv.SubMConv3d(i, o, 3, bias=False, indice_key="subm1"))
53.            middle_layers.append(BatchNorm1d(o))
54.            middle_layers.append(nn.ReLU())
55.        middle_layers.append(
56.            spconv.SparseConv3d(
57.                num_filters[-1],
58.                num_filters[-1], (3, 1, 1), (2, 1, 1),
59.                bias=False))
60.        middle_layers.append(BatchNorm1d(num_filters[-1]))
61.        middle_layers.append(nn.ReLU())
62.        self.middle_conv = spconv.SparseSequential(*middle_layers)
63.
```

```
64.     def forward(self, voxel_features, coors, batch_size):
65.         # coors[:, 1] += 1
66.         coors = coors.int()
67.         ret = spconv.SparseConvTensor(voxel_features, coors, self.
sparse_shape,
68.                                       batch_size)
69.         # t = time.time()
70.         # torch.cuda.synchronize()
71.         ret = self.middle_conv(ret)
72.         # torch.cuda.synchronize()
73.         # print("spconv forward time", time.time() - t)
74.         ret = ret.dense()
75.         N, C, D, H, W = ret.shape
76.         ret = ret.view(N, C * D, H, W)
77.         return ret
```

（3）启发与思考

SECOND 算法通过创新性地应用稀疏卷积网络，大幅提高了训练和推理速度，同时引入了新的角度损失回归方法来改善方向估计性能，并利用独特的数据增强技术加快了网络的收敛速度，从而显著提升了基于 LiDAR 点云数据的 3D 物体检测的整体性能。这些改进使 SECOND 在 KITTI 等数据集上达到了最新的性能水平，展示了其在自动驾驶和机器人视觉等领域的巨大应用潜力。

5.2.3 基于二维投影的方法

5.2.3.1 PIXOR

PIXOR 的全称是 real-time 3D object detection from point clouds ，即针对点云的实时性 3D 物体检测。该算法致力于解决在自动驾驶场景中从点云实时检测 3D 物体的问题。因为检测是安全的必要组成部分，故计算速度非常重要。上述工作提出 PIXOR 检测器，通过鸟瞰图表示 3D 场景，以使用 2D 卷积更高效地处理 3D 数据，并依据 BEV 像素特征解码密集 3D 对象估计结果。

（1）方法概览

图 5-19 所示为 PIXOR 检测器的框架图，它可以在给定 LiDAR 点云的情况下产生非常精确的边界框。该 3D 边界框，不仅包括 3D 空间中的位置，还包括航向角。在输入表示中，单独从 BEV 视图描绘场景，通常将维度从 3D 降到 2D，将高度信息保留到颜色通道中，以这种方式可以提高计算效率。在体素化点云中，LiDAR 的常用特征是占用率、强度、密度和高度特征，在本书中，笔者只使用占用率和强度作为特征，并定义感兴趣的场景的 3D 物理尺寸为 $L \times W \times H$，然后计算分辨率为 $d_L \times d_w \times d_H$ 的占用率特征，然后计算分辨率为 $d_L \times d_w \times H$ 的强度特征，同时笔者在占用率特征中增加 2 个额外的通

道来覆盖范围外的点，最终的特征形状为 $\dfrac{L}{d_L} \times \dfrac{W}{d_W} \times \left(\dfrac{H}{d_H} + 3\right)$。

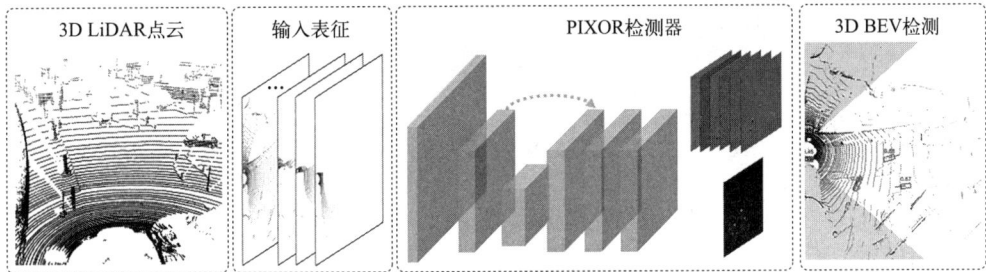

图 5-19 PIXOR 物体检测器框架图

PIXOR 检测器使用一个全卷积结构，在单个阶段输出像素预测，每个预测对应于 3D 物体估计。PIXOR 的整个体系结构分为两个子网络：主干网络和头网络。其中主干网络用于提取卷积特征并映射成输入的一般表示。它具有很高的表示能力来学习一个健壮的特征表示。头网络用于进行特定任务的预测，即输出对象分类和定向。图 5-20 所示为 PIXOR 的网络架构图。在主干网络中，传统的卷积神经网络具有更少的高分辨率层和更多的低分辨率层，对尺寸大的图像很有效，但是对于较小的物体，经过多次下采样后，仅能覆盖较少的像素。因此，笔者使用 16 倍下采样因子，较低的级别添加更多的通道数量较少的层，以提取更多的细节信息。其次，采用了类似 FPN 的自上而下的分支，将高分辨率特征图和低分辨率特征图相结合，以便对最终的特征表示进行上采样。从图 5-20 可以看出，主干网络分为五个层块，第一块由两个卷积层组成，通道为 32，步长为 1；第二至第五块由残差层组成（层数分别等于 3、6、6、3）。每个残差块的第一卷积具有步长 2，以便对特征图进行下采样。总的来说，下采样系数是 16。为了对要素图进行上采样，其添加了一条自上而下的路径，每次对要素图进行 2 倍的上采样。然后，通过像素

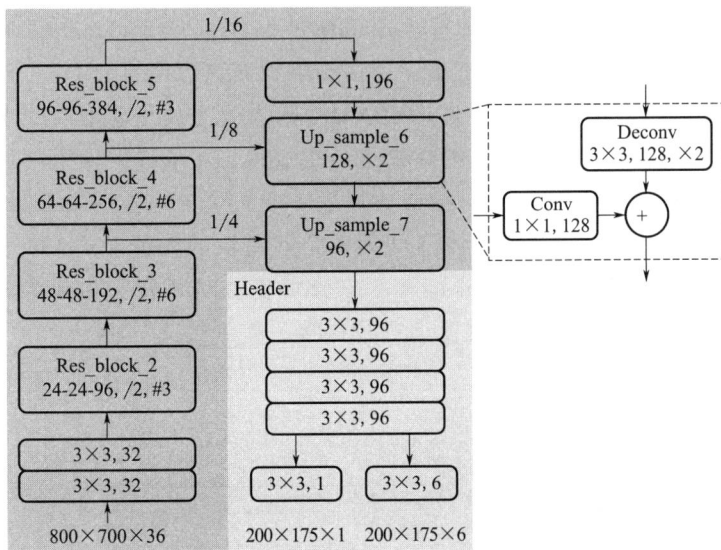

图 5-20 PIXOR 的网络架构

求和，这与相应分辨率的自下而上的特征图相结合。使用两个上采样层，这导致最终的特征图具有四倍下采样的大小。

头网络用于对象识别和方向定位。其分类分支输出物体的类别，回归分支输出物体的 3D 边界框相关参数，即最终的 3D 物体检测结果。

PIXOR 在 KITTI 数据集 BEV 视图基准上评估 3D 物体检测器的实验结果如表 5-18 所示（对比方法包括：VeloFCN，3DFCN，MV3D）。

表 5-18　PIXOR 在 KITTI 数据集上的对比实验

方法	时间 /ms	$AP_{0.7}$, val/%				AP_{KITTI}, val/%			AP_{KITTI}, test/%		
		0 ~ 30	30 ~ 50	50 ~ 70	0 ~ 70	简单	中等	困难	简单	中等	困难
VeloFCN	1000	—	—	—	—	—	—	—	0.15	0.33	0.47
3D FCN	> 5000	—	—	—	—	—	—	—	69.94	62.54	55.94
MV3D	240	80.53	53.68	1.36	66.32	86.18	77.32	76.33	85.82	77.00	68.94
MV3D+ im	360	76.16	58.41	4.87	65.31	86.55	78.10	**76.67**	**86.02**	76.90	68.49
PIXOR	**93**	**87.68**	**60.05**	**21.62**	**75.74**	**86.79**	**80.75**	76.60	81.70	**77.05**	**72.95**

（2）代码解析

目前 PIXOR 代码没有官方开源代码，本书选取其他研究者复现的代码。PIXOR.py 文件是包含 PIXOR 模型的主要实现代码。config.py 包含训练和评估过程中使用的配置参数。detector.py 用于在未见过的数据上运行训练好的模型，并显示检测结果。evaluate_model.py 用于评估训练好的模型在测试集上的性能。kitti_utils.py 包含用于加载和处理 KITTI 数据集的辅助函数。load_data.py 定义数据加载和预处理的相关功能。train_model.py 用于训练模型的脚本。visualize_dataset.py、visualize_evaluation.py、visualize_training.py 用于可视化数据集、评估结果和训练过程的脚本。

PIXOR 类是位于 PIXOR.py 文件中 PIXOR 算法的主要模型代码，对应于图 5-20 所示 PIXOR 的网络架构中的 PIXOR 检测器，在 forward 函数中输入"x"表示输入特征图，然后经过 basic_block 进行初始特征提取。x_1 ~ x_4 分别表示第一到第四残差块处理后的特征图。x_34 表示融合第三和第四个残差块的特征，x_234 表示融合第二、第三和第四个残差块的特征。x_class、x_reg 分别表示回归分支和分类分支的特征图，x_out 是分类和回归特征图在通道维度上进行拼接，得到最终的输出。

```
1. class PIXOR(nn.Module):
2.     def __init__(self):
3.         super(PIXOR, self).__init__()
4.
5.         # Backbone Network
```

```
6.          self.basis_block = BasisBlock(n_input_channels=36)
7.          self.res_block_1 = ResidualBlock(n_input=32, n_output=96, n_
res_units=3)
8.          self.res_block_2 = ResidualBlock(n_input=96, n_output=196,
n_res_units=6)
9.          self.res_block_3 = ResidualBlock(n_input=196, n_output=256,
n_res_units=6)
10.          self.res_block_4 = ResidualBlock(n_input=256, n_output=384,
n_res_units=3)
11.
12.          # FPN blocks
13.          self.fpn_block_1 = FPNBlock(top_down_channels=384, bottom_
up_channels=256, fused_channels=128)
14.          self.fpn_block_2 = FPNBlock(top_down_channels=128, bottom_
up_channels=196, fused_channels=96)
15.
16.          # Detection Header
17.          self.header = DetectionHeader(n_input=96, n_output=96)
18.
19.     def forward(self, x):
20.          x_b = self.basis_block(x)
21.          # print(x_b.size())
22.          x_1 = self.res_block_1(x_b)
23.          # print(x_1.size())
24.          x_2 = self.res_block_2(x_1)
25.          # print(x_2.size())
26.          x_3 = self.res_block_3(x_2)
27.          # print(x_3.size())
28.          x_4 = self.res_block_4(x_3)
29.          # print(x_4.size())
30.          x_34 = self.fpn_block_1(x_4, x_3)
31.          # print(x_34.size())
32.          x_234 = self.fpn_block_2(x_34, x_2)
33.          # print(x_234.size())
34.          x_class, x_reg = self.header(x_234)
35.          # print(x_class.size())
36.          # print(x_reg.size())
37.          x_out = torch.cat((x_reg, x_class), dim=1)
38.
39.          return x_out
```

（3）启发与思考

PIXOR 算法通过采用鸟瞰图表示点云数据，结合单阶段密集预测和无锚框检测，提高了 3D 目标检测的效率和准确性。其创新的全卷积网络架构与特征金字塔网络（FPN）结合，使得 PIXOR 在保留高分辨率特征的同时，确保了实时性能。此外，引入的解码损失函数进一步提高了边界框定位的精度，这使得 PIXOR 在自动驾驶和机器人视觉领域具有巨大的应用潜力。

5.2.3.2 PointPillars

PointPillars 是 2019 年提出的算法，该模型最主要的特点是检测速度和精度的平衡，平均检测速度达到了 62Hz，最快速度达到了 105Hz，遥遥领先于其他的模型（也是目前落地较多的方案）。其提出了一种新的点云编码方法用于给 PointNet 提取点云特征，再将提取的特征映射为 2D 伪图像以便用 2D 物体检测的方式进行 3D 物体检测。

（1）方法概览

具体来说，该方法将点云从俯视图的视角划分为一个个的 Pillar（立方柱体），从而构成类似图片的数据（伪图像），每个点云用 $D=9$ 的向量表示，即 $(x, y, z, r, x_c, y_c, z_c, x_p, y_p)$，其中 x, y, z, r 为点云的坐标，x_c, y_c, z_c 为点云所处的 Pillar 中的所有点的几何中心，x_p、y_p 为 $x-x_c$、$y-y_c$，即点与几何中心的相对位置。若每个样本中有 P 个非空立方柱体，每个 Pillar 中有 N 个点云数据，则样本可以用 (D, P, N) 的张量表示。实现张量化后，笔者利用简化版本的 PointNet 对张量化的点云数据进行处理和特征提取，最后根据密集的框的预测得到检测框。图 5-21 是 PointPillars 的网络框架图。

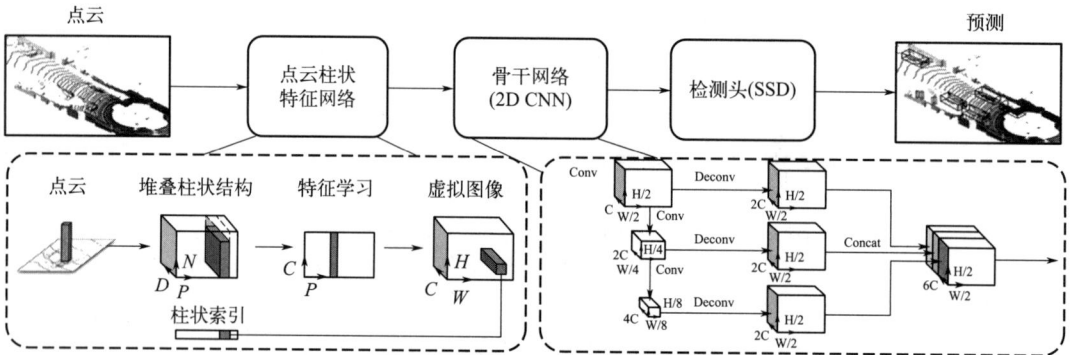

图 5-21 PointPillars 网络框架图

PointPillars 算法在 KITTI 测试集上 3D AP 的对比实验如表 5-19 所示（对比方法包括：MV3D，Cont-Fuse，Roarnet，AVOD-FPN，F-PointNet，HDNET，PIXOR++，VoxelNet，SECOND）。

（2）代码解析

目前 PointPillars 算法代码已经开源，其中，second 文件夹包含主要的算法实现文件，builder 文件夹中包含生成器相关代码，core 文件夹中包含核心功能代码，data 文件夹中包含数据处理和预处理代码，models 文件夹包含模型架构代码，utils 包含辅助工具函数，create_data.py 文件用于数据预处理的脚本，pytorch/train.py 为模型训练脚本。

表 5-19　PointPillars 在 KITTI 测试集上的对比试验

方法	模态	速度/Hz	平均精度均值			汽车			行人			自行车		
			简单	中等	困难	简单	中等	困难	简单	中等	困难	简单	中等	困难
MV3D	Lidar & Img.	2.8		N/A		86.02	76.90	68.49	N/A	N/A	N/A	N/A	N/A	N/A
Cont-Fuse	Lidar & Img.	16.7		N/A		88.81	85.83	77.33	N/A	N/A	N/A	N/A	N/A	N/A
Roarnet	Lidar & Img.	10		N/A		88.20	79.41	70.02	N/A	N/A	N/A	N/A	N/A	N/A
AVOD-FPN	Lidar & Img.	10		64.11		88.53	83.79	77.90	58.75	51.05	47.54	68.09	57.48	50.77
F-PointNet	Lidar & Img.	5.9		65.39		88.70	84.00	75.33	58.09	50.22	47.20	75.38	61.96	54.68
HDNET	Lidar & Map	20		N/A		89.14	**86.57**	78.32	N/A	N/A	N/A	N/A	N/A	N/A
PIXOR++	Lidar	35		N/A		**89.38**	83.70	77.97	N/A	N/A	N/A	N/A	N/A	N/A
VoxelNet	Lidar	4.4		58.25		89.35	79.26	77.39	46.13	40.74	38.11	66.70	54.76	50.55
SECOND	Lidar	20		60.56		88.07	79.37	77.95	55.10	46.27	44.76	73.67	56.04	48.78
PointPillars	Lidar	**62**		**66.19**		88.35	86.10	**79.83**	58.66	50.23	47.19	**79.14**	**62.25**	**56.00**

PillarFeatureNet 类位于 second/pytorch/models/pointpillars.py 文件中，对应于图 5-21 中 Pillar Feature Net。forward 函数中，features 是输入特征张量，num_voxels 是每个体素中的点数量，coors 是体素的坐标，points_mean 是每个体素中所有点的平均坐标；f_cluster 是体素中心的相对坐标；f_center 是每个点相对于体素中心的坐标差。然后将原始特征、f_cluster 和 f_center 拼接在一起。最后通过每个 PFN（pillar feature network layer）层处理特征，并应用 mask。

```
1.  class PillarFeatureNet(nn.Module):
2.      def __init__(self,
3.                   num_input_features=4,
4.                   use_norm=True,
5.                   num_filters=(64,),
6.                   with_distance=False,
7.                   voxel_size=(0.2, 0.2, 4),
8.                   pc_range=(0, -40, -3, 70.4, 40, 1)):
9.          super().__init__()
10.         self.name = 'PillarFeatureNet'
11.         assert len(num_filters) > 0
12.         num_input_features += 5
13.         if with_distance:
14.             num_input_features += 1
15.         self._with_distance = with_distance
16.
17.         # Create PillarFeatureNet layers
18.         num_filters = [num_input_features] + list(num_filters)
19.         pfn_layers = []
20.         for i in range(len(num_filters) - 1):
21.             in_filters = num_filters[i]
22.             out_filters = num_filters[i + 1]
23.             if i < len(num_filters) - 2:
24.                 last_layer = False
25.             else:
26.                 last_layer = True
27.             pfn_layers.append(PFNLayer(in_filters, out_filters,
use_norm, last_layer=last_layer))
28.         self.pfn_layers = nn.ModuleList(pfn_layers)
29.
30.         # Need pillar (voxel) size and x/y offset in order to
calculate pillar offset
31.         self.vx = voxel_size[0]
32.         self.vy = voxel_size[1]
33.         self.x_offset = self.vx / 2 + pc_range[0]
```

```
34.              self.y_offset = self.vy / 2 + pc_range[1]
35.
36.       def forward(self, features, num_voxels, coors):
37.
38.           # Find distance of x, y, and z from cluster center
39.           points_mean = features[:, :, :3].sum(dim=1, keepdim=True) /
num_voxels.type_as(features).view(-1, 1, 1)
40.           f_cluster = features[:, :, :3] - points_mean
41.
42.           # Find distance of x, y, and z from pillar center
43.           f_center = torch.zeros_like(features[:, :, :2])
44.           f_center[:, :, 0] = features[:, :, 0] - (coors[:,
3].float().unsqueeze(1) * self.vx + self.x_offset)
45.           f_center[:, :, 1] = features[:, :, 1] - (coors[:,
2].float().unsqueeze(1) * self.vy + self.y_offset)
46.
47.           # Combine together feature decorations
48.           features_ls = [features, f_cluster, f_center]
49.           if self._with_distance:
50.               points_dist = torch.norm(features[:, :, :3], 2, 2, keepdim=True)
51.               features_ls.append(points_dist)
52.           features = torch.cat(features_ls, dim=-1)
53.
54.           # The feature decorations were calculated without regard to
whether pillar was empty. Need to ensure that
55.           # empty pillars remain set to zeros.
56.           voxel_count = features.shape[1]
57.           mask = get_paddings_indicator(num_voxels, voxel_count,
axis=0)
58.           mask = torch.unsqueeze(mask, -1).type_as(features)
59.           features *= mask
60.
61.           # Forward pass through PFNLayers
62.           for pfn in self.pfn_layers:
63.               features = pfn(features)
64.
65.           return features.squeeze()
```

（3）启发与思考

PointPillar 算法通过将点云数据编码为 2D 伪图像，并利用全卷积神经网络进行处理，实现了高效的 3D 目标检测。其创新的编码方法显著提升了计算效率，实现了 62Hz 的实时检测性能。同时，端到端的学习流程简化了网络结构，提升了检测精度。

PointPillars 的通用性和鲁棒性使其适应不同配置的点云数据，结合优化的数据增强策略和超参数调优，展示了在自动驾驶和机器人视觉领域的巨大潜力和灵活性。

5.2.4 基于多视图融合的方法

5.2.4.1 MVF（End-to-End Multi-View Fusion for 3D Object Detection in LiDAR Point Clouds）

基于体素的方法除了要在分辨率和细化 - 细节之间进行权衡外，还需要考虑更深层次的问题。点云在不同范围下，不同障碍物类型和稀疏程度的不同，对网络训练或者影响检测的难度是不同的。为了解决上述问题，结合两个视角视图的优点，在体素的 BEV 视图能保留障碍物的物理尺寸，图像视图能在一定程度上缓解点云稀疏程度变体过大的问题，该方法提出多视图的思路，对不同视角的视图进行融合，并引入动态体素化方式来避免点云信息的丢失。下面介绍 MVF 的详细方法。

（1）方法概览

① 原始点的表达。对于一帧点云（表示为 $n \times 4$），先经过一个全卷积神经网络转换成 $n \times 128$。这个 $n \times 128$ 的特征将作为不同视图的输入。

② 动态体素化。在之前的体素化方法中，所采用的都是（硬体素化）hard voxelization，预先设定体素的个数、每个体素内点的个数，如果一个体素内点的个数大于设定的数，则随机丢弃一些点，如果小于设定的数，则补 0。但是这种硬体素化的方法有不足，首先，点云帧一般越远越稀疏，越近越稠密，随机丢弃的稠密的点往往是 CIPO 内的点，在一定程度上可能造成 CIPO 内小物体漏检；其次，随机丢弃给模型复现带来了难度。因此该方法提出了动态体素化的方法，不设定体素内的点的个数，对每个点都建立起一个和体素的映射关系，即点到体素是一对一的关系（硬编码下有可能是 1 对 0），体素到点是一对多或者一对 0 的关系。图 5-22 是动态体素化的示意图。

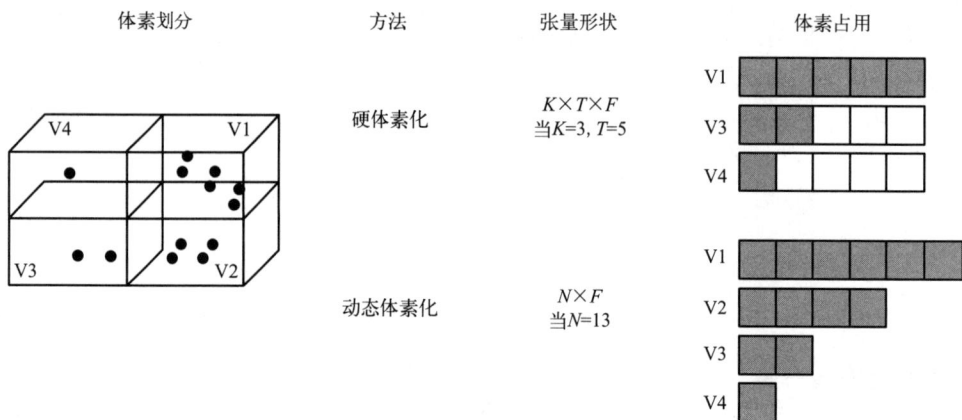

图 5-22 动态体素化示意图

③ 特征表达。根据映射关系，这些无序的点还需要组织成能使用卷积操作的有序

的形式，因此该方法采用了 fc+max 操作的方式（max 操作保证了每个体素内特征维度的一致性），而缺失点的体素依然需要补 0，然后采用 2D 卷积。

④ 多视图融合。该方法采用了两种视角，笛卡儿坐标系下的 BEV 视角和球面坐标系下的透视图视角，每个视角自成一路支路，不进行参数共享。在每一路的最后，通过之前的映射关系把体素的特征转成点的特征，然后将不同视图和原始的原始点编码特征进行拼接之后得到最后的特征。图 5-23 是 MVF 的网络框架图。

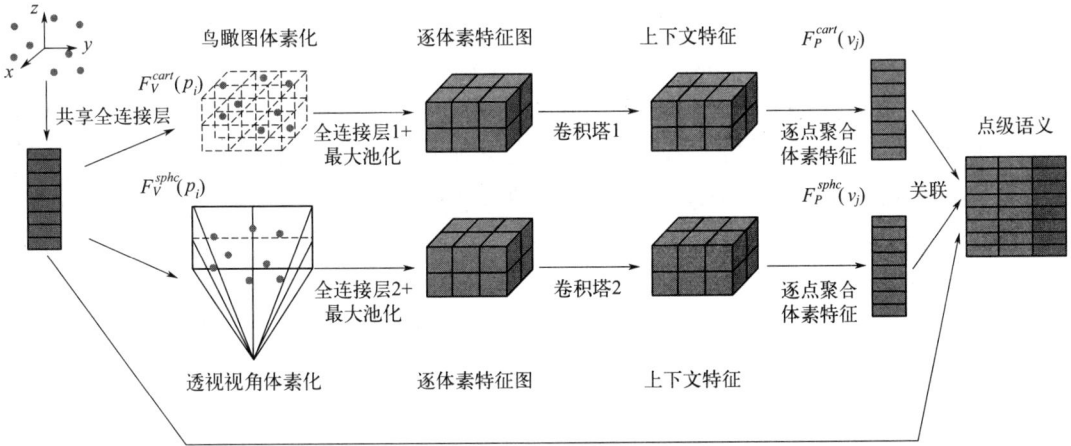

图 5-23 MVF 网络框架图

MVF 算法在 KITTI 验证集上与其他方法对比的 3D AP 值实验结果如表 5-20 所示（对比方法包括：MV3D，VoxelNet，AVOD-FPN，F-PointNet，SECOND，Point RCNN）

表 5-20　MVF 在 KITTI 验证集上的对比实验

方法	AP（IoU=0.7）		
	简单	中等	困难
MV3D	71.29	62.68	56.56
VoxelNet	81.98	65.46	62.85
AVOD-FPN	84.41	74.44	68.65
F-PointNet	83.76	70.92	63.65
SECOND	87.43	76.48	69.10
PointRCNN	88.88	78.63	**77.38**
HV+SV	85.9	74.7	70.5
DV+SV	88.77	77.86	73.53
MVF	**90.23**	**79.12**	76.43

（2）代码解析

MVF 算法官方未提供开源代码，因此我们从 github 上搜集其他研究者复现的代码来进行介绍。其中，docker 文件夹是配置 docker 环境的文件；output 是模型输出和结果的目录；pcdet 是 PCDet 框架的主要源代码；tools 文件夹是训练和评估的工具；setup.py 是项目的安装脚本。

动态体素化相关代码介绍：该代码位于 pcdet/models/vfe/vfe_utils 文件中，MVFFeatureNetDVP 类是 VoxelFeatureExtractor 的子类，VoxelFeatureExtractor 是定义从体素中提取特征的基本接口。在初始化方法中，接收 bev_h 和 bev_w，分别表示 BEV 视图的高度和宽度。bev_FC 网络由一个线性层、一个批归一化层和一个 ReLU 激活层组成，该网络用于从输入特征中提取更复杂的特征。在 forward 函数中，接收一个字典 input_dict 作为输入，该字典主要包含批次大小、鸟瞰图坐标、局部鸟瞰图坐标、点的强度信息（intensity）以及将点映射到体素和体素映射到特征的索引（bev_mapping_pv 和 bev_mapping_vf)。计算点云的均值特征，然后将坐标、强度、坐标偏移和局部坐标拼接在一起形成新的特征矩阵。通过 bev_FC 全连接层处理这些特征，然后使用 scatterMax 函数进行最大池化，最终使用 dense 函数生成一个密集的特征图。

```
1.  class MVFFeatureNetDVP(VoxelFeatureExtractor):
2.      def __init__(self,
3.                   bev_h, bev_w):
4.          super().__init__()
5.          self.name = 'MVFFeatureNetDVP'
6.          self.bev_h = bev_h
7.          self.bev_w = bev_w
8.          self.bev_size = self.bev_h * self.bev_w
9.
10.         self.bev_FC = nn.Sequential(
11.             nn.Linear(10,64,bias=False),
12.             nn.BatchNorm1d(64,eps=1e-3,momentum=0.01),
13.             nn.ReLU(inplace=True)
14.         )
15.
16.     def forward(self, input_dict):
17.         batch_size = input_dict['batch_size']
18.         bev_coordinate = input_dict['bev_coordinate']
19.         bev_local_coordinate = input_dict['bev_local_coordinate']
20.         intensity = input_dict['intensity']
21.         bev_mapping_pv = input_dict['bev_mapping_pv']
22.         # throw z position
23.         bev_mapping_vf = input_dict['bev_mapping_vf'][:,:3].contiguous()
24.
```

```
25.           point_mean = scatterMean(bev_coordinate, bev_mapping_pv,
bev_mapping_vf.shape[0])
26.           feature = torch.cat((bev_coordinate, intensity.unsqueeze(1),
(bev_coordinate - point_mean), bev_local_coordinate),dim=1).contiguous()
27.
28.           bev_fc_output = self.bev_FC(feature)
29.           bev_maxpool = scatterMax(bev_fc_output, bev_mapping_pv,
bev_mapping_vf.shape[0], True)
30.           bev_dense = dense(batch_size, [self.bev_h, self.bev_w], 64,
bev_mapping_vf, bev_maxpool)
31.
32.           return bev_dense
```

MVFFeatureNet 类用于从 3D 点云中提取特征，用于处理来自多视角融合的特征。在构造函数中输入参数，包括鸟瞰图的高和宽，正面视图的高和宽，并定义了共享的全连接层、处理 BEV 和 FV 的全连接层以及下采样全连接层。

```
1. class MVFFeatureNet(VoxelFeatureExtractor):
2.    def __init__(self,
3.              bev_h, bev_w,
4.              fv_h, fv_w,
5.              with_tower):
6.       super().__init__()
7.       self.name = 'MVFFeatureNet'
8.       self.bev_h = bev_h
9.       self.bev_w = bev_w
10.      self.fv_h = fv_h
11.      self.fv_w = fv_w
12.      self.with_tower = with_tower
13.
14.      self.bev_size = self.bev_h * self.bev_w
15.      self.fv_size = self.fv_h * self.fv_w
16.
17.      self.shared_FC = nn.Sequential(
18.            nn.Linear(7, 128, bias=False),
19.            nn.BatchNorm1d(128, eps=1e-3, momentum=0.01),
20.            nn.ReLU(inplace=True)
21.       )
22.
23.      self.bev_FC = nn.Sequential(
24.            nn.Linear(3,64,bias=False),
25.            nn.BatchNorm1d(64,eps=1e-3,momentum=0.01),
```

```
26.            nn.ReLU(inplace=True)
27.        )
28.
29.        self.fv_FC = nn.Sequential(
30.            nn.Linear(3,64,bias=False),
31.            nn.BatchNorm1d(64,eps=1e-3,momentum=0.01),
32.            nn.ReLU(inplace=True)
33.        )
34.
35.        self.downsample_FC = nn.Sequential(
36.            nn.Linear(256, 64, bias=False),
37.            nn.BatchNorm1d(64,eps=1e-3,momentum=0.01),
38.            nn.ReLU(inplace=True)
39.        )
40.        self.fv_tower = None
41.        self.bev_tower = None
42.
43.        if self.with_tower:
44.            self.fv_tower = ResNet(BasicBlock,[1,1,1])
45.            self.bev_tower = ResNet(BasicBlock,[1,1,1])
```

在 forward 函数中，输入字典主要包括批次大小、局部坐标和点的强度等信息。首先使用定义好的全连接层处理 BEV 和 FV 的局部坐标，然后使用 scatterMax 函数执行最大池化操作。接着，将 BEV 和 FV 的局部坐标及强度合并，通过共享全连接层进行处理。如果定义了塔结构，会使用这些塔结构进一步处理特征。特征经过转置和重排后，使用 torch.index_select 根据映射索引选择特定的体素特征。最终，合并共享特征和视图特征，再次使用 scatterMax 和降维全连接层处理，生成最终的体素特征。

```
1. def forward(self, input_dict):
2.        batch_size = input_dict['batch_size']
3.
4.        bev_local_coordinate = input_dict['bev_local_coordinate']
5.        fv_local_coordiante = input_dict['fv_local_coordinate']
6.        intensity = input_dict['intensity']
7.        bev_mapping_pv = input_dict['bev_mapping_pv']
8.        bev_mapping_vf = input_dict['bev_mapping_vf']
9.        fv_mapping_pv = input_dict['fv_mapping_pv']
10.       fv_mapping_vf = input_dict['fv_mapping_vf']
11.
12.        bev_fc_output = self.bev_FC(bev_local_coordinate)
13.        bev_maxpool = scatterMax(bev_fc_output, bev_mapping_pv,
bev_mapping_vf.shape[0], True)
```

```
14.
15.            fv_fc_output = self.fv_FC(fv_local_coordiante)
16.            fv_maxpool = scatterMax(fv_fc_output, fv_mapping_pv, fv_
mapping_vf.shape[0], True)
17.
18.            shared_fc_input = torch.cat((bev_local_coordinate, fv_
local_coordiante, intensity.unsqueeze(1)), dim=1)
19.            shared_fc_output = self.shared_FC(shared_fc_input)
20.
21.            bev_dense = dense(batch_size, [self.bev_h, self.bev_w], 64,
bev_mapping_vf, bev_maxpool)
22.            fv_dense = dense(batch_size, [self.fv_h, self.fv_w], 64,
fv_mapping_vf, fv_maxpool)
23.
24.            bev_feature = None
25.            fv_feature = None
26.
27.            if self.with_tower:
28.                bev_feature = self.bev_tower(bev_dense)
29.                fv_feature = self.fv_tower(fv_dense)
30.            else:
31.                bev_feature = bev_dense
32.                fv_feature = fv_dense
33.
34.            # to (batch, h, w, c)
35.            fv_feature = fv_feature.permute(0,2,3,1).reshape(-1,64).
contiguous()
36.            bev_feature = bev_feature.permute(0,2,3,1).reshape(-1,64).
contiguous()
37.
38.            # get each voxel's position in feature map
39.            # and then scatter those voxel
40.            bev_voxel_coordiante = bev_mapping_vf[:,0] * self.bev_size
+ bev_mapping_vf[:, 1] * self.bev_w + bev_mapping_vf[:, 2]
41.            fv_voxel_coordiante = fv_mapping_vf[:,0] * self.fv_size +
fv_mapping_vf[:,1] * self.fv_w + fv_mapping_vf[:,2]
42.
43.            # (64,M)
44.            bev_voxel_feature = torch.index_select(bev_feature,0,bev_
voxel_coordiante)
45.            fv_voxel_feature = torch.index_select(fv_feature, 0, fv_
voxel_coordiante)
46.
```

```
47.          #bev_voxel_feature is (n1+n2+n3,3), bev_mapping_pv is (id +
n1+id + n1+n2+id)
48.          bev_point_feature = torch.index_select(bev_voxel_feature,
0, bev_mapping_pv)
49.          fv_point_feature = torch.index_select(fv_voxel_feature, 0,
fv_mapping_pv)
50.
51.          final_point_feature = torch.cat((shared_fc_output, bev_
point_feature, fv_point_feature),dim=1).contiguous()
52.
53.          voxel_feature = scatterMax(final_point_feature, bev_
mapping_pv, bev_mapping_vf.shape[0], True)
54.
55.          final_voxel_feature = self.downsample_FC(voxel_feature)
56.          final_voxel_feature = dense(batch_size, [self.bev_h, self.
bev_w], 64, bev_mapping_vf, final_voxel_feature)
57.
58.          return final_voxel_feature
```

MVF 类是 MVF 算法的模型代码，位于 pcdet/models/detectors/MVF.py。在 forward_rpn 函数中，该方法接收一个输入字典 input_dict，其中包含了训练或推理所需的输入数据。voxel_features = self.vfe(input_dict)：通过体素特征提取器 vfe 处理输入数据，获取体素特征。rpn_preds_dict 将体素特征传递给区域提议网络头 rpn_head。rpn_ret_dict 包含了 RPN 输出的类别预测、边界框预测、方向类别预测（如果有）和锚点。在 forward 函数中，综合使用 forward_rpn 方法处理输入数据，并根据模型是否处于训练状态决定接下来的处理流程。如果在训练模式下，计算损失函数并返回损失信息；如果在推理模式下，根据 RPN 的结果预测目标边界框和其他相关信息。get_training_loss 用于计算训练过程中的损失等信息。

```
1. class MVF(Detector3D):
2.    def __init__(self, num_class, dataset):
3.        super().__init__(num_class, dataset)
4.        self.build_networks(cfg.MODEL)
5.
6.    def forward_rpn(self, input_dict):
7.        voxel_features = self.vfe(
8.            input_dict
9.        )
10.
11.        rpn_preds_dict = self.rpn_head(
12.            voxel_features,
```

```
13.                   **{'gt_boxes': input_dict.get('gt_boxes', None)}
14.            )
15.
16.        rpn_ret_dict = {
17.            'rpn_cls_preds': rpn_preds_dict['cls_preds'],
18.            'rpn_box_preds': rpn_preds_dict['box_preds'],
19.            'rpn_dir_cls_preds': rpn_preds_dict.get('dir_cls_preds', None),
20.            'anchors': rpn_preds_dict['anchors']
21.        }
22.
23.        return rpn_ret_dict
24.
25.    def forward(self, input_dict):
26.        rpn_ret_dict = self.forward_rpn(input_dict)
27.        # rpn_ret_dict = self.forward_rpn(**input_dict)
28.
29.        if self.training:
30.            loss, tb_dict, disp_dict = self.get_training_loss()
31.
32.            ret_dict = {
33.                'loss': loss
34.            }
35.            return ret_dict, tb_dict, disp_dict
36.        else:
37.            pred_dicts, recall_dicts = self.predict_boxes(rpn_ret_
dict, rcnn_ret_dict=None, input_dict=input_dict)
38.            return pred_dicts, recall_dicts
39.
40.    def get_training_loss(self):
41.        disp_dict = {}
42.
43.        loss_anchor_box, tb_dict = self.rpn_head.get_loss()
44.        loss_rpn = loss_anchor_box
45.        tb_dict = {
46.            'loss_rpn': loss_rpn.item(),
47.            **tb_dict
48.        }
49.
50.        loss = loss_rpn
51.        return loss, tb_dict, disp_dict
```

（3）启发与思考

本节介绍了端到端多视角融合算法（MVF），结合鸟瞰图和透视图的优势，通过动态体素化技术提高了基于 LiDAR 点云的 3D 物体检测精度。实验结果显示，该方法在 Waymo 和 KITTI 数据集上显著提升了检测性能，尤其在远距离物体检测中效果显著。这表明，多视角信息融合在 3D 物体检测中具有重要应用前景。

5.2.4.2 CPGNet

CPGNet 的全称是用于实时 LiDAR 语义分割的级联点网格融合网络，该算法通过将 LiDAR 点云分别投影到鸟瞰视图（BEV）和距离视图（RV）上，然后在两个视图上应用 2D 全卷积网络（FCN）提取语义特征，将两个视图的特征反投影至 3D 空间，并和原始点云特征做融合，得到语义增强的点特征，最后应用全连接层（FC）得到最终的语义分割结果。图 5-24 是 CPGNet 方法和其他方法在准确率和运行时间方面的对比图，可以明显看出该算法运行时间短、准确率高。

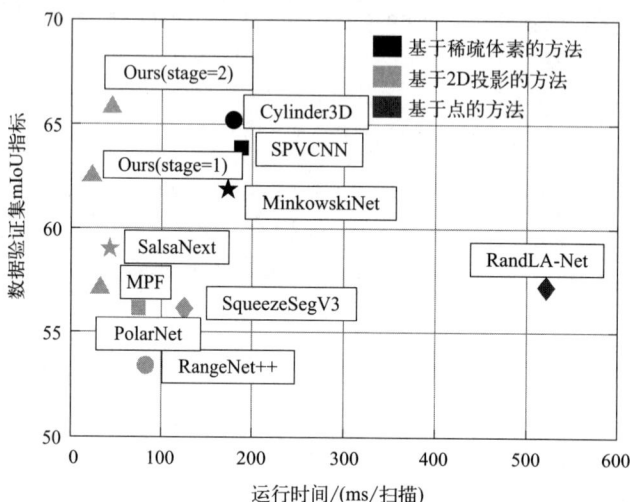

图 5-24 SemanticKITTI 验证集上的准确率 (mIoU) 与运行时间

（1）方法概览

CPGNet 算法目的是解决现有方法无法同时保证精度和速度的困境，因此该算法结合基于点的方法和基于 2D 投影的方法的优点，将点云分别投影在两个互补的 2D 视图中，并使用 2D FCN 来提取特征，最后将两个视图的特征与原始点云进行融合，弥补基于 2D 投影的方法的信息损失问题。图 5-25 是 CPGNet 算法的总体框架图，其中 P2G（point to grid）模块将点云特征投影到 2D 平面，主要原理是对投影到同一个 2D 网格上的所有点云特征进行最大池化操作。G2P（grid to point）模块将 2D 网格特征反投影回 3D 点云上，具体原理是在四个相邻的网格内应用双线性插值的方式，得到对应的 3D 点坐标。

点融合模块将三个支路的特征，即原始点云特征经过 MLP 提取后的特征、BEV 视图特征和 RV 视图特征进行点融合，得到增强后的点云特征。点融合模块主要由两层 MLP 组成，具有部署方便、后期处理少，以及缩小训练和评估阶段之间的差距的优势。

　　该算法使用的 FCN 网络，使用卷积和最大池化并行的双下采样块，并使用注意力特征金字塔融合来自动选择不同级别的特征，提高特征的信息提取能力。FCN 的具体结构如图 5-26 所示。

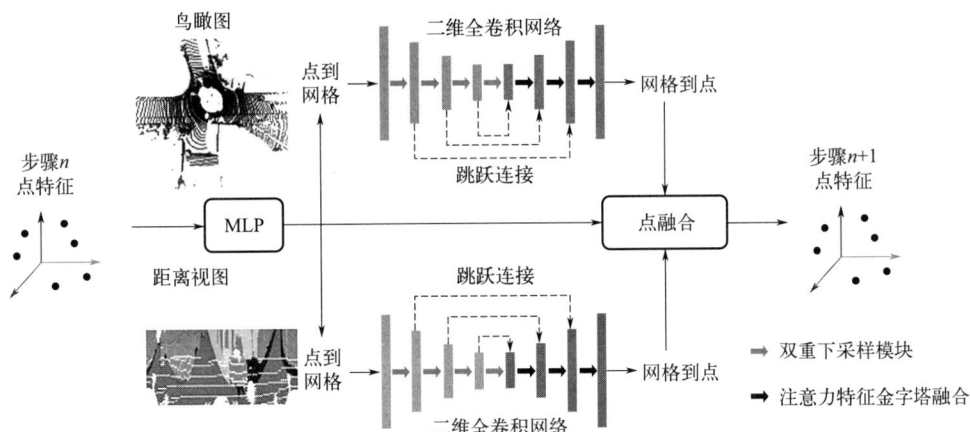

图 5-25　CPGNet 总体框架图

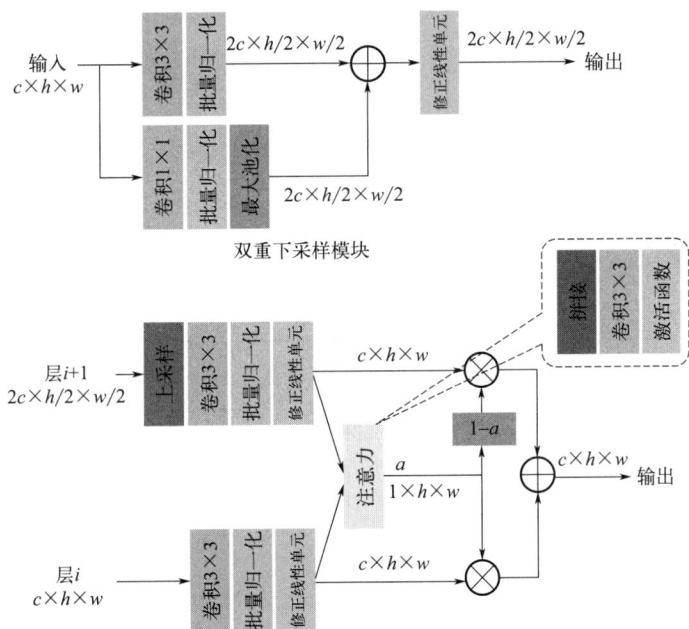

双重下采样模块

图 5-26　FCN 结构图

　　CPGNet 算法在 SemanticKITTI 数据集上和其他方法的比较如表 5-21 所示（对比方法包括 PointNet，PointNet++，RandLA-Net，KPConv，RangeNet++，SqueezeSegv3，SalsaNext，Lite-HDSeg，MPF，AMVNet，SPVCNN，SPVNAS，Cylinder3D1，DRINet，AF2S3Net，RPVNet）。

表5-21 CPGNet在SemanticKITTI上的对比试验

方法	mIoU	speed/ms	Car	Bicycle	Motorcycle	Truck	Other-vehicle	Person	Bicyclist	Motorcyclist	Road
PointNet	14.6	—	46.3	1.3	0.3	0.1	0.8	0.2	0.2	0.0	61.6
PointNet++	20.1	—	53.7	1.9	0.2	0.9	0.2	0.9	1.0	0.0	72.0
RandLA-Net	53.9	521.8	94.2	26.0	25.8	40.1	38.9	49.2	48.2	7.2	90.7
KPConv	58.8	—	96.0	30.2	42.5	33.4	44.3	61.5	61.6	11.8	88.8
RangeNet++	52.2	82.3	91.4	25.7	34.4	25.7	23.0	38.3	38.8	4.8	91.8
SqueezeSegv3	55.9	124.3	92.5	38.7	36.5	29.6	33.0	45.6	46.2	20.1	91.7
SalsaNext	59.5	40.7	91.9	48.3	38.6	38.9	31.9	60.2	59.0	19.4	91.7
Lite-HDSeg	63.8	—	92.3	40.0	55.4	37.7	39.6	59.2	71.6	54.1	93.0
MPF	55.5	31	93.4	30.2	38.3	26.1	28.5	48.1	46.1	18.1	90.6
AMVNet	65.3	—	96.2	59.9	54.2	48.8	45.7	71.0	65.7	11.0	90.1
SPVCNN	63.8	187	—	—	—	—	—	—	—	—	—
SPVNAS	67.0	—	97.2	50.6	50.4	56.6	58.0	67.4	67.1	50.3	90.2
Cylinder3D	67.8	178	97.1	67.6	64.0	59.0	58.6	73.9	67.9	36.0	91.4
DRINet	67.5	62	96.9	57.0	56.0	43.3	54.5	69.4	75.1	58.9	90.7
AF2S3Net	69.7	—	94.5	65.4	86.8	39.2	41.1	80.7	80.4	74.3	91.3
RPVNet	70.3	168*	97.6	68.4	68.7	44.2	61.1	75.9	74.4	73.4	93.4
CPGNet[ours]	68.3	43/35.6*	96.7	62.9	61.1	56.7	55.3	72.1	73.9	27.9	92.9

方法	Parking	Sidewalk	Other-ground	Building	Fence	Vegetation	Trunk	Terrain	Pole	Traffic-sign
PointNet	15.8	35.7	1.4	41.4	12.9	31.0	4.6	17.6	2.4	3.7
PointNet++	18.7	41.8	5.6	62.3	16.9	46.5	13.8	30.0	6.0	8.9
RandLA-Net	60.3	73.7	20.4	86.9	56.3	81.4	61.3	66.8	49.2	47.7
KPConv	61.3	72.7	31.6	90.5	64.2	84.8	69.2	69.1	56.4	47.4
RangeNet++	65.0	75.2	27.8	87.4	58.6	80.5	55.1	64.6	47.9	55.9
SqueezeSegv3	63.4	74.8	26.4	89.0	59.4	82.0	58.7	65.4	49.6	58.9
SalsaNext	63.7	75.8	29.1	90.2	64.2	81.8	63.6	66.5	54.3	62.1
Lite-HDSeg	68.2	78.3	29.3	91.5	65.0	78.2	65.8	65.1	59.5	67.7
MPF	62.3	74.5	30.6	88.5	59.7	83.5	59.7	69.2	49.7	58.1
AMVNet	71.0	75.8	32.4	92.4	69.1	85.6	71.7	69.6	62.7	67.2
SPVCNN	—	—	—	—	—	—	—	—	—	—
SPVNAS	67.6	75.4	21.8	91.6	66.9	86.1	73.4	71.0	64.3	67.3
Cylinder3D	65.1	75.5	32.3	91.0	66.5	85.4	71.8	68.5	62.6	65.6
DRINet	65.0	75.2	26.2	91.5	67.3	85.2	72.6	68.8	63.5	66.0
AF2S3Net	68.8	72.5	53.5	87.9	63.2	70.2	68.5	53.7	61.5	71.0
RPVNet	70.3	80.7	33.3	93.5	72.1	86.5	75.1	71.7	64.8	61.4
CPGNet[ours]	68.0	78.1	24.6	92.7	71.1	84.6	72.9	70.2	64.5	71.9

（2）代码解析

目前 CPGNet 代码已经开源。其中，config 文件包含配置文件；data 文件夹存储数据相关脚本；datasets 包含处理不同数据集的脚本；models 包含模型架构的定义文件；networks 定义了网络层和模块；Utils 包含各种实用工具函数；evaluate.py 是用于评估模型性能的脚本；train.py 是训练模型的脚本文件。

CPGNet 的模型文件位于 models/cpgnet.py 中，其中 VoxelMaxPool 函数是 P2G（point to grid）模块，对点云特征进行最大池化操作，pcds_feat 为输入点云特征，pcds_ind 为点云索引，output_size 为经过 P2G 模块处理后输出特征的尺寸，scale_rate 是缩放比例。使用 pytorch_lib 库中的 VoxelMaxPool 函数对点云特征进行最大池化，参数包括特征、索引、输出尺寸和缩放比例，最后将池化后的特征转换回原始数据类型，并返回结果。

```
1. def VoxelMaxPool(pcds_feat, pcds_ind, output_size, scale_rate):
2.     voxel_feat = pytorch_lib.VoxelMaxPool(pcds_feat=pcds_feat.
float(), pcds_ind=pcds_ind, output_size=output_size, scale_rate=scale_
rate).to(pcds_feat.dtype)
3.     return voxel_feat
```

如图 5-15 所示，AttNet 类是包含整个模型框架的代码，在这里我们列出 _int_ 构造函数、stage_n_forward 和 forward 函数。在构造函数中，首先接收一个包含模型相关信息的对象 pModel，从 pModel 中提取鸟瞰图各范围视图的形状参数。point_feat_out_channels 和 stage_num 分别表示点特征输出通道数和阶段数。build_network 和 build_loss 分别表示网络结构和损失函数。

```
1. class AttNet(nn.Module):
2.     def __init__(self, pModel):
3.         super(AttNet, self).__init__()
4.         self.pModel = pModel
5.
6.         self.bev_shape = list(pModel.Voxel.bev_shape)
7.         self.rv_shape = list(pModel.Voxel.rv_shape)
8.         self.bev_wl_shape = self.bev_shape[:2]
9.
10.        self.dx = (pModel.Voxel.range_x[1] - pModel.Voxel.range_
x[0]) / (pModel.Voxel.bev_shape[0])
11.        self.dy = (pModel.Voxel.range_y[1] - pModel.Voxel.range_
y[0]) / (pModel.Voxel.bev_shape[1])
12.        self.dz = (pModel.Voxel.range_z[1] - pModel.Voxel.range_
z[0]) / (pModel.Voxel.bev_shape[2])
13.
```

```
14.        self.point_feat_out_channels = pModel.point_feat_out_channels
15.        self.stage_num = len(self.point_feat_out_channels)
16.
17.        self.build_network()
18.        self.build_loss()
```

stage_n_forward 函数中输入点云特征 point_feat、点云坐标 pcds_coord_wl 和点云球坐标 pcds_sphere_coord,stage_index 表示阶段的索引，调用 self.point_pre_list[stage_index] 对点云特征进行预处理。使用 VoxelMaxPool 函数，即 P2G 模块，将点云特征映射到范围视图和鸟瞰图特征上，然后分别通过 self.rv_net_list[stage_index] 和 self.bev_net_list[stage_index] 处理范围视图和鸟瞰图特征，并将结果映射回点云特征，即通过 G2P 模块（self.rv_grid2point_list 和 self.bev_grid2Point_list）将 2D 特征转为 3D 点特征。最后使用 self.point_post_list[stage_index] 将两个视图的点特征与原始的点特征融合在一起。

```
1. def stage_n_forward(self, point_feat, pcds_coord_wl, pcds_sphere_
coord, stage_index=0):
2.        '''
3.        Input:
4.            point_feat (BS, C, N, 1)
5.            pcds_coord_wl (BS, N, 2, 1), 2 -> (x_quan, y_quan)
6.            pcds_sphere_coord (BS, N, 2, 1), 2 -> (vertical_quan,
horizon_quan)
7.            stage_index, type: int, means the (stage_index).{th}
stage forward
8.        Output:
9.            point_feat_out (BS, C1, N, 1)
10.        '''
11.        point_feat_tmp = self.point_pre_list[stage_index](point_
feat)
12.
13.        #range-view
14.        rv_input = VoxelMaxPool(pcds_feat=point_feat_tmp, pcds_
ind=pcds_sphere_coord, output_size=self.rv_shape, scale_rate=(1.0, 1.0))
15.        rv_feat_past, rv_feat = self.rv_net_list[stage_index](rv_
input)
16.        point_rv_feat = self.rv_grid2point_list[stage_index](rv_
feat, pcds_sphere_coord)
17.
18.        #bird-view
19.        bev_input = VoxelMaxPool(pcds_feat=point_feat_tmp, pcds_
ind=pcds_coord_wl, output_size=self.bev_wl_shape, scale_rate=(1.0, 1.0))
```

```
20.            bev_feat_past, bev_feat = self.bev_net_list[stage_index]
(bev_input)
21.            point_bev_feat = self.bev_grid2point_list[stage_index](bev_
feat, pcds_coord_wl)
22.
23.            #merge multi-view
24.            if stage_index == 0:
25.                point_feat_out = self.point_post_list[stage_index]
(point_feat_tmp, point_bev_feat, point_rv_feat)
26.                return point_feat_out
27.            else:
28.                point_feat_out = self.point_post_list[stage_index]
(point_feat, point_bev_feat, point_rv_feat)
29.                return point_feat_out
```

图 5-27 所示为 P2G 和 G2P 的模块图，P2G 的原理上面已经介绍过，下面介绍一下 G2P 模块的代码。BilinearSample 类用于实现双线性采样的操作，在 forward 函数中，输入 2D 特征 grid_feat，grid_coord 是网格坐标，然后分别计算 grid_sample_x 和 grid_sample_y，将坐标转换到 [-1,1] 范围内，并将二者堆叠成张量 grid_sample_2。最后使用 F.grid_sample 函数进行双线性插值，得到最终的点云特征。

```
1. class BilinearSample(nn.Module):
2.    def __init__(self, in_dim, scale_rate):
3.        super(BilinearSample, self).__init__()
4.        self.scale_rate = scale_rate
5.
6.    def forward(self, grid_feat, grid_coord):
7.        '''
8.        Input:
9.            grid_feat, (BS, C, H, W)
10.           grid_coord, (BS, N, 2, S)
11.       Output:
12.           pc_feat, (BS, C, N, S)
13.       '''
14.       H = grid_feat.shape[2]
15.       W = grid_feat.shape[3]
16.
17.       grid_sample_x = (2 * grid_coord[:, :, 1] * self.scale_
rate[1] / (W - 1)) - 1 #(BS, N, S)
18.       grid_sample_y = (2 * grid_coord[:, :, 0] * self.scale_
rate[0] / (H - 1)) - 1 #(BS, N, S)
```

```
19.
20.          grid_sample_2 = torch.stack((grid_sample_x, grid_sample_y),
dim=-1) #(BS, N, S, 2)
21.          pc_feat = F.grid_sample(grid_feat, grid_sample_2,
mode='bilinear', padding_mode='zeros', align_corners=True) #(BS, C, N, S)
22.          return pc_feat
```

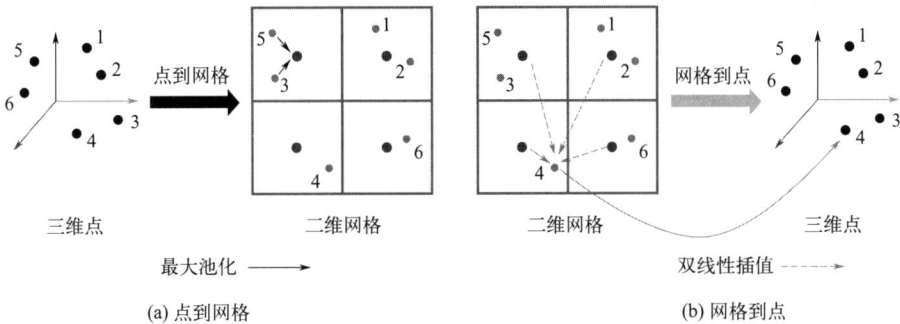

(a) 点到网格　　　　　　　　　　　　(b) 网格到点

图 5-27 P2G 和 G2P 模块

（3）启发与思考

本节提出了一种名为 CPGNet 的级联点网格融合网络，用于实时 LiDAR 语义分割。其创新点在于结合点云和 2D 投影的优势，通过在 2D 网格上提取语义特征并在 3D 点上融合这些特征，提升了分割的精度和效率。CPGNet 的贡献在于提出了新的点 - 网格融合模块和变换一致性损失，减少了信息丢失和推理时间，提高了在 SemanticKITTI 和 nuScenes 基准上的表现。这为实现更快速、准确和易部署的自动驾驶语义分割提供了新的思路。

5.2.4.3 CFNet

如前文所述，LiDAR 全景分割是对 LiDAR 点云中每一个点进行分类并赋予物体实例 ID 的任务，该任务的目标是帮助自动驾驶系统全面理解环境中的物体和场景，因而相关算法需要在自动驾驶车辆上实时运行。LiDAR 全景分割方法可以分为基于候选框（proposal-based）的方法和无候选框（proposal-free）方法。其中，为预测实例 ID，基于候选框的方法首先回归物体候选框，再分割出框内的物体点云。而无候选框方法直接针对前景物体的点云以及预测的物体中心点进行聚类，从而得到每个物体的实例 ID。无候选框方法在速度和精度上明显优于基于候选框的方法。

CFNet 是一种无候选框 LiDAR 全景分割方法，它主要解决了无候选框方法存在的两个问题：①由于 LiDAR 点云聚集在物体表面，物体的中心点在三维点云中通常不存在实体，因此较难建模；②基于中心点的聚类模块的计算成本高昂。因此，现有方法在性能和效率上均有提升空间。

为了实现准确、实时的 LiDAR 全景分割，CFNet 提出了一种新型的中心聚焦网络，主要提出了以下两个模块：

① 中心聚焦特征编码（CFFE）：通过移动三维物体点来填充物体中心，"无中生有"地显式建模原始 LiDAR 点云与虚拟实例中心之间的关系。

② 重复中心删除模块（CDM）：代替现有方法中的聚类模块，为每个实例去掉重复的实例中心且仅仅选择置信度最高的实例中心。随后，将移动后的前景物体点分配给最近的实例中心，就可以完成实例分割。最终，融合语义分割和实例分割的预测结果，就可以得到全景分割的预测结果。

如图 5-28 所示，CFNet 在精度和模型推理速度方面，全面超越现有的方法，同时也满足实时性。

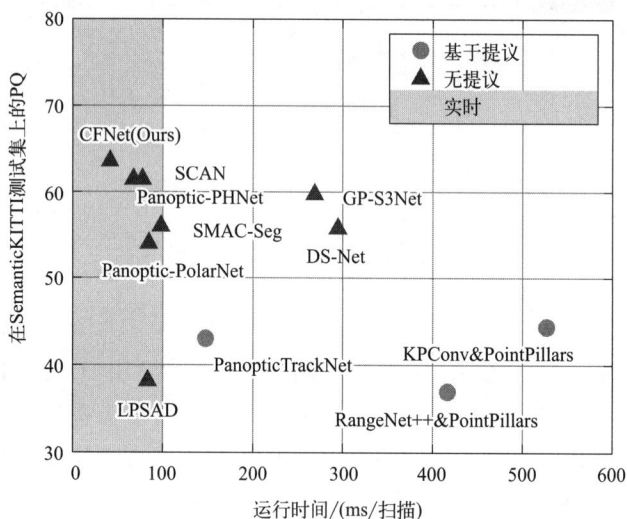

图 5-28 CFNet 和现有方法的对比

（1）方法概览

如图 5-29 所示，CFNet 的整体框架包含四部分：

① 骨干网络：为了保证整体框架的实时性，采用基于二维投影的骨干网络提取点云的特征；

② 中心聚焦特征编码（CFFE）：为解决不存在的实例中心建模难的问题，中心聚焦特征编码（CFFE）模块模拟并增强了实例中心的特征；

③ 全景分割头：预测全景分割结果，包括现有方法中常用的语义分割、距实例中心点的偏移量，以及 CFNet 中新增的偏移量置信度；

④ 重复中心删除模块（CDM）：在模型推理期间，它为每个物体仅仅保留一个置信度最高的实例中心点，进而实现实例分割，并融合语义分割结果生成最终的全景分割结果。

如表 5-22 和表 5-23 所示，CFNet 在 SemanticKITTI 测试集和验证集的全景分割任务上均达到当时最优的性能（对比方法包括：RangeNet++，PointPillars，KPConv，Panoptic TrackNet，EfficientLPS，LPSAD，DS-Net，Panoster，GP-S3Net，SMAC-Seg，Panoptic-PolarNet，SCAN，Panoptic-PHNet）。此外，受益于基于二维投影的骨干网络和高效的 CDM 模块，其运行时间与其他算法相比更快。

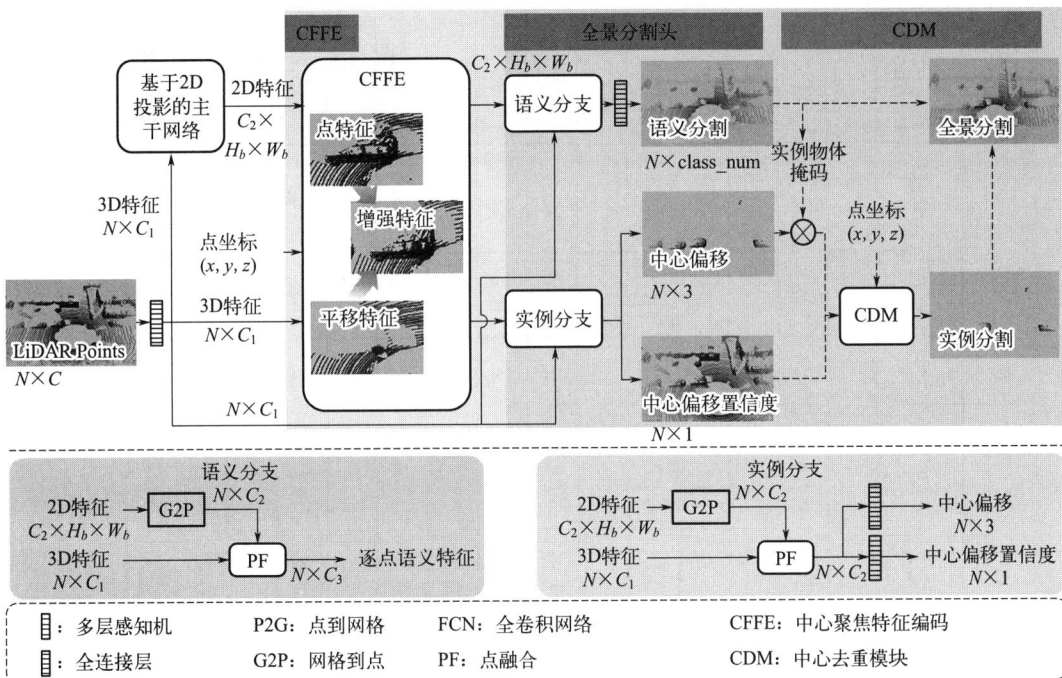

图 5-29 CFNet算法框架图

（2）代码解析

目前CFNet已经开源。CFNet的开源代码主要包括：定义了实验超参数的config文件夹、存储数据的data文件夹、包括不同数据集加载方法的datasets文件夹、定义了训练器和训练支持函数的light_trainer、实现CFNet网络的models文件夹、自定义cuda算子的pytorch_lib文件夹、包含其他功能函数的utils文件夹、测评调用文件evaluate.py和训练调用文件train.py等。下面以方法为主线，对CFNet中的核心算法部分进行解析。

① 中心聚焦特征编码（CFFE）。该模块的主要思想是，将物体表面的点移动到物体中心，"无中生有"地形成物体中心的实体点云，再进行特征提取，以显示建模空间中不存在的物体中心。具体来说，CFFE可进一步划分为以下三个步骤：

a. 中间结果估计（intermediate result prediction）：首先采用原始三维点和二维投影特征，估计一次全景分割结果。其中，语义分割仅用于中间结果的损失监督。

b. 中心特征生成（center feature generation）：将偏移量置信度较高的三维点根据估计的中心点偏移量进行移动，产生移动后的点（shifted points）坐标，即虚拟的中心点位置。生成的移动后的三维点云特征（图 5-30 中的 F_p^{sem}）通过P2G操作投影到二维空间，得到 $F_{p \to m}^{sem}$。

c. 特征增强模块（feature enchancement module）：将上述二维特征与前面的未移动的二维特征（图 5-30 中的 F_m^{sem}）进行融合，输入后面的网络，进行最终的全景分割结果预测。

表 5-22　CFNet 在 SemanticKITTI 测试集上与现有方法的对比结果

Methods	PQ	PQ$^+$	SQ	RQ	PQTh	SQTh	RQTh	PQSt	SQSt	RQSt	mIoU	RT /ms
Proposal-based Methods												
RangeNet++&PointPillars	37.1	45.9	75.9	47.0	20.2	75.2	25.2	49.3	76.5	62.8	52.4	416.6
KPConv&PointPillars	44.5	52.5	80.0	54.4	32.7	81.5	38.7	53.1	79.0	65.9	58.8	526.3
PanopticTrackNet	43.1	50.7	78.8	53.9	28.6	80.4	35.5	53.6	77.7	67.3	52.6	147
EfficientLPS	57.4	63.2	83.0	68.7	53.1	87.8	60.5	60.5	79.5	**74.6**	61.4	—
Proposal-free Methods												
LPSAD	38.0	47.0	76.5	48.2	25.6	76.8	31.8	47.1	76.2	60.1	50.9	84.7
DS-Net	55.9	62.5	82.3	66.7	55.1	87.2	62.8	56.5	78.7	69.5	61.6	294.1
Panoster	52.7	59.9	80.7	64.1	49.4	83.3	58.5	55.1	78.8	68.2	59.9	—
GP-S3Net	60.0	69.0	82.0	72.1	65.0	86.6	**74.5**	56.4	78.7	70.4	**70.8**	270.3
SMAC-Seg	56.1	62.5	82.0	67.9	53.0	85.6	61.8	58.4	79.3	72.3	63.3	99
Panoptic-PolarNet	54.1	60.7	81.4	65.0	53.3	87.2	60.6	54.8	77.2	68.1	59.5	86.2
SCAN	61.5	67.5	84.5	72.1	61.4	88.1	69.3	**61.5**	81.8	74.1	67.7	78.1
Panoptic-PHNet	61.5	67.9	84.8	72.1	63.8	**90.7**	70.4	59.9	80.5	73.3	66.0	69.3
CFNet [Ours] w/CPGNet	**63.4**	**69.7**	**85.2**	**73.6**	**66.7**	89.8	74.3	61.0	**81.9**	73.1	68.3	**41.2+2.3**

表 5-23 CFNet 在 nuScenes 验证集上与现有方法的对比结果

Methods	PQ	PQ⁺	SQ	RQ	PQTh	SQTh	RQTh	PQSt	SQSt	RQSt	mIoU
Proposal-based Methods											
Cylinder3D&PointPillars	36.0	44.5	83.3	43.0	23.3	83.7	27.0	57.2	82.7	69.6	52.3
Cylinder3D&SECOND	40.1	48.4	84.2	47.3	29.0	84.4	33.6	58.5	83.7	70.1	58.5
PanopticTrackNet	51.4	56.2	80.2	63.3	45.8	81.4	55.9	60.4	78.3	75.5	58.0
EfficientLPS	62.0	55.6	83.4	73.9	56.8	83.2	68.0	70.6	83.8	83.6	65.6
Proposal-free Methods											
LPSAD	50.4	57.7	79.4	62.4	43.2	80.2	53.2	57.5	78.5	71.7	62.5
DS-Net	42.5	51.0	83.6	50.3	32.5	83.1	38.3	59.2	84.4	70.3	70.7
GP-S3Net	61.0	67.5	84.1	72.0	56.0	85.3	65.2	66.0	82.9	78.7	75.8
SMAC-Seg	67.0	71.8	85.0	78.2	65.2	87.1	74.2	68.8	82.9	82.2	72.2
Panoptic-PolarNet	63.4	67.2	83.9	75.3	59.2	84.1	70.3	70.4	83.6	83.5	66.9
SCAN	65.1	68.9	85.7	75.3	60.6	85.7	70.2	72.5	85.7	83.8	77.4
Panoptic-PHNet	74.7	77.7	88.2	84.2	74.0	89.0	82.5	75.9	86.8	86.9	**79.7**
CFNet [Ours] w/CPGNet	**75.1**	**78.0**	**88.8**	**84.6**	**74.8**	**89.8**	**82.9**	**76.6**	**87.1**	**87.3**	79.3

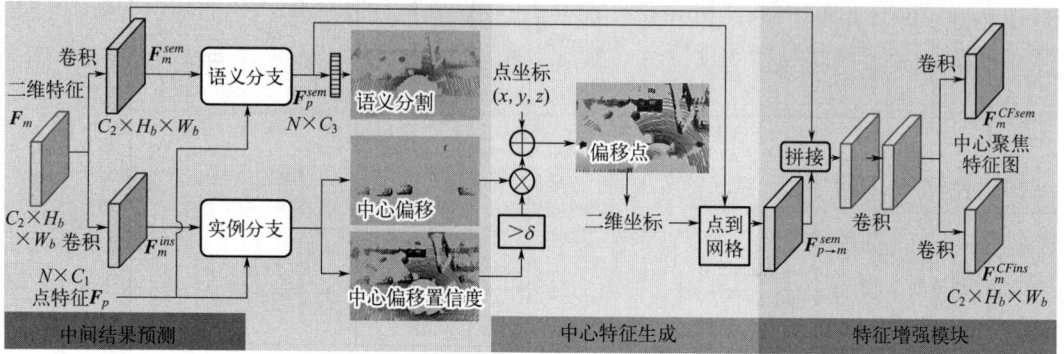

图 5-30 CFFE 流程图

该部分代码实现主要在 CFNet/models/cfnet.py 文件中。由于 CFFE 的主要贡献在于处理流程而不是具体的网络结构，因此我们主要解析 CFNet 类的 forward 函数，不再赘述侧重于网络不同层定义的 __init__ 函数和 build_network 函数。由于该代码实现顺序与框图顺序不完全一致，本书将代码进行了重新整理，但行号仍遵循原始行号。

a. 中间结果估计部分对应代码如下。该部分代码中 self.point_fusion_sem 对应了图 5-30 中语义分支（Semantic Branch）用来生成逐点语义特征，该特征输入 self.pred_layer_sem 用来生成逐点语义分割结果 pred_sem。self.point_fusion_ins 对应了图 5-30 中实例分支（Instance Branch）用来生成逐点实例特征 point_feat_ins，随后该特征输入 self.pred_layer_offset 和 self.pred_layer_hmap 中分别生成逐点指向相应物体中心点的偏移量和偏移量估计的置信度。

```
1. point_feat_sem = self.point_fusion_sem(point_feat_tmp, point_bev_
sem, point_rv_sem)
2.         pred_sem = self.pred_layer_sem(point_feat_sem).float()
3.          # ins branch
4.         point_feat_ins = self.point_fusion_ins(point_feat_tmp,
point_bev_ins, point_rv_ins)
5.         pred_offset = self.pred_layer_offset(point_feat_ins).
float().squeeze(-1).transpose(1, 2).contiguous()
6.         pred_hmap = self.pred_layer_hmap(point_feat_ins).float().
squeeze(1)
7.   preds_list = [(pred_sem, pred_offset, pred_hmap)]
```

b. 中心特征生成对应代码如下。其中，pred_offset_high_conf 表示在生成中心特征的时候只考虑偏移量估计置信度大于 self.pModel.score_thresh（原文中设置为 0.2）的点云。common_utils.reproj_with_offset 函数根据估计的偏移量将点云进行移动得到图 5-30 中的移动后的点云（Shifted Points），该函数进一步生成移动后的点云在鸟瞰图（BEV）下的坐标 pcds_coord_wl_reproj 和距离视图（RV）下的坐标 pcds_sphere_coord_reproj。接下来，两坐标中分别输入两种点到网格投影（即图 5-30 中的 P2G） self.point2bev_cffe 和 self.point2rv_cffe 用来生成鸟瞰图（BEV）和距离视图（RV）下的中心特征。

```
1.  pred_offset_high_conf = pred_offset.detach() * (pred_hmap > self.
pModel.score_thresh).float()
2.  # reprojection
3.  pcds_coord_wl_reproj, pcds_sphere_coord_reproj = common_utils.
reproj_with_offset(pcds_xyzi, pred_offset_high_conf,
4.      self.pModel.Voxel, self.dx, self.dy, self.phi_range_radian,
self.theta_range_radian, self.dphi, self.dtheta)
5.
6.  # BEV network
7.  bev_cfg_feat = self.point2bev_cffe(point_feat_sem, pcds_coord_wl_
reproj)
8.
9.  # RV network
10.  rv_cfg_feat = self.point2rv_cffe(point_feat_sem, pcds_sphere_
coord_reproj)
```

c. 特征增强模块代码如下。 bev_feat_sem 和 rv_feat_sem 分别是鸟瞰图（BEV）和距离视图（RV）的未移动的二维语义特征，它们分别跟移动后的特征 bev_feat_sem 和 rv_feat_sem 通过网络 self.bev_cffe 和 self.rv_cffe 融合，生成最终用于全景分割结果预测的特征。

```
1.  bev_feat_sem_final, bev_feat_ins_final = self.bev_cffe(bev_feat_
sem, bev_cfg_feat)
2.  point_bev_sem_cffe = self.bev2point_cffe(bev_feat_sem_final, pcds_
coord_wl)
3.  point_bev_ins_cffe = self.bev2point_cffe(bev_feat_ins_final, pcds_
coord_wl)
4.  # RV network
5.  rv_feat_sem_final, rv_feat_ins_final = self.rv_cffe(rv_feat_sem,
rv_cfg_feat)
6.  point_rv_sem_cffe = self.rv2point_cffe(rv_feat_sem_final, pcds_
sphere_coord)
7.  point_rv_ins_cffe = self.rv2point_cffe(rv_feat_ins_final, pcds_
sphere_coord)
```

② 重复中心删除模块（CDM）。该模块受检测中的非最大值抑制（non-maximum suppression， NMS）操作启发，用于快速去除重复的实例。上文提到，使用 CFFE 模块进行特征增强后，估计的距物体中心的偏移量更加准确。根据估计的偏移量移动物

体表面的点后，三维点将紧凑地聚集在物体中心。接下来，CDM 模块将这些三维点按照偏移量估计的置信度进行排序，依次取当前置信度最高的点，并抑制掉欧氏距离在 d（原文中取 0.8）内的其他中心点，最终没有被抑制的中心点就是物体的中心点，且每个物体有且仅有一个中心点。

CDM 模块是用 CUDA 代码实现的，具体代码在 CFNet/pytorch_lib/src/pt_lib_cuda_kernel.cu 中，从中截取了部分关键代码进行以下讲解。vote_nms_fast_cuda 是整个 CDM 模块的接口函数，其中 pcds_fg 是根据估计的偏移量移动后的物体点云（数量为"N"），pcds_center 是 CDM 模块最终输出的物体中心点（最大数量为"K"）。matching_mat 和 matching_mat_vote 分别是 $N×N$ 大小的矩阵用来记录 pcds_fg 中的点两两之间的欧氏距离是否大于距离阈值 dist_thresh 和小于距离阈值 vote_thresh，大于距离阈值 dist_thresh 的点需要被抑制，小于距离阈值 vote_thresh 的点用来做加权平均得到最终的物体中心点坐标。remv 和 keep 分别用来记录被抑制的中心点索引和最终需要保留的中心点索引。接下来，vote_nms::compute_matching_cuda_kernel，vote_nms::nms_kernel_post 和 vote_nms::vote_merge_kernel 是在 GPU 上多进程并行计算的函数，用来加速计算，其后面的参数 <<<BLOCKS(N * N), THREADS>>> 代表该函数在 GPU 上启动 BLOCKS(N * N) 个 block 和 THREADS 个 thread 的并行计算资源。其中，vote_nms::compute_matching_cuda_kernel 用来计算 matching_mat 和 matching_mat_vote，vote_nms::nms_kernel_post 用来计算 remv 和 keep，vote_nms::vote_merge_kernel 用来计算最终的输出 pcds_center。这些函数的具体实现请参考源码。

```
1.   void vote_nms_fast_cuda(at::Tensor pcds_fg, at::Tensor pcds_center,
at::Tensor matching_mat, at::Tensor matching_mat_vote,
2.          at::Tensor remv, at::Tensor keep, float dist_thresh, float
vote_thresh)
3.   {
4.       cudaSetDevice(pcds_fg.get_device());
5.       int64_t N = pcds_fg.size(0);
6.       int64_t C = pcds_fg.size(1);
7.
8.       int64_t K = pcds_center.size(0);
9.
10.       const int col_blocks = ceil_div(N, threadsPerBlock);
11.
12.      // malloc GPU memory
13.       ULONG* matching_mat_data = reinterpret_cast<ULONG*>(DATA_
PTR<int64_t>(matching_mat));
14.       ULONG* matching_mat_vote_data = reinterpret_cast<ULONG*>(DATA_
PTR<int64_t>(matching_mat_vote));
15.
16.      // nms kernel
```

```
17.        float* pcds_fg_data = DATA_PTR<float>(pcds_fg);
18.        vote_nms::compute_matching_cuda_kernel<<<BLOCKS(N * N),
THREADS>>>(pcds_fg_data, matching_mat_data,
19.            matching_mat_vote_data, dist_thresh, vote_thresh, N, C,
col_blocks);
20.
21.        // nms postprocess
22.        ULONG* remv_data = reinterpret_cast<ULONG*>(DATA_PTR<int64_
t>(remv));
23.        int64_t* keep_data = DATA_PTR<int64_t>(keep);
24.
25.        vote_nms::nms_kernel_post<<<1, 1>>>(matching_mat_data, remv_
data, keep_data, N, C, col_blocks, K);
26.
27.        // vote nms
28.        float* pcds_center_data = DATA_PTR<float>(pcds_center);
29.        vote_nms::vote_merge_kernel<<<BLOCKS(K), THREADS>>>(pcds_fg_
data, matching_mat_vote_data, keep_data, pcds_center_data,
30.            N, C, col_blocks, K);
31.    }
```

（3）启发与思考

CFNet 分析了无候选框 LiDAR 全景分割方法中的两个问题，分别是物体中心点通常不存在导致难以准确建模和实现实例分割过程中迭代式聚类慢的问题。针对第一个问题，CFNet 提出了中心聚焦特征编码（CFFE）模块，通过将物体点云移动到物体中心，再显示建模物体点云和物体中心点之间的关系，使得距物体中心点的偏移量估计更加准确。针对第二个问题，CFNet 提出了重复中心删除模块（CDM），只需迭代一次就可以为每个物体仅仅保留一个中心点，同时该模块也使用了 CUDA 进行加速。CFNet 中提出的无候选框全景分割关键问题，以及降低建模难度的由粗到细两阶段估计方式，在算法设计过程中，都有一定的借鉴意义。

第 **6** 章

多传感器融合感知

本章将介绍多传感器融合感知技术，根据不同传感器数据的融合方法，可以分为激光雷达与相机融合感知算法和毫米波雷达与相机融合感知算法。多传感器融合感知技术通过结合不同类型传感器的数据，可以显著提高环境感知的精度和鲁棒性。

激光雷达与相机融合感知算法结合了激光雷达点云和相机图像两种数据。相机图像通过不同 RGB 强度的像素，为三维感知任务提供密集的表观、纹理等信息。这些信息易于获取、成本低廉，并且直观地反映了人类视觉感知的世界，使得相关算法更容易模拟人类的识别和理解过程。然而，相机无法准确捕获场景的 3D 几何信息，对光照、天气条件和遮挡敏感，不能提供复杂场景的完整信息，这使得纯视觉感知算法在上述场景中不够稳定。而激光雷达传感器通过发射激光束，测量其反射情况来获得点云数据，包含场景的细粒度 3D 几何信息。激光雷达感知算法能够获取更精确的三维形状数据，且数据质量不易受时间和天气变化的影响。因此，通过融合激光雷达的几何信息和相机的表观信息，可以大大提高感知系统的稳定性和精度。

毫米波雷达与相机融合感知算法则结合了毫米波雷达和相机的数据。毫米波雷达在复杂环境下具有较强的抗干扰能力，可以提供物体的距离和速度信息。而相机则能够提供丰富的视觉信息。将两者进行融合，可以弥补单一传感器的不足，提供更加可靠的感知结果。相比激光雷达，毫米波雷达的成本较低，且能在恶劣天气条件下正常工作，但其分辨率较低。因此，其通过与相机数据的融合，能够提升相关算法的鲁棒性。

本章将详细介绍两种融合感知算法的具体方法，每类算法将通过具体实例进行详细说明，以帮助读者理解和应用多传感器融合感知技术。

表 6-1 列出了一些代表性多传感器感知融合算法及其对应的感知任务，其中具体方法将在下文中进行详细介绍。

表 6-1 多传感器感知融合算法汇总

	激光雷达和相机融合	毫米波雷达和相机融合
语义分割	FusionLane，PMF，CLFT	**Simple-BEV**，BEVCar，TransRadar，Achelous，ASY-VRNet，Mask-VRDet
实例分割	Kang 等人，DM-ISDNN，Bai 等人	WaterScenes，Achelous，Liu 等人
全景分割	LCPS，Panoptic-FusionNet，4D-Former	Achelous，ASY-VRNet，Mask-VRDet
物体检测	**BEVFusion**，**DeepInteraction**，DeepFusion，Fadadu 等人，Bai 等人	**CenterFusion**，CRN，RADIANT，RCBEVDet，CRKD，Achelous，ASY-VRNet，Mask-VRDet
物体跟踪	DeepFusionMOT，GNN-PMB，DFR-FastMOT	CFTrack，CRN，Cheng 等人
轨迹预测	Zou 等人，Fadadu 等人，Choi 等人	Notz 等人，Chang 等人，Kim 等人
占用网格语义分割	Erkent 等人，Shepel 等人，Jang 等人	CRN，Jin 等人，Sless 等人，RadarOcc
占用网格场景流	OccNet，OccFlowNet，Mahjourian 等人	RadarOcc，Radar Fields，Hidden Gems

6.1
激光雷达和相机融合

　　激光雷达和相机融合的 3D 感知算法在自动驾驶领域有着巨大的潜力，但同时也面临诸多挑战：①首先是激光雷达传感器和相机采集到的数据如何同步和校准的问题，二者具有不同的时间戳和分辨率，要求具有高度精确的时间同步和空间校准；②激光雷达采集到稀疏的点云数据，相机采集到稠密的 2D 图像数据，将这两种异构模态信息进行数据对齐、配准和融合是至关重要的；③在融合过程中，还需要有效地利用两种传感器的数据特性，实现优势互补。相机具有纹理和颜色等细粒度信息，而 LiDAR 在深度信息和距离测量上更准确，具有丰富的几何信息，二者如何进行高效的融合和交互是至关重要的，低效的融合可能导致多模态融合的算法性能比单模态算法的性能更差。④不同的环境条件（光照、雨雪等极端天气、障碍物）会显著影响激光雷达和相机的性能，因此设计更加稳健和鲁棒性的融合算法是至关重要的，可使其在各种复杂环境下都能可靠地工作，不至于因极端环境的影响而导致算法性能的下降。

6.1.1 BEVFusion

目前多传感器融合对于精确可靠的自动驾驶系统至关重要，点级融合使用相机特征增强 LiDAR 点云，但是相机到激光雷达的投影会丢失相机特征的语义密度，使得点级融合方法的有效性下降。因此 BEVFusion 通过在共享 BEV 表示空间中统一多模态特征，很好地保留了几何和语义信息。

具体来说，在将所有特征转换为 BEV 时，首先确定视图转换中主要的阻碍效率瓶颈：BEV 池化的操作占用模型运行时的 80% 以上，因此该算法提出一个具有预计算和间隔缩减的专用核来消除这一瓶颈，可以实现 40% 以上的加速比。

（1）方法概览

图 6-1 所示是 BEVFusion 的框架图，主要流程是：RGB 图像和 LiDAR 点云通过不同的传感器输入，应用特定于模态的编码器来提取它们的特征；其次将多模态特征转换为统一的 BEV 表示，该表示保留了几何和语义信息，根据已知的视图转换效率瓶颈，通过预计算和区间缩减技术来加速 BEV 池化；然后将基于卷积的 BEV 编码器应用到统一的 BEV 特征中，来缓解不同特征之间的局部失调，最后使用特定的任务头来使用分割或者检测任务。

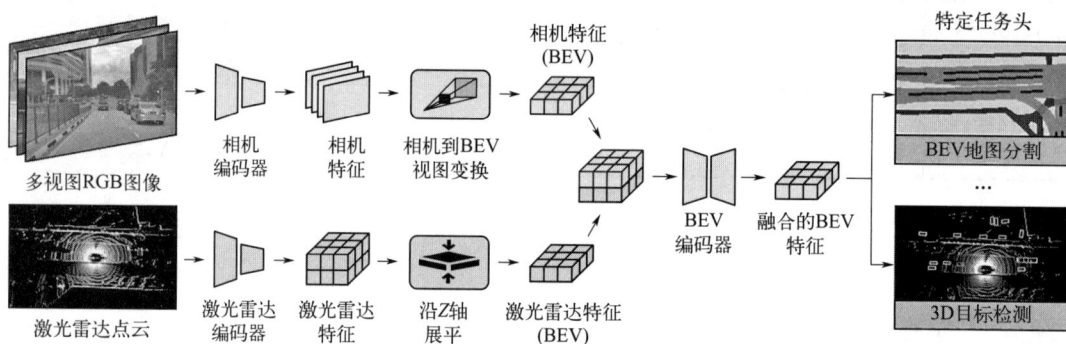

图 6-1 BEVFusion 框架图

如图 6-2 所示，该算法使用 BEV 作为融合的统一表示，该视图对所有的感知任务都很友好，且 BEV 特征既保持了几何结构，又保持了语义密度。将相机特征转为 BEV 特征的方式是：首先将每个特征像素沿着摄像机光轴分散成 D 个离散点，根据它们对应的深度概率重新确定相关特征；生成大小为 $N \times H \times W \times D$ 的相机特征点云，其中 N 是相机的数量，(H, W) 是相机特征图的大小，该 3D 特征点云以 r 的步长沿着 X、Y 轴被量化；使用 BEV 池化操作来聚合每个 $r \times r$ BEV 网格中的所有特征，然后沿着 Z 轴压缩特征。

针对传统的 BEV 池化操作低效的问题，笔者提出预计算和区间缩减技术来优化算法。预计算即预先计算每个点的 3D 坐标和 BEV 网格索引，根据网格索引对所有点进行排序，并记录每个点的顺序，因此在整个推理过程中，只需要根据预先计算的顺序对所有特征点进行重新排序即可。关于区间缩减技术，笔者通过一个可以在 BEV 网格上直接并行化的 GPU 内核，为每个网络分配一个 GPU 线程，该线程计算其间隔和并将结果写回。该内核消除了输出之间的依赖关系，并避免将部分和写入 DRAM 中（动态随机存储器），使得特征聚合的延迟从 500ms 减少到 2ms。

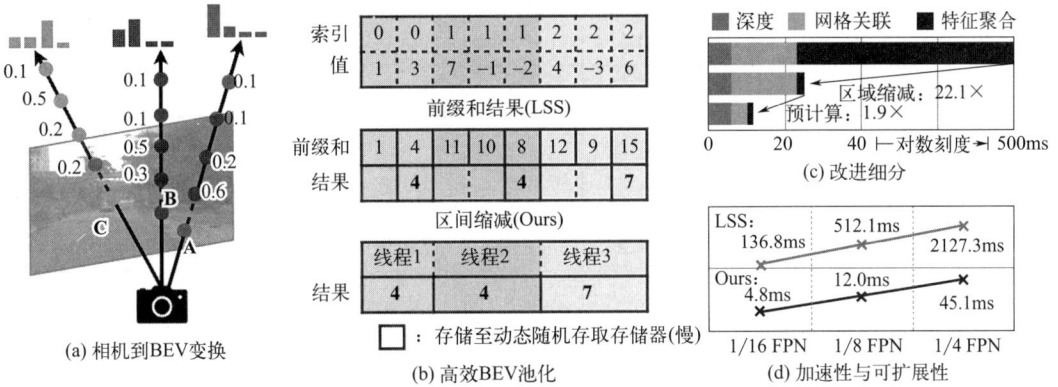

图 6-2 相机图像到 BEV 特征的转换

当图像和点云特征都被转换为 BEV 特征后，将二者融合在一起，但是由于视图变换中存在深度不准确，激光雷达和相机的 BEV 特征在空间中仍会出现一定程度的错位，因此使用基于卷积的 BEV 编码器来补偿这种局部不对齐。最后的多任务头，适用于 BEV 地图分割和 3D 物体检测任务。

BEVFusion 算法在 nuScenes 验证集和测试集上和其他算法的对比实验结果如表 6-2 所示（BEVDet，M²BEV，BEVFormer，BEVDet4D，PointPillars，SECOND，CenterPoint，PointPainting，PointAugmenting，MVP，FusionPainting， AutoAlign，FUTR3D，TransFusion）。

表 6-2　BEVFusion 在 nuScenes 数据集上的对比实验

方法	模态	mAP (*test*)	NDS (*test*)	mAP (*val*)	NDS (*val*)	MACs (G)	Latency (ms)
BEVDet	C	42.2†	48.2†	—	—	—	—
M²BEV	C	42.9	47.4	41.7	47.0	—	—
BEVFormer	C	44.5	53.5	41.6	51.7	—	—
BEVDet4D	C	45.1†	56.9†	—	—	—	—
PointPillars	L	—	—	52.3	61.3	65.5	34.4
SECOND	L	52.8	63.3	52.6	63.0	85.0	69.8
CenterPoint	L	60.3	67.3	59.6	66.8	153.5	80.7
PointPainting	C+L	—	—	65.8*	69.6*	370.0	185.8
PointAugmenting	C+L	66.8†	71.0†	—	—	408.5	234.4

方法	模态	mAP (*test*)	NDS (*test*)	mAP (*val*)	NDS (*val*)	MACs (G)	Latency (ms)
MVP	C+L	66.4	70.5	66.1*	70.0*	371.7	187.1
FusionPainting	C+L	68.1	71.6	66.5	70.7	—	—
AutoAlign	C+L	—	—	66.6	71.1	—	—
FUTR3D	C+L	—	—	64.5	68.3	1069.0	321.4
TransFusion	C+L	68.9	71.6	67.5	71.3	485.8	156.6
BEVFusion（Ours）	C+L	**70.2**	**72.9**	**68.5**	**71.4**	**253.2**	**119.2**
CenterPoint-Fusion	C+R+L	72.4#	74.9#	—	—	—	—
FusionVPE	C+L	73.3#	75.5#	—	—	—	—
BEVFusion（Ours）	C+L	**75.0#**	**76.1#**	**73.7#**	**74.9#**	—	—

（2）代码解析

目前 BEVFusion 代码已经在 github 上开源。其中 configs 文件夹包含配置文件，用于设置模型训练和评估的参数；mmdet3d 是主要的源码目录，包含实现 BEVFusion 模型的核心代码；tools 提供了训练、评估和数据处理的工具脚本；setup.cfg 和 setup.py 是项目的安装配置和脚本，提供了安装和依赖管理功能。

BEVFusion 算法的主要模型代码位于 mmdet3d/models/fusion_models/bevfusion.py 文件中，里面的 BEVFusion 类用于实现 BEVFusion 算法的检测支路的功能。其中，extract_camera_features 函数用于从相机图像中提取特征；输入 x 表示相机图像数据；points 是点云数据；radar_points 是雷达数据；camera2ego、lidar2ego、lidar2camera、lidar2image 表示各种坐标转换矩阵；camera_intrinsics 是相机内参矩阵，camera2lidar 是相机到激光雷达的转换矩阵；img_aug_matrix、lidar_aug_matrix 是图像和激光雷达的增强矩阵；img_metas 表示图像元数据；gt_depths 表示的是 groundtruth 的深度信息。首先调整输入数据的形状，然后使用 self.encoders 中的骨干网络 backbone 和 neck 网络提取相机图像特征。通过 self.encoders 中的视角变换模块（vtransform）将 2D 图像特征转换到 3D 空间，并结合点云、雷达数据和各种转换矩阵，实现多传感器融合，最后返回变换后的特征张量。

```
1. def extract_camera_features(
2.     self,
3.     x,
4.     points,
5.     radar_points,
6.     camera2ego,
7.     lidar2ego,
```

```
8.          lidar2camera,
9.          lidar2image,
10.         camera_intrinsics,
11.         camera2lidar,
12.         img_aug_matrix,
13.         lidar_aug_matrix,
14.         img_metas,
15.         gt_depths=None,
16.     ) -> torch.Tensor:
17.         B, N, C, H, W = x.size()
18.         x = x.view(B * N, C, H, W)
19.
20.         x = self.encoders["camera"]["backbone"](x)
21.         x = self.encoders["camera"]["neck"](x)
22.
23.         if not isinstance(x, torch.Tensor):
24.             x = x[0]
25.
26.         BN, C, H, W = x.size()
27.         x = x.view(B, int(BN / B), C, H, W)
28.
29.         x = self.encoders["camera"]["vtransform"](
30.             x,
31.             points,
32.             radar_points,
33.             camera2ego,
34.             lidar2ego,
35.             lidar2camera,
36.             lidar2image,
37.             camera_intrinsics,
38.             camera2lidar,
39.             img_aug_matrix,
40.             lidar_aug_matrix,
41.             img_metas,
42.             depth_loss=self.use_depth_loss,
43.             gt_depths=gt_depths,
44.         )
45.         return x
```

extract_features 函数用于提取指定传感器的特征，输入体素化的数据（feats、coords 和 sizes），然后通过编码器中 self.encoders 的骨干网络提取特征，最后返回提取到的特征。voxellize 函数用于对输入的点云数据进行体素化处理，首先遍历每个点云数据，进行体素化处理，得到特征、坐标和尺寸，然后将所有点云数据的特征、坐标和尺寸合并成一个张量，最后返回体素化后的特征、坐标和尺寸。

```python
1. def extract_features(self, x, sensor) -> torch.Tensor:
2.         feats, coords, sizes = self.voxelize(x, sensor)
3.         batch_size = coords[-1, 0] + 1
4.         x = self.encoders[sensor]["backbone"](feats, coords, batch_
size, sizes=sizes)
5.         return x
6.
7.     # def extract_lidar_features(self, x) -> torch.Tensor:
8.     #       feats, coords, sizes = self.voxelize(x)
9.     #       batch_size = coords[-1, 0] + 1
10.    #       x = self.encoders["lidar"]["backbone"](feats, coords,
batch_size, sizes=sizes)
11.    #       return x
12.
13.    # def extract_radar_features(self, x) -> torch.Tensor:
14.    #       feats, coords, sizes = self.radar_voxelize(x)
15.    #       batch_size = coords[-1, 0] + 1
16.    #       x = self.encoders["radar"]["backbone"](feats, coords,
batch_size, sizes=sizes)
17.    #       return x
18.
19.     @torch.no_grad()
20.     @force_fp32()
21.     def voxelize(self, points, sensor):
22.         feats, coords, sizes = [], [], []
23.         for k, res in enumerate(points):
24.             ret = self.encoders[sensor]["voxelize"](res)
25.             if len(ret) == 3:
26.                 # hard voxelize
27.                 f, c, n = ret
28.             else:
29.                 assert len(ret) == 2
30.                 f, c = ret
31.                 n = None
32.             feats.append(f)
33.             coords.append(F.pad(c, (1, 0), mode="constant", value=k))
34.             if n is not None:
35.                 sizes.append(n)
36.
37.         feats = torch.cat(feats, dim=0)
```

```
38.          coords = torch.cat(coords, dim=0)
39.          if len(sizes) > 0:
40.              sizes = torch.cat(sizes, dim=0)
41.              if self.voxelize_reduce:
42.                  feats = feats.sum(dim=1, keepdim=False) / sizes.
type_as(feats).view(
43.                      -1, 1
44.                  )
45.                  feats = feats.contiguous()
46.
47.      return feats, coords, sizes
```

在 forward 函数中，通过下面这段代码来将点云和图像对应的 BEV 特征进行融合。

```
1. if not self.training:
2.          # avoid OOM
3.          features = features[::-1]
4.
5.      if self.fuser is not None:
6.          x = self.fuser(features)
7.      else:
8.          assert len(features) == 1, features
9.          x = features[0]
```

（3）启发与思考

BEVFusion 算法是一种用于自动驾驶的多任务多传感器融合框架。BEVFusion 在统一的鸟瞰视图（BEV）表示空间中融合多模态特征，有效保留几何结构和语义信息。通过优化视图变换中的 BEV 池化操作，该方法显著减少了延迟，提升了效率。实验结果表明，BEVFusion 在 nuScenes 数据集上的 3D 物体检测和 BEV 地图分割任务中达到了新的最先进性能，同时计算效率提高了 1.9 倍。这表明，统一表示空间在多传感器融合中具有重要应用前景。

6.1.2 DeepInteraction

DeepInteraction 是发表在 2022 年 NeurIPS 上的一篇论文，该算法的动机是目前的顶级性的 3D 物体检测器通常依赖多模态融合策略，但是这些方法一定程度上忽略了特定于模态的有用信息，丢失单一模态表征优势，并导致模型的性能较差。因此 DeepInteraction 提出一种新的模态融合策略，通过设计多模态表征交互编码器和多模态预测交互解码器来实现该策略。

（1）方法概览

图 6-3 所示为多模态表征交互编码器的说明图，采用多输入多输出（MIMO）结

构，即输入 LiDAR 点云和相机图像两个单一模态，输出相应的两个校正模态。其中 (a) 是图像到 LiDAR 点云特征交互，将图像表征中的视觉信号传播到 LiDAR BEV 特征，(b) 是 LiDAR 点云到图像特征交互，从 LiDAR 点云表征中获取跨模态相对上下文来增强图像表征。h_p 和 h_c 分别表示 LiDAR 点云 BEV 特征和相机图像特征。

如图 6-3（a）所示，将 3D 点云中的每个点投影到多个视图上，形成稀疏深度图像 d_{sparse}，然后进行深度补全，得到密集深度图 d_{dense}，利用密集深度图将图像空间中的每个像素反向投影到 3D 点空间，其中 3D 点坐标表示为 (x,y,z)，使用 (x,y) 定位对应的 BEV 坐标（i_p, j_p），通过大小为 $(2k+1) \times (2k+1)$ 的邻域采样获得这种对应关系。如图 6-3(b) 所示，给定 BEV 视图中的坐标 (i_p, j_p)，获得该坐标对应的柱（pillar）内的 LiDAR 点坐标 (x,y,z)，然后根据相机内参和外参将这些 3D 点投影到相机图像坐标系 (i, j) 中。

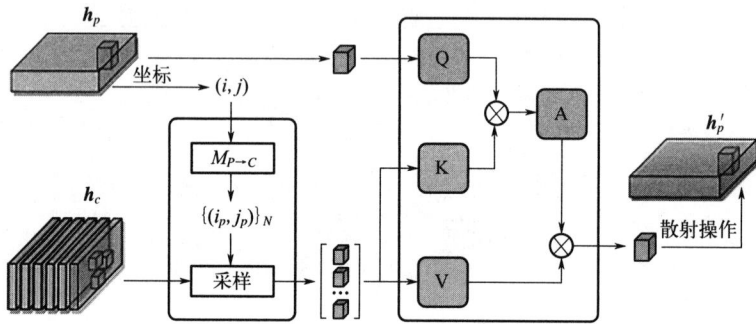

(a) 图像到LiDAR点云特征交互

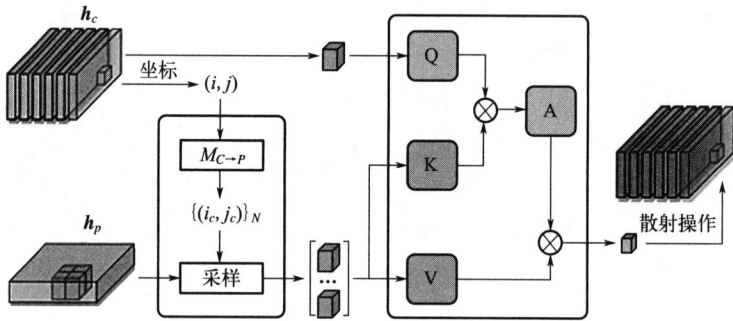

(b) LiDAR点云到图像特征交互

图6-3 多模态特征交互编码器说明图

在多模态表征交互编码器中，还采用基于注意力机制的特征交互方式。图像特征点作为查询 $q = h_c^{[i_c, j_c]}$，它的跨模态邻居 N_q，作为交叉注意力学习的键 k 和值 v。如下式所示：

$$\mathcal{F}_{\emptyset_{c \to p}}(\boldsymbol{h}_c, \boldsymbol{h}_p)^{[i,j]} = \sum_{\boldsymbol{k}, \boldsymbol{v} \in N_q} \text{softmax}\left(\frac{\boldsymbol{qk}}{\sqrt{d}}\right)\boldsymbol{v} \tag{6-1}$$

式中，$h^{[i,j]}$ 表示选取 2D 表示 h 上的位置为 (i, j) 的元素。编码器最终获得两个整合每个模态的输出：h'_p, h'_c。

图 6-4 所示是多模态预测交互解码器的说明图。图 6-4（a）中以一种模态为条件来增强另一种模态的 3D 物体检测，该解码器是堆叠多个多模态预测交互层（MMPI）构建的。物体查询和前一层的预测框作为输入进行集合预测，并能和编码器输出的 LiDAR/image 表征进行交互。图 6-4（b）是多模态预测交互层（MMPI）的具体结构图。

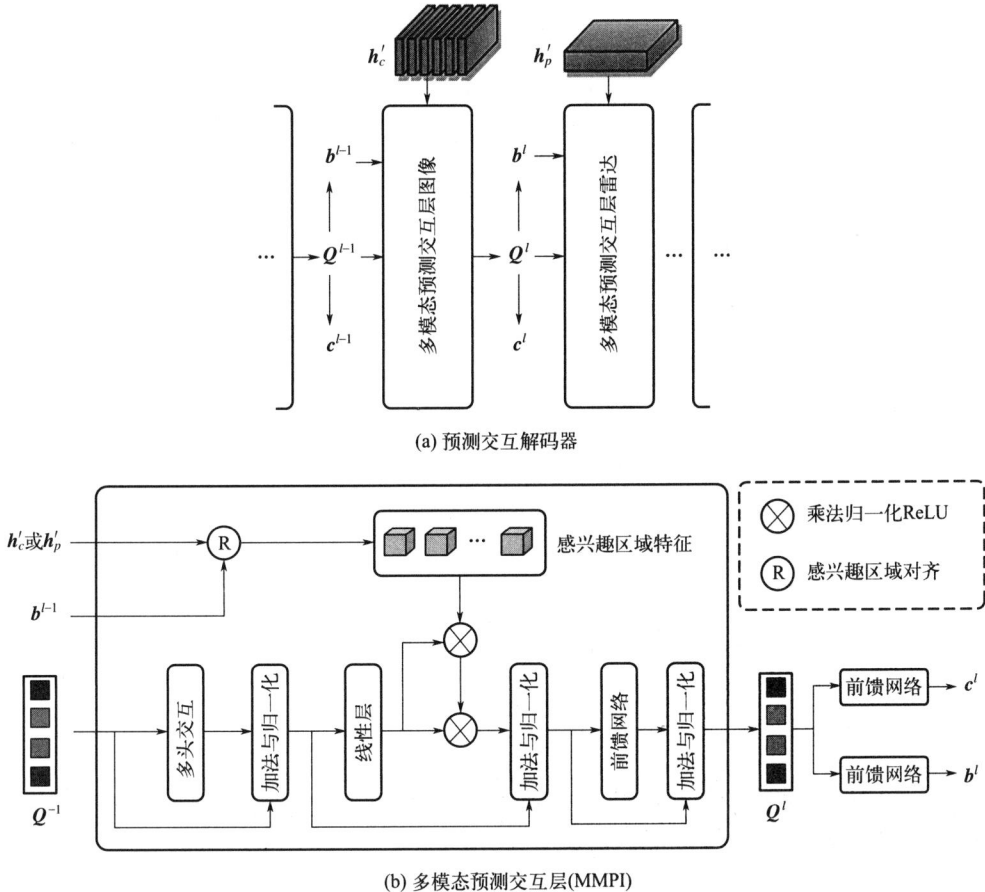

(a) 预测交互解码器

(b) 多模态预测交互层(MMPI)

图 6-4　多模态预测交互解码器说明图

具体来说，如图 6-4(a) 所示，图像表征的多模态预测交互（MMPI-image）的原理是：前一层生成的 3D 物体提案框 $\{b_n^{(l-1)}\}_{n=1}^N$ 和物体查询 $\{Q_n^{(l-1)}\}_{n=1}^N$ 利用图像表征 h'_c 对预测进一步调整。3D 物体提案框用于在图像上生成感兴趣区域（RoI），并更新查询的预测。同理，LiDAR 表征的多模态预测交互原理（MMPI-LiDAR）与图像一致，只是输入的是 LiDAR BEV 表征 h'_p。

表 6-3 所示是 DeepInteraction 算法在 nuScenes 测试集上与最先进的方法进行比较的结果（对比方法包括 BEVDet4D，BEVFormer，Ego3RT，PolarFormer，CenterPoint，Focal Conv，Transfusion，Large Kernel3D，FUTR3D，PointAugmenting，MVP，

AutoAlignV2，BEVFusion）。

表6-3 DeepInteraction 在 nuScenes 测试集上的对比实验

方法	模态	骨干网络		验证		测试	
		图像	激光雷达	mAP ↑	NDS ↑	mAP ↑	NDS ↑
BEVDet4D	C	Swin-Base	—	42.1	54.5	45.1	56.9
BEVFormer	C	V99	—	—	—	48.1	56.9
Ego3RT	C	V99	—	47.8	53.4	42.5	47.9
PolarFormer	C	V99	—	50.0	56.2	49.3	57.2
CenterPoint	L	—	VoxelNet	59.6	66.8	60.3	67.3
Focals Conv	L	—	VoxelNet-FocalsConv	61.2	68.1	63.8	70.0
Transfusion-L	L	—	VoxelNet	65.1	70.1	65.5	70.2
LargeKernel3D	L	—	VoxelNet-LargeKernel3D	63.3	69.1	65.3	70.5
FUTR3D	L+C	R101	VoxelNet	64.5	68.3	—	—
PointAugmenting	L+C	DLA34	VoxelNet	—	—	66.8	71.0
MVP	L+C	DLA34	VoxelNet	67.1	70.8	66.4	70.5
AutoAlignV2	L+C	CSPNet	VoxelNet	67.1	71.2	68.4	72.4
TransFusion	L+C	R50	VoxelNet	67.5	71.3	68.9	71.6
BEVFusion	L+C	Swin-Tiny	VoxelNet	67.9	71.0	69.2	71.8
BEVFusion	L+C	Swin-Tiny	VoxelNet	68.5	71.4	70.2	72.9
DeepInteraction-base	L+C	R50	VoxelNet	**69.9**	**72.6**	**70.8**	**73.4**
Focals Conv-F	L+C	R50	VoxelNet-FocalsConv	67.1	71.5	70.1	73.6
LargeKernel3D-F	L+C	R50	VoxelNet-LargeKernel	—	—	71.1	74.2
DeepInteraction-large	L+C	Swin-Tiny	VoxelNet	**72.6**	**74.4**	**74.1**	**75.5**
BEVFusion-e	L+C	Swin-Tiny	VoxelNet	73.7	74.9	75.0	76.1
DeepInteraction-e	L+C	Swin-Tiny	VoxelNet	**73.9**	**75.0**	**75.6**	**76.3**

（2）代码解析

目前 DeepInteraction 算法代码已经开源。projects 文件夹中包含 configs 文件夹和 mmdet3d_plugin 文件夹，其中 configs 包含训练和测试模型的相关配置文件；mmdet3d_plugin 文件夹中包含 DeepInteraction 算法的主要模型代码和相关插件、实用工具模块等。tools 文件夹中包含训练和测试模型的脚本文件：train.py 和 test.py。

DeepInteraction 算法的主要模型代码位于 projects/mmdet3d_plugin/models/detectors/deepinteraction.py 文件中的 DeepInteraction 类中。DeepInteraction 类中的 extract_img_feat 函数用于从图像中提取特征，输入图像张量和包含图像元数据的列表 img_metas，根据图像的维度调整形状，使用 self.img_backbone 骨干网络提取图像特征，即区域提案网络（FPN）。extract_pts_feat 函数从点云中提取特征，输入点云数据 pts、图像特征 img_feats 和图像元数据 img_metas。通过将点云体素化来提取点云特征，然后通过 self.pts_middle_encoder 和 self.pts_backbone 进一步提取点云特征，即稀疏编码器和稀疏卷积网络，然后将点云数据柱状化，提取柱状 (pillars) 特征。extract_feat 函数从图像和点云中提取特征，并使用 self.imgpts_neck 函数将图像特征和点云特征融合在一起，即多模态表征交互编码器，最后返回融合后的新图像和新点云特征。

```
1. def extract_img_feat(self, img, img_metas):
2.        """Extract features of images."""
3.        if self.with_img_backbone and img is not None:
4.            input_shape = img.shape[-2:]
5.            # update real input shape of each single img
6.            for img_meta in img_metas:
7.                img_meta.update(input_shape=input_shape)
8.
9.            if img.dim() == 5 and img.size(0) == 1:
10.                img.squeeze_(0)
11.            elif img.dim() == 5 and img.size(0) > 1:
12.                B, N, C, H, W = img.size()
13.                img = img.view(B * N, C, H, W)
14.            img_feats = self.img_backbone(img.float())
15.        else:
16.            return None
17.        if self.with_img_neck:
18.            img_feats = self.img_neck(img_feats)
19.        return img_feats
20.
21.    def extract_pts_feat(self, pts, img_feats, img_metas):
22.        """Extract features of points."""
23.        if not self.with_pts_bbox:
```

```
24.             return None
25.             voxels, num_points, coors = self.voxelize(pts,voxel_type=
'voxel')
26.             voxel_features = self.pts_voxel_encoder(voxels, num_points, coors)
27.             batch_size = coors[-1, 0] + 1
28.             x = self.pts_middle_encoder(voxel_features, coors, batch_size)
29.             x = self.pts_backbone(x)
30.             if self.with_pts_neck:
31.                 x = self.pts_neck(x)
32.
33.             pillars, pillars_num_points, pillar_coors = self.
voxelize(pts, voxel_type='pillar')
34.             pillar_features = self.pts_voxel_encoder(pillars, pillars_
num_points, pillar_coors)
35.             pts_metas = {}
36.             pts_metas['pillar_center'] = pillar_features
37.             pts_metas['pillars'] = pillars
38.             pts_metas['pillars_num_points'] = pillars_num_points
39.             pts_metas['pillar_coors'] = pillar_coors
40.             pts_metas['pts'] = pts
41.             return x, pts_metas
42.
43.     def extract_feat(self, points, img, img_metas):
44.             img_feats = self.extract_img_feat(img, img_metas)
45.             pts_feats, pts_metas = self.extract_pts_feat(points, img_
feats, img_metas)
46.             new_img_feat, new_pts_feat = self.imgpts_neck(img_feats[0],
pts_feats[0], img_metas, pts_metas)
47.             return (new_img_feat, new_pts_feat)
```

在 DeepInteraction 类中，forward_pts_train 函数用于点云分支的前向训练，并计算损失函数。输入的参数包括点云和图像特征，每个样本的 3D ground truth 边界框和标签，图像样本的元数据和要忽略的 2D ground truth 边界框。 通过输入点云特征、图像特征和图像特征元数据，调用 self.pts_bbox_head 函数来提取特征，然后计算损失函数。而 self.pts_bbox_head 函数即多模态预测交互解码器。

```
1. def forward_pts_train(self,
2.                         pts_feats,
3.                         img_feats,
4.                         gt_bboxes_3d,
5.                         gt_labels_3d,
6.                         img_metas,
```

```
7.                                   gt_bboxes_ignore=None):
8.            """Forward function for point cloud branch.
9.
10.          Args:
11.              pts_feats (list[torch.Tensor]): Features of point cloud
branch
12.              gt_bboxes_3d (list[:obj:'BaseInstance3DBoxes']): Ground
truth
13.                  boxes for each sample.
14.              gt_labels_3d (list[torch.Tensor]): Ground truth labels
for
15.                  boxes of each sampole
16.              img_metas (list[dict]): Meta information of samples.
17.              gt_bboxes_ignore (list[torch.Tensor], optional): Ground
truth
18.                  boxes to be ignored. Defaults to None.
19.
20.          Returns:
21.              dict: Losses of each branch.
22.          """
23.          outs = self.pts_bbox_head(pts_feats, img_feats, img_metas)
24.          loss_inputs = [gt_bboxes_3d, gt_labels_3d, outs]
25.          losses = self.pts_bbox_head.loss(*loss_inputs)
26.          return losses
```

多模态特征交互编码器和多模态预测交互解码器：

DeepInteractionEncoder 类是多模态特征交互编码器，位于 projects/mmdet3d_
plugin/models/necks/deepinteraction_encoder.py 文件中。在 forward 函数中，输入
的参数包括图像和点云特征，图像和点云的元数据。使用 self.shared_conv_img 函数
和 self.shared_conv_pts 函数（共享卷积层）对图像特征和点云特征进行初步处理，得
到新的图像特征和点云特征。然后逐层应用融合层，融合层 DeepInteractionEncoder
Layer 类中包含基于注意力机制的特征交互方式的相关代码。将图像和点云特征进行融
合，最后返回新的图像特征和处理后的点云特征。

```
1. class DeepInteractionEncoder(nn.Module):
2.    def __init__(self,
3.              num_layers=2,
4.              in_channels_img=64,
5.              in_channels_pts=128 * 3,
6.              hidden_channel=128,
7.              bn_momentum=0.1,
```

```
8.                bias='auto',
9.              ):
10.          super(DeepInteractionEncoder, self).__init__()
11.
12.          self.shared_conv_pts = build_conv_layer(
13.              dict(type='Conv2d'),
14.              in_channels_pts,
15.              hidden_channel,
16.              kernel_size=3,
17.              padding=1,
18.              bias=bias,
19.          )
20.          self.shared_conv_img = build_conv_layer(
21.              dict(type='Conv2d'),
22.              in_channels_img,
23.              hidden_channel,
24.              kernel_size=3,
25.              padding=1,
26.              bias=bias,
27.          )
28.          self.num_layers = num_layers
29.          self.fusion_blocks = nn.ModuleList()
30.          for i in range(self.num_layers):
31.              self.fusion_blocks.append(DeepInteractionEncoderLayer
(hidden_channel))
32.
33.          self.bn_momentum = bn_momentum
34.          self.init_weights()
35.
36.      def init_weights(self):
37.          self.init_bn_momentum()
38.
39.      def init_bn_momentum(self):
40.          for m in self.modules():
41.              if isinstance(m, (nn.BatchNorm2d, nn.BatchNorm1d)):
42.                  m.momentum = self.bn_momentum
43.
44.      def forward(self, img_feats, pts_feats, img_metas, pts_metas):
45.          new_img_feat = self.shared_conv_img(img_feats)
46.          new_pts_feat = self.shared_conv_pts(pts_feats)
47.          pts_feat_conv = new_pts_feat.clone()
48.          for i in range(self.num_layers):
49.              new_img_feat, new_pts_feat = self.fusion_blocks[i](new_
img_feat, new_pts_feat, img_metas, pts_metas)
50.          return new_img_feat, [pts_feat_conv, new_pts_feat]
```

DeepInteractionDecoder 类是多模态预测交互解码器的代码，对应图 6-4。由于代码量过大，在这里我们主要介绍 forward 函数的相关功能对应的输入和输出。forward 函数中输入点云和图像特征、图像元数据 img_metas。首先从点云输入中提取特征，然后压缩展平，生成 BEV 的位置坐标。提取图像特征并获取其形状。计算密集热图并通过两个热图的平均值生成最终的热图，应用最大池化操作，获取局部最大值。对热图中的提案进行排序，选择前 num_propoasls 个提案，获取这些提案的类别与索引，最后提取这些提案对应的特征。添加类别嵌入查询特征中，并计算查询位置，通过逐层解码生成预测结果并更新位置。

```
1. def forward(self, pts_inputs, img_inputs, img_metas):
2.         """Forward function for CenterPoint.
3.
4.         Args:
5.             inputs (torch.Tensor): Input feature map with the shape of
6.                 [B, 512, 128(H), 128(W)]. (consistent with L748)
7.
8.         Returns:
9.             list[dict]: Output results for tasks.
10.         """
11.         lidar_feat = pts_inputs[0]
12.         batch_size = lidar_feat.shape[0]
13.         lidar_feat_flatten = lidar_feat.view(batch_size, lidar_
feat.shape[1], -1)    # [BS, C, H*W]
14.         bev_pos = self.bev_pos.repeat(batch_size, 1, 1).to(lidar_
feat.device)
15.
16.         img_feat = img_inputs    # [BN, C, H, W]
17.         BN, I_C, I_H, I_W = img_feat.shape
18.         img_h = I_H
19.         img_w = I_W
20.         new_lidar_feat = pts_inputs[1]
21.         bev_feat = new_lidar_feat.view(batch_size, new_lidar_feat.
shape[1], -1)
22.
23.         dense_heatmap = self.heatmap_head(lidar_feat)
24.         dense_heatmap_img = self.heatmap_head_img(bev_feat.
view(lidar_feat.shape))    # [BS, num_classes, H, W]
25.         heatmap = (dense_heatmap.detach().sigmoid() + dense_
heatmap_img.detach().sigmoid()) / 2
26.         padding = self.nms_kernel_size // 2
27.         local_max = torch.zeros_like(heatmap)
```

```
28.          # equals to nms radius = voxel_size * out_size_factor *
kenel_size
29.          local_max_inner = F.max_pool2d(heatmap, kernel_size=self.
nms_kernel_size, stride=1, padding=0)
30.          local_max[:, :, padding:(-padding), padding:(-padding)] =
local_max_inner
31.          ## for Pedestrian & Traffic_cone in nuScenes
32.          if self.test_cfg['dataset'] == 'nuScenes':
33.              local_max[:, 8, ] = F.max_pool2d(heatmap[:, 8], kernel_
size=1, stride=1, padding=0)
34.              local_max[:, 9, ] = F.max_pool2d(heatmap[:, 9], kernel_
size=1, stride=1, padding=0)
35.          elif self.test_cfg['dataset'] == 'Waymo':  # for Pedestrian
& Cyclist in Waymo
36.              local_max[:, 1, ] = F.max_pool2d(heatmap[:, 1], kernel_
size=1, stride=1, padding=0)
37.              local_max[:, 2, ] = F.max_pool2d(heatmap[:, 2], kernel_
size=1, stride=1, padding=0)
38.          heatmap = heatmap * (heatmap == local_max)
39.          heatmap = heatmap.view(batch_size, heatmap.shape[1], -1)
40.
41.          # top #num_proposals among all classes
42.          top_proposals = heatmap.view(batch_size, -1).
argsort(dim=-1, descending=True)[..., :self.num_proposals]
43.          top_proposals_class = top_proposals // heatmap.shape[-1]
44.          top_proposals_index = top_proposals % heatmap.shape[-1]
45.          query_feat = lidar_feat_flatten.gather(index=top_proposals_
index[:, None, :].expand(-1, lidar_feat_flatten.shape[1], -1), dim=-1)
46.          self.query_labels = top_proposals_class
47.
48.          # add category embedding
49.          one_hot = F.one_hot(top_proposals_class, num_classes=self.
num_classes).permute(0, 2, 1)
50.          query_cat_encoding = self.class_encoding(one_hot.float())
51.          query_feat += query_cat_encoding
52.
53.          query_pos = bev_pos.gather(index=top_proposals_index[:,
None, :].permute(0, 2, 1).expand(-1, -1, bev_pos.shape[-1]), dim=1)
54.
55.          ret_dicts = []
56.          for i in range(self.num_decoder_layers):
57.              prefix = 'last_' if (i == self.num_decoder_layers - 1)
else f'{i}head_'
```

```
58.
59.            # Transformer Decoder Layer
60.            # :param query: B C Pq    :param query_pos: B Pq 3/6
61.            query_feat = self.decoder[i](query_feat, lidar_feat_
flatten, query_pos, bev_pos)
62.
63.            # Prediction
64.            res_layer = self.prediction_heads[i](query_feat)
65.            res_layer['center'] = res_layer['center'] + query_pos.
permute(0, 2, 1)
66.            first_res_layer = res_layer
67.
68.            # for next level positional embedding
69.            query_pos = res_layer['center'].detach().clone().permute(0,
2, 1)
```

然后，展平图像特征并生成图像特征的位置坐标，逐层进行多模态特征解码和预测，更新预测结果，处理未在图像上的掩码，最后返回所有层的结果。

```
32. img_feat_flatten = img_feat.view(batch_size, self.num_views, img_
feat.shape[1], -1)
33. if self.img_feat_pos is None:
34.     (h, w) = img_inputs.shape[-2], img_inputs.shape[-1]
35.     img_feat_pos = self.img_feat_pos = self.create_2D_grid(h,
w).to(img_feat_flatten.device)
36. else:
37.     img_feat_pos = self.img_feat_pos
38.
39. self.on_the_image_mask = []
40.
41. for layer_idx in range(self.num_mmpi):
42.     prev_query_feat = query_feat.clone()
43.     query_pos = res_layer['center'].detach().clone().permute(0, 2, 1)
44.     query_feat, on_the_image = self.decode_head[layer_idx](
45.         query_feat=prev_query_feat, res_layer=res_layer,
46.         new_lidar_feat=new_lidar_feat, img_feat_flatten=img_feat_flatten,
47.         img_metas=img_metas, img_h=img_h, img_w=img_w
48.     )
49.     res_layer = self.pred_head[layer_idx](torch.cat([query_feat,
prev_query_feat], dim=1))
50.     res_layer['center'] = res_layer['center'] + query_pos.permute(0, 2, 1)
51.     if layer_idx % 2 == 0:
```

```
52.            self.on_the_image_mask.append(on_the_image != -1)
53.            for key, value in res_layer.items():
54.                pred_dim = value.shape[1]
55.                res_layer[key][~self.on_the_image_mask[-1].unsqueeze(1).
repeat(1, pred_dim, 1)] = first_res_layer[key][~self.on_the_image_mask[-1].
unsqueeze(1).repeat(1, pred_dim, 1)]
56.        ret_dicts.append(res_layer)
57.
58. if self.initialize_by_heatmap:
59.        ret_dicts[0]['query_heatmap_score'] = heatmap.gather(index=top_
proposals_index[:, None, :].expand(-1, self.num_classes, -1), dim=-1)   # [bs,
num_classes, num_proposals]
60.        ret_dicts[0]['dense_heatmap'] = dense_heatmap_img
61.
62. if self.auxiliary is False:
63.        # only return the results of last decoder layer
64.        return [ret_dicts[-1]]
65.
66. # return all the layer's results for auxiliary superivison
67. new_res = {}
68. for key in ret_dicts[0].keys():
69.        if key not in ['dense_heatmap', 'dense_heatmap_old', 'query_
heatmap_score']:
70.            new_res[key] = torch.cat([ret_dict[key] for ret_dict in
ret_dicts], dim=-1)
71.        else:
72.            new_res[key] = ret_dicts[0][key]
73. return [[new_res]]
```

（3）启发与思考

DeepInteraction算法通过创新的多模态交互策略，将LiDAR和相机数据有效融合，显著提升了3D物体检测的准确性。它在结构设计上展示了多模态表示交互编码器和多模态预测交互解码器的优势，并在nuScenes数据集上取得了优异的实验结果，验证了方法的有效性和通用性。该方法为多模态信息融合在自动驾驶和智能安防等领域的应用提供了重要参考。

6.2
毫米波雷达和相机融合

毫米波雷达数据在恶劣天气条件下非常鲁棒，能提供远距离的速度和距离信息，但其点云数据较稀疏，空间分辨率较低。而相机数据具有高分辨率和丰富的视觉特征，但在深度感知和恶劣天气条件下表现较差。因此，毫米波雷达和相机融合能够获取互补特征，进一步提高算法的性能和鲁棒性。这类方法的核心挑战在于如何有效地处理和融合来自这两种传感器的异构数据。融合这两种数据首先需要解决数据对齐问题，确保来自不同传感器的数据能够在同一坐标系下准确匹配。此外，还需要设计高效的算法，将雷达的速度和距离信息与相机的视觉特征结合起来，以提高整体检测的准确性和鲁棒性。处理这些挑战需要在数据预处理、数据对齐、特征提取和信息融合等方面进行深入研究和优化。

6.2.1 CenterFusion

自动驾驶车辆的感知系统需要在各种环境条件下保持高鲁棒性和精度。然而，传统的基于单一传感器（如相机或激光雷达）的方法在恶劣天气条件下表现不佳，无法全面提供环境感知。此外，激光雷达和相机在没有时间信息的情况下无法检测物体的速度，而估计物体速度是许多场景中避免碰撞的关键要求。相比之下，毫米波雷达对恶劣天气条件非常鲁棒，能在长距离内检测物体（检测距离可达200m），并利用多普勒效应准确估计物体速度，无需任何时间信息。多传感器融合（如毫米波雷达和相机）能够结合不同传感器的优点，提供更全面的环境感知。然而，毫米波雷达点云数据稀疏，直接应用现有的 LiDAR 方法困难，且数据对齐和关联的复杂性增加。因此，开发一种有效融合毫米波雷达和相机数据的方法至关重要。

在早期融合方法中，不同传感器模式的原始或预处理数据被融合在一起，网络从中学习联合表示，但这种方法对数据的空间或时间不对齐敏感。晚期融合方法在决策层面结合来自不同模式的数据，提供了更大的灵活性，但没有充分利用可用的感知模式，因为它未获得通过学习联合表示的中间特征。

CenterFusion 是一种利用毫米波雷达和相机数据进行3D物体检测的中间融合方法，分别从不同模式中提取特征，并在中间阶段结合，使网络能够学习联合表示，在敏感性和灵活性之间创造平衡。具体来说，首先用 CenterNet 检测图像上的物体中心点，生成初步的检测结果，包括物体的 2D 边界框、深度和方向等。然后，通过视锥关联机制，将毫米波雷达检测结果与图像中的物体中心点关联起来，生成基于毫米波雷达的特征图。最后，将毫米波雷达特征图与图像特征图结合，重新计算物体的 3D 边界框、速度、旋转和属性，从而提高检测精度和鲁棒性。

（1）方法概览

CenterFusion 的总体框架如图 6-5 所示。

该方法分为多个阶段，包括图像和雷达点云特征提取、特征融合以及 3D 边界框的回归和解码：

① 图像特征提取：图像通过一个全卷积骨干网络提取特征，提取的图像特征使用初级回归头预测图像上的物体中心点，以及物体的 2D 尺寸（宽度和高度）、中心偏移、3D 尺寸、深度和旋转。这提供了一个准确的 2D 边界框以及每个场景中检测到的物体的初步 3D 边界框。

② 毫米波雷达点云特征提取：毫米波雷达点云经过柱状扩展，将每个雷达点扩展为固定大小的柱状体，以更好地表示物理物体。

③ 视锥关联：使用物体的初级回归头预测的 2D 边界框和估计的深度为每个物体创建 3D 感兴趣区域（RoI），即视锥，将雷达检测结果与图像中的物体中心点准确关联。

④ 特征融合：将雷达特征图与图像特征图结合，生成融合特征。

⑤ 次级回归头：利用融合特征重新估计深度、旋转、速度和其他属性。

⑥ 3D 边界框解码：将次级回归头生成的深度、速度、旋转和属性特征解码为 3D 边界框。

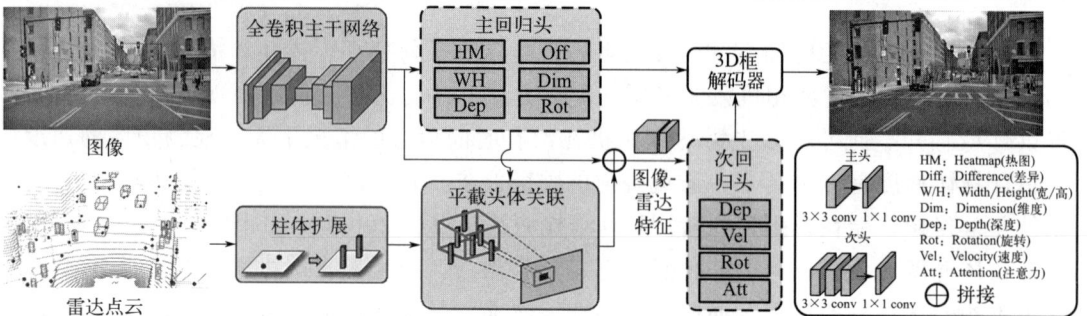

图 6-5 CenterFusion 算法框架

视锥关联机制是 CenterFusion 的关键创新点，如图 6-6 所示。首先，基于物体的 2D 边界框和估计的深度，为每个物体创建 3D 感兴趣区域（RoI），即视锥。通过视锥限制需要检查的毫米波雷达检测点数量，确保仅考虑视锥内的检测点。然后，利用物体的 3D 边界框、尺寸和旋转信息，进一步滤除与物体无关的检测点。最终，将视锥内最近的毫米波雷达检测点作为对应物体的检测点。这一机制显著提高了毫米波雷达检测结果与图像中物体中心点的关联精度，减少了重叠和误关联问题，提升了整体检测效果。

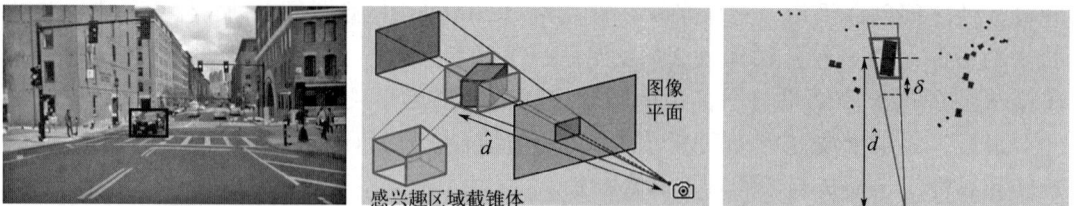

图 6-6 视锥关联机制

表 6-4 展示了在 nuScenes 数据集上 3D 物体检测的性能比较（对比方法包括 InfoFocus，OFT，MonoDIS，CenterNet），涵盖了多个错误指标。结果显示，CenterFusion［标记为 Ours（DLA）］在测试集上的 NDS 得分为 0.449，显著高于其他基于相机的方法，并在速度和方向预测上表现尤为出色。验证集上的 NDS 为 0.453，同样显著优于 CenterNet（DLA）的 0.328。在所有错误指标上，CenterFusion 都表现得更好。表 6-4 中不同类别的平均精度（mAP）比较（对比方法

包括 InfoFocus，MonoDIS，CenterNet），涵盖了多种交通工具和行人类别。在测试集上，CenterFusion［标记为 Ours（DLA）］在摩托车和行人类别上表现尤为突出。在验证集上，CenterFusion 在所有类别上的 mAP 平均值均高于 CenterNet（DLA）。整体而言，CenterFusion 通过结合毫米波雷达和相机数据，在 3D 物体检测和速度、方向估计方面展现了显著的性能提升，实现了全面和准确的环境感知能力。

表6-4　在 nuScenes 数据集上的每类性能比较

方法	数据集	模态			mAP ↑									
		C	R	L	Car	Truck	Bus	Trailer	Const.	Pedest.	Motor.	Bicycle	Traff.	Barrier
InfoFocus	test			√	**0.779**	**0.314**	**0.448**	**0.373**	**0.107**	**0.634**	0.290	0.061	0.465	0.478
MonoDIS	test	√			0.478	0.220	0.188	0.176	0.074	0.370	0.290	**0.245**	0.487	0.511
CenterNet（HGLS）	test	√			0.536	0.270	0.248	0.251	0.086	0.375	0.291	0.207	**0.583**	**0.533**
Ours（DLA）	test	√	√		0.509	0.258	0.234	0.235	0.077	0.370	**0.314**	0.201	0.575	0.484
CenterNet（DLA）	val	√			0.484	0.231	0.340	0.131	0.035	0.377	0.249	**0.234**	0.550	0.456
Ours（DLA）	val	√	√		**0.524**	**0.265**	**0.362**	**0.154**	**0.055**	**0.389**	**0.305**	0.229	**0.563**	**0.470**

（2）代码解析

目前 CenterFusion 已经开源。CenterFusion 的开源代码主要包括：定义了实验超参数的 src/lib/opts 文件、存储数据的 data 文件夹、包括不同数据集加载方法的 src/lib/datasets 文件夹、定义了训练器和训练支持函数的 src/lib/trainer、实现 CenterFusion 网络的文件夹、包含其他功能函数的文件夹、测评调用文件和训练调用文件等。下面就方法的主要创新点视锥体关联机制的代码进行解析。

① 初始化和变量定义。这段代码定义了 pc_dep_to_hm_torch 函数，并初始化了一些变量。首先，它检查 dep 是否为列表并且长度大于 0，如果是，则取第一个元素。接下来，计算目标物体边界框的中心点 ct，并将边界框坐标转换为整数形式 bbox_int。

```
1. def pc_dep_to_hm_torch(pc_hm, pc_dep, dep, bbox, dist_thresh, opt):
2.     if isinstance(dep, list) and len(dep) > 0:
3.         dep = dep[0]
4.     ct = torch.tensor(
5.         [(bbox[0] + bbox[2]) / 2, (bbox[1] + bbox[3]) / 2], dtype=torch.float32)
6.     bbox_int = torch.tensor([torch.floor(bbox[0]),
```

```
7.                                  torch.floor(bbox[1]),
8.                                  torch.ceil(bbox[2]),
9.                                  torch.ceil(bbox[3])], dtype=torch.
int32)   # format: xyxy
10.
```

② 提取点云区域。这段代码从点云深度信息中提取目标物体边界框区域 roi，并从中获取深度信息 pc_dep、x 方向速度 pc_vx 和 z 方向速度 pc_vz。接着，通过 torch.nonzero 获取非零深度点的索引 nonzero_inds。

```
1.      roi = pc_dep[:, bbox_int[1]:bbox_int[3] + 1, bbox_int[0]:bbox_
int[2] + 1]
2.      pc_dep = roi[opt.pc_feat_channels['pc_dep']]
3.      pc_vx = roi[opt.pc_feat_channels['pc_vx']]
4.      pc_vz = roi[opt.pc_feat_channels['pc_vz']]
5.      pc_dep.sum().data
6.      nonzero_inds = torch.nonzero(pc_dep, as_tuple=True)
```

③ 筛选和匹配点云。在这段代码中，如果存在非零深度点，则提取这些点及其对应的速度信息。然后，通过距离阈值筛选出在指定范围内的点，并提取匹配的深度和速度信息 pc_dep_match、pc_vx_match 和 pc_vz_match。

```
1.      if len(nonzero_inds) and len(nonzero_inds[0]) > 0:
2.          #   nonzero_pc_dep = torch.exp(-pc_dep[nonzero_inds])
3.          nonzero_pc_dep = pc_dep[nonzero_inds]
4.          nonzero_pc_vx = pc_vx[nonzero_inds]
5.          nonzero_pc_vz = pc_vz[nonzero_inds]
6.
7.          ## Get points within dist threshold
8.          within_thresh = (nonzero_pc_dep < dep + dist_thresh) \
9.                          & (nonzero_pc_dep > max(0, dep - dist_thresh))
10.          pc_dep_match = nonzero_pc_dep[within_thresh]
11.          pc_vx_match = nonzero_pc_vx[within_thresh]
12.          pc_vz_match = nonzero_pc_vz[within_thresh]
```

④ 更新热图。这段代码中，如果存在匹配的点云深度数据，则找到与给定深度最接近的点并提取其深度和速度信息。然后，如果需要归一化深度，则进行归一化处理。接着计算热图中的边界范围，并将匹配的深度和速度值更新到热图的相应位置。

```
1.              if len(pc_dep_match) > 0:
```

```
2.              arg_min = torch.argmin(pc_dep_match)
3.              dist = pc_dep_match[arg_min]
4.              vx = pc_vx_match[arg_min]
5.              vz = pc_vz_match[arg_min]
6.              if opt.normalize_depth:
7.                  dist /= opt.max_pc_dist
8.
9.              w = bbox[2] - bbox[0]
10.             w_interval = opt.hm_to_box_ratio * (w)
11.             w_min = int(ct[0] - w_interval / 2.)
12.             w_max = int(ct[0] + w_interval / 2.)
13.
14.             h = bbox[3] - bbox[1]
15.             h_interval = opt.hm_to_box_ratio * (h)
16.             h_min = int(ct[1] - h_interval / 2.)
17.             h_max = int(ct[1] + h_interval / 2.)
18.
19.             pc_hm[opt.pc_feat_channels['pc_dep'],
20.             h_min:h_max + 1,
21.             w_min:w_max + 1 + 1] = dist
22.             pc_hm[opt.pc_feat_channels['pc_vx'],
23.             h_min:h_max + 1,
24.             w_min:w_max + 1 + 1] = vx
25.             pc_hm[opt.pc_feat_channels['pc_vz'],
26.             h_min:h_max + 1,
27.             w_min:w_max + 1 + 1] = vz
```

通过这些步骤，pc_dep_to_hm_torch 函数实现了将雷达点云数据投影到图像的热图上，并结合深度信息和速度信息进行处理。

6.2.2 Simple-BEV

在自动驾驶中，3D 感知任务通常依赖于昂贵的激光雷达数据，而仅使用相机和其他传感器的数据进行 3D 感知是一项具有挑战性的研究问题。现有的方法在 2D 图像特征提升到 3D 空间的过程中，使用了多种复杂的策略，如深度散布、注意力机制等，这些方法虽然有效但计算成本高且复杂。

为了解决上述问题，Simple-BEV 提出了一种简化的双线性采样方法，从 3D 体素坐标开始进行特征采样，避免了复杂的深度估计和散布过程。同时，该方法通过调整输入分辨率和批量大小来显著提升模型性能。此外，该方法结合雷达数据，实现了多模态融合，进一步提高了 BEV 感知的准确性。

（1）方法概览

Simple-BEV 的整体流程包括以下几个部分：

① 特征提取：使用 RGB ResNet 提取 2D 图像特征。

② 提升到 3D：采用无参数的双线性采样方法，将 2D 特征提升到 3D 空间。

③ BEV 表示：将 3D 特征简化为鸟瞰图特征。

④ 多模态融合：结合雷达数据，进一步提升感知性能。

Simple-BEV 的主要创新点为双线性采样和多模态数据融合。

图 6-7 展示了两种 2D 特征到 BEV 提升策略的对比：左图为传统的 Lift-Splat 方法，右图为 Simple-BEV 的双线性采样方法。Lift-Splat 方法中，每个 2D 特征被"推"到 3D 空间，填充与其射线相交的体素，并根据深度分布对射线进行加权，生成 3D 特征体积。这个方法依赖于深度估计，计算复杂且容易受噪声影响，特别是在远距离的物体检测中，容易出现误差。相较之下，Simple-BEV 采用了一种更为简化和高效的双线性采样方法。在右图中，Simple-BEV 从 3D 体素坐标开始，通过投影和子像素采样，从 2D 图像中为每个体素获取特征。这一过程避免了复杂的深度估计和散布步骤，使得计算更高效。具体来说，每个 3D 体素通过投影获取在 2D 图像中的位置，并进行双线性插值采样，确保每个体素都能准确地接收到来自 2D 特征图的信息。这样的方法在长距离场景中表现更好，因为每个体素都能得到稳定的特征采样，不会因为距离过远而导致特征稀疏。

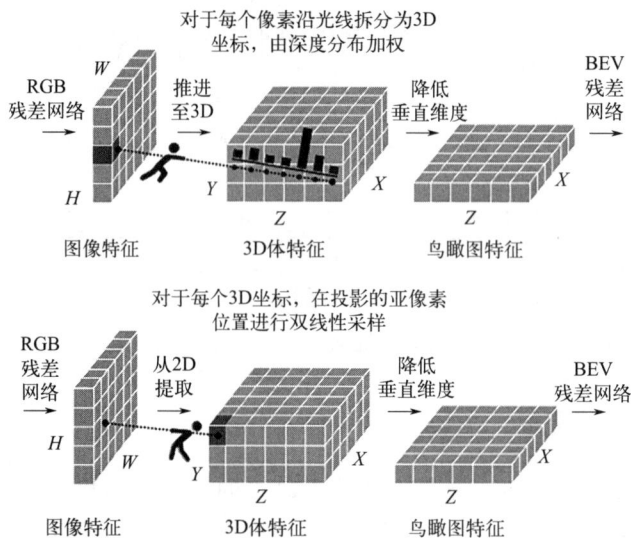

图 6-7 两种 2D 特征到 BEV 提升策略的对比：Lift-Splat 方法（上）、双线性采样策略（下）

另外，Simple-BEV 结合雷达数据，显著提升了 BEV 感知性能。具体实现中，Simple-BEV 将雷达数据栅格化为鸟瞰图图像，并与 RGB 特征图连接，使得融合后的特征包含了更多的空间信息。这些雷达数据中的元数据（如速度）对区分移动物体和背景非常有用，显著提升了感知性能。通过这种多模态融合方法，Simple-BEV 能够更准确地解析复杂场景，提高了模型在实际应用中的鲁棒性和可靠性。

图 6-8 展示了 Lift-Splat 方法与双线性采样策略在不同距离上的 IoU 比较。可以看出，Lift-Splat 方法在近距离（小于 20m）上表现较好，而双线性采样在远距离（超过

20m）上有明显优势。具体来说，在近距离范围内，Lift-Splat 方法由于深度加权散布的特性，能够更精确地捕捉近距离物体的细节。然而，随着距离的增加，深度估计的误差和特征稀疏性的问题使得 Lift-Splat 方法的效果逐渐下降。而双线性采样方法则通过从 3D 体素坐标开始采样，避免了复杂的深度估计过程，在远距离场景中保持了较高的特征精度和稳定性，从而在长距离范围内取得了更高的 IoU。

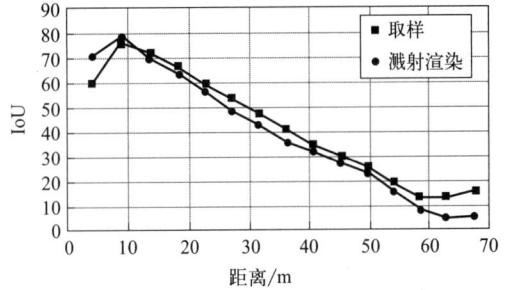

图 6-8　Lift-Splat 方法与双线性采样策略在不同距离上的 IoU 比较

表 6-5 展示了不同模态组合在 nuScenes 数据集上对模型性能的影响。使用相机数据（RGB）作为基线，IoU 为 47.4。当结合雷达数据时，IoU 提升到 55.7，显示了雷达数据在提供距离和速度信息方面的显著优势。进一步结合激光雷达（LiDAR）数据，IoU 提升到 63.7，表明高精度的 3D 点云数据在感知任务中的重要作用。最终，当同时结合相机、雷达和激光雷达数据时，IoU 达到最高的 64.8。这一结果验证了多模态数据融合的有效性，即通过结合多种传感器数据，可以显著提高模型的环境感知能力和精度。

表 6-5　多模态融合的效果

模态	IoU
Camera	47.4
Camera+radar	55.7
Camera+LiDAR	63.7
Camera+radar+LiDAR	**64.8**

（2）代码解析

目前 Simple-BEV 已经开源。Simple-BEV 的开源代码主要包括：包括数据集加载方法的 nuscenesdataset.py 文件、实现 Simple-BEV 网络的 nets 文件夹、包含其他功能函数的 utils 文件夹、测评调用文件 eval_nuscenes.py 和训练调用文件 train_nuscenes.py 等。下面以方法为主线，对 Simple-BEV 中的核心算法部分进行解析。

① 构造函数 __init__ 部分。该部分初始化了一些基本参数和属性，包括体素网格尺寸（Z，Y，X），是否使用雷达、激光雷达或元雷达，RGB 压缩标志，随机翻转标志，潜在特征维度以及编码器类型，还初始化了图像均值和标准差，用于图像归一化。

```
1. class Segnet(nn.Module):
2.     def __init__(self, Z, Y, X, vox_util=None,
3.                 use_radar=False,
4.                 use_lidar=False,
```

```
5.                  use_metaradar=False,
6.                  do_rgbcompress=True,
7.                  rand_flip=False,
8.                  latent_dim=128,
9.                  encoder_type="res101"):
10.         super(Segnet, self).__init__()
11.         assert (encoder_type in ["res101", "res50", "effb0", "effb4"])
12.

13.         self.Z, self.Y, self.X = Z, Y, X
14.         self.use_radar = use_radar
15.         self.use_lidar = use_lidar
16.         self.use_metaradar = use_metaradar
17.         self.do_rgbcompress = do_rgbcompress
18.         self.rand_flip = rand_flip
19.         self.latent_dim = latent_dim
20.         self.encoder_type = encoder_type
21.

22.         self.mean = torch.as_tensor([0.485, 0.456, 0.406]).reshape
(1,3,1,1).float().cuda()
23.         self.std = torch.as_tensor([0.229, 0.224, 0.225]).reshape
(1,3,1,1).float().cuda()
```

② 编码器初始化。根据传入的 encoder_type 选择不同的编码器，支持 ResNet-101、ResNet-50 和 EfficientNet（b0 和 b4 版本）。编码器将输入图像转换为特征图。

```
1.          # Encoder
2.          self.feat2d_dim = feat2d_dim = latent_dim
3.          if encoder_type == "res101":
4.              self.encoder = Encoder_res101(feat2d_dim)
5.          elif encoder_type == "res50":
6.              self.encoder = Encoder_res50(feat2d_dim)
7.          elif encoder_type == "effb0":
8.              self.encoder = Encoder_eff(feat2d_dim, version='b0')
9.          else:
10.             # effb4
11.             self.encoder = Encoder_eff(feat2d_dim, version='b4')
```

③ BEV 压缩器初始化。初始化 BEV 压缩器，根据是否使用雷达或激光雷达，选择不同的压缩策略。使用 nn.Sequential 将卷积层、实例归一化层和 GELU 激活函数结合在一起。

```
12.         # BEV compressor
```

```
13.          if self.use_radar:
14.              if self.use_metaradar:
15.                  self.bev_compressor = nn.Sequential(
16.                      nn.Conv2d(feat2d_dim*Y + 16*Y, feat2d_dim,
kernel_size=3, padding=1, stride=1, bias=False),
17.                      nn.InstanceNorm2d(latent_dim),
18.                      nn.GELU(),
19.                  )
20.              else:
21.                  self.bev_compressor = nn.Sequential(
22.                      nn.Conv2d(feat2d_dim*Y+1, feat2d_dim, kernel_
size=3, padding=1, stride=1, bias=False),
23.                      nn.InstanceNorm2d(latent_dim),
24.                      nn.GELU(),
25.                  )
26.          elif self.use_lidar:
27.              self.bev_compressor = nn.Sequential(
28.                  nn.Conv2d(feat2d_dim*Y+Y, feat2d_dim, kernel_
size=3, padding=1, stride=1, bias=False),
29.                  nn.InstanceNorm2d(latent_dim),
30.                  nn.GELU(),
31.              )
32.          else:
33.              if self.do_rgbcompress:
34.                  self.bev_compressor = nn.Sequential(
35.                      nn.Conv2d(feat2d_dim*Y, feat2d_dim, kernel_
size=3, padding=1, stride=1, bias=False),
36.                      nn.InstanceNorm2d(latent_dim),
37.                      nn.GELU(),
38.                  )
39.              else:
40.                  # use simple sum
41.                  pass
```

④ 解码器和权重初始化。初始化解码器，将压缩后的 BEV 特征解码为最终输出。初始化用于损失计算的权重参数。初始化 3D 网格坐标和相机坐标转换。

```
1.          # Decoder
2.          self.decoder = Decoder(
3.              in_channels=latent_dim,
4.              n_classes=1,
5.              predict_future_flow=False
```

```
6.            )
7.
8.            # Weights
9.            self.ce_weight = nn.Parameter(torch.tensor(0.0), requires_
grad=True)
10.             self.center_weight = nn.Parameter(torch.tensor(0.0),
requires_grad=True)
11.             self.offset_weight = nn.Parameter(torch.tensor(0.0),
requires_grad=True)
12.
13.            # set_bn_momentum(self, 0.1)
14.
15.            if vox_util is not None:
16.                self.xyz_memA = utils.basic.gridcloud3d(1, Z, Y, X,
norm=False)
17.                self.xyz_camA = vox_util.Mem2Ref(self.xyz_memA, Z, Y, X,
assert_cube=False)
18.            else:
19.                self.xyz_camA = None
```

⑤ 前向传播 forward 函数头和输入重塑。forward 函数接受多个输入，包括 RGB 图像、相机投影矩阵和相机转换矩阵。输入张量的形状为 (B, S, C, H, W)。使用 __p 和 __u 函数重塑张量，方便后续操作。

```
1.        def forward(self, rgb_camXs, pix_T_cams, cam0_T_camXs, vox_util,
rad_occ_mem0=None):
2.            '''
3.            B = batch size, S = number of cameras, C = 3, H = img height,
W = img width
4.            rgb_camXs: (B,S,C,H,W)
5.            pix_T_cams: (B,S,4,4)
6.            cam0_T_camXs: (B,S,4,4)
7.            vox_util: vox util object
8.            rad_occ_mem0:
9.                - None when use_radar = False, use_lidar = False
10.                - (B, 1, Z, Y, X) when use_radar = True, use_metaradar = False
11.                - (B, 16, Z, Y, X) when use_radar = True, use_metaradar = True
12.                - (B, 1, Z, Y, X) when use_lidar = True
13.            '''
14.            B, S, C, H, W = rgb_camXs.shape
15.            assert(C==3)
16.            # reshape tensors
```

```
17.           __p = lambda x: utils.basic.pack_seqdim(x, B)
18.           __u = lambda x: utils.basic.unpack_seqdim(x, B)
19.       rgb_camXs_  = __p(rgb_camXs)
20.       pix_T_cams_ = __p(pix_T_cams)
21.       cam0_T_camXs_ = __p(cam0_T_camXs)
22.       camXs_T_cam0_ = utils.geom.safe_inverse(cam0_T_camXs_)
```

⑥ RGB 编码器和随机翻转。对输入 RGB 图像进行归一化处理。如果 rand_flip 为真，随机翻转输入图像进行数据增强。使用编码器提取特征。计算特征图的缩放比例。

```
1.        # rgb encoder
2.        device = rgb_camXs_.device
3.        rgb_camXs_ = (rgb_camXs_ + 0.5 - self.mean.to(device)) / self.
std.to(device)
4.        if self.rand_flip:
5.            B0, _, _, _ = rgb_camXs_.shape
6.            self.rgb_flip_index = np.random.choice([0,1], B0).astype(bool)
7.            rgb_camXs_[self.rgb_flip_index] = torch.flip(rgb_camXs_
[self.rgb_flip_index], [-1])
8.        feat_camXs_ = self.encoder(rgb_camXs_)
9.        if self.rand_flip:
10.           feat_camXs_[self.rgb_flip_index] = torch.flip(feat_camXs_
[self.rgb_flip_index], [-1])
11.       _, C, Hf, Wf = feat_camXs_.shape
12.
13.       sy = Hf/float(H)
14.       sx = Wf/float(W)
15.       Z, Y, X = self.Z, self.Y, self.X
```

⑦ 特征提升到 3D 网格。使用 unproject_image_to_mem 函数将 2D 特征提升到 3D 网格中。生成有效掩码 mask_mems，并计算平均特征 feat_mem。

```
1.        # unproject image feature to 3d grid
2.        featpix_T_cams_ = utils.geom.scale_intrinsics(pix_T_cams_, sx, sy)
3.        if self.xyz_camA is not None:
4.            xyz_camA = self.xyz_camA.to(feat_camXs_.device).repeat
(B*S,1,1)
5.        else:
6.            xyz_camA = None
7.        feat_mems_ = vox_util.unproject_image_to_mem(
8.            feat_camXs_,
```

```
9.              utils.basic.matmul2(featpix_T_cams_, camXs_T_cam0_),
10.             camXs_T_cam0_, Z, Y, X,
11.             xyz_camA=xyz_camA)
12.         feat_mems = __u(feat_mems_) # B, S, C, Z, Y, X
13.
14.         mask_mems = (torch.abs(feat_mems) > 0).float()
15.         feat_mem = utils.basic.reduce_masked_mean(feat_mems, mask_
mems, dim=1) # B, C, Z, Y, X
```

⑧ 随机翻转和 BEV 压缩。如果启用了随机翻转，则将特征和雷达占用网格进行翻转。根据使用的传感器（雷达、激光雷达或仅 RGB）选择不同的 BEV 压缩策略，将 3D 特征转换为 2D BEV 特征。

```
1.          if self.rand_flip:
2.              self.bev_flip1_index = np.random.choice([0,1],
B).astype(bool)
3.              self.bev_flip2_index = np.random.choice([0,1],
B).astype(bool)
4.              feat_mem[self.bev_flip1_index] = torch.flip(feat_
mem[self.bev_flip1_index], [-1])
5.              feat_mem[self.bev_flip2_index] = torch.flip(feat_
mem[self.bev_flip2_index], [-3])
6.
7.              if rad_occ_mem0 is not None:
8.                  rad_occ_mem0[self.bev_flip1_index] = torch.flip(rad_
occ_mem0[self.bev_flip1_index], [-1])
9.                  rad_occ_mem0[self.bev_flip2_index] = torch.flip(rad_
occ_mem0[self.bev_flip2_index], [-3])
10.
11.         # bev compressing
12.         if self.use_radar:
13.             assert(rad_occ_mem0 is not None)
14.             if not self.use_metaradar:
15.                 feat_bev_ = feat_mem.permute(0, 1, 3, 2,
4).reshape(B, self.feat2d_dim*Y, Z, X)
16.                 rad_bev = torch.sum(rad_occ_mem0, 3).clamp(0,1)
# squish the vertical dim
17.                 feat_bev_ = torch.cat([feat_bev_, rad_bev], dim=1)
18.                 feat_bev = self.bev_compressor(feat_bev_)
19.             else:
20.                 feat_bev_ = feat_mem.permute(0, 1, 3, 2,
4).reshape(B, self.feat2d_dim*Y, Z, X)
```

```
21.                        rad_bev_ = rad_occ_mem0.permute(0, 1, 3, 2,
4).reshape(B, 16*Y, Z, X)
22.                        feat_bev_ = torch.cat([feat_bev_, rad_bev_], dim=1)
23.                        feat_bev = self.bev_compressor(feat_bev_)
24.            elif self.use_lidar:
25.                    assert(rad_occ_mem0 is not None)
26.                        feat_bev_ = feat_mem.permute(0, 1, 3, 2, 4).reshape(B,
self.feat2d_dim*Y, Z, X)
27.                        rad_bev_ = rad_occ_mem0.permute(0, 1, 3, 2, 4).reshape(B,
Y, Z, X)
28.                        feat_bev_ = torch.cat([feat_bev_, rad_bev_], dim=1)
29.                        feat_bev = self.bev_compressor(feat_bev_)
30.            else: # rgb only
31.                    if self.do_rgbcompress:
32.                        feat_bev_ = feat_mem.permute(0, 1, 3, 2, 4).reshape
(B, self.feat2d_dim*Y, Z, X)
33.                        feat_bev = self.bev_compressor(feat_bev_)
34.                    else:
35.                        feat_bev = torch.sum(feat_mem, dim=3)
```

⑨ 解码和返回输出。使用解码器将 BEV 特征解码为最终的输出，包括原始特征、特征图、分割结果、实例中心和实例偏移。返回这些输出用于进一步的处理和分析。

```
1.            # bev decoder
2.            out_dict = self.decoder(feat_bev, (self.bev_flip1_index,
self.bev_flip2_index) if self.rand_flip else None)
3.
4.            raw_e = out_dict['raw_feat']
5.            feat_e = out_dict['feat']
6.            seg_e = out_dict['segmentation']
7.            center_e = out_dict['instance_center']
8.            offset_e = out_dict['instance_offset']
9.
10.             return raw_e, feat_e, seg_e, center_e, offset_e
```

该代码展示了如何结合 RGB 图像和多模态传感器数据（如雷达和激光雷达）进行 3D 感知任务。通过编码器提取 2D 特征，将其提升到 3D 网格，再通过 BEV 压缩器和解码器生成最终的感知结果。

（3）启发与思考

Simple-BEV 深入探讨了设计和训练 BEV 感知模型时的关键因素，为自动驾驶中的 3D 感知任务提供了一种高效且实用的解决方案，同时也为我们理解和设计多模态融合模型提供了宝贵的经验。未来的研究可以在此基础上进一步优化传感器数据融合策略，探索更多的轻量级提升方法，并结合实际驾驶场景中的需求进行调整和改进。

第 7 章

端到端自动驾驶算法

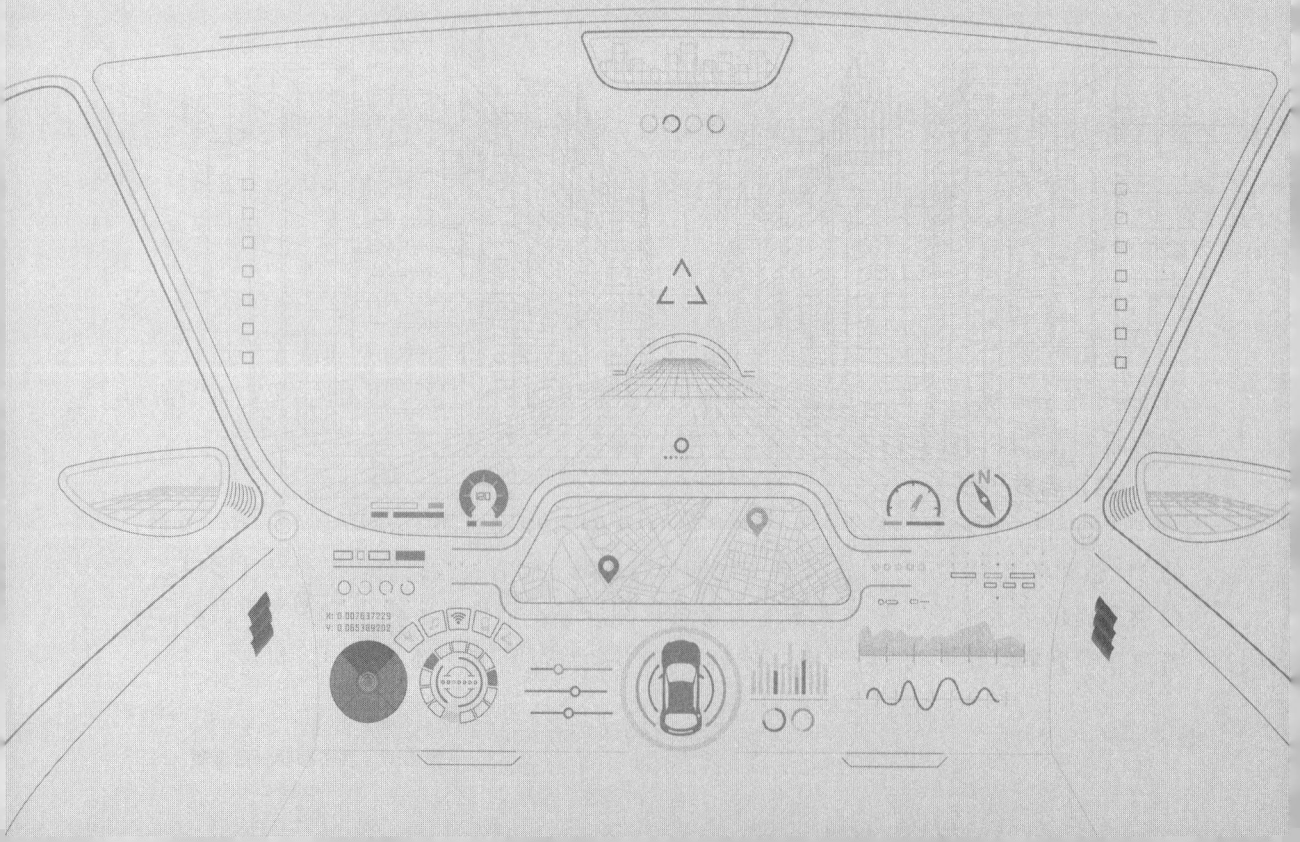

如前所述，科学家和工程师们将感知任务抽象并划分为多种子任务，特定算法通常仅针对特定子任务进行优化，这种思路称为基于模块化的方法。这类方法将从传感器输入到自动驾驶执行器输出的中间过程构造成多个独立的子模块，如感知（进一步分为检测、分割、追踪等）、规划与决策、控制等。这种方法的主要优势是可解释性，即构造了具有可解释性的中间表示，因此在出现故障或系统行为异常的情况下，可以识别出发生故障的模块。近年来，随着计算资源和数据量的爆炸式增长，涌现出了另一类基于端到端的方法，这类方法是指从感知的输入直接映射到驾驶的行为。与传统的模块化方法相比，端到端方法的优点是结构简单，不需要进行特征设计和选择，以及摄像机校准和参数的手动调整，并且由于该类方法依赖于从大量数据中学习优化的目标函数，因此针对现实世界发生的不可预测的变化更具有鲁棒性。研究人员在研究端到端自动驾驶模型时往往以航路点、代价图、运动参数或驾驶动作等模式作为输出，其中航路点和代价图等是高层次的输出模式，而自动驾驶的控制需要运动参数或驾驶动作，如转向、加速和减速等低层次的输出模式，因此仍然需要将这些输出通过可训练的网络模型或控制器模块转换为低级的运动参数和驾驶动作才能实现对车辆的控制。与之不同的是，直接以车辆运动参数或驾驶动作作为输出的运动规划则更体现端到端模型结构简单的优势。因此运动规划技术在端到端自动驾驶中具有重要的地位。

端到端自动驾驶方法所采用的算法主要包括深度学习和强化学习算法。虽然相比于强化学习算法，深度学习算法有着其效果受到训练集制约且难以实现多目标优化的缺点，但是由于强化学习算法难以处理图像等高维数据，早期的端到端自动驾驶方法均以深度学习为主。

尽管端到端自动驾驶展现了显著的优势，包括对不同驾驶环境的适应性和处理高维数据的能力，但它也面临着一些挑战。这些挑战主要包括对大量高质量训练数据的依赖，模型的可解释性问题，以及在面对未知情况时的安全性问题。端到端方法的黑盒特性使得其决策过程难以透明化，这对于确保系统的可靠性和建立用户信任至关重要。此外，尽管端到端自动驾驶在模拟环境和某些受控场景中表现出色，但在复杂多变的真实世界中，如何确保其鲁棒性和安全性仍然是一个开放的研究问题。

端到端自动驾驶的研究和应用前景广阔，它不仅能够推动自动驾驶技术的发展，还有潜力改变我们的交通系统和出行方式。随着技术的不断进步和对挑战的深入理解，端到端自动驾驶有望在未来实现更广泛的商业化应用，从而提高道路安全性、交通效率，并为用户带来更加便捷和舒适的驾驶体验。

在 7.1 节中，我们将深入探讨端到端自动驾驶算法的发展历程，了解其如何从最初的概念逐步演变为当前的先进技术。我们将从早期的尝试开始，逐步介绍关键技术的突破，如深度学习在图像识别和驾驶行为预测中的应用。通过分析 NVIDIA PilotNet 等开创性工作，我们将揭示端到端方法如何推动自动驾驶算法的发展，并探讨其在实际应用中的潜力和挑战。

随着技术的不断进步，端到端自动驾驶算法的研究也在不断取得新的进展。在 7.2 节中，我们将重点介绍近期的研究动态，特别是 UniAD 和 FusionAD 这两个先进的框架。UniAD 通过整合感知、预测和规划模块，展示了如何通过统一的查询接口实现高效的信息传递和任务协调。我们将详细分析 UniAD 的架构设计、核心创新点以及在复杂驾驶环境中的表现。FusionAD 则通过融合相机和激光雷达数据，生成更加全面和精确的环境特征，提升了自动驾驶系统的感知和预测能力。我们将探讨 FusionAD 的多模态融合策略、预测模块设计以及规划模块的优化，展示其如何通过端到端多任务学习框架提升自动驾驶的性能。

尽管端到端自动驾驶算法在理论和实践上取得了显著进展，但在实际应用中仍面临诸多挑战。在 7.3 节中，我们将深入探讨这些挑战，并提出相应的应对策略。数据依赖性和多样性是端到端方法的关键问题，我们将讨论如何通过数据增强技术和无监督学习方法提高模型的泛化能力。模型的可解释性和信任度也是重要议题，我们将介绍可视化工具和技术，以及可解释机器学习模型的应用，以增强用户对系统的信任。安全性和鲁棒性是自动驾驶系统的核心要求，我们将探讨如何通过模拟测试和鲁棒性训练技术确保系统的可靠性。此外，计算资源和实时性、泛化能力以及法规和伦理问题也是我们关注的重点，我们将讨论如何通过模型优化、硬件加速和跨学科合作来解决这些问题。通过本节内容的学习，读者将获得对端到端自动驾驶算法挑战和应对策略的全面理解，并能够更好地应用这些知识解决实际问题。

7.1
端到端自动驾驶算法的发展历程

端到端自动驾驶算法的发展历程是一个不断进化和突破的过程，它与深度学习技术的快速发展紧密相关。2016 年，NVIDIA 的研究团队提出了一种基于深度学习的端到端自动驾驶方法，通过一个名为 PilotNet 的卷积神经网络直接从图像预测方向盘转角。这项工作不仅证明了深度学习在自动驾驶领域的潜力，也为后续的研究提供了重要的参考。

7.1.1　NVIDIA PilotNet 的里程碑

NVIDIA PilotNet 作为端到端自动驾驶算法的开创性工作之一，其影响力和重要性不言而喻。以下是对 PilotNet 模型的详细介绍。

PilotNet 是由 NVIDIA 研究团队提出的一种深度学习模型，它直接将车辆的前视摄像头捕获的图像转换为方向盘转角，实现了端到端的自动驾驶控制。这一模型的提出，标志着深度学习技术在自动驾驶领域的实质性应用。

PilotNet 的结构相对简单，它基于卷积神经网络（CNN）构建，主要由一系列卷积层、激活函数和池化层组成。这种结构使得 PilotNet 能够有效地从输入图像中提取特征，并最终输出预测的方向盘转角。

NVIDIA 采用的卷积神经网络模型一共是九层，包括 1 个归一化层、5 个卷积层和 3 个全连接层，模型结构如图 7-1 所示。模型输入为高 66 像素、宽 200 像素的 3 通道

RGB 图像 (66×200×3)，经过归一化处理后，进行了 5 次卷积操作。前 3 次卷积操作所使用的是尺寸大小为 5×5 的卷积核，卷积核个数分别为 24、36 和 48，卷积步长为 2×2，2×2 的步长使得在做卷积操作的同时也进行了池化操作，经过 3 次卷积之后特征图的维度由 66×200 降到了 5×22，因此在 5 个卷积层之间便取消了池化层，不再进行池化操作，精简了模型结构。后面两次卷积操作所使用的是尺寸大小为 3×3 的卷积核，卷积核个数为 64，完成卷积操作后特征图维度为 1×18。特征提取完成之后，将特征图进行展开 (Flatten)，把多维的输入一维化，从卷积层过渡到全连接层，展开后节点数为 1164，之后再连接 3 个全连接层，节点数分别为 100、50 和 10，最后输出控制参数。对训练好的模型进行数据可视化分析表明，CNN 模型能够从图像和控制参数标签数据中学到有意义的道路特征。

PilotNet 的训练使用了大量实车采集的数据，包括各种道路条件和驾驶情境。通过监督学习的方式，模型学习了从视觉输入到驾驶决策的映射关系。在验证过程中，PilotNet 展现出了良好的泛化能力，能够在多种不同的驾驶环境中稳定工作。

NVIDIA PilotNet 在多个标准测试集上进行了评估，结果显示其在方向盘转角预测任务上具有较高的准确率。

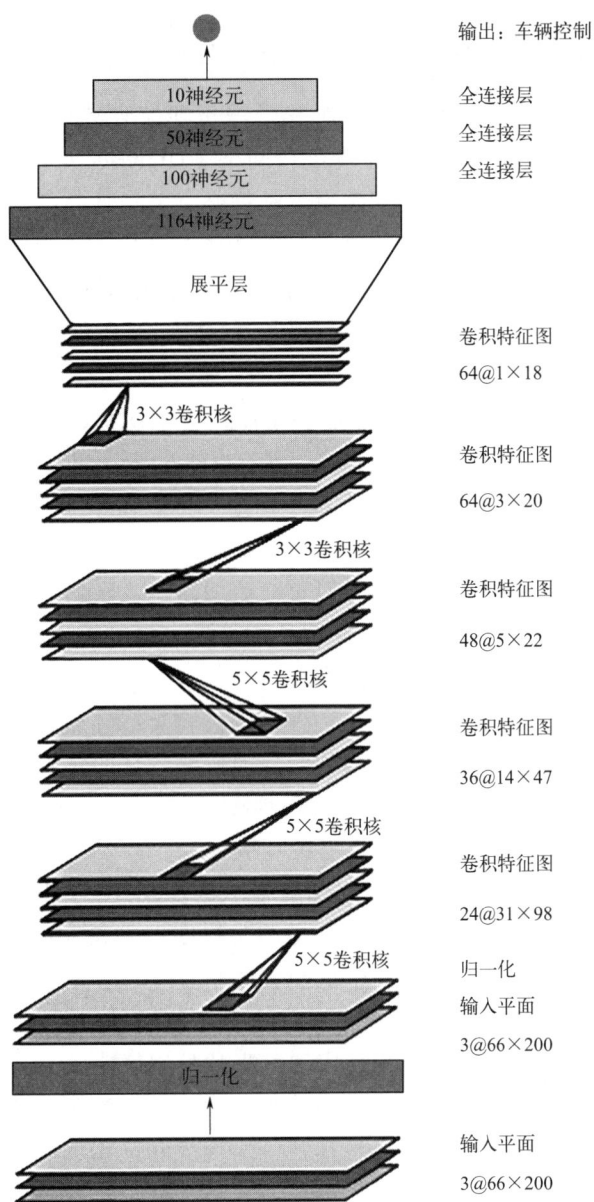

图 7-1 NVIDIA 模型结构图

此外，PilotNet 还能够在复杂的交通环境中实现车道保持和避障等基本自动驾驶功能。

PilotNet 的成功不仅推动了端到端自动驾驶算法的研究，也为后续的模型设计提供了灵感。它的提出，证明了深度学习在处理高维视觉数据和实现复杂控制任务方面的巨大潜力。

尽管 PilotNet 在自动驾驶领域取得了显著的成果，但它也存在一些局限性，如对特定场景的依赖、模型泛化能力的局限等。后续的研究工作在 PilotNet 的基础上进行了改进，例如通过引入循环神经网络（RNN）或长短时记忆网络（LSTM）来增强模型处理时间序列数据的能力，以及通过多任务学习来提高模型的泛化能力和鲁棒性。

7.1.2　强化学习的应用

除了监督学习，强化学习也在端到端自动驾驶中发挥了重要作用。例如，Mnih 等人在 2013 年提出了深度 Q 网络（DQN），并在 2015 年将其应用于自动驾驶模拟环境中，通过与环境的交互学习驾驶策略。

强化学习是一种通过智能体与环境的交互来学习最佳行为策略的方法。在自动驾驶中，智能体是自动驾驶车辆，环境是交通场景，而行为则是车辆的驾驶决策和控制动作。

在自动驾驶领域，强化学习模型因其在处理高维感知数据和连续控制任务方面的优势而备受关注。本节将介绍几种主要的强化学习模型，并探讨它们在自动驾驶中的应用。

（1）深度 Q 网络（deep Q-network，DQN）

DQN 是由 Mnih 等人在 2013 年提出的一种结合了深度学习和 Q 学习的算法。它通过使用深度神经网络来近似 Q 函数，解决了传统 Q 学习在高维状态空间中的泛化问题。

DQN 在自动驾驶中的应用包括直接从感知数据中学习驾驶策略，例如通过观察道路和交通信号来学习何时加速、减速或转向。

DQN 能够有效处理高维数据，但可能面临训练效率和泛化能力的限制。

（2）策略梯度方法

策略梯度方法是一种直接优化智能体行为策略的强化学习方法。这些方法通过梯度上升来增加获得正奖励的行为概率，从而学习到最优策略。

在自动驾驶中，策略梯度方法可以用来学习连续的控制动作，如油门和刹车的力度，以实现平滑和自然的驾驶体验。

（3）确定性策略梯度（deep deterministic policy gradient，DDPG）

DDPG 是一种结合了策略梯度方法和确定性策略的算法，它使用两个神经网络来分别代表行为策略和价值函数。

DDPG 在自动驾驶中的应用包括学习如何在复杂的交通环境中进行车道保持和避障，提供一种更加稳定和可靠的控制策略。

通过这三种模型的介绍，我们可以看到强化学习在自动驾驶领域的广泛应用和巨大潜力。每种模型都有其独特的优势和适用场景，为自动驾驶车辆提供了多样化的决策和控制策略。

尽管强化学习在自动驾驶中展现出巨大潜力，但仍面临一些挑战，如奖励函数的设计、模型的泛化能力，以及在复杂环境中的安全性问题。未来的研究将集中在提高模型的泛化能力、增强模型的可解释性以及解决安全性问题。

7.1.3　端到端方法的多样化

随着研究的深入，端到端自动驾驶方法开始多样化，包括结合 CNN 和 LSTM 的模型以处理时间序列数据，以及使用生成对抗网络（GAN）进行数据增强和模拟。这些方法在提高自动驾驶系统的泛化能力和鲁棒性方面取得了进展。

基于卷积神经网络（CNN）和长短时记忆网络（LSTM）的结合模型是端到端自动驾驶领域的一个重要研究方向。CNN-LSTM 模型通过结合两种网络的优势，旨在实现对自动驾驶车辆的横、纵向控制，其模型结构图如图 7-2 所示。

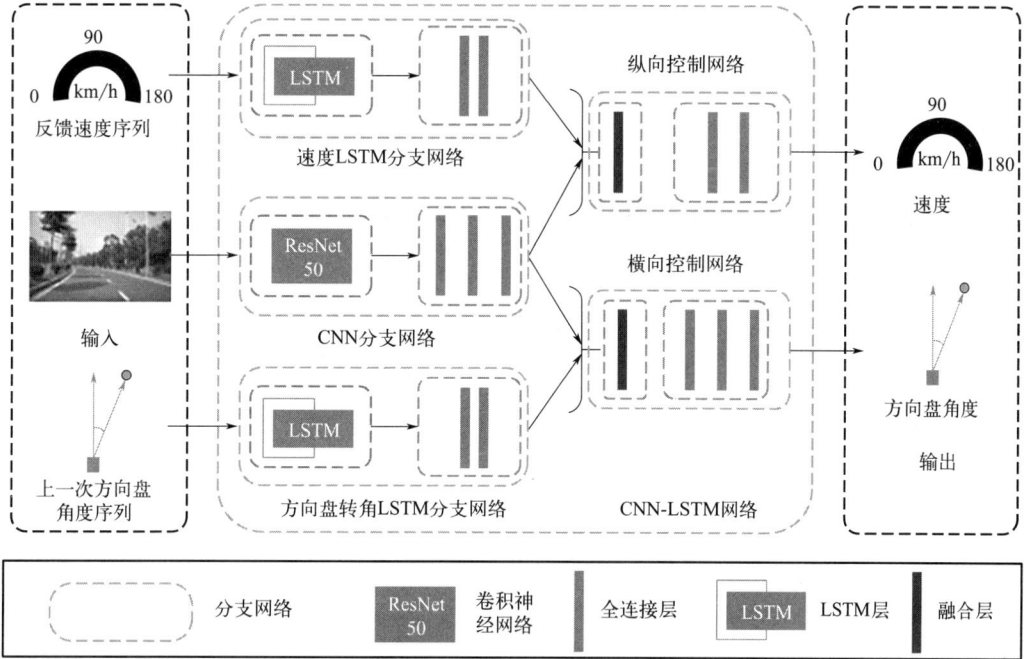

图 7-2 CNN-LSTM 模型结构图

CNN 作为特征提取网络，负责从高维视觉数据中提取空间特征，通常采用深度卷积神经网络架构，如 ResNet、VGG 等，这些网络已被证明在图像识别任务中非常有效。在自动驾驶中，CNN 能够识别道路、车辆、行人等关键视觉元素，并提取这些元素的空间特征，为后续的控制决策提供关键的视觉信息。

LSTM 网络适用于处理序列数据，提取时间特征，并捕获连续帧之间的动态变化，能够记忆长期依赖关系。在自动驾驶中，LSTM 用于处理方向盘转角的历史数据和速度序列，从而预测车辆在未来时刻的运动状态。

模型的输入通常包括单帧或多帧图像，以及历史方向盘转角和速度序列。输出则为车辆的控制命令，包括方向盘转角和速度，实现对车辆的精确控制。

CNN-LSTM 模型的训练通常采用监督学习的方法，利用大量的驾驶数据进行。这些数据包括图像、对应的方向盘转角和速度等。通过最小化预测值和真实值之间的差异，模型学习到从视觉输入到控制输出的映射。

基于 CNN-LSTM 的模型在多个自动驾驶数据集上展现出了优异的性能。它们不仅能够实现车道保持和避障等基本功能，还能够在复杂交通环境中做出合理的驾驶决策。

尽管 CNN-LSTM 模型在自动驾驶中表现出色，但它们也存在一些局限性，如对大量训练数据的依赖、模型的可解释性问题以及在处理未知环境时的泛化能力。为了解决这些问题，研究者们正在探索模型的改进方法，如引入注意力机制、增强模型的鲁棒性、提高模型的可解释性等。

当前，端到端自动驾驶算法正朝着更高层次的自主性和智能化发展。研究者们正在探索如何将这些算法应用于更复杂的交通环境，并解决诸如数据多样性、模型可解释性和安全性等挑战。未来，端到端自动驾驶有望实现从辅助驾驶到完全自动驾驶的过渡，并在智能交通系统中发挥关键作用。

7.2
端到端自动驾驶算法研究进展

7.2.1　UniAD

在自动驾驶系统中，传统的方法主要有两种：独立模型方法和多任务学习框架。独立模型方法［图 7-3（a）］为每个任务单独训练模型，增加了计算和存储成本；多任务学习框架［图 7-3（b）］虽然共享了骨干网络，但任务之间的耦合度较低，不能充分利用任务之间的关联信息。现有的端到端的自动驾驶方法，要么直接在规划上进行优化［图 7-3（c.1）］，要么在系统中采用部分组件［图 7-3（c.2）］，存在前期任务选择和优先级不当的问题，导致最终规划性能不佳。因此，急需一种新的方法来解决这些问题，提高自动驾驶系统的整体性能。

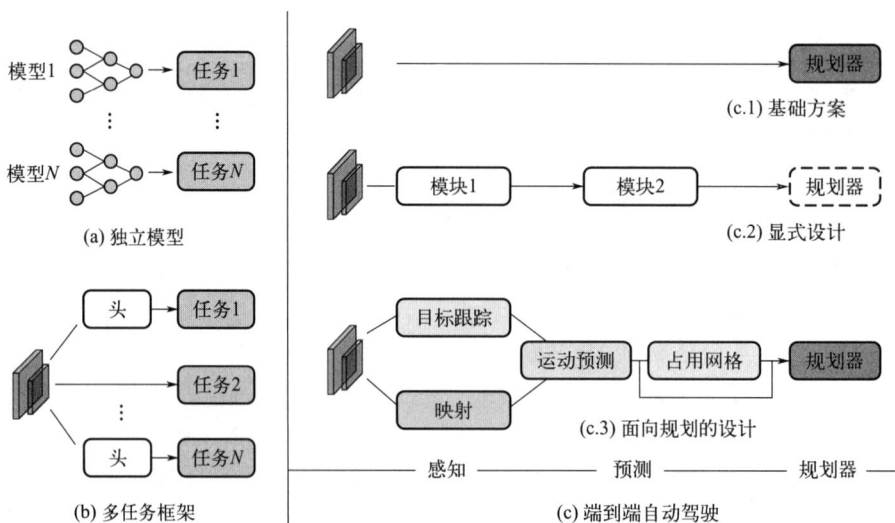

图 7-3　自动驾驶框架的各种设计的比较

为了应对上述问题，UniAD 框架提出了一种规划导向的设计［参见图 7-3（c.3）］，通过统一的查询接口连接所有节点，确保信息在各模块间高效传递。核心创新点包括任务协调和自适应查询机制。任务协调在感知和预测模块中进行联合优化，使各任务相互促进，减少误差积累。自适应查询机制通过引入多模态的自车查询和指令嵌入，使规划模块能够充分利用从前述任务中提取的信息，生成更精确的路径。

（1）方法概览

UniAD 的总体框架如图 7-4 所示。UniAD 包括两个感知模块、两个预测模块，以及最终的一个规划模块。各个模块都使用 Transformer 解码器结构，通过任务查询接口连接各个节点，实现联合优化和信息融合。

① TrackFormer：使用可学习的嵌入（称为轨道查询）从 BEV 特征（图 7-4 中的特征 B）中查询物体信息，以便检测和跟踪物体。

② MapFormer：使用地图查询作为道路元素（如车道和分隔线）的语义抽象，并执行地图的全景分割。

③ MotionFormer：捕获物体和地图之间的交互，预测每个物体的未来轨迹。

④ OccFormer：通过场景级和物体级特征的交互，以自注意力和交叉注意力更新未来的占用预测。

⑤ Planner：利用 MotionFormer 中表达丰富的自车查询来预测规划结果，并通过 OccFormer 预测的占用区域避开碰撞。

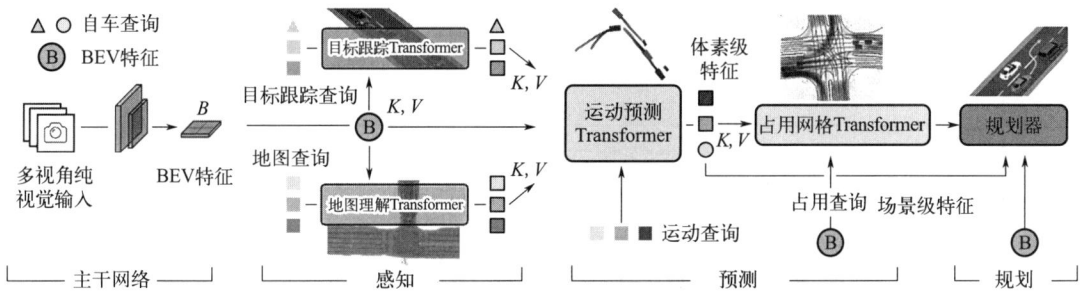

图 7-4 UniAD 算法框架图

自适应查询机制是 UniAD 框架的核心创新点，通过在感知、预测和规划模块中引入统一的查询接口，确保信息在各模块间高效传递和利用。在感知模块中，TrackFormer 和 MapFormer 使用查询机制捕捉动态物体和静态地图元素的信息。在预测模块中，MotionFormer 和 OccFormer 通过查询机制整合物体级和场景级特征，进行未来运动轨迹和占用情况的预测。最后，规划模块结合自车查询和指令嵌入，将来自预测模块的信息用于生成并优化未来路径，确保规划的精确性和安全性。通过这种机制，UniAD 能够在复杂的驾驶环境中实现更高效、准确和安全的自动驾驶路径规划。

表 7-1 展示了 UniAD 在 nuScenes 数据集上的广泛消融实验结果，证明了其在任务协调、预测准确性和规划安全性方面的优势。联合任务显著提升了运动预测性能，预测任务对规划的安全性至关重要。实验 1～3 表明同时训练感知子任务带来了与单任务相当的结果。实验 4～6 显示，结合跟踪和建图节点显著改善了运动预测结果。实验 7～9 展示了运动预测和占用预测任务的协同效应。而实验 10～12 显示，两个预测任务同时引入时，规划性能达到最佳。与简单的多任务学习方法（ID-0）相比，UniAD 在所有关键指标上都表现优异，显示了其规划导向设计的优越性。

表 7-1 UniAD 在 nuScenes 数据集上每个任务的详细消融结果

ID	模块					跟踪			映射	
	跟踪	映射	动作	占据	路径	AMOTA↑	AMOTP↓	IDS↓	IoU-lane↑	IoU-road↑
0*	✓	✓	✓	✓	✓	0.356	1.328	893	0.302	0.675
1	✓					0.348	1.333	791	—	—
2		✓				—	—	—	**0.305**	0.674
3	✓	✓				0.355	1.336	785	0.301	0.671
4			✓			—	—	—	—	—
5	✓		✓			0.360	1.350	919	—	—
6	✓	✓	✓			0.354	1.339	820	0.303	0.672
7				✓		—	—	—	—	—
8	✓		✓	✓		0.360	**1.322**	809	—	—
9	✓	✓	✓	✓		0.359	1.359	1057	0.304	0.675
10					✓					
11	✓	✓	✓		✓	**0.366**	1.337	889	0.303	0.672
12	✓	✓	✓	✓	✓	0.358	1.334	**641**	0.302	0.672

ID	动作预测			占据预测				路径规划	
	min ADE ↓	min FDE ↓	MR ↓	IoU-n. ↑	IoU-f. ↑	VPQ-n. ↑	VPQ-f. ↑	avg.L2 ↓	avg.Col ↓
0*	0.858	1.270	0.186	55.9	34.6	47.8	26.4	1.154	0.941
1	—	—	—	—	—	—	—	—	—
2	—	—	—	—	—	—	—	—	—
3	—	—	—	—	—	—	—	—	—
4	0.815	1.224	0.182	—	—	—	—	—	—
5	0.751	1.109	0.162	—	—	—	—	—	—
6	0.736 (-9.7%)	1.066 (-12.9%)	0.158	—	—	—	—	—	—
7	—	—	—	60.5	37.0	52.4	29.8	—	—
8	—	—	—	62.1	38.4	52.2	32.1	—	—
9	0.710 (-3.5%)	1.005 (-5.8%)	0.146	62.3	39.4	53.1	32.2	—	—
10	—	—	—	—	—	—	—	1.131	0.773
11	0.741	1.077	0.157	—	—	—	—	1.014	0.717
12	0.728	1.054	0.154	62.3	39.5	52.8	32.3	1.004	0.430

（2）代码解析

目前 UniAD 已经开源。UniAD 的开源代码，主要包括：定义了实验超参数的 projects/configs 文件夹、包括不同数据集加载方法的 projects/mmdet3d_plugin/datasets 文件夹、测评调用文件 tools/test.py 和训练调用文件 tools/train.py 等。UniAD 的整体流程由 projects/mmdet3d_plugin/uniad/detectors/uniad_e2e.py 控制，该文件协调了所有位于 projects/mmdet3d_plugin/uniad/dense_heads 中的任务模块，下面是对该文件的详细解析。

① 类声明与初始化。UniAD 类继承自 UniADTrack，使用 @DETECTORS.register_module() 装饰器将其注册为一个检测模型。初始化方法中，接收不同任务模块的配置，并使用 build_head 方法构建相应的头部模块，如分割头、运动头、占用头和规划头。task_loss_weight 用于定义不同任务的损失权重，确保所有任务的损失都能正确计算和更新。

```
1.  @DETECTORS.register_module()
2.  class UniAD(UniADTrack):
3.      """
4.      UniAD: Unifying Detection, Tracking, Segmentation, Motion Forecasting,
Occupancy Prediction and Planning for Autonomous Driving
5.      """
6.      def __init__(
7.          self,
8.          seg_head=None,
9.          motion_head=None,
10.          occ_head=None,
11.          planning_head=None,
12.          task_loss_weight=dict(
13.              track=1.0,
14.              map=1.0,
15.              motion=1.0,
16.              occ=1.0,
17.              planning=1.0
18.          ),
19.          **kwargs,
20.      ):
21.          super(UniAD, self).__init__(**kwargs)
22.          if seg_head:
23.              self.seg_head = build_head(seg_head)
24.          if occ_head:
25.              self.occ_head = build_head(occ_head)
26.          if motion_head:
27.              self.motion_head = build_head(motion_head)
```

```
28.         if planning_head:
29.             self.planning_head = build_head(planning_head)
30.
31.         self.task_loss_weight = task_loss_weight
32.         assert set(task_loss_weight.keys()) == \
33.                 {'track', 'occ', 'motion', 'map', 'planning'}
```

② 属性定义。通过定义属性方法，检查模型是否包含特定任务的头部模块。

```
1.     @property
2.     def with_planning_head(self):
3.         return hasattr(self, 'planning_head') and self.planning_head
is not None
4.
5.     @property
6.     def with_occ_head(self):
7.         return hasattr(self, 'occ_head') and self.occ_head is not
None
8.
9.     @property
10.     def with_motion_head(self):
11.         return hasattr(self, 'motion_head') and self.motion_head is
not None
12.
13.     @property
14.     def with_seg_head(self):
15.         return hasattr(self, 'seg_head') and self.seg_head is not None
```

③ 前向推理。forward_dummy 用于测试时的前向推理，传入虚拟元数据。forward 方法根据 return_loss 参数决定调用训练或测试的前向推理方法。

```
1.     def forward_dummy(self, img):
2.         dummy_metas = None
3.         return self.forward_test(img=img, img_metas=[[dummy_metas]])
4.
5.     def forward(self, return_loss=True, **kwargs):
6.         """Calls either forward_train or forward_test depending on
whether
7.         return_loss=True.
8.         Note this setting will change the expected inputs. When
9.         'return_loss=True', img and img_metas are single-nested (i.e.
```

```
10.            torch.Tensor and list[dict]), and when 'resturn_loss=False',
img and
11.            img_metas should be double nested (i.e. list[torch.Tensor],
12.            list[list[dict]]), with the outer list indicating test time
13.            augmentations.
14.            """
15.        if return_loss:
16.            return self.forward_train(**kwargs)
17.        else:
18.            return self.forward_test(**kwargs)
```

④ 训练前向传播。forward_train 方法实现了多任务模型的训练前向传播，包括跟踪、分割、运动预测、占用预测和规划等任务。调用各个任务的 forward_train 方法，并将损失进行加权和前缀处理。loss_weighted_and_prefixed 方法用于加权并添加前缀，以区分不同任务的损失。

• 使用混合精度训练，初始化各任务的损失字典。

```
1.        @auto_fp16(apply_to=('img', 'points'))
2.        def forward_train(self, img=None, img_metas=None, gt_bboxes_3d=None,
gt_labels_3d=None, gt_inds=None, l2g_t=None, l2g_r_mat=None, timestamp=None,
gt_lane_labels=None, gt_lane_bboxes=None, gt_lane_masks=None, gt_fut_traj=None,
gt_fut_traj_mask=None, gt_past_traj=None, gt_past_traj_mask=None, gt_sdc_
bbox=None, gt_sdc_label=None, gt_sdc_fut_traj=None, gt_sdc_fut_traj_mask=None,
gt_segmentation=None, gt_instance=None, gt_occ_img_is_valid=None, sdc_
planning=None, sdc_planning_mask=None, command=None, gt_future_boxes=None,
**kwargs):
3.            losses = dict()
4.            len_queue = img.size(1)
```

• 计算跟踪任务的损失和输出，并更新损失字典。

```
1.            losses_track, outs_track = self.forward_track_train(img, gt_
bboxes_3d, gt_labels_3d, gt_past_traj, gt_past_traj_mask, gt_inds, gt_sdc_
bbox, gt_sdc_label, l2g_t, l2g_r_mat, img_metas, timestamp)
2.            losses_track = self.loss_weighted_and_prefixed(losses_track,
prefix='track')
3.            losses.update(losses_track)
```

• 处理输出的上采样，获取 BEV 特征嵌入和位置。

```
1.            outs_track = self.upsample_bev_if_tiny(outs_track)
```

```
2.          bev_embed = outs_track["bev_embed"]
3.          bev_pos  = outs_track["bev_pos"]
4.          img_metas = [each[len_queue-1] for each in img_metas]
```

- 计算分割任务的损失和输出，并更新损失字典。

```
1.          outs_seg = dict()
2.          if self.with_seg_head:
3.              losses_seg, outs_seg = self.seg_head.forward_train(bev_
embed, img_metas, gt_lane_labels, gt_lane_bboxes, gt_lane_masks)
4.              losses_seg = self.loss_weighted_and_prefixed(losses_seg,
prefix='map')
5.              losses.update(losses_seg)
```

- 计算运动预测任务的损失和输出，并更新损失字典。

```
1.          outs_motion = dict()
2.          if self.with_motion_head:
3.              ret_dict_motion = self.motion_head.forward_train(bev_
embed, gt_bboxes_3d, gt_labels_3d, gt_fut_traj, gt_fut_traj_mask, gt_sdc_
fut_traj, gt_sdc_fut_traj_mask, outs_track=outs_track, outs_seg=outs_seg)
4.              losses_motion = ret_dict_motion["losses"]
5.              outs_motion = ret_dict_motion["outs_motion"]
6.              outs_motion['bev_pos'] = bev_pos
7.              losses_motion = self.loss_weighted_and_prefixed(losses_
motion, prefix='motion')
8.              losses.update(losses_motion)
```

- 计算占用预测任务的损失和输出，并更新损失字典。

```
1.          if self.with_occ_head:
2.              if outs_motion['track_query'].shape[1] == 0:
3.                  outs_motion['track_query'] = torch.zeros((1, 1,
256)).to(bev_embed)
4.                  outs_motion['track_query_pos'] = torch.zeros((1,1,
256)).to(bev_embed)
5.                  outs_motion['traj_query'] = torch.zeros((3, 1, 1, 6,
256)).to(bev_embed)
6.                  outs_motion['all_matched_idxes'] = [[-1]]
7.              losses_occ = self.occ_head.forward_train(bev_embed,
outs_motion, gt_inds_list=gt_inds, gt_segmentation=gt_segmentation, gt_
instance=gt_instance, gt_img_is_valid=gt_occ_img_is_valid)
```

```
8.            losses_occ = self.loss_weighted_and_prefixed(losses_occ,
prefix='occ')
9.            losses.update(losses_occ)
```

• 计算规划任务的损失和输出，并更新损失字典。

```
1.         if self.with_planning_head:
2.             outs_planning = self.planning_head.forward_train(bev_embed,
outs_motion, sdc_planning, sdc_planning_mask, command, gt_future_boxes)
3.             losses_planning = outs_planning['losses']
4.             losses_planning = self.loss_weighted_and_prefixed
(losses_planning, prefix='planning')
5.             losses.update(losses_planning)
```

• 遍历损失字典，将损失中的 NaN 值替换为零，返回损失字典。

```
1.         for k,v in losses.items():
2.             losses[k] = torch.nan_to_num(v)
3.         return losses
```

• 对各任务损失进行加权和添加前缀，返回处理后的损失字典。

```
1.     def loss_weighted_and_prefixed(self, loss_dict, prefix=''):
2.         loss_factor = self.task_loss_weight[prefix]
3.         loss_dict = {f"{prefix}.{k}" : v*loss_factor for k, v in
loss_dict.items()}
4.         return loss_dict
```

⑤ 测试前向传播。forward_test 方法实现了多任务模型的测试前向传播，通过调用各个任务的 forward_test 方法，生成测试结果，并进行必要的后处理。

• 检查 img_metas 的格式并确保 img 为列表。

```
1.     def forward_test(self, img=None, img_metas=None, l2g_t=None,
l2g_r_mat=None, timestamp=None, gt_lane_labels=None, gt_lane_masks=None,
rescale=False, sdc_planning=None, sdc_planning_mask=None, command=None, gt_
segmentation=None, gt_instance=None, gt_occ_img_is_valid=None, **kwargs):
2.         for var, name in [(img_metas, 'img_metas')]:
3.             if not isinstance(var, list):
4.                 raise TypeError('{} must be a list, but got {}'.format(name,
type(var)))
5.         img = [img] if img is None else img
```

- 更新场景信息，确保处理新场景时的正确初始化。

```
1.            if img_metas[0][0]['scene_token'] != self.prev_frame_
info['scene_token']:
2.                self.prev_frame_info['prev_bev'] = None
3.            self.prev_frame_info['scene_token'] = img_metas[0][0]
['scene_token']
4.
5.            if not self.video_test_mode:
6.                self.prev_frame_info['prev_bev'] = None
```

- 调整自车位置信息，以处理当前场景的动态变化。

```
1.            tmp_pos = copy.deepcopy(img_metas[0][0]['can_bus'][:3])
2.            tmp_angle = copy.deepcopy(img_metas[0][0]['can_bus'][-1])
3.            if self.prev_frame_info['scene_token'] is None:
4.                img_metas[0][0]['can_bus'][:3] = 0
5.                img_metas[0][0]['can_bus'][-1] = 0
6.            else:
7.                img_metas[0][0]['can_bus'][:3] -= self.prev_frame_
info['prev_pos']
8.                img_metas[0][0]['can_bus'][-1] -= self.prev_frame_
info['prev_angle']
9.            self.prev_frame_info['prev_pos'] = tmp_pos
10.             self.prev_frame_info['prev_angle'] = tmp_angle
```

- 准备图像和元数据，初始化结果字典，并调用 simple_test_track 进行跟踪任务。

```
1.            img = img[0]
2.            img_metas = img_metas[0]
3.            timestamp = timestamp[0] if timestamp is not None else None
4.
5.            result = [dict() for i in range(len(img_metas))]
6.            result_track = self.simple_test_track(img, l2g_t, l2g_r_mat,
img_metas, timestamp)
```

- 处理 tiny 模型的上采样，并获取 BEV 特征嵌入。

```
1.            result_track[0] = self.upsample_bev_if_tiny(result_track[0])
2.            bev_embed = result_track[0]["bev_embed"]
```

- 调用 seg_head 进行分割任务。

```
1.           if self.with_seg_head:
2.               result_seg = self.seg_head.forward_test(bev_embed, gt_
lane_labels, gt_lane_masks, img_metas, rescale)
```

- 调用 motion_head 进行运动预测任务，并更新运动结果中的 BEV 位置。

```
1.           if self.with_motion_head:
2.               result_motion, outs_motion = self.motion_head.forward_
test(bev_embed, outs_track=result_track[0], outs_seg=result_seg[0])
3.               outs_motion['bev_pos'] = result_track[0]['bev_pos']
```

- 调用 occ_head 进行占用预测任务，并更新结果字典。

```
1.           outs_occ = dict()
2.           if self.with_occ_head:
3.               occ_no_query = outs_motion['track_query'].shape[1] == 0
4.               outs_occ = self.occ_head.forward_test(bev_embed, outs_
motion, no_query = occ_no_query, gt_segmentation=gt_segmentation, gt_
instance=gt_instance, gt_img_is_valid=gt_occ_img_is_valid)
5.               result[0]['occ'] = outs_occ
```

- 调用 planning_head 进行规划任务，并更新结果字典。

```
1.           if self.with_planning_head:
2.               planning_gt=dict(segmentation=gt_segmentation, sdc_
planning=sdc_planning, sdc_planning_mask=sdc_planning_mask, command=command)
3.               result_planning = self.planning_head.forward_test(bev_
embed, outs_motion, outs_occ, command)
4.               result[0]['planning'] = dict(planning_gt=planning_gt,
result_planning=result_planning)
```

- 移除跟踪、分割、运动和占用结果中不需要的元素。

```
1.           pop_track_list = ['prev_bev', 'bev_pos', 'bev_embed',
'track_query_embeddings', 'sdc_embedding']
2.           result_track[0] = pop_elem_in_result(result_track[0], pop_
track_list)
3.
4.           if self.with_seg_head:
```

```
5.              result_seg[0] = pop_elem_in_result(result_seg[0], pop_
list=['pts_bbox', 'args_tuple'])
6.          if self.with_motion_head:
7.              result_motion[0] = pop_elem_in_result(result_motion[0])
8.          if self.with_occ_head:
9.              result[0]['occ'] = pop_elem_in_result(result[0]['occ'], \
10.                 pop_list=['seg_out_mask', 'flow_out', 'future_states_
occ', 'pred_ins_masks', 'pred_raw_occ', 'pred_ins_logits', 'pred_ins_
sigmoid'])
```

- 更新结果字典中的 token，并合并各任务的结果，返回最终结果。

```
1.          for i, res in enumerate(result):
2.              res['token'] = img_metas[i]['sample_idx']
3.              res.update(result_track[i])
4.              if self.with_motion_head:
5.                  res.update(result_motion[i])
6.              if self.with_seg_head:
7.                  res.update(result_seg[i])
8.
9.          return result
```

⑥ 辅助方法。pop_elem_in_result。pop_elem_in_result 方法用于从结果中移除不需要的元素，如查询和嵌入相关的键，保持结果的简洁性和一致性。

```
1. def pop_elem_in_result(task_result:dict, pop_list:list=None):
2.      all_keys = list(task_result.keys())
3.      for k in all_keys:
4.          if k.endswith('query') or k.endswith('query_pos') or
k.endswith('embedding'):
5.              task_result.pop(k)
6.
7.      if pop_list is not None:
8.          for pop_k in pop_list:
9.              task_result.pop(pop_k, None)
10.     return task_result
```

UniAD 框架通过上述代码实现了从感知、预测到规划的完整自动驾驶流程。各个任务模块通过统一的查询机制和联合优化，实现了高效、准确和安全的自动驾驶解决方案。

（3）启发与思考

UniAD 通过整合多个基于 Transformer 解码器的模块，包括感知、预测和规划，以规划为导向，展示了在自动驾驶技术中的创新潜力。其独特之处在于利用查询作为关键桥梁，有效地捕捉和建模驾驶场景中物体之间复杂的交互关系。UniAD是第一个全面研究自动驾驶领域中感知、预测和规划联合协作的设计。每个模块的设计都注重信息的整合和特征的共享，避免了传统方法中信息丢失和特征错位的问题。此外，UniAD的规划器利用MotionFormer中丰富的自车查询来优化路径规划，有效避开由OccFormer预测的占用区域，从而确保行驶安全性。总的来说，UniAD的设计启示我们，在未来自动驾驶技术的发展中，整合性和规划导向的设计思路将是关键，能够提高系统的智能性和可靠性，从而推动自动驾驶技术向更高水平发展。

7.2.2 FusionAD

在自动驾驶中，预测和规划任务对于车辆的安全和效率至关重要。然而，现有方法（如UniAD）通常依赖单一模态输入（如相机或激光雷达），难以全面捕捉复杂驾驶环境的信息。这导致了预测和规划的准确性和鲁棒性受到限制。此外，单模态方法在处理动态变化的环境和复杂的交通场景时表现不佳，影响了自动驾驶系统的整体性能。

为了应对上述问题，FusionAD通过将相机和激光雷达数据融合到BEV空间，利用多层的融合编码器来生成更加全面和精确的环境特征，从而解决了单模态方法在捕捉复杂驾驶环境信息时的不足；通过引入FMSPnP模块和端到端多任务学习框架，FusionAD能够更好地共享和利用融合特征，提升预测和规划任务的准确性和鲁棒性，同时采用分阶段训练方法优化各个模块的性能，确保系统在动态环境中的实时性和有效性。

（1）方法概览

FusionAD的总体框架如图7-5所示，主要包含以下内容：

① BEV编码器：将相机图像和激光雷达数据映射到BEV空间，生成多模态融合特征。

② 感知模块：包括检测、跟踪和映射任务，利用BEV特征进行高效感知。

③ 预测模块（FMSPnP）：通过模态自注意力和精炼网络，生成高精度的运动预测。

④ 规划模块：结合自车状态信息和融合特征，进行路径规划和碰撞预防。

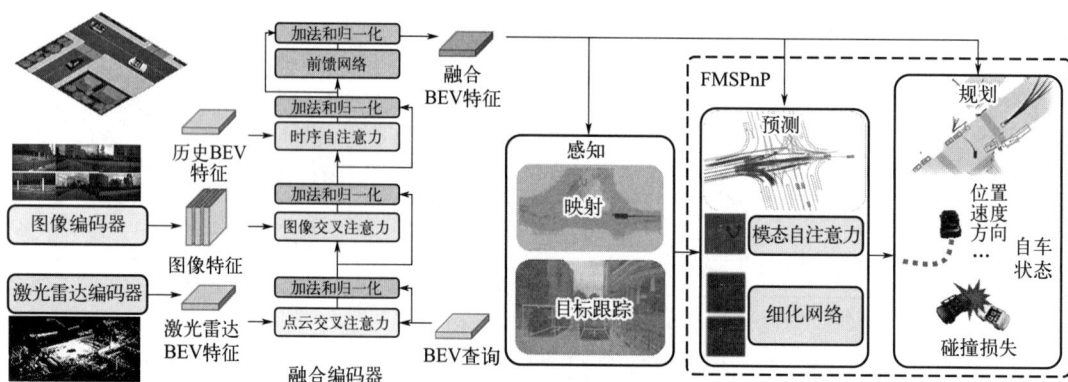

图 7-5 FusionAD 算法框架

多模态融合是FusionAD的一大关键创新点，通过结合相机和激光雷达的数据，生成更为全面和精确的 BEV 特征。具体来说，BEV 编码器将相机捕捉的图像信息和激光雷达提供的深度信息转换为统一的 BEV 表示。图 7-5 展示了这一融合过程，首先通过图像编码器将相机图像映射到 BEV 空间，然后通过激光雷达编码器将点云数据映射到 BEV 空间。接着，使用多层的融合编码器（包含点交叉注意力、图像交叉注意力和时间自注意力）将这些多模态特征融合在一起，生成最终的 BEV 特征。这种融合方式能够充分利用不同传感器的优势，提供更全面的环境感知，为后续的预测和规划任务提供坚实的基础。

FMSPnP 模块是 FusionAD 的核心组件之一，旨在提升预测任务的精度和多样性。图 7-6 详细展示了 FMSPnP 预测模块的设计，包括轨迹生成和位移生成两个部分。在轨迹生成阶段，模块首先从全局锚点、当前位置信息和历史轨迹嵌入中提取特征，然后通过多个交叉注意力机制（A2A、A2M 和 A2G）进行处理，以捕捉代理 - 代理、代理 - 地图和代理 - 目标点之间的信息。接下来，模态自注意力机制使不同模态的特征能够互相参照，提升了预测结果的质量和一致性。在位移生成阶段，通过精炼网络进一步优化初步预测的轨迹，使其更接近真实情况。整体而言，FMSPnP 模块通过多层次、多模态的特征处理，确保了高精度和多样性的运动预测。

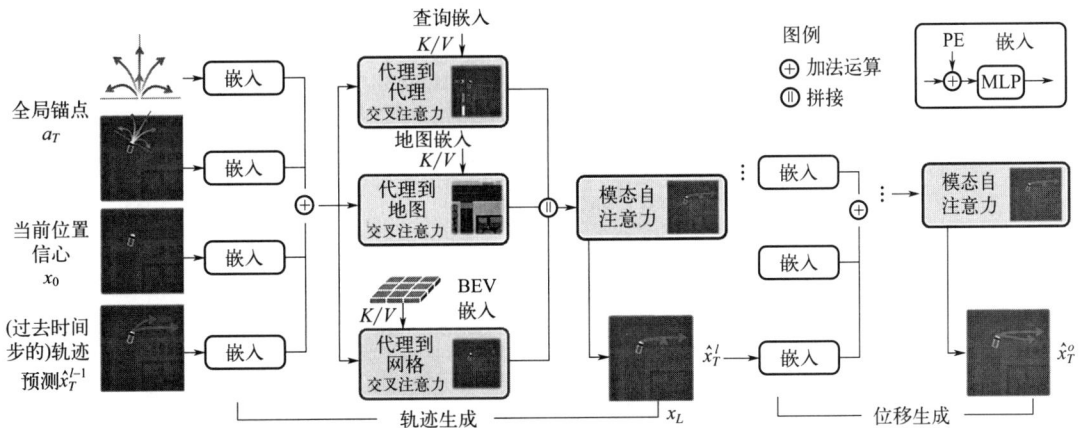

图 7-6 FMSPnP 中预测模块的设计

规划模块结合了多模态融合和 FMSPnP 预测模块的优势，进一步提升了路径规划的准确性和安全性。图 7-7 展示了规划模块的详细设计。该模块首先利用来自 BEV 编码器的多模态特征和自车状态信息，通过多层感知机制生成状态嵌入。这些状态嵌入结合轨迹特征和运动特征，通过 BEV 交叉注意力机制进行处理，以生成精确的规划路径。在生成初步路径后，模块通过非线性优化确保路径的安全性和可行性。这一过程还包括占用预测模型的结果，用于进一步优化路径，避免潜在的碰撞风险。最终生成的路径不仅符合车辆的动力学约束，还能有效应对复杂交通环境中的各种挑战。

表 7-2 展示了不同任务的主要实验结果。可以看出，FusionAD 在几乎所有任务上显著优于 UniAD，这说明融合相机和激光雷达传感信息的设计显著提高了自动驾驶的各项任务。

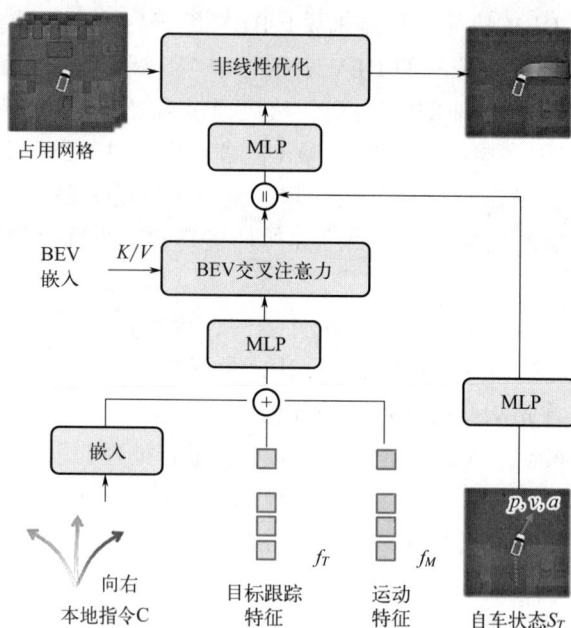

图 7-7　FMSPnP 中规划模块的设计

表 7-2　FusionAD 与 UniAD 在多任务上的主要结果比较

类型	检测		跟踪		映射		预测			
方法	mAP ↑	NDS ↑	AMOTA↑	AMOTP ↓	IoU-Lane ↑	IoU-D ↑	ADE ↓	FDE ↓	MR ↓	EPA ↑
UniAD	0.382*	0.499*	0.359	1.320	0.313	0.691	0.708	1.025	0.151	0.456
FusionAD	**0.574**	**0.646**	**0.501**	**1.065**	**0.367**	**0.731**	**0.389**	**0.615**	**0.084**	**0.620**

类型	占据				路径规划		
方法	VPQ-n ↑	VPQ-f ↑	IoU-n ↑	IoU-f ↑	DE ↓	CR_{avg} ↓	CR_{traj} ↓
UniAD	54.7	33.5	63.4	40.2	1.03	0.31	1.46*
FusionAD	**64.7**	**50.2**	**70.4**	**51.0**	**0.81**	**0.12**	**0.37**

（2）代码解析

目前 FusionAD 代码已经开源。FusionAD 的开源代码与 UniAD 的开源代码类似，主要包括：定义了实验超参数的 projects/configs 文件夹、包括不同数据集加载方法的 projects/mmdet3d_plugin/datasets 文件夹、测评调用文件 tools/test.py 和训练调用文件 tools/train.py 等。FusionAD 的整体流程由 projects/mmdet3d_plugin/fusionad/detectors/fusionad_e2e.py 控制，该文件协调了所有位于 projects/mmdet3d_plugin/fusionad/dense_heads 中的任务模块。由于 FusionAD 是在 UniAD 上的进一步工作，代码流程基本一致，下面就主要分析 FusionAD 相比于 UniAD 代码的主要创新之处，

读者可结合 UniAD 的代码部分进行理解。

① 模块化设计与灵活性。FusionAD 在模块化设计上更加灵活，增加了冻结各个子模块参数的选项，使得在训练时可以选择性地更新部分模块。这种设计在实验中提供了更多的灵活性，有助于减少过拟合并提高训练效率。

```
1. class FusionAD(FusionADTrack):
2.     def __init__(self, seg_head=None, motion_head=None, occ_
head=None, planning_head=None, task_loss_weight=dict(track=1.0, map=1.0,
motion=1.0, occ=1.0, planning=1.0),
3.                 freeze_track=True, freeze_seg=True, freeze_
occ=False, freeze_motion=True, **kwargs):
4.         super(FusionAD, self).__init__(**kwargs)
5.         if seg_head:
6.             self.seg_head = build_head(seg_head)
7.         if occ_head:
8.             self.occ_head = build_head(occ_head)
9.         if motion_head:
10.             self.motion_head = build_head(motion_head)
11.          if planning_head:
12.             self.planning_head = build_head(planning_head)
13.        self.freeze_track = freeze_track
14.        self.freeze_seg = freeze_seg
15.        self.freeze_occ = freeze_occ
16.        self.freeze_motion = freeze_motion
17.        self.task_loss_weight = task_loss_weight
```

② 前向训练与推理过程优化。FusionAD 的前向训练过程增加了冻结参数的选项，同时对输出的 BEV 特征进行了上采样处理。这些改进使得模型在训练和推理时可以更好地处理高分辨率特征，从而提升性能。

```
1. @auto_fp16(apply_to=('img', 'points'))
2. def forward_train(self, points=None, img=None, img_metas=None,
gt_bboxes_3d=None, gt_labels_3d=None, gt_inds=None, l2g_t=None, l2g_
r_mat=None, timestamp=None, gt_lane_labels=None, gt_lane_bboxes=None,
gt_lane_masks=None, gt_fut_traj=None, gt_fut_traj_mask=None, gt_past_
traj=None, gt_past_traj_mask=None, gt_sdc_bbox=None, gt_sdc_label=None, gt_
sdc_fut_traj=None, gt_sdc_fut_traj_mask=None, gt_segmentation=None, gt_
instance=None, gt_occ_img_is_valid=None, sdc_planning=None, sdc_planning_
mask=None, command=None, gt_future_boxes=None, **kwargs):
3.     losses = dict()
4.     len_queue = img.size(1)
```

```
5.     if self.freeze_track:
6.         with torch.no_grad():
7.             _, outs_track = self.forward_track_train(points, img,
gt_bboxes_3d, gt_labels_3d, gt_past_traj, gt_past_traj_mask, gt_inds, gt_
sdc_bbox, gt_sdc_label, l2g_t, l2g_r_mat, img_metas, timestamp)
8.     else:
9.         losses_track, outs_track = self.forward_track_train(points,
img, gt_bboxes_3d, gt_labels_3d, gt_past_traj, gt_past_traj_mask, gt_inds,
gt_sdc_bbox, gt_sdc_label, l2g_t, l2g_r_mat, img_metas, timestamp)
10.        losses_track = self.loss_weighted_and_prefixed(losses_
track, prefix='track')
11.        losses.update(losses_track)
12.    outs_track = self.upsample_bev_if_tiny(outs_track)
13.    bev_embed = outs_track["bev_embed"]
```

③ 运动预测和占用预测增强。FusionAD 在运动预测和占用预测模块上进行了优化,通过冻结参数选项和上采样操作提升了特征处理能力,并增加了占用预测模块,使得模型在处理复杂场景时更加鲁棒。

```
1. if self.with_motion_head:
2.     if self.freeze_motion:
3.         with torch.no_grad():
4.             ret_dict_motion = self.motion_head.forward_train(bev_
embed, gt_bboxes_3d, gt_labels_3d, gt_fut_traj, gt_fut_traj_mask, gt_sdc_
fut_traj, gt_sdc_fut_traj_mask, outs_track=outs_track, outs_seg=outs_seg)
5.             outs_motion = ret_dict_motion["outs_motion"]
6.             outs_motion['bev_pos'] = bev_pos
7.     else:
8.         ret_dict_motion = self.motion_head.forward_train(bev_embed,
gt_bboxes_3d, gt_labels_3d, gt_fut_traj, gt_fut_traj_mask, gt_sdc_fut_traj,
gt_sdc_fut_traj_mask, outs_track=outs_track, outs_seg=outs_seg)
9.         losses_motion = ret_dict_motion["losses"]
10.        outs_motion = ret_dict_motion["outs_motion"]
11.        outs_motion['bev_pos'] = bev_pos
12.        losses_motion = self.loss_weighted_and_prefixed(losses_
motion, prefix='motion')
13.        losses.update(losses_motion)
14.    if self.with_occ_head:
15.        if outs_motion['track_query'].shape[1] == 0:
16.            outs_motion['track_query'] = torch.zeros((1, 1, 256)).
to(bev_embed)
17.            outs_motion['track_query_pos'] = torch.zeros((1,1, 256)).to(bev_embed)
```

```
18.              outs_motion['traj_query'] = torch.zeros((3, 1, 1, 6, 256)).
to(bev_embed)
19.              outs_motion['all_matched_idxes'] = [[-1]]
20.         if self.freeze_occ:
21.             pass
22.         else:
23.             losses_occ = self.occ_head.forward_train(bev_embed,
outs_motion, gt_inds_list=gt_inds, gt_segmentation=gt_segmentation, gt_
instance=gt_instance, gt_img_is_valid=gt_occ_img_is_valid)
24.             losses_occ = self.loss_weighted_and_prefixed(losses_occ,
prefix='occ')
25.             losses.update(losses_occ)
```

④ 规划模块的改进。FusionAD 的规划模块通过引入更多的状态信息（如自车信息）和环境信息，使得路径规划更加精细和可靠。这样的改进使得生成的路径在实际应用中更加安全和有效。

```
1. if self.with_planning_head:
2.     ego_info = torch.from_numpy(img_metas[0]['can_bus'])
3.     ego_info[:7] = 0
4.     outs_planning = self.planning_head.forward_train(bev_embed, outs_
motion, sdc_planning, sdc_planning_mask, ego_info, command, gt_future_boxes)
5.     losses_planning = outs_planning['losses']
6.     losses_planning = self.loss_weighted_and_prefixed(losses_
planning, prefix='planning')
7.     losses.update(losses_planning)
```

通过对比 FusionAD 和 UniAD 的代码，可以看到 FusionAD 的以上方面的改进使其在自动驾驶任务中的表现显著优于 UniAD，尤其是在复杂场景下的鲁棒性和准确性方面表现更加出色。

（3）启发与思考

FusionAD 展示了多模态融合和端到端多任务学习在自动驾驶中的巨大潜力，通过将相机和激光雷达数据融合到 BEV 空间，系统能够获取更加全面和准确的环境信息，从而显著提升感知、预测和规划任务的性能。这一创新不仅在实验结果上明显优于传统的单模态方法，还在实际应用中展示了更强的鲁棒性和适应性。从技术启发的角度来看，FusionAD 的成功突显了多模态融合在复杂任务中的重要性，不同传感器各有其优势，通过融合这些多样化的信息源，可以弥补单一传感器的不足，提供更全面的环境感知，这为未来的自动驾驶系统设计提供了新的方向。然而，多模态融合的计算复杂度较高，需要进一步优化算法以提升实时性和效率，并在极端环境下验证系统的鲁棒性。

7.3
端到端自动驾驶算法的挑战与应对

　　端到端自动驾驶算法虽然在理论和实践上取得了显著进展，但仍面临一系列挑战。本节将详细探讨这些挑战，并提出相应的应对策略。

　　端到端自动驾驶算法高度依赖于大量高质量的训练数据，数据的多样性直接影响模型的泛化能力。为了克服这一挑战，研究者们采用数据增强技术，如图像变换、模拟不同天气和光照条件，以增加数据集的多样性。此外，开发无监督或半监督学习方法，减少对大量标注数据的依赖，也是应对数据依赖性的有效途径。

　　端到端模型通常被认为是"黑盒"，缺乏可解释性，这在安全关键的应用中可能导致信任问题。为了提高模型的透明度，研究者们正在研究和开发新的可视化工具和技术，如激活图（activation maps）和特征可视化。同时，探索可解释的机器学习模型，如决策树或规则 -based 模型，与深度学习模型结合使用，以增强模型的可解释性和信任度。

　　自动驾驶系统在面对未知或极端情况时的安全性和鲁棒性是关键问题。为了验证模型的安全性，通过模拟和现实世界的测试来评估其在各种情况下的表现。此外，开发鲁棒性训练技术，如对抗性训练和异常检测，以提高模型对异常输入的鲁棒性，是确保自动驾驶系统安全运行的重要策略。

　　端到端模型通常需要大量的计算资源，这可能影响其实时性，特别是在资源受限的嵌入式系统中。为了解决这一问题，优化模型结构和训练过程，减少参数数量和计算复杂度至关重要。利用硬件加速技术，如 GPU 和 TPU，以及模型压缩和量化技术，可以提高模型的运行效率，确保实时性。

　　模型在从仿真环境到真实世界的泛化过程中可能会遇到性能下降的问题。采用迁移学习技术，将在仿真环境中训练好的模型迁移到真实世界中，有助于提高模型的泛化能力。同时，通过多任务学习提高模型对不同任务的泛化能力，也是解决泛化问题的有效方法。

　　自动驾驶技术的发展引发了一系列的法规和伦理问题，如责任归属、隐私保护等。应对这些挑战需要与政策制定者、行业专家和公众合作，建立相应的法规框架和伦理指南。确保自动驾驶系统的决策过程符合社会价值观和法律要求，是实现技术可持续发展的关键。

　　尽管存在挑战，端到端自动驾驶算法的研究和应用前景依然广阔。未来的研究将集中在提高模型的泛化能力、降低对数据的依赖、增强模型的可解释性和安全性，以及解决法规和伦理问题。通过不断的技术创新和跨学科合作，端到端自动驾驶算法有望克服现有挑战，实现更广泛的应用。

参考文献

［1］ Zhang P, Li X, He L, et al. 3D multiple object tracking on autonomous driving: a literature review ［J/OL］. arXiv preprint arXiv: 2309. 15411 ［2024-05-01］.

［2］ Singh A. Trajectory-Prediction with Vision: A Survey ［C］//Proceedings of the IEEE/CVF International Conference on Computer Vision. 2023: 3318-3323.

［3］ Huang Y, Du J, Yang Z, et al. A survey on trajectory-prediction methods for autonomous driving ［J］. IEEE Transactions on Intelligent Vehicles, 2022, 7（3）: 652-674.

［4］ Rebut J, Ouaknine A, Malik W, et al. Raw high-definition radar for multi-task learning ［C］// Proceedings of the IEEE/CVF Conference on Computer Vision and Pattern Recognition. 2022: 17021-17030.

［5］ 张燕咏, 张莎, 张昱, 等. 基于多模态融合的自动驾驶感知及计算 ［J］. 计算机研究与发展, 2020, 57（09）: 1781-1799.

［6］ 梁振明, 黄影平, 宋卓恒, 等. 自动驾驶中基于深度学习的 3D 目标检测方法综述 ［J/OL］. 上海理工大学学报: 1-17 ［2024-03-28］. https://doi.org/10.13255/j.cnki.jusst.20231101004.

［7］ Wang Y, Mao Q, Zhu H, et al. Multi-Modal 3D Object Detection in Autonomous Driving: A Survey ［J］. International Journal of Computer Vision, 2023, 131（8）: 2122-2152.

［8］ 朱银添. 基于激光点云与图像融合的无人驾驶目标检测方法研究 ［D］. 福州: 福建理工大学, 2023. DOI:10.27865/d.cnki.gfgxy.2023.000005.

［9］ Zhou Q, Yu C. Point RCNN: an angle-free framework for rotated object detection ［J］. Remote Sensing, 2022, 14（11）: 2605.

［10］ Shi S, Guo C, Jiang L, et al. PV-RCNN: point-voxel feature set abstraction for 3D object detection ［C］//Proceedings of the IEEE/CVF Conference on Computer Vision and Pattern Recognition. 2020: 10526-10535.

［11］ Zhou Y, Tuzel O. VoxelNet: end-to-end learning for point cloud based 3D object detection ［C］// Proceedings of the IEEE/CVF Conference on Computer Vision and Pattern Recognition（CVPR）. 2018: 4490-4499.

［12］ Lang A H, Vora S, Caesar H, et al. Pointpillars: Fast encoders for object detection from point clouds ［C］//Proceedings of the IEEE/CVF conference on computer vision and pattern recognition. 2019: 12697-12705.

［13］ Xie E, Yu Z, Zhou D, et al. M²BEV: multi-camera joint 3D detection and segmentation with unified birds-eye view representation ［J/OL］. arXiv preprint arXiv: 2204. 05088 ［2024-04-03］.

［14］ Huang J, Huang G. BEVDet4D: exploit temporal cues in multi-camera 3D object detection ［J/OL］. arXiv e-prints, arXiv: 2207. 09443 ［2024-04-03］.

［15］ Chen X, Ma H, Wan J, et al. Multi-view 3d object detection network for autonomous driving ［C］//Proceedings of the IEEE conference on Computer Vision and Pattern Recognition. 2017: 1907-1915.

［16］ Huang K. End-to-end multi-sensor fusion for 3D object detection in LiDAR point clouds ［J］. Applied & Educational Psychology, 2021, 2（1）: 67-72.

［17］ Yoo J H, Kim Y, Kim J, et al. 3D-CVF: generating joint camera and LiDAR features using cross-view spatial feature fusion for 3D object detection ［C］//European Conference on Computer Vision（ECCV）. 2020: 720-736.

［18］ Vora S, Lang A H, Helou B, et al. PointPainting: sequential fusion for 3D object detection ［C］//Proceedings of the IEEE/CVF Conference on Computer Vision and Pattern Recognition（CVPR）.

2020：4603-4611.

［19］顾军华，李炜，董永峰. 基于点云数据的分割方法综述［J］. 燕山大学学报，2020，44（02）：125-137.

［20］徐鹏斌，瞿安国，王坤峰，等. 全景分割研究综述［J］. 自动化学报，2021，47（03）：549-568. DOI：10. 16383/j. aas. c200657.

［21］Geiger A，Lenz P，Stiller C，et al. Vision meets robotics：The KITTI dataset［J］. International Journal of Robotics Research，2013，32（11）：1231-1237.

［22］Caesar H，Bankiti V，Lang A H，et al. nuscenes：A multimodal dataset for autonomous driving［C］//Proceedings of the IEEE/CVF conference on computer vision and pattern recognition. 2020：11621-11631.

［23］Li X Y，Zhang G，Wang B Y，et al. Center Focusing Network for Real-Time LiDAR Panoptic Segmentation［C］//Proceedings of the IEEE/CVF Conference on Computer Vision and Pattern Recognition（CVPR）. 2023：13425-13434.

［24］Qin Z，Wang J，Lu Y. Monogrnet：A geometric reasoning network for monocular 3d object localization［C］//Proceedings of the AAAI conference on artificial intelligence. 2019，33（01）：8851-8858.

［25］Brazil G，Liu X. M3d-rpn：Monocular 3d region proposal network for object detection［C］//Proceedings of the IEEE/CVF international conference on computer vision. 2019：9287-9296.

［26］Ma X，Wang Z，Li H，et al. Accurate monocular 3d object detection via color-embedded 3d reconstruction for autonomous driving［C］//Proceedings of the IEEE/CVF international conference on computer vision. 2019：6851-6860.

［27］Ren S，He K，Girshick R，et al. Faster R-CNN：Towards Real-Time Object Detection with Region Proposal Networks［J］. IEEE Transactions on Pattern Analysis & Machine Intelligence，2017，39（6）：1137-1149.

［28］Lin TY，Goyal P，Girshick R，He K，Dollar P. Focal Loss for Dense Object Detection［J］. IEEE Transactions on Pattern Analysis and Machine Intelligence，2020，42（2）：318-327. DOI：10. 1109/TPAMI. 2018. 2858826.

［29］He K，Gkioxari G，Dollar P，et al. Mask R-CNN［J］. IEEE Transactions on Pattern Analysis & Machine Intelligence，2017，41（8）：2100-2113. DOI：10. 1109/TPAMI. 2018. 2844175.

［30］Manhardt F，Kehl W，Gaidon A. ROI-10D：monocular lifting of 2D detection to 6D pose and metric shape［C］//Proceedings of the IEEE/CVF Conference on Computer Vision and Pattern Recognition（CVPR）. 2019：2126-2135. DOI：10. 1109/CVPR. 2019. 0021.

［31］Deng J，Dong W，Socher R，et al. ImageNet：A large-scale hierarchical image database［J］. Proc of IEEE Computer Vision & Pattern Recognition，2009：248-255. DOI：10. 1109/CVPR. 2009. 5206848.

［32］He K，Zhang X，Ren S，et al. Deep residual learning for image recognition［C］//Proceedings of the IEEE/CVF Conference on Computer Vision and Pattern Recognition（CVPR）. 2016：770-778.

［33］Dai J，Qi H，Xiong Y，et al. Deformable convolutional networks［C］//Proceedings of the IEEE International Conference on Computer Vision（ICCV）. 2017：764-773.

［34］Wang T，Zhu X，Pang J，et al. Fcos3d：Fully convolutional one-stage monocular 3d object detection［C］//Proceedings of the IEEE/CVF International Conference on Computer Vision. 2021：913-922.

［35］Liu Z，Wu Z，Tóth R. Smoke：Single-stage monocular 3d object detection via keypoint estimation［C］//Proceedings of the IEEE/CVF Conference on Computer Vision and Pattern Recognition

Workshops. 2020: 996-997.

[36] Philion J, Fidler S. Lift, splat, shoot: encoding images from arbitrary camera rigs by implicitly unprojecting to 3D [C] //European Conference on Computer Vision (ECCV). 2020: 194-210.

[37] LI Z, WANG W, LI H, et al. BEVFormer: Learning Bird's-Eye-View Representation from Multi-Camera Images via Spatiotemporal Transformers [M/OL] //Lecture Notes in Computer Science, Computer Vision – ECCV 2022. 2022: 1-18.

[38] Qi C R, Su H, Mo K, et al. PointNet: deep learning on point sets for 3D classification and segmentation [C] //Proceedings of the IEEE Conference on Computer Vision and Pattern Recognition (CVPR). 2017: 652-660. DOI: 10. 1109/CVPR. 2017. 16.

[39] Wu Z, Song S, Khosla A, et al. 3D ShapeNets: a deep representation for volumetric shapes [C] //Proceedings of the IEEE Conference on Computer Vision and Pattern Recognition (CVPR). 2015: 1912-1920. DOI: 10. 1109/CVPR. 2015. 7298801.

[40] Huang J, You S. Point cloud labeling using 3D convolutional neural network [C] //Proceedings of the International Conference on Pattern Recognition (ICPR). 2016: 2641-2646. DOI: 10. 1109/ ICPR. 2016. 7900038.

[41] Liu F, Li S, Zhang L, et al. 3DCNN-DQN-RNN: a deep reinforcement learning framework for semantic parsing of large-scale 3D point clouds [C] //Proceedings of the IEEE International Conference on Computer Vision (ICCV). 2017: 5863-5872. DOI: 10. 1109/ICCV. 2017. 605.

[42] Wu Z, Shou R, Wang Y, et al. Interactive shape co-segmentation via label propagation [J]. Computers & Graphics, 2014, 38: 248-254. DOI: 10. 1016/j. cag. 2013. 11. 009.

[43] Liu F, Li S, Zhang L, et al. 3DCNN-DQN-RNN: a deep reinforcement learning framework for semantic parsing of large-scale 3D point clouds [C] //Proceedings of the IEEE International Conference on Computer Vision (ICCV). 2017: 5863-5872. DOI: 10. 1109/ICCV. 2017. 605.

[44] Yi L, Kim V G, Ceylan D, et al. A scalable active framework for region annotation in 3D shape collections [J]. ACM Transactions on Graphics (TOG), 2016, 35 (6): 210. 1-210. 12. DOI: 10. 1145/2980179. 2980238.

[45] Qi C R, Yi L, Su H, et al. PointNet++: deep hierarchical feature learning on point sets in a metric space [C] //Advances in Neural Information Processing Systems (NeurIPS). 2017: 5099-5108.

[46] Simard P Y, Steinkraus D, Platt J C. Best practices for convolutional neural networks applied to visual document analysis [C] //Proceedings of the International Conference on Document Analysis and Recognition (ICDAR). 2003: 950-954.

[47] LeCun, Yann, et al. "Gradient-based learning applied to document recognition." *Proceedings of the IEEE* 86. 11 (1998): 2278-2324.

[48] Lin M, Chen Q, Yan S. Network in network [J/OL]. arXiv preprint arXiv: 1312. 4400 [2024-04-16].

[49] Chen X, Ma H, Wan J, et al. Multi-view 3D object detection network for autonomous driving [C] //Proceedings of the IEEE/CVF Conference on Computer Vision and Pattern Recognition (CVPR). 2017: 6506-6514.

[50] Liang M, Yang B, Wang T, et al. Deep continuous fusion for multi-sensor 3D object detection [C] //European Conference on Computer Vision (ECCV). 2018: 426-442.

[51] Ku J, Mozifian M, Lee J, et al. Joint 3D proposal generation and object detection from view aggregation [C] //Proceedings of the IEEE/RSJ International Conference on Intelligent Robots and Systems (IROS). 2018: 1-8.

［52］ Qi C R, Liu W, Wu Q, et al. Frustum PointNets for 3D object detection from RGB-D data［C］// Proceedings of the IEEE/CVF Conference on Computer Vision and Pattern Recognition（CVPR）. 2018：918-927.

［53］ Zhou Y, Tuzel O. VoxelNet：end-to-end learning for point cloud based 3D object detection［C］// Proceedings of the IEEE/CVF Conference on Computer Vision and Pattern Recognition（CVPR）. 2018：4490-4499.

［54］ Yan Y, Mao Y, Li B. SECOND：sparsely embedded convolutional detection［J］. Sensors, 2018, 18（10）：3337. DOI：10. 3390/s18103337.

［55］ Chen X, Kundu K, Zhu Y, et al. Monocular 3D object detection for autonomous driving［C］// Proceedings of the IEEE/CVF Conference on Computer Vision and Pattern Recognition（CVPR）. 2016：2147-2155.

［56］ Chen X, Kundu K, Zhu Y, et al. 3D object proposals for accurate object class detection［C］// Advances in Neural Information Processing Systems（NeurIPS）. 2015：424-432.

［57］ Li B, Zhang T, Xia T. Vehicle detection from 3D LiDAR using fully convolutional network［J/ OL］. arXiv preprint arXiv：1608. 07916［2024-04-16］.

［58］ Chen X, Ma H, Wan J, et al. Multi-view 3D object detection network for autonomous driving［C］ //Proceedings of the IEEE/CVF Conference on Computer Vision and Pattern Recognition（CVPR）. 2017：6506-6514.

［59］ Yang B, Luo W, Urtasun R. PIXOR：real-time 3D object detection from point clouds［C］// Proceedings of the IEEE/CVF Conference on Computer Vision and Pattern Recognition（CVPR）. 2018：7652-7660.

［60］ Li B, Zhang T, Xia T. Vehicle detection from 3D LiDAR using fully convolutional network［J/ OL］. arXiv preprint arXiv：1608. 07916［2024-04-16］.

［61］ Li B. 3D fully convolutional network for vehicle detection in point cloud［C］//Proceedings of the IEEE/RSJ International Conference on Intelligent Robots and Systems（IROS）. 2017：520-525.

［62］ Shin K, Kwon Y P, Tomizuka M. RoarNet：a robust 3D object detection based on region approximation refinement［C］//Proceedings of the IEEE Intelligent Vehicles Symposium（IV）. 2019：1464-1471.

［63］ Yang B, Liang M, Urtasun R. HDNet：exploiting HD maps for 3D object detection［C］// Conference on Robot Learning（CoRL）. PMLR, 2018：468-477.

［64］ Zhou Y, Sun Z, Yuan Y, et al. End-to-end multi-view fusion for 3D object detection in LiDAR point clouds［C］//Conference on Robot Learning（CoRL）. PMLR, 2020：1036-1047.

［65］ Li X, Wang B, Wang L, et al. CPGNet：cascade point-grid fusion network for real-time LiDAR semantic segmentation［C］//Proceedings of the IEEE International Conference on Robotics and Automation（ICRA）. 2022：4426-4432.

［66］ Hu Q, Huang G, Ruan Y, et al. RandLA-Net：efficient semantic segmentation of large-scale point clouds［C］//Proceedings of the IEEE/CVF Conference on Computer Vision and Pattern Recognition （CVPR）. 2020：8741-8750.

［67］ Thomas H, Qi C R, Deschaud J E, et al. KPConv：flexible and deformable convolution for point clouds［C］//Proceedings of the IEEE/CVF International Conference on Computer Vision（ICCV）. 2019：6411-6420.

［68］ Milioto A, Quenzel J, Behley J, et al. RangeNet++：fast and accurate LiDAR semantic segmentation［C］//Proceedings of the IEEE/RSJ International Conference on Intelligent Robots and Systems（IROS）. 2019：4924-4931.

[69] Xu C, Wu B, Wang Z, et al. SqueezeSegV3: spatially-adaptive convolution for efficient point-cloud segmentation [C] //Computer Vision – ECCV 2020: 16th European Conference, Glasgow, UK, August 23–28, 2020, Proceedings, Part XXVIII. Springer International Publishing, 2020: 457-474.

[70] Cortinhal T, Tzelepis G, Aksoy E E. SalsaNext: fast, uncertainty-aware semantic segmentation of LiDAR point clouds [C] //Advances in Visual Computing: 15th International Symposium, ISVC 2020, San Diego, CA, USA, October 5–7, 2020, Proceedings, Part II. Springer International Publishing, 2020: 327-337.

[71] Razani R, Yang H, Zhang Y, et al. Lite-HDseg: LiDAR semantic segmentation using lite harmonic dense convolutions [C] //Proceedings of the IEEE International Conference on Robotics and Automation (ICRA). 2021: 6641-6647.

[72] Alnaggar Y A, Elhoseiny M, Ghanem B. Multi projection fusion for real-time semantic segmentation of 3D LiDAR point clouds [C] //Proceedings of the IEEE/CVF Winter Conference on Applications of Computer Vision (WACV). 2021: 1047-1056.

[73] Liong V E, Liu J, Shen W, et al. AMVNet: assertion-based multi-view fusion network for LiDAR semantic segmentation [J/OL]. arXiv preprint arXiv: 2012. 04934 [2024-04-09].

[74] Tang H, Zhu X, Qi C R, et al. Searching efficient 3D architectures with sparse point-voxel convolution [C] //European Conference on Computer Vision (ECCV). Cham: Springer International Publishing, 2020: 484-500.

[75] Zhu X, Luo W, Urtasun R. Cylindrical and asymmetrical 3D convolution networks for LiDAR segmentation [C] //Proceedings of the IEEE/CVF Conference on Computer Vision and Pattern Recognition (CVPR). 2021: 12745-12754.

[76] Ye M, Chen S, Zhao Q, et al. DRINet: a dual-representation iterative learning network for point cloud segmentation [C] //Proceedings of the IEEE/CVF International Conference on Computer Vision (ICCV). 2021: 13660-13669.

[77] Cheng R, Qin Y, Zhou Y, et al. 2-S3Net: attentive feature fusion with adaptive feature selection for sparse semantic segmentation network [C] //Proceedings of the IEEE/CVF Conference on Computer Vision and Pattern Recognition (CVPR). 2021: 14675-14684.

[78] Xu J, Sun K, Huang Z, et al. RPVNet: a deep and efficient range-point-voxel fusion network for LiDAR point cloud segmentation [C] //Proceedings of the IEEE/CVF International Conference on Computer Vision (ICCV). 2021: 14664-14674.

[79] Liu Z, Guan Y, Xiao L, et al. BEVFusion: multi-task multi-sensor fusion with unified bird's-eye view representation [C] //Proceedings of the IEEE International Conference on Robotics and Automation (ICRA). 2023: 12345-12352.

[80] Yang Z, Zhang T, Hu R, et al. DeepInteraction: 3D object detection via modality interaction [C] //Advances in Neural Information Processing Systems (NeurIPS). 2022: 1992-2005.

[81] Qi C R, Su H, Mo K, et al. Volumetric and multi-view CNNs for object classification on 3D data [C] //Proceedings of the IEEE Conference on Computer Vision and Pattern Recognition (CVPR). 2016: 5648-5657.

[82] Su H, Qi C R, Nießner M, et al. Multi-view convolutional neural networks for 3D shape recognition [C] //Proceedings of the IEEE International Conference on Computer Vision (ICCV). 2015: 945-953.

[83] He K, Zhang X, Ren S, et al. Deep residual learning for image recognition [J/OL]. arXiv preprint arXiv: 1512. 03385 [2024-04-10].

［84］Geiger A，Lenz P，Urtasun R．Are we ready for autonomous driving? The KITTI vision benchmark suite［C］//Proceedings of the IEEE Conference on Computer Vision and Pattern Recognition（CVPR）．2012：3354-3361．

［85］严毅，邓超，李琳，等．深度学习背景下的图像语义分割方法综述［J］．中国图象图形学报，2023，28（11）：3342-3362．

［86］王艺娴，胡雨凡，孔庆群，等．三维点云语义分割：现状与挑战［J］．工程科学学报，2023，45（10）：1653-1665．DOI：10. 13374/j. issn2095-9389. 2022. 12. 17. 004．

［87］李新，孙钰奇，宋刘广，等．基于深度学习的室内点云语义分割研究进展［J/OL］．激光杂志，2024［2024-04-23］．http：//kns. cnki. net/kcms/detail/50. 1085. tn. 20240506. 1617. 012. html．

［88］Chu P，Wang J，You Q，et al．TransMOT：spatial-temporal graph transformer for multiple object tracking［C］//Proceedings of the IEEE/CVF Winter Conference on Applications of Computer Vision（WACV）．2023：4870-4880．

［89］Wu P，Chen S，Metaxas D N．MotionNet：joint perception and motion prediction for autonomous driving based on bird's eye view maps［C］//Proceedings of the IEEE/CVF Conference on Computer Vision and Pattern Recognition（CVPR）．2020：8688-8697．

［90］Vaswani A，Shazeer N，Parmar N，et al．Attention is all you need［C］//Advances in Neural Information Processing Systems（NeurIPS）．2017：5998-6008．

［91］Behley J，Garbade M，Milioto A，et al．SemanticKITTI：a dataset for semantic scene understanding of LiDAR sequences［J/OL］．arXiv preprint arXiv：1904. 01416［2024-04-23］．https：//doi. org/10. 48550/arXiv. 1904. 01416．

［92］Qin Z，Zhou S，Wang L，et al．MotionTrack：learning robust short-term and long-term motions for multi-object tracking［C］//Proceedings of the IEEE/CVF Conference on Computer Vision and Pattern Recognition（CVPR）．2023：17939-17948．

［93］Mao W，Xu C，Zhu Q，et al．Leapfrog diffusion model for stochastic trajectory prediction［C］//Proceedings of the IEEE/CVF Conference on Computer Vision and Pattern Recognition（CVPR）．2023：5517-5526．

［94］Hu J，Zhang L，Wang L，et al．You only segment once：towards real-time panoptic segmentation［C］//Proceedings of the IEEE/CVF Conference on Computer Vision and Pattern Recognition（CVPR）．2023：12345-12354．

［95］Zhang J，Liu Y，Chen X，et al．Unidaformer：unified domain adaptive panoptic segmentation transformer via hierarchical mask calibration［C］//Proceedings of the IEEE/CVF Conference on Computer Vision and Pattern Recognition（CVPR）．2023：6789-6798．

［96］Xu J，Dai J，Lin S，et al．Open-vocabulary panoptic segmentation with text-to-image diffusion models［C］//Proceedings of the IEEE/CVF Conference on Computer Vision and Pattern Recognition（CVPR）．2023：9876-9885．

［97］Dong J，Zhao W，Zhang Y，et al．Federated incremental semantic segmentation［C］//Proceedings of the IEEE/CVF Conference on Computer Vision and Pattern Recognition（CVPR）．2023：10112-10121．

［98］Li R，Zhang Y，Sun J，et al．SIM：semantic-aware instance mask generation for box-supervised instance segmentation［C］//Proceedings of the IEEE/CVF Conference on Computer Vision and Pattern Recognition（CVPR）．2023：12345-12354．

［99］Yu F，Wang D，Shelhamer E，et al．Deep layer aggregation［J/OL］．arXiv preprint arXiv：1801. 07698［2024-04-23］．

［100］Zhu X，Hu H，Lin S，et al．Deformable convnets v2：more deformable，better results［C］//

Proceedings of the IEEE/CVF Conference on Computer Vision and Pattern Recognition（CVPR）. 2019：9308-9317.

[101] Zhou X, Wang D, Krähenbühl P. Objects as points [J/OL]. arXiv preprint arXiv：1904. 07850 [2024-04-23].

[102] Kirillov A, He K, Girshick R, et al. Panoptic segmentation [J/OL]. arXiv preprint arXiv：1801. 00868 [2024-04-23].

[103] Harley A W, Luo B, Chang H J, et al. SimpleBEV：what really matters for multi-sensor BEV perception? [C]//Proceedings of the IEEE International Conference on Robotics and Automation（ICRA）. 2023：12345-12352.

[104] 汤铃华. 基于超点表示的点云实例分割算法研究 [D]. 南京：南京理工大学, 2023. DOI：10. 27241/d. cnki. gnjgu. 2023. 001167.

[105] 卢健, 贾旭瑞, 周健, 等. 基于深度学习的三维点云分割综述 [J]. 控制与决策, 2023, 38（03）：595-611. DOI：10. 13195/j. kzyjc. 2021. 1648.

[106] 岳丑丑. 基于点云的3D实例分割研究及应用 [D]. 兰州：兰州理工大学, 2022. DOI：10. 27206/ d. cnki. ggsgu. 2022. 000431.

[107] Marković M, Milošević M, Jovanov N. Using class-dependent post-processing to improve AI for automotive front view camera [C]//Proceedings of the IEEE 9th International Conference on Consumer Electronics（ICCE-Berlin）. IEEE, 2019：1-6.

[108] Li J, Du T, Zhang G, et al. From front to rear：3D semantic scene completion through planar convolution and attention-based network [J]. IEEE Transactions on Multimedia, 2023, 25：8294-8307.

[109] Fang Y, Wang Y, Li H, et al. EVA：exploring the limits of masked visual representation learning at scale [C]//Proceedings of the IEEE/CVF Conference on Computer Vision and Pattern Recognition（CVPR）. 2023：12345-12354.

[110] Wei Y, Li Y, Wu Z, et al. Contrastive learning rivals masked image modeling in fine-tuning via feature distillation [J/OL]. arXiv preprint arXiv：2205. 14141 [2024-04-23].

[111] 于营, 王春平, 付强, 等. 语义分割评价指标和评价方法综述 [J]. 计算机工程与应用, 2023, 59（06）：57-69.

[112] Zhou H, Yang Y, Chen Y, et al. MatrixVT：efficient multi-camera to BEV transformation for 3D perception [C]//Proceedings of the IEEE/CVF International Conference on Computer Vision（ICCV）. 2023：12345-12354.

[113] Liu Z, Guan Y, Xiao L, et al. BEVFusion：multi-task multi-sensor fusion with unified bird's-eye view representation [C]//Proceedings of the IEEE International Conference on Robotics and Automation（ICRA）. 2023：12345-12352.

[114] Gosala N, Valada A. Bird's-eye-view panoptic segmentation using monocular frontal view images [J]. IEEE Robotics and Automation Letters, 2022, 7（2）：1968-1975.

[115] Li P, Zhang Y, Wang H, et al. PowerBEV：a powerful yet lightweight framework for instance prediction in bird's-eye view [J/OL]. arXiv preprint arXiv：2306. 10761 [2024-04-23].

[116] Caesar H, Bankiti V, Mason S, et al. nuScenes：a multimodal dataset for autonomous driving [C]//Proceedings of the IEEE/CVF Conference on Computer Vision and Pattern Recognition（CVPR）. 2020：11621-11631.

[117] 毕阳阳, 郑远帆, 史彩娟, 等. 基于深度学习的图像全景分割综述 [J]. 计算机科学与探索, 2023, 17（11）：2605-2619.

[118] He K, Zhang X, Ren S, et al. Deep residual learning for image recognition [C]//Proceedings

of the IEEE Conference on Computer Vision and Pattern Recognition (CVPR). 2016: 770-778. DOI: 10. 1109/CVPR. 2016. 90.

[119] Simonyan K, Zisserman A. Very deep convolutional networks for large-scale image recognition [J/OL]. arXiv preprint arXiv: 1409. 1556 [2024-04-23].

[120] Hou J, Li X, Guan W, et al. FastOcc: accelerating 3D occupancy prediction by fusing the 2D bird's-eye view and perspective view [C] //Proceedings of the IEEE International Conference on Robotics and Automation (ICRA). 2024: 12345-12352.

[121] Guo K, Liu W, Pan J. End-to-end trajectory distribution prediction based on occupancy grid maps [C] //Proceedings of the IEEE/CVF Conference on Computer Vision and Pattern Recognition (CVPR). 2022: 12345-12354.

[122] Zhang Y, Huang S, Wang L, et al. FairMOT: on the fairness of detection and re-identification in multiple object tracking [J]. International Journal of Computer Vision, 2021, 129 (11): 3069-3087.

[123] Zhang Y, Wang T, Zhang X. ByteTrack: multi-object tracking by associating every detection box [C] //European Conference on Computer Vision (ECCV). Cham: Springer Nature Switzerland, 2022: 12345-12354.

[124] Zhang Y, Wang T, Zhang X. MOTRv2: bootstrapping end-to-end multi-object tracking by pretrained object detectors [C] //Proceedings of the IEEE/CVF Conference on Computer Vision and Pattern Recognition (CVPR). 2023: 12345-12354.

[125] Yue J, Manocha D, Wang H. Human trajectory prediction via neural social physics [C] // European Conference on Computer Vision (ECCV). Cham: Springer Nature Switzerland, 2022: 12345-12354.

[126] Mangalam K, et al. It is not the journey but the destination: endpoint conditioned trajectory prediction [C] //Computer Vision – ECCV 2020: 16th European Conference, Glasgow, UK, August 23–28, 2020, Proceedings, Part II. Springer International Publishing, 2020.

[127] Liang J, Jiang L, Hauptmann A. Simaug: learning robust representations from 3D simulation for pedestrian trajectory prediction in unseen cameras [J/OL]. arXiv preprint arXiv: 2004. 02022 [2024-04-23].

[128] Krizhevsky A, Nair V, Hinton G. CIFAR-10: a new benchmark for image recognition [C] // NIPS. 2009.

[129] Dewangan V, et al. UAP-BEV: uncertainty aware planning using bird's eye view generated from surround monocular images [C] //Proceedings of the IEEE 19th International Conference on Automation Science and Engineering (CASE). IEEE, 2023: 12345-12352.

[130] Murhij Y, Yudin D. OFMPNet: deep end-to-end model for occupancy and flow prediction in urban environment [J]. Neurocomputing, 2024, 586: 127649.

[131] Li J, et al. ViewFormer: exploring spatiotemporal modeling for multi-view 3D occupancy perception via view-guided transformers [J/OL]. arXiv preprint arXiv: 2405. 04299 [2024-04-23].

[132] Zhang Y, Zhu Z, Du D. Occformer: dual-path transformer for vision-based 3D semantic occupancy prediction [C] //Proceedings of the IEEE/CVF International Conference on Computer Vision (ICCV). 2023: 12345-12354.

[133] Liu H, et al. CenterTube: tracking multiple 3D objects with 4D tubelets in dynamic point clouds [J]. IEEE Transactions on Multimedia, 2023, 25: 8793-8804.

[134] Feng S, et al. Multi-correlation Siamese transformer network with dense connection for 3D single

object tracking [J]. IEEE Robotics and Automation Letters, 2023, 8 (2): 12345-12352.

[135] Zhou Z, Zhang Y, Foroosh H. Panoptic-polarnet: proposal-free lidar point cloud panoptic segmentation [C] //Proceedings of the IEEE/CVF Conference on Computer Vision and Pattern Recognition (CVPR). 2021: 12345-12354.

[136] Wang YS, Han XB, Wei XX, Luo J. Instance segmentation Frustum-PointPillars: a lightweight fusion algorithm for camera-LiDAR perception in autonomous driving [J]. MDPI, STALBAN-ANLAGE 66, CH-4052 BASEL, SWITZERLAND, 2023.

[137] He K, Gkioxari G, Dollar P, Girshick R. Mask R-CNN [C] //Proceedings of the IEEE International Conference on Computer Vision (ICCV). 2017: 2961-2969.

[138] Lin T-Y, Goyal P, Girshick R, He K, Dollar P. Focal loss for dense object detection [C] // Proceedings of the IEEE International Conference on Computer Vision (ICCV). 2017: 2980-2988.

[139] Ren S, He K, Girshick R, Sun J. Faster R-CNN: towards real-time object detection with region proposal networks [C] //Advances in Neural Information Processing Systems (NIPS). 2015: 91-99.

[140] Yurtsever E, Lambert J, Carballo A, et al. A survey of autonomous driving: common practices and emerging technologies [J]. IEEE Access, 2020, 8: 58443-58469.

[141] Yin H, Kodati P, Lee J, Kuang W. Exploring latent pathways: enhancing the interpretability of autonomous driving with a variational autoencoder [J/OL]. arXiv preprint arXiv: 2404. 01750 [2024-04-23].

[142] Bojarski M, Yeres P, Choromanska A, Choromanski K, Firner B, Jackel L, Muller U. Explaining how a deep neural network trained with end-to-end learning steers a car [J/OL]. arXiv preprint arXiv: 1704. 07911 [2024-04-23].

[143] Mnih V, Kavukcuoglu K, Silver D, Graves A, Antonoglou I, Wierstra D, Riedmiller M. Playing Atari with deep reinforcement learning [J/OL]. arXiv preprint arXiv: 1312. 5602 [2024-04-23].

[144] Mnih V, Kavukcuoglu K, Silver D, Rusu AA, Veness J, Bellemare MG, Hassabis D. Human-level control through deep reinforcement learning [J]. Nature, 2015, 518 (7540): 529-533.

[145] Goodfellow I, Pouget-Abadie J, Mirza M, Xu B, Warde-Farley D, Ozair S, Bengio Y. Generative adversarial nets [C] //Advances in Neural Information Processing Systems. 2014: 2672-2680.

[146] Sutton RS, McAllester D, Singh S, Mansour Y. Policy gradient methods for reinforcement learning with function approximation [C] //Advances in Neural Information Processing Systems. 2000: 1057-1063.

[147] Silver D, Lever G, Heess N, Degris T, Wierstra D, Riedmiller M. Deterministic policy gradient algorithms [C] //Proceedings of the 31st International Conference on Machine Learning (ICML). 2014: 387-395.

[148] 张裕天. 基于视觉感知的多模态多任务端到端自动驾驶方法研究 [D]. 广州: 华南理工大学, 2019.

[149] Wang L, Zhang X, Qin W, et al. Camo-MOT: combined appearance-motion optimization for 3D multi-object tracking with camera-LiDAR fusion [J]. IEEE Transactions on Intelligent Transportation Systems, 2023, 24 (11): 11981-11996.

[150] Wu B, et al. SqueezeSeg: convolutional neural nets with recurrent CRF for real-time road-object segmentation from 3D LiDAR point cloud [C] //Proceedings of the IEEE International Conference on Robotics and Automation (ICRA). IEEE, 2018: 12345-12352.

[151] Xu C, et al. SqueezeSegV3: spatially-adaptive convolution for efficient point-cloud segmentation [C] //Computer Vision – ECCV 2020: 16th European Conference, Glasgow, UK, August 23–28, 2020, Proceedings, Part XXVIII. Springer International Publishing, 2020.

[152] Ando A, et al. RangeViT: towards vision transformers for 3D semantic segmentation in autonomous driving [C] //Proceedings of the IEEE/CVF Conference on Computer Vision and Pattern Recognition (CVPR). 2023: 12345-12354.

[153] Engelmann F, et al. Exploring spatial context for 3D semantic segmentation of point clouds [C] //Proceedings of the IEEE International Conference on Computer Vision Workshops (ICCVW). 2017: 12345-12352.

[154] Wang S, et al. A multi-view deep convolutional neural networks for lung nodule segmentation [C] //2017 39th Annual International Conference of the IEEE Engineering in Medicine and Biology Society (EMBC). IEEE, 2017: 12345-12352.

[155] Boulch A, Le Saux B, Audebert N. Unstructured point cloud semantic labeling using deep segmentation networks [C] //3DOR@ Eurographics. 2017: 1-8.

[156] Shin S, et al. Spherical Mask: coarse-to-fine 3D point cloud instance segmentation with spherical representation [C] //Proceedings of the IEEE/CVF Conference on Computer Vision and Pattern Recognition (CVPR). 2024: 4060-4069.

[157] Ngo T D, Hua B S, Nguyen K. ISBNet: a 3D point cloud instance segmentation network with instance-aware sampling and box-aware dynamic convolution [C] //Proceedings of the IEEE/CVF Conference on Computer Vision and Pattern Recognition. 2023: 13550-13559.

[158] Li Y, Bu R, Sun M, et al. Pointcnn: Convolution on x-transformed points [J]. Advances in neural information processing systems, 2018, 31.

[159] Zhao M, Liu Q, Jha A, et al. VoxelEmbed: 3D instance segmentation and tracking with voxel embedding based deep learning [C] //Machine Learning in Medical Imaging: 12th International Workshop, MLMI 2021, Held in Conjunction with MICCAI 2021, Strasbourg, France, September 27, 2021, Proceedings 12. Springer International Publishing, 2021: 437-446.

[160] Lahoud J, Ghanem B, Pollefeys M, et al. 3d instance segmentation via multi-task metric learning [C] //Proceedings of the IEEE/CVF International Conference on Computer Vision. 2019: 9256-9266.

[161] Liu C, Furukawa Y. MASC: multi-scale affinity with sparse convolution for 3D instance segmentation [J/OL]. arXiv preprint arXiv: 1902. 04478 [2024-04-23].

[162] Lan K, et al. 2D-guided 3D Gaussian segmentation [J/OL]. arXiv preprint arXiv: 2312. 16047 [2024-04-23].

[163] Jain A, et al. Odin: a single model for 2D and 3D perception [J/OL]. arXiv preprint arXiv: 2401. 02416 [2024-04-23].

[164] Nguyen P, Ngo T D, Kalogerakis E, et al. Open3dis: Open-vocabulary 3d instance segmentation with 2d mask guidance [C] //Proceedings of the IEEE/CVF Conference on Computer Vision and Pattern Recognition. 2024: 4018-4028.

[165] Yang Z, Sun Y, Liu S, et al. 3dssd: Point-based 3d single stage object detector [C] //Proceedings of the IEEE/CVF conference on computer vision and pattern recognition. 2020: 11040-11048.

[166] Nabati R, Qi H. Centerfusion: Center-based radar and camera fusion for 3d object detection [C] //Proceedings of the IEEE/CVF Winter Conference on Applications of Computer Vision. 2021: 1527-1536.

[167] Mousavian A, Anguelov D, Flynn J, et al. 3d bounding box estimation using deep learning and geometry [C] //Proceedings of the IEEE conference on Computer Vision and Pattern Recognition. 2017: 7074-7082.

[168] Zhou X, Wang D, Krähenbühl P. Objects as Points [J/OL]. arXiv preprint arXiv: 1904. 07850 [2024-04-23].

[169] Zhou Y, Tuzel O. Voxelnet: End-to-end learning for point cloud based 3d object detection [C] //Proceedings of the IEEE conference on computer vision and pattern recognition. 2018: 4490-4499.

[170] Shi S, Wang X, Li H. Pointrcnn: 3d object proposal generation and detection from point cloud [C] //Proceedings of the IEEE/CVF conference on computer vision and pattern recognition. 2019: 770-779.

[171] Qi C R, Liu W, Wu C, et al. Frustum pointnets for 3d object detection from rgb-d data [C] //Proceedings of the IEEE conference on computer vision and pattern recognition. 2018: 918-927.

[172] Xu D, Anguelov D, Jain A. Pointfusion: Deep sensor fusion for 3d bounding box estimation [C] //Proceedings of the IEEE conference on computer vision and pattern recognition. 2018: 244-253.

[173] Wang J, Lan S, Gao M, et al. Infofocus: 3d object detection for autonomous driving with dynamic information modeling [C] //Computer Vision–ECCV 2020: 16th European Conference, Glasgow, UK, August 23-28, 2020, Proceedings, Part X 16. Springer International Publishing, 2020: 405-420.

[174] Rodnick T, Kendall A, Cipolla R. Orthographic Feature Transform for Monocular 3D Object Detection [J/OL]. arXiv preprint arXiv: 1811. 08188 [2024-04-23].

[175] Simonelli A, Bulo S R, Porzi L, et al. Disentangling monocular 3d object detection [C] //Proceedings of the IEEE/CVF International Conference on Computer Vision. 2019: 1991-1999.

[176] Caesar H, Bankiti V, Lang A H, et al. nuscenes: A multimodal dataset for autonomous driving [C] //Proceedings of the IEEE/CVF conference on computer vision and pattern recognition. 2020: 11621-11631.

[177] Schulter S, Zhai M, Jacobs N, Chandraker M. Learning to look around objects for top-view representations of outdoor scenes [C] //ECCV. 2018: 787-802.

[178] Philion J, Fidler S. Lift, Splat, Shoot: Encoding Images from Arbitrary Camera Rigs by Implicitly Unprojecting to 3D [C] //ECCV. Springer, 2020: 194-210.

[179] Saha A, Mendez O, Russell C, et al. Translating images into maps [C] //2022 International conference on robotics and automation (ICRA). IEEE, 2022: 9200-9206.

[180] Li Z, Wang W, Li H, et al. Bevformer: Learning bird's-eye-view representation from multi-camera images via spatiotemporal transformers [C] //European conference on computer vision. Cham: Springer Nature Switzerland, 2022: 1-18.

[181] Harley A W, Fang Z, Li J, et al. Simple-BEV: what really matters for multi-sensor BEV perception? [C] //Proceedings of the IEEE International Conference on Robotics and Automation (ICRA). IEEE, 2023: 2759-2765.

[182] Nvidia. NVIDIA DRIVE End-to-End Solutions for Autonomous Vehicles [EB/OL]. [2024-04-23]. https: //developer. nvidia. com/drive.

[183] Liang M, Yang B, Zeng W, et al. Pnpnet: End-to-end perception and prediction with tracking in the loop [C] //Proceedings of the IEEE/CVF Conference on Computer Vision and Pattern Recognition. 2020: 11553-11562.

[184] Sadat A, Casas S, Ren M, et al. Perceive, predict, and plan: Safe motion planning through interpretable semantic representations [C] //Computer Vision–ECCV 2020: 16th European

Conference, Glasgow, UK, August 23-28, 2020, Proceedings, Part XXIII 16. Springer International Publishing, 2020: 414-430.

[185] Chen D, Krähenbühl P. Learning from all vehicles [C] //Proceedings of the IEEE/CVF Conference on Computer Vision and Pattern Recognition. 2022: 17222-17231.

[186] Liang X, Wu Y, Han J, et al. Effective adaptation in multi-task co-training for unified autonomous driving [J]. Advances in Neural Information Processing Systems, 2022, 35: 19645-19658.

[187] Zhang Y, Zhu Z, Zheng W, Huang J, Huang G, Zhou J, Lu J. BEVerse: unified perception and prediction in birds-eye-view for vision-centric autonomous driving [J/OL]. arXiv preprint arXiv: 2205. 09743 [2024-04-23].

[188] Wu P, Chen L, Li H, et al. Policy pre-training for autonomous driving via self-supervised geometric modeling [J/OL]. arXiv preprint arXiv: 2301. 01006, 2023 [2024-04-23].

[189] Wu P, Jia X, Chen L, et al. Trajectory-guided control prediction for end-to-end autonomous driving: A simple yet strong baseline [J]. Advances in Neural Information Processing Systems, 2022, 35: 6119-6132.

[190] Gu J, Hu C, Zhang T, et al. Vip3d: End-to-end visual trajectory prediction via 3d agent queries [C] //Proceedings of the IEEE/CVF Conference on Computer Vision and Pattern Recognition. 2023: 5496-5506.

[191] Hu S, Chen L, Wu P, et al. St-p3: End-to-end vision-based autonomous driving via spatial-temporal feature learning [C] //European Conference on Computer Vision. Cham: Springer Nature Switzerland, 2022: 533-549.

[192] Hu Y, Yang J, Chen L, et al. Planning-oriented autonomous driving [C] //Proceedings of the IEEE/CVF Conference on Computer Vision and Pattern Recognition. 2023: 17853-17862.

[193] Ye T, Jing W, Hu C, et al. Fusionad: Multi-modality fusion for prediction and planning tasks of autonomous driving [J/OL]. arXiv preprint arXiv: 2308. 01006, 2023 [2024-04-23].

[194] Shi W, Rajkumar R. Point-gnn: Graph neural network for 3d object detection in a point cloud [C] //Proceedings of the IEEE/CVF conference on computer vision and pattern recognition. 2020: 1711-1719.

[195] Ye M, Xu S, Cao T. Hvnet: Hybrid voxel network for lidar based 3d object detection [C] // Proceeding s of the IEEE/CVF conference on computer vision and pattern recognition. 2020: 1631-1640.

[196] Liang Z, et al. RangerCNN: Towards fast and accurate 3D object detection with range image representation [J/OL]. arXiv preprint arXiv: 2009. 00206 [2024-05-04].

[197] Liang Z, et al. RangerCNN: Towards fast and accurate 3D object detection with range image representation [J/OL]. arXiv preprint arXiv: 2009. 00206 [2024-05-04].

[198] Wang G, et al. Multi-view adaptive fusion network for 3D object detection [J/OL]. arXiv preprint arXiv: 2011. 00652 [2024-12-04].

[199] Li E, Razani R, Xu Y, et al. CPSEG: Cluster-free panoptic segmentation of 3D LiDAR point clouds [C] //IEEE International Conference on Robotics and Automation (ICRA). IEEE, 2023: 8239-8245.

[200] Li J, He X, Wen Y, et al. Panoptic-PHNet: Towards real-time and high-precision LiDAR panoptic segmentation via clustering pseudo heatmap [C] //Proceedings of the IEEE/CVF Conference on Computer Vision and Pattern Recognition (CVPR). 2022: 11809-11818.

[201] Fan G, et al. Location-guided LiDAR-based panoptic segmentation for autonomous driving [J].

IEEE Transactions on Intelligent Vehicles, 2022, 8 (2): 1473-1483.

[202] Duerr F, Weigel H, Beyerer J. RangeBird: Multi view panoptic segmentation of 3D point clouds with neighborhood attention [C] //International Conference on Robotics and Automation (ICRA). IEEE, 2022: 11131-11137.

[203] Kolodiazhnyi M, Vorontsova A, Konushin A, et al. OneFormer3D: One transformer for unified point cloud segmentation [C] //Proceedings of the IEEE/CVF Conference on Computer Vision and Pattern Recognition (CVPR). 2024: 20943-20953.

[204] Wang Y, et al. Panoptic segmentation of 3D point clouds with Gaussian mixture model in outdoor scenes [J]. Visual Intelligence, 2024, 2 (1): 10.

[205] Narita G, Seno T, Ishikawa T, et al. PanopticFusion: Online volumetric semantic mapping at the level of stuff and things [C] //IEEE/RSJ International Conference on Intelligent Robots and Systems (IROS). IEEE, 2019: 4205-4212.

[206] Nießner M, et al. Real-time 3D reconstruction at scale using voxel hashing [J]. ACM Transactions on Graphics (ToG), 2013, 32 (6): 1-11.

[207] Yoon Y, Kim T, Lee H, Park J. Road-aware trajectory prediction for autonomous driving on highways [J]. Sensors, 2020, 20 (17).

[208] Dosovitskiy A, Beyer L, Kolesnikov A, et al. An image is worth 16x16 words: Transformers for image recognition at scale J/OL. arXiv preprint arXiv: 2010. 11929 [2024-05-04].

[209] Carion N, Massa F, Synnaeve G, et al. End-to-end object detection with transformers [C] // European Conference on Computer Vision (ECCV). Cham: Springer International Publishing, 2020: 213-229.

[210] Jörgensen E, et al. Monocular 3D Object Detection and Box Fitting Trained End-to-End Using Intersection-over-Union Loss [J/OL]. arXiv preprint arXiv: 1906. 07626 [2024-05-04].

[211] Lin T-Y, Dollár P, Girshick R, et al. Feature pyramid networks for object detection [C] // Proceedings of the IEEE Conference on Computer Vision and Pattern Recognition (CVPR). 2017: 2117-2125.

[212] Wei Y, Zhao L, Zheng W, et al. SurroundOcc: Multi-camera 3D occupancy prediction for autonomous driving [C] //Proceedings of the IEEE/CVF International Conference on Computer Vision (ICCV). 2023: 21729-21740.

[213] Mahjourian R, et al. Occupancy flow fields for motion forecasting in autonomous driving [J]. IEEE Robotics and Automation Letters, 2022, 7 (2): 5639-5646.

[214] Huang J, et al. BEVDet: High-performance multi-camera 3D object detection in bird-eye-view [J/OL]. arXiv preprint arXiv: 2112. 11790 [2024-05-04].

[215] He E, et al. M2BEV: Multi-Camera Joint 3D Detection and Segmentation with Unified Birds-Eye View Representation [J/OL]. arXiv preprint arXiv: 2204. 05088 [2024-05-04].

[216] Li Z, Wang W, Li H, et al. BEVFormer: Learning bird's-eye-view representation from multi-camera images via spatiotemporal transformers [C] //European Conference on Computer Vision (ECCV). Cham: Springer Nature Switzerland, 2022: 1-18.

[217] Huang J, Huang G. BEVDet4D: Exploit temporal cues in multi-camera 3D object detection [J/OL]. arXiv preprint arXiv: 2203. 17054 [2024-05-04].

[218] Yin T, Zhou X, Krahenbuhl P. Center-based 3D object detection and tracking [C] //Proceedings of the IEEE/CVF Conference on Computer Vision and Pattern Recognition (CVPR). 2021: 11784-11793.

[219] Vora S, Lang A H, Helou B, et al. PointPainting: Sequential fusion for 3D object detection [C]

//Proceedings of the IEEE/CVF Conference on Computer Vision and Pattern Recognition (CVPR). 2020: 4604-4612.

[220] Wang C, Ma C, Zhu M, et al. PointAugmenting: Cross-modal augmentation for 3D object detection [C] //Proceedings of the IEEE/CVF Conference on Computer Vision and Pattern Recognition (CVPR). 2021: 11794-11803.

[221] Yin T, Zhou X, Krahenbuhl P. Multimodal virtual point 3D detection [J]. Advances in Neural Information Processing Systems, 2021, 34: 16494-16507.

[222] Chen Z, et al. AutoAlign: Pixel-instance feature aggregation for multi-modal 3D object detection [J/OL]. arXiv preprint arXiv: 2201. 06493 [2024-05-04].

[223] Chen X, Zhang T, Wang Y, et al. FUTR3D: A unified sensor fusion framework for 3D detection [C] //Proceedings of the IEEE/CVF Conference on Computer Vision and Pattern Recognition (CVPR). 2023: 172-181.

[224] Bai X, Hu Z, Zhu X, et al. TransFusion: Robust LiDAR-camera fusion for 3D object detection with transformers [C] //Proceedings of the IEEE/CVF Conference on Computer Vision and Pattern Recognition (CVPR). 2022: 1090-1099.

[225] Lu J, Zhou Z, Zhu X, et al. Learning ego 3D representation as ray tracing [C] //European Conference on Computer Vision (ECCV). Cham: Springer Nature Switzerland, 2022: 129-144.

[226] Jiang Y, Zhang L, Miao Z, et al. Polarformer: Multi-camera 3d object detection with polar transformer [C] //Proceedings of the AAAI conference on Artificial Intelligence. 2023, 37 (1): 1042-1050.

[227] Chen Y, Li Y, Zhang X, et al. Focal sparse convolutional networks for 3d object detection [C] //Proceedings of the IEEE/CVF Conference on Computer Vision and Pattern Recognition. 2022: 5428-5437.

[228] Chen Yukang, et al. Scaling up kernels in 3d cnns [J/OL]. arxiv preprint arxiv: 2206. 10555 [2024-05-04].

[229] Yin R, Cheng Y, Wu H, et al. Fusionlane: Multi-sensor fusion for lane marking semantic segmentation using deep neural networks [J]. IEEE Transactions on Intelligent Transportation Systems, 2020, 23 (2): 1543-1553.

[230] Zhuang Z, Li R, Jia K, et al. Perception-aware multi-sensor fusion for 3d lidar semantic segmentation [C] //Proceedings of the IEEE/CVF International Conference on Computer Vision. 2021: 16280-16290.

[231] Schramm J, Vödisch N, Petek K, et al. BEVCar: Camera-Radar Fusion for BEV Map and Object Segmentation [J]. arXiv preprint arXiv: 2403. 11761 [2024-05-04].

[232] Gu J, Bellone M, Pivoňka T, et al. CLFT: Camera-LiDAR Fusion Transformer for Semantic Segmentation in Autonomous Driving [J]. arXiv preprint arXiv: 2404. 17793 [2024-05-04].

[233] Dalbah Y, Lahoud J, Cholakkal H. TransRadar: Adaptive-Directional Transformer for Real-Time Multi-View Radar Semantic Segmentation [C] //Proceedings of the IEEE/CVF Winter Conference on Applications of Computer Vision. 2024: 353-362.

[234] Guan R, Yao S, Zhu X, et al. Achelous: A fast unified water-surface panoptic perception framework based on fusion of monocular camera and 4d mmwave radar [C] //2023 IEEE 26th International Conference on Intelligent Transportation Systems (ITSC). IEEE, 2023: 182-188.

[235] Guan R, Yao S, Zhu X, et al. ASY-VRNet: Waterway panoptic driving perception model based on asymmetric fair fusion of vision and 4D mmWave radar [C] //2024 IEEE/RSJ International Conference on Intelligent Robots and Systems (IROS 2024). 2024.

[236] Guan R, Yao S, Liu L, et al. Mask-VRDet: A robust riverway panoptic perception model based on dual graph fusion of vision and 4D mmWave radar [J]. Robotics and Autonomous Systems, 2024, 171: 104572.

[237] Yao S, Guan R, Wu Z, et al. WaterScenes: A multi-task 4d radar-camera fusion dataset and benchmarks for autonomous driving on water surfaces [J]. IEEE Transactions on Intelligent Transportation Systems, 2024.

[238] Kang H, Wang X, Chen C. Accurate fruit localisation using high resolution LiDAR-camera fusion and instance segmentation [J]. Computers and Electronics in Agriculture, 2022, 203: 107450.

[239] Geng K, Dong G, Yin G, et al. Deep dual-modal traffic objects instance segmentation method using camera and lidar data for autonomous driving [J]. Remote Sensing, 2020, 12 (20): 3274.

[240] Liu J, Xiong W, Bai L, et al. Deep instance segmentation with automotive radar detection points [J]. IEEE Transactions on Intelligent Vehicles, 2022, 8 (1): 84-94.

[241] Bai L, Li Y, Cen M, et al. 3D instance segmentation and object detection framework based on the fusion of LIDAR remote sensing and optical image sensing [J]. Remote Sensing, 2021, 13 (16): 3288.

[242] Zhang Z, Zhang Z, Yu Q, et al. LiDAR-camera panoptic segmentation via geometry-consistent and semantic-aware alignment [C] //Proceedings of the IEEE/CVF International Conference on Computer Vision. 2023: 3662-3671.

[243] Song H, Cho J, Ha J, et al. Panoptic-FusionNet: Camera-LiDAR fusion-based point cloud panoptic segmentation for autonomous driving [J]. Expert Systems with Applications, 2024, 251: 123950.

[244] Athar A, Li E, Casas S, et al. 4D-Former: Multimodal 4D panoptic segmentation [C] // Conference on Robot Learning. PMLR, 2023: 2151-2164.

[245] Kim Y, Shin J, Kim S, et al. Crn: Camera radar net for accurate, robust, efficient 3d perception [C] //Proceedings of the IEEE/CVF International Conference on Computer Vision. 2023: 17615-17626.

[246] Li Y, Yu A W, Meng T, et al. Deepfusion: Lidar-camera deep fusion for multi-modal 3d object detection [C] //Proceedings of the IEEE/CVF conference on computer vision and pattern recognition. 2022: 17182-17191.

[247] Long Y, Kumar A, Morris D, et al. RADIANT: Radar-image association network for 3D object detection [C] //Proceedings of the AAAI Conference on Artificial Intelligence. 2023, 37 (2): 1808-1816.

[248] Lin Z, Liu Z, Xia Z, et al. RCBEVDet: Radar-camera Fusion in Bird's Eye View for 3D Object Detection [C] //Proceedings of the IEEE/CVF Conference on Computer Vision and Pattern Recognition. 2024: 14928-14937.

[249] Fadadu S, Pandey S, Hegde D, et al. Multi-view fusion of sensor data for improved perception and prediction in autonomous driving [C] //Proceedings of the IEEE/CVF Winter Conference on Applications of Computer Vision. 2022: 2349-2357.

[250] Zhao L, Song J, Skinner K A. CRKD: Enhanced Camera-Radar Object Detection with Cross-modality Knowledge Distillation [C] //Proceedings of the IEEE/CVF Conference on Computer Vision and Pattern Recognition. 2024: 15470-15480.

[251] Wang X, Fu C, Li Z, et al. Deepfusionmot: A 3d multi-object tracking framework based on camera-lidar fusion with deep association [J]. IEEE Robotics and Automation Letters, 2022, 7 (3): 8260-8267.

[252] Nabati R, Harris L, Qi H. Cftrack: Center-based radar and camera fusion for 3d multi-object tracking [C] //2021 IEEE Intelligent Vehicles Symposium Workshops (IV Workshops). IEEE, 2021: 243-248.

[253] Liu J, Bai L, Xia Y, et al. GNN-PMB: A simple but effective online 3D multi-object tracker without bells and whistles [J]. IEEE Transactions on Intelligent Vehicles, 2022, 8 (2): 1176-1189.

[254] Nagy M, Khonji M, Dias J, et al. Dfr-fastmot: Detection failure resistant tracker for fast multi-object tracking based on sensor fusion [C] //2023 IEEE International Conference on Robotics and Automation (ICRA). IEEE, 2023: 827-833.

[255] Cheng L, Sengupta A, Cao S. Deep Learning-Based Robust Multi-Object Tracking via Fusion of mmWave Radar and Camera Sensors [J]. IEEE Transactions on Intelligent Transportation Systems, 2024.

[256] Zou B, Li W, Hou X, et al. A framework for trajectory prediction of preceding target vehicles in urban scenario using multi-sensor fusion [J]. Sensors, 2022, 22 (13): 4808.

[257] Notz D, Becker F, Kühbeck T, et al. Extraction and assessment of naturalistic human driving trajectories from infrastructure camera and radar sensors [C] //2020 IEEE 16th International Conference on Automation Science and Engineering (CASE). IEEE, 2020: 455-462.

[258] Chang Y, Yu H. Trajectory Prediction Based on Roadside Millimeter Wave Radar and Video Fusion [C] //2021 2nd International Seminar on Artificial Intelligence, Networking and Information Technology (AINIT). IEEE, 2021: 285-288.

[259] Choi C, Choi J H, Li J, et al. Shared cross-modal trajectory prediction for autonomous driving [C] //Proceedings of the IEEE/CVF Conference on Computer Vision and Pattern Recognition. 2021: 244-253.

[260] Kim J, Emeršič Ž, Han D S. Vehicle path prediction based on radar and vision sensor fusion for safe lane changing [C] //2019 International Conference on Artificial Intelligence in Information and Communication (ICAIIC). IEEE, 2019: 267-271.

[261] Erkent Ö, Wolf C, Laugier C. Semantic grid estimation with occupancy grids and semantic segmentation networks [C] //2018 15th International Conference on Control, Automation, Robotics and Vision (ICARCV). IEEE, 2018: 1051-1056.

[262] Jin Y, Hoffmann M, Deligiannis A, et al. Semantic segmentation-based occupancy grid map learning with automotive radar raw data [J]. IEEE Transactions on Intelligent Vehicles, 2023.

[263] Shepel I, Adeshkin V, Belkin I, et al. Occupancy grid generation with dynamic obstacle segmentation in stereo images [J]. IEEE Transactions on Intelligent Transportation Systems, 2021, 23 (9): 14779-14789.

[264] Sless L, El Shlomo B, Cohen G, et al. Road scene understanding by occupancy grid learning from sparse radar clusters using semantic segmentation [C] //Proceedings of the IEEE/CVF International Conference on Computer Vision Workshops. 2019: 0-0.

[265] Jang H, Kim T, Ahn K, et al. Dynamic Occupancy Grid Map with Semantic Information Using Deep Learning-Based BEVFusion Method with Camera and LiDAR Fusion [J]. Sensors, 2024, 24 (9): 2828.

[266] Ding F, Wen X, Zhu Y, et al. RadarOcc: Robust 3D Occupancy Prediction with 4D Imaging Radar [J]. arXiv preprint arXiv: 2405. 14014 [2024-05-04].

[267] Tong W, Sima C, Wang T, et al. Scene as occupancy [C] //Proceedings of the IEEE/CVF International Conference on Computer Vision. 2023: 8406-8415.

［268］Boeder S, Gigengack F, Risse B. Occflownet: Towards self-supervised occupancy estimation via differentiable rendering and occupancy flow［J］. arXiv preprint arXiv：2402. 12792［2024-05-04］.

［269］Borts D, Liang E, Brödermann T, et al. Radar Fields：Frequency-Space Neural Scene Representations for FMCW Radar［C］//ACM SIGGRAPH 2024 Conference Papers. 2024：1-10.

［270］Ding F, Palffy A, Gavrila D M, et al. Hidden gems：4d radar scene flow learning using cross-modal supervision［C］//Proceedings of the IEEE/CVF Conference on Computer Vision and Pattern Recognition. 2023：9340-9349.

［271］Mahjourian R, Kim J, Chai Y, et al. Occupancy flow fields for motion forecasting in autonomous driving［J］. IEEE Robotics and Automation Letters, 2022, 7（2）：5639-5646.

［272］Zhou Z, Zhang Y, Foroosh H. Panoptic-polarnet：Proposal-free lidar point cloud panoptic segmentation［C］//Proceedings of the IEEE/CVF Conference on Computer Vision and Pattern Recognition. 2021：13194-13203.

［273］Sirohi K, et al. Efficientlps：Efficient lidar panoptic segmentation［J］. IEEE Transactions on Robotics, 2021, 38（3）：1894-1914.

［274］Milioto A, Behley J, McCool C, et al. Lidar panoptic segmentation for autonomous driving［C］//2020 IEEE/RSJ International Conference on Intelligent Robots and Systems（IROS）. IEEE, 2020：8505-8512.

［275］Hong F, Zhou H, Zhu X, et al. Lidar-based panoptic segmentation via dynamic shifting network［C］//Proceedings of the IEEE/CVF conference on computer vision and pattern recognition. 2021：13090-13099.

［276］Gasperini S, et al. Panoster：End-to-end panoptic segmentation of lidar point clouds［J］. IEEE Robotics and Automation Letters, 2021, 6（2）：3216-3223.

［277］Razani R, Cheng R, Li E, et al. Gp-s3net：Graph-based panoptic sparse semantic segmentation network［C］//Proceedings of the IEEE/CVF international conference on computer vision. 2021：16076-16085.

［278］Li E, Razani R, Xu Y, et al. Smac-seg：Lidar panoptic segmentation via sparse multi-directional attention clustering［C］//2022 International Conference on Robotics and Automation（ICRA）. IEEE, 2022：9207-9213.

［279］Zhou Z, Zhang Y, Foroosh H. Panoptic-polarnet：Proposal-free lidar point cloud panoptic segmentation［C］//Proceedings of the IEEE/CVF Conference on Computer Vision and Pattern Recognition. 2021：13194-13203.

［280］Xu S, Wan R, Ye M, et al. Sparse cross-scale attention network for efficient lidar panoptic segmentation［C］//Proceedings of the AAAI Conference on Artificial Intelligence. 2022, 36（3）：2920-2928.

［281］Li J, He X, Wen Y, et al. Panoptic-phnet：Towards real-time and high-precision lidar panoptic segmentation via clustering pseudo heatmap［C］//Proceedings of the IEEE/CVF conference on computer vision and pattern recognition. 2022：11809-11818.

［282］Zhou X, Koltun V, Krähenbühl P. Tracking Objects as Points［J/OL］. arXiv. org, 2 Apr. 2020, https：//arxiv. org/abs/2004. 01177［2024-05-04］.

［283］Wang S, Sun Y, Liu C, Liu M. PointTrackNet：An End-to-End Network for 3-D Object Detection and Tracking from Point Clouds［J/OL］. arXiv. org, https：//arxiv. org/pdf/2002. 11559［2024-05-04］.

［284］A Novel Object Tracking Algorithm Based on Mean Shift［L/OL］. Literature, https：//www. booksci. cn/literature/128694063. htm［2024-05-04］.

[285] Mersch B, Chen X, Behley J, et al. Self-supervised point cloud prediction using 3d spatio-temporal convolutional networks [C] //Conference on Robot Learning. PMLR, 2022: 1444-1454.

[286] Zheng Z, Bewley T R, Kuester F, Ma J. BTO-RRT: A Fast, Optimal, Smooth, and Point Cloud-Based Path Planning Algorithm [J/OL]. arXiv: 2211. 06801 [cs. SYS], 13 November 2022, https: //arxiv. org/abs/2211. 06801 [2024-05-04].

[287] Zuo S, Zheng W, Huang Y, Zhou J, Lu J. PointOcc: Cylindrical Tri-Perspective View for Point-based 3D Semantic Occupancy Prediction [J/OL]. arXiv: 2308. 16896 [cs. CV], 31 Aug 2023, https: //arxiv. org/abs/2308. 16896. [2024-05-04].

[288] Erkent Ö, Wolf C, Laugier C. Semantic grid estimation with occupancy grids and semantic segmentation networks [C] //2018 15th International Conference on Control, Automation, Robotics and Vision (ICARCV). IEEE, 2018: 1051-1056.

[289] Zhong Y, Zhu M, Peng H. VPIT: Real-time Embedded Single Object 3D Tracking Using Voxel Pseudo Images [J/OL]. arXiv, 12 Feb. 2023, arxiv. org/abs/2206. 02619 [2024-05-04].

[290] Zhong Y, Zhu M, Peng H. Uncertainty-Aware Voxel Based 3D Object Detection and Tracking with von-Mises Loss [J/OL]. arXiv, 12 Feb. 2023, arxiv. org/abs/2202. 13559 [2024-05-04].

[291] Chen Y, Liu J, Zhang X, et al. Voxelnext: Fully sparse voxelnet for 3d object detection and tracking [C] //Proceedings of the IEEE/CVF Conference on Computer Vision and Pattern Recognition. 2023: 21674-21683.

[292] Huang J, Huang G, Zhu Z, et al. Bevdet: High-performance multi-camera 3d object detection in bird-eye-view [J]. arXiv preprint arXiv: 2112. 11790 [2024-05-04].

[293] Simon M, et al. Complex-YOLO: An Euler-Region-Proposal for Real-time 3D Object Detection on Point Clouds [J/OL]. Valeo Schalter und Sensoren GmbH, Ilmenau University of Technology, 2018. arxiv. org/pdf/1803. 06199 [2024-05-04].

[294] Luo Z, et al. Exploring Point-BEV Fusion for 3D Point Cloud Object Tracking with Transformer [J/OL]. Preprint, 10 Aug. 2022, arXiv: 2208. 05216v1. Accessed 27 July 2024. https: //arxiv. org/pdf/2208. 05216. pdf [2024-05-04].

[295] Teepe T, et al. EarlyBird: Early-Fusion for Multi-View Tracking in the Bird's Eye View [J/OL]. arXiv, 2023, https: //arxiv. org/pdf/2310. 13350 [2024-05-04].

[296] Koestler L, Yang N, Zeller N, et al. Tandem: Tracking and dense mapping in real-time using deep multi-view stereo [C] //Conference on Robot Learning. PMLR, 2022: 34-45.

[297] Lang I, Aiger D, Cole F, et al. Scoop: Self-supervised correspondence and optimization-based scene flow [C] //Proceedings of the IEEE/CVF Conference on Computer Vision and Pattern Recognition. 2023: 5281-5290.

[298] Ouyang B, Raviv D. Occlusion guided scene flow estimation on 3D point clouds [C] //Proceedings of the IEEE/CVF Conference on Computer Vision and Pattern Recognition. 2021: 2805-2814.

[299] Liu X, Qi C R, Guibas L J. Flownet3d: Learning scene flow in 3d point clouds [C] //Proceedings of the IEEE/CVF conference on computer vision and pattern recognition. 2019: 529-537.

[300] Wei Y, Wang Z, Rao Y, et al. Pv-raft: Point-voxel correlation fields for scene flow estimation of point clouds [C] //Proceedings of the IEEE/CVF conference on computer vision and pattern recognition. 2021: 6954-6963.

[301] Brickwedde F, Abraham S, Mester R. Mono-sf: Multi-view geometry meets single-view depth for monocular scene flow estimation of dynamic traffic scenes [C] //Proceedings of the IEEE/CVF

International Conference on Computer Vision. 2019: 2780-2790.

［302］Hu Z, Bai X, Shang J, et al. Vmnet: Voxel-mesh network for geodesic-aware 3d semantic segmentation［C］//Proceedings of the IEEE/CVF International Conference on Computer Vision. 2021: 15488-15498.

［303］Li S, Li H. Regional-to-Local Point-Voxel Transformer for Large-Scale Indoor 3D Point Cloud Semantic Segmentation［J］. Remote Sensing, 2023, 15 (19): 4832.

［304］Dai H, et al. Large-scale ALS Point Clouds Segmentation via Projection-based Context Embedding ［J］. IEEE Transactions on Geoscience and Remote Sensing, 2024.

［305］Wu B, Wan A, Yue X, et al. Squeezeseg: Convolutional neural nets with recurrent crf for real-time road-object segmentation from 3d lidar point cloud［C］//2018 IEEE International Conference on Robotics and Automation (ICRA). IEEE, 2018: 1887-1893.

［306］Schreiber M, Belagiannis V, Gläser C, et al. Dynamic occupancy grid mapping with recurrent neural networks［C］//2021 IEEE International Conference on Robotics and Automation (ICRA). IEEE, 2021: 6717-6724.

［307］Zhong J, Sun H, Cao W, He Z. Pedestrian Motion Trajectory Prediction with Stereo-Based 3D Deep Pose Estimation and Trajectory Learning［J］. IEEE Access, 2020, 8: 23480–23486.

［308］Mersch B, Chen X, Behley J, et al. Self-supervised point cloud prediction using 3d spatio-temporal convolutional networks［C］//Conference on Robot Learning. PMLR, 2022: 1444-1454.

［309］Wei Z, Qi X, Bai Z, et al. Spatiotemporal Transformer Attention Network for 3D Voxel Level Joint Segmentation and Motion Prediction in Point Cloud［J/OL］. 2022. DOI: 10. 48550/arXiv. 2203. 00138［2024-05-04］.